Resch/Steinert
Kapitalismus

EINSTIEGE 19

Grundbegriffe der Sozialphilosophie und Gesellschaftstheorie

Redaktion: H.G. Thien

Christine Resch, Privatdozentin am Fachbereich Gesellschaftswissenschaften der Johann Wolfgang Goethe-Universität; vertritt zurzeit eine Professur an der Hochschule für Wirtschaft und Gesellschaft Ludwigshafen, Arbeitsschwerpunkte: Kritische Theorie, Kunst- und Kultursoziologie, soziale Ausschließung und Partizipation. Sie veröffentlichte u.a. *Begriffs- und Wahrheitspolitiken Kritischer Theorie*, Münster 2022, *Die Schönen Guten Waren*, Münster 1999, und *Berater-Kapitalismus oder Wissensgesellschaft?*, Münster 2005, und mit Heinz Steinert *Die Widerständigkeit der Kunst. Entwurf einer Interaktionsästhetik*, Münster 2003.

Heinz Steinert (1942 – 2011), Studium der Philosophie, Psychologie und Literaturwissenschaften in Wien, Ausbildung an der Wiener Psychoanalytischen Vereinigung, Habilitation für Soziologie in Graz, Mitbegründer und bis 2000 wiss. Leiter des Instituts für Recht und Kriminalsoziologie in Wien, Professor für Soziologie an der J.W. Goethe-Universität Frankfurt, Emeritierung 2007.

Christine Resch/Heinz Steinert

Kapitalismus: Porträt einer Produktionsweise

WESTFÄLISCHES DAMPFBOOT

Bibliografische Information der Deutschen Bibliothek
Die Deutsche Bibliothek verzeichnet diese Publikation in der Deutschen Nationalbibliografie; detaillierte bibliografische Daten sind im Internet über http://dnb.ddb.de abrufbar.

3., überarbeitete und erweiterte Auflage Münster 2023

Umschlag: Lütke Fahle Seifert AGD, Münster
Druck: Majuskel Medienproduktion GmbH, Wetzlar
Gedruckt auf FSC-zertifiziertem Papier
ISBN 978-3-89691-683-9

Inhalt

Vorwort: Reichtum und Armut der Nationen

Wir leben in einer Gesellschaft, die eine bemerkenswerte Vorstellung vom „Reichtum der Nationen“ pflegt und lebt. Gesellschaftlicher Reichtum besteht darin, dass möglichst viele Waren und Dienste so produziert werden, dass die Arbeiter mit dem Lohn einen Teil davon kaufen können, damit das eine kleine Bevölkerungsschicht so reich macht (neuerdings besonders durch glückliches Setzen im Aktien- und Derivate-Casino, aber es könnte auch die berühmte Gründung einer Bank oder die Einrichtung einer Fabrik sein), dass sie verzweifelt nach Möglichkeiten suchen, diesen Überschuss anzulegen. Eine gar nicht so kleine Bevölkerungsschicht kann sich daran nicht beteiligen, weil jung oder alt, krank oder „behindert“ (oder mit der Pflege dieser Leute beschäftigt) oder aber gerade als Lohnarbeitskraft nicht benötigt (das nennen wir „arbeitslos“) und muss in Abhängigkeit, vor allem aber Bescheidenheit, wenn nicht Not leben. Es gibt eine große Sorge der Verfügenden, dass das Volk zu wenig oder nicht billig genug arbeiten könnte, und es gibt auch, selbst in den reichen und demokratischen Ländern, Angst vor dem Unmut des Volkes.

Diese merkwürdig organisierte Warenproduktion geschieht ohne Ansehen der tatsächlichen Nützlichkeit des so Erzeugten, von dem ein guter Teil in Waffen, Drogen und Menschenhandel besteht. Und es ist verbunden mit einer Lebensweise des kostspieligen Individual-Wohnens, das sich in den reichen Ländern als „Verhüttelung“ der Landschaft, in den armen als „Verslummung“ der Städte äußert, und einer ebenso kostspieligen Form des Individual-Transports, die Zeit und Gesundheit kostet und die Städte und Dörfer ruiniert. Diese Lebensweise setzt die einen unter Dauer-Stress, besonders durch ein gehetztes Zeit-Regime, in dem das Notwendige allenfalls „gerade noch“ erledigt werden kann, und gibt den anderen das Bewusstsein, nicht gebraucht zu werden, „überflüssig“ zu sein und „nichts zu tun“ zu haben.

Starke Vorstellungen vom „guten Leben“ hat diese Gesellschaft nicht entwickelt, aber wenn ansatzweise etwas der Art verbreitet wird, dann besteht es darin, möglichst viele und besonders teure Waren kaufen und um sich ansammeln zu können. Dass das nicht genügt, wird in Bildern von teuren Sexualpartnern in exotisch-romantischen Kulissen und exklusiven Requisiten transportiert, denen wir im „Urlaub“ in realistisch abgemilderter Form (oder sinnvollerweise gleich nur in der Phantasie) nachzuleben versuchen. Mehr oder weniger militante Religionen, die Unterwerfung oder übersteigertes

Selbstbewusstsein predigen (und jedenfalls die Prediger gut leben lassen), sind an demselben Ungenügen tätig. Für die Reichen gibt es eine Industrie von Esoterik und sonstigen Wellness-Religionen, die Ruhe und Gleichgewicht in der hektischen Überforderung versprechen. In diesen Manövern wird das Ungenügen an den Waren selbst wieder warenförmig ausgenützt – Kapitalismus profitiert noch von dem Elend, das er selbst erzeugt.

Fortschritt besteht in dieser Gesellschaft darin, dass immer mehr solcher käuflichen Waren und Dienste umgesetzt werden. Das nennt sich Wirtschaftswachstum und wenn es einmal ausbleibt, ist das eine große Krise. Selbst der Minimal-Fortschritt, dass weltweit niemand mehr verhungert und an Krankheiten stirbt, die wir grundsätzlich heilen könnten, wurde nicht erreicht. Das Versprechen, die ganze Welt und besonders die armen Länder durch die Segnungen der kapitalistischen Industrialisierung reicher werden zu lassen, hat, auch wo es nicht nur der Vorwand dafür war, diese Länder als Rohstofflager und Müllhalden zu benützen, gerade die Ärmsten ärmer gemacht. Auch die klassische Idee, Fortschritt bestehe darin, dass nach der Erzeugung des Lebensnotwendigen immer mehr Zeit für die „schönen Dinge des Lebens“ bleiben werde, dass sich das „Reich der Freiheit“ (im Gegensatz zu dem der Freizeit) ausweiten werde, scheint verloren gegangen zu sein. Selbst der schon ziemlich bescheidene Fortschritt, dass wenigstens in den reichen Ländern Armut und Elend sozialstaatlich abgeschafft und das Ausmaß der Ungleichheit verringert werden könnte, wurde zuletzt aufgegeben und in sein Gegenteil verkehrt. Nicht einmal der ganz kleine Fortschritt, dass der Staat wenigstens die Leute nicht schädigen soll, wird mehr angestrebt: Vielmehr wird gefordert, dass er „Störer“ abschieben und wegsperren, dazu überwachen und verfolgen soll. Um die Gesellschaft der Freiheit zu „sichern“, werden die einen Leute ausgesperrt und die anderen scharf kontrolliert.

Es bestehen starke Hinweise, dass mit dieser Art von „Reichtum“ Luft, Wasser und Nahrungsmittel so vergiftet werden, dass Krankheiten aller Art, darunter Volksseuchen wie Krebs entstehen, die viel Leid verursachen und für deren Behandlung man viel des erwirtschafteten Reichtums aufbraucht. Es wird schon gar nicht mehr bestritten, dass durch diese Art der Produktion und die zugehörige Lebens- und Transportweise die globale Natur so verändert wird, dass jetzt schon Hungerkatastrophen entstehen und auf mittlere Sicht ganze Küsten mitsamt einigen Mega-Metropolen vom Meer überschwemmt werden. Das alles hat permanent kriegerische Auseinandersetzungen zwischen den Nationen und als Bürgerkriege zur Folge, in denen mit zunehmender Effektivität große Zahlen von Menschen umgebracht und vertrieben werden.

Dieser „Reichtum der Nationen" wird von der Produktionsweise des Kapitalismus hervorgebracht, die gerade einmal zweihundert Jahre alt ist, aber vielen als eine Art Naturnotwendigkeit und jedenfalls die beste aller möglichen Welten erscheint – voran den Wirtschaftswissenschaften, die sie in Diagrammen und Computer-Simulationen beschreiben. In den Krisen dieser Produktionsweise, wenn Firmen bankrott gehen und die Arbeitslosigkeit zunimmt, werden Leute damit unzufrieden und beschuldigen die Firmen-Gewaltigen und die Politik, aus Gier und Torheit das System ruiniert zu haben. Aber tatsächlich möchten sie ihre Arbeitsplätze und einen anständigen Lohn behalten. Anders zu leben und anders zu wirtschaften, können sich nur wenige überhaupt denken. Ein nicht unwichtiger Teil der Verheerungen dieser Produktionsweise betrifft die Köpfe, besonders die der WissenschaftlerInnen.

Wir beschreiben in diesem Buch, historisch informiert und zeitgenössisch wach, diese merkwürdige Art zu produzieren und zu leben mit dem fremden bis bösen Blick von Ethnographen, die eine Absurdität verstehen, und Involvierten, die das Selbstverständliche auffallend werden lassen müssen. Wir setzen voraus, dass Gesellschaften Herrschafts-Zusammenhänge sind, nicht Funktions-Systeme.[1] Wir beschreiben aus einer soziologischen Perspektive, das heißt: als Empiriker und nicht als Modellrechner. Was die Märkte tun oder idealerweise tun sollten, interessiert uns weniger als die Frage, wie welche Form von Markt hergestellt wird und von wem mit welchem Interesse. Die real existierenden Wirtschaftswissenschaften verhalten sich zum Kapitalismus wie heilige Schriften – oder eher der Katechismus – zum realen Umgang der

1 Funktionieren müssen sie auch, sonst gehen sie langfristig ein, aber das erklärt nicht, warum sie gerade so aufgebaut sind und nicht anders. Funktionieren würde, wie der historische und globale Vergleich zeigt, viel an möglichen Strukturen. Und es können sich Strukturen ziemlich lang halten, die zumindest für den Großteil – und sogar für alle – der Beteiligten nur mäßig funktionieren.

Menschen mit einander und mit ihren metaphysischen Ängsten.[2] Das ist Teil des Gegenstands, der verstanden sein will, nicht seine Erklärung.

„Soziologisch" beschreibt freilich die Perspektive nicht hinreichend. Für die real existierende Soziologie gilt genauso, was gerade über die Wirtschaftswissenschaften gesagt wurde. Die Modellrechner von „rational choice" und die System-Funktionalisten beherrschen den größeren Teil dessen, was unter diesem Namen verbreitet wird. Dagegen betreiben wir eine *reflexive* Soziologie, die Einsichten erst gelten lässt, wenn sie ihre eigene Herkunft aus den Erfahrungen

---

2 Auch an der Marxschen Theorie orientierte ökonomische Analysen, wie etwa die von Altvater (2005) oder Huffschmid (2002), setzen bei einem anderen Abstraktions-Niveau an, als wir es hier tun: Sie führen wirtschaftliche Funktions-Zusammenhänge vor, in denen sich ein Ergebnis vielleicht nicht mit Notwendigkeit, aber doch mit einer gewissen „Logik" aus einem Ausgangs-Zustand ableitet. Wir denken hier zuerst an die Leute, die arbeiten, um – möglichst gut – zu leben, mehr an Akteure und ihr Handeln, mehr an die Kultur, in der sie leben und agieren, darunter das „Wissen", an dem sie sich orientieren, die Erfahrungen und wie sie verarbeitet werden, mehr an die Herrschaft, die sie ausüben, erleiden und bekämpfen. In der Folge haben wir wahrscheinlich eine Neigung, Entwicklungen eher als „unbeabsichtigte Nebenfolgen" zu verstehen und insgesamt mehr Zufall, Torheit und Gleichgültigkeit in der Geschichte am Werk zu sehen als folgerichtige Ergebnisse früherer Entscheidungen. Die Beobachtung von Wirtschaftsexperten wie Entscheidungsmächtigen zuletzt in der Krise 2008/09 gibt uns recht: Beide Gruppen wissen nur so ungefähr, wie die Situation entstanden sein mag, in der sie mit nur ungefähr verstandenen Rezepten agieren und für die Zukunft das (für sie) Beste hoffen. Dass sich dabei auch noch „Schulen" mit ganz unterschiedlichen „Erklärungen" und „Rezepten" gegenüberstehen, erhöht nicht gerade das Vertrauen in die „Rationalität" des Ganzen. Die Widersprüche und Ungleichzeitigkeiten interessieren uns mehr als die „Logik".
Dementsprechend beteiligen wir uns hier schon gar nicht an der anderen „linken" Form der Analyse, die alle Auskünfte über die Gesellschaft und ihre Zustände in den Marxschen Texten findet. Ohne Kenntnis der Denktradition, die von Kant und Hegel über Marx zum „Westlichen Marxismus" und besonders zur Kritischen Theorie von Horkheimer und Adorno führt, geht es nicht. Aber mit „Marxologie" allein geht es auch nicht. Dieser interessanten Literaturgattung von Harvey (1982) bis Heinrich (2004) wollen wir nichts hinzufügen. Der Überblick zu den Debatten in der Bundesrepublik von Elbe (2008) ist aufschlussreicher als jeder einzelne Beitrag.

von Gesellschaft in einer spezifischen Position und aus den historisch überkommenen Denkmustern einbeziehen. Wir beanspruchen mit diesem Buch, die Analyse der Produktionsweise, die in der Kritischen Theorie bei „Monopolkapitalismus" stecken geblieben ist, so zu aktualisieren, dass man damit heute weiterarbeiten kann.

Diese Aktualisierung[3] bringt ein paar ungewöhnliche Eigenheiten der Kapitalismus-Theorie mit sich, die wir hier vorstellen:

* Wir machen mit der Forderung ernst, den Begriff „Arbeit" nicht unter der Hand mit „Lohnarbeit" gleichzusetzen und ziehen daraus zumindest ansatzweise die nötigen Folgerungen. Eine davon ist, dass der kapitalistisch organisierte Bereich des Wirtschaftens auf einem Sockel von gesellschaftlichen Arbeiten aufsitzt, die anders organisiert sind: als Gemeinde- und Hausarbeit, Eigenarbeit und solidarische Ökonomie. Die volkswirtschaftliche Gesamtrechnung verzeichnet nur die kapitalistisch organisierte „Wertschöpfung", wenn überhaupt. Insofern lässt sich nicht angeben, welcher Anteil des Wirtschaftens welcher Organisationsform zukommt, aber der nicht-kapitalistische Bereich ist nicht klein und betrifft die Leistungen, die wir unmittelbar brauchen. Außerhalb der Metropolen des Kapitalismus ist das ohnehin offensichtlich, gilt aber selbst hier.
* Die Herrschaftsform „Warenförmigkeit" ist kein Gegensatz zu „Bürokratie". Die beiden gehören zusammen und bedingen sich. Märkte sind kein Naturereignis, sondern müssen geplant und verwaltet werden. Insofern ist auch Staats-Kapitalismus nur eine Variante und nicht das Gegenteil von Kapitalismus. Neuerdings macht der Staats-Kapitalismus in China deutlich, wie vorteilhaft ein autoritärer Staat für diese Produktionsweise sein kann. Die Staats-Fonds der feudalen arabischen Öl-Emirate lehren die westlich-kapitalistische Wirtschaft ebenfalls das Fürchten. Auch zwischen den westlichen Staaten lassen sich stärker staatlich regulierte und stärker marktbetonte Formen als „varieties of capitalism" (Hall and Soskice 2001) un-

3 Zur Logik der Aktualisierung vgl. die Zwischenbemerkung gleichen Namens in Steinert 2007: 173ff. Bei Gesellschaftstheorien von einiger Komplexität wird das Programm der Falsifikation hinfällig, das Popper zur Annäherung an Wahrheit als Verfahren entwickelt hat. Stattdessen geht es darum, die Erfahrungen zu rekonstruieren, die sie plausibel mach(t)en, und sie zu gegenwärtigen Erfahrungen ins Verhältnis zu setzen.

terscheiden. Insgesamt gehen Kapitalismus und Demokratie nicht notwendig zusammen, Kapitalismus kann vielmehr mit vielen Arten von politischem Autoritarismus gut leben. Es lässt sich auch zeigen, dass in der Politikform des Neoliberalismus, im „strukturellen Populismus", die demokratischen Errungenschaften so ausgehöhlt werden können, dass von ihrer Substanz nur wenig übrig bleibt.

* Ebenso ist die Herrschaftsform „Warenförmigkeit" auf „Patriarchat" angewiesen: Haushalt und Betrieb lassen sich (trotz aller fundamentalistisch neoliberalen Versuche dazu) nicht warenförmig organisieren. Ihre patriarchale und disziplinierte Organisation ist vielmehr die Voraussetzung dafür, dass Warenförmigkeit möglich wird. Das sind auch nicht nur, wie eine Lesart es will, vor-kapitalistische Restbestände, die aufgebraucht würden. Sie werden vielmehr im Kapitalismus aktiv reproduziert. Sie werden auch gern verwendet, wenn sie per Migration importiert werden können. Migration hat ohnehin, erst innerstaatlich vom Land in die Städte, dann auch international, die Arbeitskräfte des Kapitalismus und ihre Zurichtung entscheidend bestimmt. Als möglichst großfamiliäre Migration mit den zugehörigen patriarchalen Solidaritäten schafft sie bis heute besondere Kapitalismus-Konformität und entsprechenden Erfolg. Wie sich die Kleinfamilie mit ihrem prekären Schrumpf-Patriarchat behaupten kann, ist eine interessante empirische Frage.
* Wir gehen davon aus, dass Kapitalismus zwar das „bürgerliche Individuum" geschaffen, es jedenfalls ermöglicht hat, dass er zugleich aber auch alles tut, um Individualität zu zerstören. Zunächst macht die Produktionsweise aus der Beziehungs-Eigenschaft „Individualität" ein „absolutes Individuum" mit einem Eigentum an besonderen Qualifikationen in der Konkurrenz. Dann aber hat Kapitalismus mit seiner Verwaltung die abstrakte Behandlung von Personen nach einer „Eigenschaft", etwa als Arbeitskraft, als Staatsangehöriger oder als Störer, besonders weit getrieben. Individualität ist auch Zwangs-Identifikation und entsprechend „kategoriale" Behandlung.
* Vor allem aber: Wir nehmen die historische Wandlungsfähigkeit von Kapitalismus ernst. Die Krisenhaftigkeit dieser Produktionsweise wurde von Marx und Engels und noch lange nach ihnen so verstanden, dass daraus ihr notwendiges und baldiges Ende folge. Seither hat uns historische Erfahrung be-

lehrt, dass viele Krisen einfach ausgesessen werden, andere zu Verbesserungen der Wirtschaftspolitik zur Bewältigung bis Vermeidung von Krisen führen, dass gelegentlich aber Kapitalismus auch grundlegend umgebaut wird. Wir zeigen, dass das bisher zwei Mal so grundlegend geschah, dass man von einer neuen Produktionsweise innerhalb von Kapitalismus sprechen kann. Jenseits seiner „Logik" kann Kapitalismus historisch variable und nicht „ableitbare" Formen, die „erfunden" werden, annehmen. Dagegen gibt es sehr wohl „ableitbare" Dynamiken wie die Monopolisierung oder die Nutzung von staatlicher Organisation (als Wirtschaftspolitik, Markterschließung, Krisenintervention), die sich daher nicht dazu eignen, historische Phasen zu charakterisieren und zu benennen. *Fordismus* und *Neoliberalismus* haben jeweils neue Kapitalstrategien, eine neue Arbeitsmoral, ein neues Herrschaftsregime, eine neue Ungleichheitsstruktur und eine neue Lebensweise, also Kultur hervorgebracht – ohne deshalb die konstitutiven Mechanismen von Kapitalismus: Kapitalverhältnis, Ausbeutung, Warenform als Herrschaftsmodus, zu verlassen. Diese Unterscheidung von Phasen von Kapitalismus hat auf der anderen Seite entscheidende Vorteile für das Verständnis von Gesellschaft und Gesellschaftsentwicklung: Sie sichert Gesellschaftsdiagnose gegen die Beliebigkeit, mit der in der Soziologie solche „XY-Gesellschaften" konstruiert werden, und sie gibt Kriterien für Stabilität und Veränderung an. Ein Begriff von Produktionsweise ist für das Verstehen von Gesellschaft und ihrer Geschichte ziemlich hilfreich.

Dank

Es ist immer noch keine ernstzunehmende historisch orientierte Darstellung von Kapitalismus denkbar, die nicht eine wesentliche Orientierung an der Theorie von Marx und Engels hätte. Zugleich haben wir (und HSt aus der unguten Erfahrung der dogmatischen Zerfalls-Produkte der Studentenbewegung in den 1970ern besonders) eine lang eingeübte Abneigung gegen Marxismus-Scholastik. Die Erkenntnisse der Tradition einer kulturtheoretisch orientierten materialistischen Gesellschaftstheorie, zu der die Kritische Theorie gehört, aber auch die Geschichtsschreibung „von unten", für die man hier Thompson exemplarisch nennen könnte, dieser Tage souverän zu übergehen, ist lächerlich und verweist auf „Marxismus als Religion". Die Schriften von Marx mit ihren immer noch erstaunlich treffenden Einsichten in die Struktur von Kapitalismus haben sich das wirklich nicht verdient.[4]

Wir wollen Kapitalismus verständlich darstellen und ziehen dazu heran, was wir über ihn seit den Zeiten des Jugend-Existenzialismus im Durchgang durch Alternativkultur, aus der Frauenbewegung, HSt auch im politik-beraterischen Versuch, einer „gefängnislosen Gesellschaft" näher zu kommen, von der Öko-Bewegung und in

---

4 Daraus folgt die Empfehlung zur weiteren Lektüre, die wir gleich hier, eingangs statt am Schluss, geben können:
Erstens: Lest mehr Marx! Das „Manifest" genügt nicht. (Es ist auch keine praktisch kurzgefasste Zusammenfassung der Theorie, wie manche zu glauben scheinen, sondern ein politischer Aufruf.) Wenn man das hinter sich hat, gibt es zwei typische Präferenzen: Manche Leserinnen sind fasziniert von den kapital-logischen Tüfteleien, andere können mit den historischen Analysen mehr anfangen. Die einen studieren das „Kapital" und sind von Scholastik, die anderen lesen eher die Frankreich-Schriften und sind von unsystematischen Theorie-Stücken gefährdet. (Präferenz für die philosophischen Frühschriften und die Pariser Manuskripte kommt als dritter Typus hinzu, dessen Lektüre aber nach diesem Durchgang in eine der beiden anderen Richtungen münden muss oder unvollständig bleibt.) Beides sind legitime Zugänge und ergänzen einander. Kapital-Logik ohne Sozialgeschichte hat schon viel abstraktes Denken und Reden erzeugt – bis hin zur „positiven" Wendung, als könnte man aus der Kritik eine Anleitung zum „richtigen" Wirtschaften beziehen.
Daher zweitens: Lest Sozialgeschichte! Lest Thompson! Lest Hobsbawm! Kapitalismus hat sich verändert und er tut das weiter und was dabei entsteht, folgt keiner „Logik" und ist daher nicht „abzuleiten". Das muss man – mit Hilfe der Marxschen Kategorien, die sich dabei verändern können – empirisch aufnehmen und verstehen. Auch die Sozialgeschichte ist nicht neutral, besonders die Geschichtsschreibung der Arbeiterbewegung ist das nicht. Das Verschwinden einer machtbewehrten Marx-Orthodoxie hat uns nicht nur dafür befreit, die Theorie neu zu bearbeiten, sondern auch dafür, die Geschichte der Arbeiterbewegung als historische Episode neu zu verstehen. Damit wird auch das wieder interessant, was in dieser Geschichtsschreibung weggelassen und unterdrückt wurde, zum Beispiel der Anarchismus. Hier gibt es eine eigene Tradition von Befreiungs-Theorie und -Geschichte (wieder) zu entdecken. Die Bücher von Marshall (1992) oder Stowasser (2007) geben den Überblick und die weiteren Literaturhinweise.
Dass wir ansonsten und grundsätzlich empfehlen, Befreiungs-Theorie von der *Dialektik der Aufklärung* her zu verstehen, wird niemanden wundern.

sympathisierender Distanz zu den Grünen, schließlich im neoliberalen roll-back lernen konnten. Bei der historischen Bearbeitung des Themas hat das sicher den Blick für die (kleinen) Widerständigkeiten geschärft und auch dafür, wie Versuche der Befreiung und auch nur des Abwehrens der gröbsten Zumutungen manchmal gelingen, meistens aber herrschaftlich vereinnahmt werden konnten.

Theoretisch ist das geprägt von einer intensiven Beschäftigung mit der Kritischen Theorie der *Dialektik der Aufklärung* und von einer langen Nachbarschaft (im wörtlichen und übertragenen Sinn) zu Joachim Hirsch an der Universität und in dem, was sich in Frankfurt bewegt hat. Damit waren wir an der Geschichte der Abarbeitung an Poulantzas, Gramsci, Hall, der „Regulations-Schule" und natürlich an der Diskussion der staatstheoretischen Arbeiten beteiligt, die in Frankfurt selbst entstanden sind. Aus dem allen, so meinen wir, hat sich eine Aktualisierung von Grundlagen der Kritischen Theorie entwickelt, die wir hier zusammenfassen.

Das Buch ist aus den Manuskripten für Vorlesungen entstanden, die wir gemeinsam und einzeln in Frankfurt gehalten haben. Freilich hat sich der Umfang fast verdoppelt. Das Buch wäre jetzt der Begleittext zu einer zweisemestrigen Veranstaltung. Vor allem sollte es sich aber zum Selbststudium eignen. Wir gehen nicht davon aus, dass Bücher von Anfang bis Ende durchgelesen werden, vielmehr wissen wir aus langer Erfahrung, dass in ihnen gestöbert wird. Der Aufbau mit den eher historisch darstellenden Hauptkapiteln und den herausgehobenen und dazwischengelegten Abschnitten zu „Glaubensfragen" – hier geht es mehr um Polemik – und „Theoriefragen" – knappen Abrissen zu wichtigen Begriffen – soll dem entgegenkommen. Man kann, so hoffen wir, einzelne Abschnitte nach Interesse zum Einstieg wählen, ohne dadurch – orientiert von dem detaillierten Inhaltsverzeichnis – den Überblick zu verlieren. Ohnehin ist ein „Einstieg" kein Lehrbuch, sondern eine Anregung zur eigenen Weiterarbeit an einzelnen Punkten oder auch am ganzen. Auch für uns selbst ist es eine Zwischenbilanz in einem lebenslangen Bemühen darum, historisch informiert die sich weiter- und umwälzende gesellschaftliche Gegenwart zu verstehen.

In jener ersten Veranstaltung, in der wir das Konzept entwickelt haben, war Susanne Martin als Tutorin beteiligt, Rebekka Palmieri hat beim zweiten Mal geholfen, die Studierenden zu betreuen.

Während der ganzen Zeit hat Renate Uhrig das Sekretariat betrieben und uns in vielerlei Hinsicht entlastet. Die Zusammenarbeit mit den MitarbeiterInnen des Verlags gehört zu den erfreulichen Erfahrungen. Ansonsten haben wir denen, die uns geholfen haben, persönlich gedankt. Das öffentliche Ritual erübrigt sich.

ChR/HSt

Der Triumph des Rabiat-Kapitalismus: Das markt-fundamentalistische Gesellschafts-Experiment und seine Kosten

Credo quia absurdum

Kapitalismus ist ein Glaubenssystem. In einer Welt der wirtschaftlichen Unvorhersehbarkeiten verspricht dieser Glaube, dass zuletzt alles gut wird: Betriebe machen Pleite; Vermögen lösen sich in der Krise einfach auf (und lassen ihre Ex-Besitzer mit der fassungslosen und zutiefst metaphysischen Frage zurück, wo das Geld jetzt wohl sein mag); Arbeiter verlieren den Job und in der Folge ihr Lebenswerk, das mit viel Eigenarbeit und prekären Krediten gebaute Häuschen; Obdachlose und Bettler führen uns mitten in den Einkaufszonen schamlos vor, dass es Armut gibt. Aber hinter dieser unerfreulichen Oberfläche sorgt eine „unsichtbare Hand" dafür, dass die Gesellschaften auf mittlere Sicht reicher, technisch entwickelt und freier werden. Alles wird gut.[1]

---

1 Dass der Glaube an das Geld und an die wunderbare Geldvermehrung etwas Religiöses hat, ist in den letzten Jahren bis Jahrzehnten immer auffälliger geworden. Ein Gefühl von „Unwirklichkeit" hat schon die Postmoderne der 1980er ff beherrscht. In der Soziologie wurde zuletzt Walter Benjamins Fragment „Kapitalismus als Religion" von 1921 (Benjamin GS VI: 100-103) wieder ausgegraben und kommentiert (Baecker 2002). Deutschmann (2001) hat grundsätzlicher versucht, von Denkmustern der Religionssoziologie ausgehend eine Theorie von Kapitalismus zu entwerfen. Erinnert sei in dem Zusammenhang an die Analyse von Brantlinger (1996), in der Satiren und Romane seit Swift und Dickens ebenso wie Wirtschafts- und politische Theorien als Verarbeitung der Unsicherheit interpretiert werden, was bei Papiergeld und (Staats-)Schulden, gar nicht zu reden von Spekulationsblasen, andererseits Armut im Land und kolonialen Genoziden, eigentlich die „Wirklichkeit" der sich entwickelnden Form des Wirtschaftens (gewesen) sein mag.

Diese Fähigkeit, das gegenwärtige Jammertal als zumindest unbeachtlich, wenn nicht gar als Voraussetzung für die kommende Glückseligkeit darzustellen, wenn man sich ihren maßvollen Regeln für das richtige Leben unterwirft, zeichnet gemeinhin gut organisierte Religionen und ihre Priester aus. Schamanen, Mystiker und ähnliche Enthusiasten versuchen, in der Ekstase den erleuchteten Zustand schon hier und jetzt zu erreichen. Kapitalismus als Religion kennt beide Zustände: in der Hauptsache die irrationale Zuversicht, dass der Markt letztlich die belohnt, die den Gnadenstoff Kapital klug angelegt haben; gelegentlich aber die kollektive Begeisterung der Enthusiasten, die schon jetzt plötzliche Reichtümer „schaffen" und möglichst viele in ihren Rausch mit hineinziehen müssen. (Es ist immer ungeklärt, wie sehr der Schamane seine Begeisterung selbst glaubt oder sie nur überzeugend darzustellen gelernt hat.)

Wie in jeder honetten Religion soll man den Namen des HErrn nicht leichtfertig nennen. Nur die Ungläubigen, die Kritiker vor allem aus der Arbeiterbewegung, taten das geistig unbeschwert, wenn auch oft mit geballter Faust. Ökonomen wie Werner Sombart und Max Weber brachten erst spät, um die Jahrhundertwende, den Namen „Kapitalismus" in den akademisch-wirtschaftswissenschaftlichen Gebrauch – beeilten sich aber, besonders seinen (Heiligen?) Geist[2] in den Vordergrund zu schieben. Mit der Entstehung eines Gegensystems, das von sich behauptete, eine andere Produktionsweise namens „Sozialismus" durchgesetzt zu haben oder doch dabei zu sein, das zu tun, bekam „Kapitalismus" vorübergehend einen besseren Ruf. In der Weltwirtschaftskrise der 1920/30er verlor er allerdings allen Kredit, alle wollten ihn mit staatlichen Mitteln überwinden, die einen als New Deal, die anderen als faschistischer Ständestaat und Nationalsozialismus. Nach der Barbarei war das Verständnis, dass es um die Rettung einer Produktionsweise gegangen war, verschüttet. Indem alle Planwirtschaft als „totalitär" galt, wurde Marktwirtschaft zum Gegensatz zu Sozialismus *und* Faschismus. Max Horkheimers Warnung, dass „der Faschismus aus dem kapitalistischen Prinzip hervorgeht" (1939: 313), klang nun

2 Jedenfalls bemühte sich Max Weber (1904-06) energisch und folgenreich, diesen „Geist" religiös und exklusiv im Protestantismus zu identifizieren. Werner Sombart (1902; 1913) war da weniger wählerisch, schon der Luxuskonsum der Kurtisanen reichte ihm dafür neben vielen anderen Herkünften, nur von der Religion hielt er in dem Zusammenhang nicht viel.

überspannt. Marktwirtschaft zu restaurieren erschien als geeignet, Faschismus zu überwinden, ohne in das andere Extrem des totalitären Sozialismus zu verfallen.

Kapitalismus gegen Sozialismus, Markt gegen Plan

In den langen Jahren des Kalten Kriegs zwischen den USA und der UdSSR mit ihren jeweiligen Satrapen war „Kapitalismus" nur mehr ein Kampfbegriff der anderen Seite: Der „freie Westen" verstand sich als ebenso „freie Marktwirtschaft". Wer „Kapitalismus" sagte, verriet sich damit als Kommunist und brachte sich in den Verdacht unamerikanischer Umtriebe. Markt versus Plan, das wurde als entscheidende Alternative zwischen Freiheit und Bürokraten-Herrschaft dargestellt, letztere zugleich als das Wesen von Sozialismus. Es war nicht ausgemacht, welche Diktatur schlimmer war: der gerade besiegte und angeblich überwundene Faschismus und Nationalsozialismus oder jener gegenwärtige, einerseits aggressiv expandierende, andererseits hinter einem „eisernen Vorhang" abgeschottete Sozialismus. Er musste vor allem in Afrika, Asien und Südamerika auch kriegerisch „eingedämmt" werden, während in Europa die Grenze im Gleichgewicht des Schreckens der Atombombe und der Interkontinental- und Mittelstrecken-Trägerraketen zur beidseitigen Zufriedenheit der Herrschenden oder zumindest resignierter Hinnahme fixiert war.

In den 1960ern wurde in den Bemühungen um eine Neue Linke die falsche Alternative aufgebrochen. Sozialismus bekam jetzt das spöttische Epitheton „real existierend" und dieser wurde mit Stalinismus gleichgesetzt. Ein „Sozialismus mit menschlichem Antlitz" war das Mindeste an Utopie, eher sollte die zukünftige freie Assoziation der Produzenten, von den Erfahrungen in Kommunen und selbstverwalteten Betrieben, Kinderläden und freien Schulen ausgehend, nach anarchistischen Prinzipien neu imaginiert werden. Kritik an Kapitalismus und seinen imperialistischen Kriegen verband sich irritierend mit scharfer Ablehnung des Real-Sozialismus. Es wurde nach Freiheit jenseits der falschen Alternative gesucht. Die Kalten Krieger konnten von ihren vertrauten Feindbildern nicht lassen und empfahlen uns trotzdem: Geht doch nach drüben.

Zugleich verlor im Westen „Planung" ihren ideologischen Schrecken. Im Zeichen von durchgesetztem Korporatismus, auch Sozialpartnerschaft genannt, sollten Kapital und Arbeit, vermittelt durch eine planende Verwaltung, die Eckdaten und Randbedingungen zur Verfügung stellte, zu beidseitigem Nutzen kooperieren. Markt und Plan waren keine feindlichen Gegensätze mehr, sondern ergänzten sich vorteilhaft. Tatsächlich war die damals entwickelte kapitalistische Planung um einiges raffinierter als die kriegswirtschaftlich inspirierte Kasernenhof-Planung im Osten. Selbst der Wohlfahrtsstaat wurde vorübergehend auch für die Kapitalisten im Rahmen von keynesianischer Wirtschaftspolitik als Stabilisierung und Verstetigung der erwünschten Kaufkraft der Bevölkerung akzeptabel, von der Disziplinierung der Arbeitskraft gar nicht zu reden.

Die Offensive und ihre unrühmliche Bruchlandung

In der Krise des fordistischen Wirtschaftens und dann besonders ermutigt vom Zusammenbruch des Sowjet-Imperiums sahen die Fundamentalisten der Kapitalismus-Religion ihre Chance: Schluss mit den weichen Kompromissen zwischen Kapital und Arbeit, die sich angesichts der Möglichkeiten des „globalisierten" Arbeitsmarktes für die Kapitalseite wirklich erübrigten; Öffnung neuer Anlage-Möglichkeiten im Bereich dessen, was bisher als „Infrastruktur" staatlich organisiert wurde, und im Bereich der Finanz-Spekulation, die dazu nur de-reguliert werden musste; Zurückschrauben der Sozialleistungen und ihrer Kosten, die zwar eh von den Arbeitskräften selbst getragen werden, aber für die Fundamentalisten doch deren allseitiger Mobilisierung im Wege stehen. Die Fundamentalisten fanden ab 1979 in Großbritannien (Thatcher) und 1980 in den USA (Reagan) Regierungen, die ihnen gerne folgten, und etwas später, nach 1989, in den ex-kommunistischen Staaten eine Ratlosigkeit, in die sie als Berater einfallen und in der sie faktisch die Macht der Neu-Organisation übernehmen konnten. Als sich der Staub dieser mehr oder weniger feindlichen Übernahmen schon etwas zu setzen begann, hat sich in den acht Jahren der Bush-Regierung in den USA der Wirtschafts-Fundamentalismus zum Nutzen der Schamanen und Enthusiasten des schnellen Geldes noch einmal mit einem religiösen Fundamentalismus traditioneller Art verbunden. Die ganze Welt wurde von diesen Talibans des Turbo-Kapitalismus einem Groß-Experiment unterworfen, das einige wenige sehr reich machte und dessen Kosten jetzt mehrere Generationen von Steuerzahlern abzutragen haben werden.

Schon die dot-com-Krise von 1999-2001 hätte den Schamanen und ihren Anhängern zeigen können, dass ihr Gott ein Papier-Tiger ist, aber erst der Banken-Krach des Jahres 2008 brachte ein wenig Ernüchterung. Nur ein wenig, wohlgemerkt: Die seriös wirkenden Priester der Religion treten jetzt vor und distanzieren sich von den Schamanen (als ob die nicht mit ihren Geldern und in ihren Firmen getanzt und Feuerwerke abgebrannt hätten). „Kapitalismus" klingt nur im Volk nicht mehr nach immerwährendem Reichtum, die Kapitalismus-Kirche opfert gerade ein paar Sündenböcke und kauft jetzt billig die Filialen der Konkurrenz auf. Für diese wahren Gläubigen gibt es nach wie vor nur einen Gott.

Aber dieser Gott ist sterblich. Zumindest hat er einen historischen Beginn und der liegt gar nicht so weit zurück: zwei- bis dreihundert Jahre höchstens, davor einzelne Erscheinungen, denen die Historiker die Vorsilbe Proto- geben. Freilich, so sterblich wie zu Zeiten von seinen Kritikern angenommen, die ihn in den 1960/70ern ganz selbstverständlich *Spät*kapitalismus nannten, ist er auch wieder nicht. Die Krisen, von denen die Theoretiker und Strategen der Arbeiterbewegung immer wieder annahmen, das sei jetzt aber wirklich die End-Krise dieses chaotischen Wirtschafts-Systems, hat er bisher durch Formwandel bewältigt. Der Gott hat die Eigenschaften des antiken Proteus: Er entzieht sich der Fesselung, indem er seine Gestalt verändert, aber die Identität bewahrt. Mit diesen verschiedenen Formen: Industrie-Kapitalismus – Fordismus – Neoliberalismus, vor allem aber der Identität: Kapitalverhältnis – Ausbeutung – Konkurrenz, von Kapitalismus beschäftigt sich dieses Buch. Man braucht scharfe Begriffe, um sich in der Vielfalt der historischen Entwicklungen und gesellschaftlichen Erscheinungen orientieren zu können.

Wir leben nicht von Lohnarbeit und Waren

Die historische wie die gesellschaftliche Orientierung ist umgekehrt nötig, um die Relativität der Bedeutung von Kapitalismus zu sehen. In Europa, in den USA und bei ihren Trabanten herrscht die Vorstellung, die gesamte Wirtschaft, also alle Tätigkeit zur Produktion und Verteilung des Lebensnotwendigen, sei nach kapitalistischen Prinzipien organisiert und die Bevölkerung lebe von den Waren und Diensten, die so in großer Menge und behaupteter Vielfalt hervorgebracht würden. Dass das im Rest der Welt nicht so ausschließlich der Fall ist, wird in einer Terminologie von Rückständigkeit und notwendiger Entwicklung abgehandelt. Aber es stimmt nicht einmal für Europa, die USA und ihre Trabanten:

Wir leben nicht von den Waren und Diensten, die wir in Lohnarbeit erzeugen und um den damit hereingebrachten Lohn kaufen.

Hausarbeit

Wir leben vielmehr zuerst von der Hausarbeit der gegenseitigen „Dienste" (Fineman 2004), der Eigenproduktionen und der Umwandlung von Waren in „Gebrauchswerte", dazu der Instandhaltung, die immer noch den Großteil der notwendigen Arbeit ausmachen. Wir leben nicht von Lohnarbeit. Viele erleben die Lohnarbeit als notwendiges Übel. Und beachtliche Anteile der Gruppe, die gern Lohnarbeit hätte, können keine bekommen.[3] Hinzu kommt die freiwillige Arbeit für andere und für die Gemeinde, die auf Gegenseitigkeit oder gleich als Geschenk und also auch nicht kapitalistisch organisiert ist. Weltweit stimmt es schon gar nicht: Die meisten Menschen leben von Haushaltsproduktion, manchmal mit Ausläufern in die Warenwelt und Einsprengseln aus ihr, oft mit Ausflügen einzelner Mitglieder des Haushalts in die Lohnarbeit, aus der sie vielleicht nicht zurückkommen, auch in die Bereiche von (kapitalistisch organisierter) Arbeit, die sich von Sklaverei (eventuell auf Zeit) wenig unterscheiden.

Da „nur zählt, was Geld einbringt", auch in der Statistik, lässt sich der Anteil der nicht warenförmig organisierten Produktion und Dienstleistung an irgendwelcher (wie immer erhobener) „Wertschöpfung" nicht ausrechnen.[4] Wir könnten nur abschätzen, wie viele der Produkte und Dienste, von denen wir leben und die uns wirklich wichtig sind, wir auf irgendwelchen Märkten beziehen und welche (in welcher Qualität) dort nicht zu haben sind. Waren sind manchmal schön, nützlich und faszinierend, aber allenfalls Kinder und kindlich Gebliebene leben in dieser Welt der Waren. Wenn wir sie erworben haben, fängt die Arbeit des Lebens erst an. Und jedenfalls ist es nicht so, dass diese Arbeiten Restbestände wären,

---

3 Das bewegt sich seit Jahrzehnten in einer Größenordnung, die Politiker noch in den 1970ern für auf die Dauer unmöglich gehalten und von der sie die Möglichkeit eines neuen Faschismus befürchtet haben. Die Hoffnung, es werde eines Tages wieder „Vollbeschäftigung", also Lohnarbeit für alle, die eine wollen, geben, ist aus vielen Gründen illusorisch.

4 Schon die „Schwarzarbeit", also die Arbeit, die immerhin noch weitgehend anonym und gegen Bezahlung, nur ohne Staats-Anteil geschieht, wird je nach Land auf 10-20% des BNP geschätzt.

die nur noch nicht hinreichend „modernisiert" und „entwickelt" sind. Es ist umgekehrt: Der kapitalistisch organisierte Teil der Produktion des Lebensnotwendigen sitzt auf einem Fundament von in einem weiten Sinn „Hausarbeit" auf, ohne das er nicht möglich wäre. Und die Hausarbeit ist nicht auf das Haus im heutigen, engen Sinn beschränkt, „Gemeindearbeit" ist vielmehr Teil davon. (Historisch ist umgekehrt die Hausarbeit als Teil einer umfassenderen Arbeit in und an der Gemeinde zu sehen.)

Historisch hat der kapitalistisch organisierte Sektor sich langsam über die Hauswirtschaft gelegt, zum Teil in Formen des Verlagssystems oder der Manufaktur, die als „proto-kapitalistisch" benannt werden. Aber dadurch wurde sie nicht verdrängt, sondern in die passende Form gebracht. Hausarbeit ist kein „unschuldiger" Gegensatz zu Lohnarbeit, sondern wurde nach deren Imperativen umgeformt und herrschaftlich reproduziert. Wer hier das „Reich der Freiheit" sucht, wird eine Enttäuschung erleben (auch wenn manches davon vielem an Lohnarbeit zumindest für einige Zeit vorzuziehen sein mag). Besonders in der industriellen Produktion im 19. Jahrhundert hat die kapitalistisch organisierte Wirtschaft eine Überzeugungskraft und schließlich Hegemonie erreicht, die bis heute wirkt. Betrieben wurde das in der Koalition von Wirtschaftsbürgern und Technikern (Siemens & Halske, der Kaufmann und der Mechaniker, als das klassische Gespann) gegen Bildungsbürgertum und Arbeiterschaft. Der Durchbruch lag wohl in der Identifikation der Arbeiter mit dem „Heldentum" der industriellen Arbeit, dem auch die Arbeitswertlehre und das Respektabel-Werden der disziplinierten Arbeiter mit Hilfe der Facharbeiter-Bewegung entsprachen. Endgültig war es der Massenkonsum des Fordismus, der die kapitalistische Organisation der Wirtschaft so überzeugend machte, dass wir heute denken, die Hausarbeit werde von der Lohnarbeit finanziert und wir könnten von den Waren und Dienstleistungen leben, die wir mit dem Arbeitslohn kaufen. Vor allem wissen wir natürlich, wir können ohne Geld nicht leben. Aber die selbstverständliche Gleichung Geld = Lohnarbeitslohn ist gar nicht so selbstverständlich und könnte noch weniger zwingend gemacht werden.[5]

---

5 Ansätze der Solidar-Ökonomie, die auf regional begrenzten „Währungen", unmittelbarem Tausch und Geschenken beruhen, und Ideen einer „sozialen Infrastruktur", zu der ein „Grundeinkommen", also ein Grundbestand an Kauf-Möglichkeiten gehört, arbeiten daran, diese Gleichung zu relativieren.

Herrschaft im Betrieb

Ein zweiter entscheidend wichtiger Bereich ist intern nicht nach kapitalistischen Prinzipien der Warenförmigkeit organisiert: der Betrieb. Es blieb den neoliberalen Markt-Fundamentalisten vorbehalten, in ihrem religiösen Überschwang auch noch diesen absurden Versuch zu machen: Sie richteten zwischen Abteilungen und Personen, die in einem Betrieb arbeitsteilig kooperieren sollen, Pseudo-Märkte ein und brachten sie dadurch in Konkurrenz zueinander. Nicht nur der Betrieb als ganzes soll eine positive Bilanz ausweisen können, sondern jede einzelne Abteilung und jede Person soll positiv bilanzieren. Um das auszuweisen, war es leider nötig, eine neue Bürokratie von „benchmarking", Zielvereinbarungen und Evaluationen einzurichten, die zusätzliche Mittel und viel Arbeitszeit der Evaluierten verschlingt. Wenn das mit „Leistungslohn", Prämien und Bonus-Zahlungen verbunden wird, ist es tatsächlich die beste Annäherung an ein Akkord-System, die in Arbeitsbereichen, in denen man nicht die hergestellten Stücke abzählen kann, je gelungen ist.

Herkömmlich hatte betriebliche Herrschaft eine andere Grundlage: das krude Regime der strengen Regeln, Kontrollen und Bestrafungen nach dem Modell des Militärs und das feinere der schließlich internalisierten Disziplin und des Arbeitsstolzes, der noch aus dem Handwerk stammte. Entscheidend war die Durchsetzung des disziplinierten Arbeitens und darüber hinaus des disziplinierten Lebens in der „geschlossenen Anstalt" der Fabrik und der Fabriksiedlung im 19. Jahrhundert. Mit Kapitalismus hat die Disziplin weder nach ihrer Herkunft noch nach ihrem Funktionieren etwas zu tun, aber sie war und blieb als betriebliche Herrschaftsform für diese Produktionsweise extrem nützlich bis unerlässlich. Disziplin als Zuverlässigkeit wurde zu der entscheidenden Qualifikation der Arbeitskraft in Fabrik, Kontor und Bürostube.

Selbstverständlich wurde der Haushalt einbezogen – und die Kleinfamilie, in der alle Beteiligten besonders von einander abhängig sind, erwies sich als Hort der Disziplinierung auf Gegenseitigkeit. Über Schule, berufliche Ausbildung, schließlich, als krönender Abschluss der Erziehung verstanden, das Militär als „Schule der Nation" wurde die in der Familie grundgelegte Disziplin den „anständigen" jungen Leuten aus den unteren Schichten eintrainiert. Den oberen Schichten ging es nicht besser, nur kam hier das Versprechen einer „Karriere" hinzu: Nach der Brutalität der Boarding

School und der Kadettenanstalt stand die Laufbahn als Offizier und Kolonialbeamter oder als Nachfolger im Familienbetrieb. Die Frauen der Unterschicht hatten zusätzlich die Disziplin der sparsamen Haushaltsführung zu erlernen. Ein wenig im Windschatten blieben allenfalls die Töchter der Oberschicht, die für das Gute, Schöne und Wahre (der Hauslehrer und ähnlich zweifelhafter Gestalten) zuständig gemacht, von der Disziplin der Lohnarbeit aber ferngehalten wurden. Dafür saßen ihnen Moral und Religion stärker im Nacken als den Männern und als der ganzen Unterschicht.

Die weitere Entwicklung der betrieblichen Herrschaft bestand in groben Zügen darin, dass die Disziplinierung zunächst den Maschinen überlassen wurde, die „gefüttert" sein wollten. Damit konnte man auch das Arbeitstempo erhöhen, ohne die schwierige Kontrolle durch Vorgesetzte dafür bemühen zu müssen. Die andere Kontrolle des Arbeitstempos besteht in der Koordination der Teiltätigkeiten, in der ein Arbeiter von der Vor- und Zuarbeit des anderen abhängig gemacht wird und daher Druck darauf macht, diese so zu bekommen, wie er sie braucht. (Das Problem dabei ist, dass die sich absprechen und auf ein Tempo einigen können, das sie beide gut aushalten können.) Mit der „wissenschaftlichen" Zerlegung der Arbeit in molekulare Einheiten, die mit dem Fließband koordiniert werden, ist auch diese Form von Herrschaft der Maschine über- und in ihr neutral mechanisches Wirken eingelassen. Die zweite Entwicklungslinie ist die der Psychologisierung, wie sie mit den berühmten Hawthorne-Experimenten einsetzte: Die Arbeitsleistung hängt weniger von der Stärke der Beleuchtung ab als von ihrer Veränderung, die anzeigt, dass die Arbeitsbedingungen im Betrieb beachtet und ernstgenommen werden. Das gilt noch bis zur Gruppenarbeit, in der Kooperationsfähigkeiten und Gruppendruck für den Betrieb mobilisiert werden. In der neuesten Phase der Pseudo-Marktförmigkeit der erzwungenen innerbetrieblichen Selbständigkeit bei verschärfter Konkurrenz stellt sich die Psychologie selbst ein Bein, weil zugleich neue Kontroll-Bürokratien aufgebaut werden müssen, die mögliche Kosten-Vorteile für den Betrieb locker auffressen.[6]

---

6 Anders ist es übrigens, wenn die erzwungene Selbständigkeit zur völligen Auslagerung – „outsourcing" – führt. Damit werden sämtliche Kosten eines Arbeitsplatzes dem Arbeiter aufgehalst. Die Qualitätskontrolle bleibt freilich notwendig, aber die Sanktion für mangelnde Qualität wird einfacher: Man kauft nicht.

Bürokratie

Schließlich ist an einen dritten Bereich: an den Staat, also an politische Herrschaft und Verwaltung, zu erinnern. Auch er ist nicht markt- und warenförmig organisiert, sondern bürokratisch. Es ist Max Weber zu danken, dass er „bürokratisch“, also die Organisation nach festgelegten Regeln für Inhalt und Verfahren, mit „rational“ identifiziert und damit zugleich auf den Begriff gebracht hat, dass die westliche Rationalität in der Herrschaft von autoritärer Regelhaftigkeit besteht. Das Modell von Bürokratie ist das Militär, also die strenge Hierarchie der Amtsträger und das Verhältnis von Befehl und unbedingtem Gehorsam zwischen den Rängen. Vorkapitalistisch, unter Bedingungen der offen gewaltförmigen Abschöpfung von Mehrprodukt, waren politische und wirtschaftliche Herrschaft identisch. Charles Tilly (1985) hat seinerzeit etwas Aufsehen damit erregt, dass er den Staat mit der Mafia verglich: Er löst uns die Probleme, die wir ohne ihn gar nicht hätten – und kassiert dafür noch Schutzgeld. Die Triftigkeit der Analogie beruhte in Tillys Argument auf der Bedeutung von Krieg und der organisierten Fähigkeit, Kriege zu führen – was wir uns angewöhnt haben, das „Gewaltmonopol“ des Staates zu nennen und als seine Frieden stiftende Funktion hochzuschätzen –, für die Etablierung von Staaten: Sie werden von Krieg führenden „Herrschaften“ zu dem Zweck gebildet, die damit gewonnene „Bevölkerung“ an den Kosten der Kriege zu beteiligen, die man mit eigenen Mitteln allein nicht finanzieren könnte. Tillys Erfahrungshintergrund für diese Darstellung war die Geschichte der Staatenbildung in Europa seit dem 10. bis ins 18. Jahrhundert.

An dieser Rekonstruktion des Ausgangspunktes wird deutlich, dass Staat nicht nur, nicht einmal in erster Linie reguliert, sondern vor allem abschöpft. Sein wesentliches „Interesse an sich selbst“ besteht darin, erst einmal seine eigene Finanzierung zu sichern. Dazu gehört – sehr sichtbar – die demonstrativ prächtige Hofhaltung des Fürsten, aber zunehmend kostspieliger, wenn auch weniger spektakulär, besonders der Gewaltapparat und die Verwaltung (unter Einschluss der ursprünglich religiös organisierten Herrschafts-Legitimation), die beide mit Ausdehnung des Territoriums und Ausdifferenzierung der Herrschaftsaufgaben immer größer werden.

Erst mit der bürgerlich-kapitalistischen Verselbständigung eines Bereichs von Wirtschaft und damit Gesellschaft stellt sich zwischen Staat und Wirtschaft ein Verhältnis der gegenseitigen

Regulation und Instrumentalisierung ein. Dazu gehört die unmittelbare Gewalt, die beim Staat monopolisiert wird und mit der dieser Basis-Institutionen wie Eigentum und Vertrag garantiert. Darüber hinaus muss die materielle Infrastruktur des Wirtschaftens, wenn sie konkurrenzneutral sein soll, staatlich organisiert und bereitgehalten werden. Schließlich gibt es Staatsaufträge an die Wirtschaft und die Subvention und sonstige Stützung einzelner wirtschaftlicher Projekte, besonders wenn sie riskant sind. Auch die Regulation der „Abwicklung" von fehlgeschlagenen Projekten, die üblicherweise mit finanziellen Zuschüssen verbunden wird, ist eine wichtige wirtschaftliche Staatstätigkeit. Schließlich kommt noch die Verantwortung für den Konjunkturverlauf, also für die Krisenregulation und sonstige Verstetigung von möglichst Wirtschafts*wachstum* hinzu. Sozialpolitik ist ein Teil davon. Dass all das den Apparat von Politik und Verwaltung nicht gerade verkleinert, versteht sich: In Deutschland lag der Anteil der Staatsausgaben am BNP um 1880 bei 12 %, hundert Jahre später bei 45%, in Österreich bei 50%, in Schweden fast bei 60%. Das will administriert sein.

Nicht-kapitalistische Voraussetzungen von Kapitalismus

Es sind also im Kapitalismus drei große und zentrale Bereiche des gesellschaftlichen Lebens von der markt- und warenförmigen Organisation ausgenommen. Haushalt, Betrieb und Staat sind in sich in den Herrschaftsformen von Patriarchat (mit der Herkunft aus der Hauswirtschaft), Disziplin (mit der Herkunft aus der geschlossenen Anstalt) und Bürokratie (mit der Herkunft aus dem Militär) gestaltet. Die Produktionsweise namens Kapitalismus, die sich im 18., spätestens im 19. Jahrhundert als industrieller und liberaler Kapitalismus in Europa durchgesetzt und von da auf weite Teile der Welt ausgebreitet hat, besteht bei genauem Hinsehen nur zu einem kleinen Bereich aus der Produktion im Kapitalverhältnis (einer besitzt die Produktionsmittel und kauft die „freie" Arbeitskraft des anderen dazu, die er nach seinen Vorgaben daran tätig werden lässt). Kapitalismus braucht große anders strukturierte Bereiche als Voraussetzung, um seine Waren produzieren zu können und um sie brauchbar zu machen.

Allerdings ist das Verhältnis zwischen dem kapitalistisch organisierten Bereich und den anderen nicht unbedingt eines des Gegensatzes. Schon gar nicht sind die anderen Bereiche „unschuldige" Reste einer besseren Welt, die „kolonialisiert“ und mehr oder weniger schnell „aufgebraucht“ würden. Sie werden vielmehr für Zwecke des kapitalistischen Wirtschaftens grundlegend (um)gestaltet und neu zugerichtet und auch aktiv reproduziert. Man wird sinnvollerweise vom „kapitalistischen Haushalt“, vom „kapitalistischen Betrieb“ und vom „kapitalistischen Staat“ sprechen und sich damit auch begrifflich dagegen absichern, diese Bereiche zu romantisieren.

Besonders eng ist die Beziehung zwischen den Prinzipien von Markt und freiem Vertrag und der Herrschaft des kapitalistischen Betriebs. Während durch die feudale Beraubung in keiner Weise festgelegt wurde, wie die Bauern arbeiteten, hat die Miete der Arbeitskraft für eine bestimmte Zeit zur Folge, dass ihr genau vorgeschrieben wird, wie sie in dieser Zeit zu arbeiten hat, nämlich vor allem viel. Indem sie arbeitsteilig mit anderen Teilarbeitern und mechanisch betriebenen Maschinen koordiniert werden soll, muss Fabrikarbeit zuverlässig und ausdauernd, repetitiv und in einem vorgegebenen Tempo geschehen – Eigenschaften, die landwirtschaftlich oder handwerklich nicht verlangt werden. Dazu muss die Schicht in der Früh pünktlich gemeinsam anfangen und ebenso gemeinsam durchgehalten und beendet werden, da kann es keine Ausnahmen geben. Wer zu spät kommt oder ausfällt, wird ersetzt. Wer langsam oder sonst „schlecht“ arbeitet, wird angetrieben, bestraft und ersetzt. Auch ohne Maschinen, die den Takt vorgeben, gibt es ein großes Interesse daran, dass in der gemieteten Arbeitszeit möglichst viel, also schnell und intensiv und ohne Pausen gearbeitet wird. Das wird durch Kontrolleure, „Antreiber“ und Strafen als Abzug vom Lohn oder durch Akkord-Minimalvorgaben (deren Unterschreitung wieder Lohnabzüge zur Folge hat) mehr versucht als tatsächlich erreicht. (Akkord-Vorgaben werden von einer solidarischen Arbeiterschaft selbst „reguliert“ und Kontrolleure werden korrumpiert.)

Mit den genannten Formen von Zwang lässt sich schon einiges an durchaus wirksamer betrieblicher Herrschaft installieren, aber der Durchbruch ist erst die Erzeugung der disziplinierten Arbeitskraft, die „Fabrikation des zuverlässigen Menschen“. Wenn man erreichen will, dass der Arbeiter pünktlich in der Früh an der Werkbank parat steht, kann man ihn kasernieren (das geschah auch in den Fabriksiedlungen und Arbeitslagern) oder man muss seine ganze Lebensweise so gestalten, dass er zum Beispiel abends nicht säuft und rechtzeitig schläft. Wenn die Arbeitskraft mit einem geringen Lohn auskommen soll, darf er ihn nicht verspielen und muss sie einen sparsamen Haushalt führen. Wenn er und sie zuverlässig und ausdauernd sein sollen, bringt man das am besten schon den Kindern in Familie und Schule bei und verstärkt es später im Leben durch gegenseitigen Druck auf Wohlanständigkeit, wofür zum Teil die Religion diente, was zum anderen und wichtigeren Teil die Arbeiterbewegung bewirkte. Durch die Möglichkeit einer „Karriere" (erst in die Kontrollpositionen, dann in die Verwaltung des Betriebs) und das Versprechen von sozialem Aufstieg durch Ausbildung und durch Bewährung lässt sich das in einer Lebenslauf-Disziplin rahmen und verstärken.

Arbeit im Kapitalverhältnis hat also einen äußeren Rahmen von Warenförmigkeit, braucht aber nach innen eine betriebliche Herrschaft, die in sich nicht warenförmig funktionieren kann und in der man selbst Prinzipien der Konkurrenz erst mühsam installieren muss.[7]

Ähnlich eng gehört Kapitalismus mit politischer und bürokratischer Herrschaft zusammen. Kapitalismus braucht einen bestimmten, nämlich den absoluten Begriff von Eigentum, der rechtlich hergestellt und dann staatlich garantiert werden musste.

Vor allem aber ist Gemeinde- und Hausarbeit die Grundlage des Überlebens und des guten Lebens geblieben. Sie beruht auf den Formen der Solidarität, die in der Gemeinde der patriarchalen Haushalte vorgegeben werden und möglich sind.[8]

Auch unter dem Stichwort „Ungleichzeitigkeit" wird deutlich, dass Warenförmigkeit nicht alle Bereiche des Lebens bestimmt, auch wenn sie alle beeinflusst. Warenförmigkeit hat ihren Widerspruch und braucht ihn sogar. Rosa Luxemburg hat seinerzeit schon erkannt, dass der Warenwert nicht bei den Lohnarbeitern realisiert werden kann, die die Waren erzeugen. Sie hat daraus geschlossen, dass Kapitalismus notwendig nach innen wie nach außen imperialistisch expansiv ist und einmal an die Grenzen dieser Ausdehnung stoßen

---

7 Das geschieht als Klassenpolitik und wird hier in dem Kapitel gleichen Namens näher behandelt.

8 Die Herrschaftsform „Patriarchat" hat wegen ihrer Bedeutung ein eigenes Kapitel in diesem Buch. Fragen der „Disziplin" werden in den Abschnitten zur Arbeitsmoral in den Kapiteln „Moralische Ökonomie", „Die protestantische Ethik ...", „Fordismus" und „Neoliberalismus" behandelt. Eine kompakte Zusammenfassung zur Disziplin in den verschiedenen kapitalistischen Produktionsweisen findet sich in Steinert (2005a). Zur bürokratischen Herrschaft gibt es den Abschnitt „Von der liberalen Demokratie zum strukturellen Kapitalismus" im Kapitel „Autoritärer Kapitalismus".

muss. Karl Polanyi hat in einer Art Verallgemeinerung dieses Gedankens angenommen, dass Kapitalismus von nicht-kapitalistischen Beständen lebt und sie aufbraucht. Am Beispiel der patriarchalen Familie und des Haushalts und seiner Arbeit lässt sich zeigen, dass dieser nicht-kapitalistische Bereich wenn, dann sehr langsam „aufgebraucht" wird und dass er umgekehrt in den beiden Jahrhunderten von entwickeltem Kapitalismus als solcher nicht-kapitalistischer Bereich gehegt und gepflegt wurde. Das Modell ist also eher, dass kapitalistisches Wirtschaften einerseits begrenzt ist, andererseits seine nicht-kapitalistischen Voraussetzungen selbst organisiert und sie dabei herrschaftlich durchdringt.

Religion oder Sekte?

Ein Freund, Felix Schneider, dem wir den Anfang dieses Kapitels zu lesen gaben, meinte dazu, ihm komme Kapitalismus weniger wie eine etablierte Religion, sondern eher wie eine Selbstmord-Sekte vor. Er schrieb: „Im Unterschied zur Religion produziert der Kapitalismus das Problem, das er nicht lösen, für das er aber Opium anbieten kann, selbst. Eine stramme Leistung. In diesem Zusammenhang wäre zu fragen, ob der Kapitalismus heute nicht eher einer fanatischen Sekte mit Massenanhang gleicht als den altehrwürdigen Religionen. Neoliberal gesagt: Produziere auf der Angebotsseite Opium, Süchtige werden sich schon finden. Ich denke da eher an die Sekten, die kollektiven Selbstmord begehen."

Der Sichtweise kann man viel abgewinnen, wenn man gerade vorgeführt bekommt, wie die Banken in ihren Bergen von „toxic assets" untergehen und die Spiele der Madoffs ein Ende finden. Aber schon am nächsten Tag wird deutlich, die sind zwar eigentlich bankrott, können aber die Staaten zwingen, sie zu retten. Das war nur ein Selbstmordversuch, der so arrangiert wird, dass die Angehörigen einen noch rechtzeitig finden und wiederbeleben lassen – also eine riskante Form der Erpressung. Kapitalismus kann sich auf seinen Staat und dessen Steuerzahler verlassen.

Insofern ist Kapitalismus doch eine Religion, auch wenn in ihr gelegentlich die Fundamentalisten die Oberhand gewinnen. Dafür spricht auch, dass er im Normalbetrieb eben nicht von Propheten, Schamanen und ähnlichen Enthusiasten lebt, sondern von einer Sammlung von Schriften mit ihrer Dogmatik und Scholastik, „Wirtschaftswissenschaften" genannt. Hier wird in Gleichgewichts-

Modellen gerechnet und simuliert und die zugehörige Grundlage zur Fütterung der Computer in den dubiosen Statistiken des Bruttonationalprodukts beim Staat in Auftrag gegeben. Es gibt zwar keinen unfehlbaren Papst, aber jeder Staat hält sich ein Patriarchen-Konzil der „Wirtschaftsweisen". Als Prognosen wird dem Staat zurückgeliefert, was sich aus den Zählungen alles errechnen lässt, wenn man sich nicht darum kümmert, welcher Wirklichkeit sie wohl entsprechen mögen. Ein so großartig selbsttragendes Glaubensgerüst kann keine Sekte aufbauen. Kapitalismus ist eine gut etablierte Kirche.

Epochen-Einteilungen: warum Produktionsweisen?

In diesem „Einstieg": „Kapitalismus: Porträt einer Produktionsweise" geht es darum, Soziologie historisch informiert zu betreiben. Indem wir die Gesellschaftsgeschichte nach „Produktionsweisen" in Phasen einteilen, gehen wir davon aus, dass der grundlegende Prozess von Gesellschaft darin besteht, das zum Leben Notwendige hervorzubringen. Gesellschaften lassen sich danach unterscheiden, wie das geschieht, welche Produktionsmittel eingesetzt werden und wie, in welchen Produktionsverhältnissen (die Herrschaftsverhältnisse sind) gearbeitet wird.

Wir werden uns mit vier Produktionsweisen beschäftigen: Feudalismus und Kapitalismus (und der klassischen Frage des Übergangs zwischen ihnen) und drei Varianten von Kapitalismus: Industrie-Kapitalismus (19. Jahrhundert), Fordismus (das „kurze" 20. Jahrhundert) und Neoliberalismus (Ende des 20. Jahrhunderts bis heute). Aus pragmatischen Gründen werden wir uns dagegen kaum mit anderen Produktionsweisen (Jäger/Sammler, Ackerbauern/Viehzüchter, orientalischem Despotismus, Antike ...) und auch nicht mit der Entstehung von politischer und religiöser Herrschaft befassen. Dieses Vorgehen heißt vor allen Dingen, Begriffe zu klären und das theoretische Instrumentarium für Analysen aller Produktionsweisen zu erarbeiten. Wir alle meinen zwar zu wissen, was Kapitalismus ist, aber woran erkennen wir die kapitalistische Produktionsweise wirklich?

In Wissenschaft und populären Darstellungen findet sich nämlich eine Reihe von Missverständnissen. So wird Kapitalismus oft auf technische Erfindungen zurückgeführt (vgl. etwa die schon kritisierte *Stern*-Serie). Aber auch, dass Leute, die ein großes Vermögen angesammelt haben, Kapitalisten seien, ist einer dieser verbreiteten Irrtümer. Mit der Idee, dass Kapitalismus mit einer bestimmten Arbeitsethik zusammenhängt, z.B. der protestantischen, mit der Max Weber ihn in Verbindung gebracht hat, werden wir uns zu beschäftigen haben. Der Übergang vom Feudalismus in den Kapitalismus war ein langwieriger, komplizierter und vielfältiger Prozess, der nicht auf eine einzige kausale Ursache zurückzuführen ist. Das Problem lässt sich auch nicht lösen, wenn wir uns für eine „Mehrfaktoren-Analyse" entscheiden. Die Herstellung der Ware Arbeitskraft und die Herstellung des Kapitalverhältnisses sind die entscheidenden Charakteristika. Es geht darum, dass die Bauern von den Produktionsmitteln „befreit" wurden. Sie sind damit nicht mehr persönlich von einem Feudalherrn abhängig, sondern „frei" (und gezwungen), ihre Arbeitskraft auf dem Markt zu verkaufen. Ausbeutung, nämlich die Erwirtschaftung von Profit, die Abschöpfung von Mehrwert, ist strukturell im Kapitalverhältnis eingebaut. Das tut nicht der einzelne Fabrikbesitzer am einzelnen Arbeiter. Wie das genau funktioniert, darüber wird zu arbeiten sein.

Wir gehen aber auch nicht davon aus, dass Kapitalismus gleich Kapitalismus sei. Innerhalb der kapitalistischen Produktionsweise lassen sich Unterschiede benennen, die eine eigenständige Phase definieren. Diese Phasen unterscheiden sich in der Form, wie Mehrwert produziert wird, im Herrschaftsregime, in der Arbeitsmoral und in der Kultur. Andere Bezeichnungen, wie Monopolkapitalismus, Kolonialismus, Imperialismus oder organisierter Kapitalismus benennen dagegen permanente Vorgänge, die in unterschiedlichen kapitalistischen Produktionsweisen vorkommen. Sie bezeichnen keine eigenständigen Phasen.

Noch andere Einteilungen von Epochen sind uns etwa aus Geschichts-, Deutsch- und Kunstunterricht sowie den Geistes- und Kulturwissenschaften bekannt. Mit dem Vorschlag, historische Epochen als Produktionsweisen zu beschreiben, den wir hier machen, steht auch ein begriffliches Instrumentarium zur Verfügung, um andere Epochenbestimmungen kritisch analysieren zu können. Davon wird dieses Kapitel handeln.

Geistesgeschichten, Herrscherhäuser, Revolutionen, Menschheitsgeschichten, Konjunkturzyklen, Gesellschaftsdiagnostiken …

Besonders in den Kultur-, aber teilweise auch in den Geschichtswissenschaften haben wir es mit geistesgeschichtlichen Epocheneinteilungen zu tun. In den Kunstwissenschaften sind das Renaissance, Barock, Aufklärung, Klassik, Romantik, Impressionismus, Expressionismus, gelegentlich auch klassische Moderne und historische Avantgarde bis schließlich zur Postmoderne – mit vielen

Feinbezeichnungen für das 20. Jahrhundert dazwischen. Das zugrundeliegende Modell ist dabei, dass es in der Kunst (einschließlich der dekorativen Künste, wie Kleidung, Wohnungsausstattung usw.) für eine bestimmte Zeit einen dominanten Stil gibt, der dann – retrospektiv – zum Epochenbegriff wird. Es sind intellektuelle Produktionen, die in diesem Modell verwendet werden, um einen Zeitabschnitt zu charakterisieren.

Wenn wir die Geschichtswissenschaften dazunehmen und weiter zurückgehen, dann haben wir es zunächst – ohne die Frühzeit der Menschheit zu berücksichtigen – mit der Antike, dem Mittelalter und der Neuzeit zu tun. Selbstverständlich gibt es auch hier Abstufungen wie Früh-, Hoch- und Spätmittelalter, frühe Neuzeit, dann die Moderne (als bürgerliche Gesellschaft) und Postmoderne. In den Geschichtswissenschaften ist eine zweite Form wichtig: die politische Einteilung. Das zugrundeliegende Modell sind hier dominante Herrschaftsstrukturen oder Herrscherhäuser, wie das Römische Imperium, die Habsburger, die Ära Napoleon usw. Der Untergang der Habsburger gilt hier ebenso als Einschnitt wie Kriege (nicht zuletzt weil sie häufig einen Wechsel des Herrscherhauses oder der Herrschaftsstruktur zur Folge haben). Aus der Geschichte Deutschlands im 20. Jahrhundert ist diese Einteilung bekannt: Kaiserreich, 1. Weltkrieg, Weimarer Republik, Nationalsozialismus und 2. Weltkrieg, BRD und DDR, Wende und Wiedervereinigung, in Österreich Monarchie, 1. Weltkrieg, 1. Republik, Austrofaschismus, Nationalsozialismus und 2. Weltkrieg, schließlich die 2. Republik.

Aber nicht nur Kriege, auch Revolutionen gehören zu den prägenden Erfahrungen. Sozialwissenschaft hat ihren Ausgangspunkt von der Erfahrung genommen, dass sich eine neue Produktionsweise, nämlich Kapitalismus herausbildete, und von der Erfahrung der Revolutionen, die diese wirtschaftliche, gesellschaftliche und kulturelle Umwälzung begleiteten: der holländischen Revolution von 1565-1589, in der die Unabhängigkeit von Spanien und die Republik erreicht wurde, der englischen Revolution von 1640 bis 1660, der amerikanischen Revolution von 1776 (Declaration of Independence, Unabhängigkeit von England) bis 1787 (Constitution) und der französischen Revolution von 1789 bis 1799 oder 1804 (je nachdem, ob man Napoleon schon als ihr Ende oder noch als einen Teil von ihr sieht),[1] schließlich der europäischen Revolution von

---

1 Die bürgerlichen Revolutionen in England und Frankreich im Vergleich sind interessant, weil sie veranschaulichen, wie unterschiedlich

1848, vollendet erst 1918/19, dazu die Pariser Commune von 1871 und die russische Revolution von 1917.

Zwei Daten von entscheidender Bedeutung sind die öffentlichen Hinrichtungen der Könige: Der englische König, Charles I, wurde 1649 geköpft, der französische, Louis XVI, samt Gemahlin 1793. Dass der russische Zar mit Familie heimlich ermordet und nicht öffentlich exekutiert wurde, sagt auch etwas über den Charakter dieser Revolution: Sie war mehr ein Putsch und ein Bürgerkrieg als eine Volkserhebung. Deutschland und Österreich sind durch die Niederlage der Revolution von 1848 und die anschließende monarchische Reaktion gekennzeichnet.

In der folgenden Übersicht wird detailliert dargestellt, welche Ereignisse wann welche Relevanz für die bürgerliche Revolution hatten.

Sowohl in den Geschichts- als auch in den Sozialwissenschaften kann man Theoriebildung entlang der Haltung zu politischen Umstürzen in Ordnungs- und Befreiungstheorien sortieren. Im Kontext der Arbeiterbewegung heißt Geschichtsschreibung Denken auf die Revolution, auf mögliche Befreiung hin. Im Gegensatz dazu geht es im ordnungstheoretischen Denken, für das der „Leviathan" von Thomas Hobbes ein Beispiel ist, eher um Angst vor einem Bürgerkrieg, darum, eine „gute Herrschaft" zu legitimieren, die Unordnung verhindert. Mit politischen Umstürzen können zentrale Veränderungen der alltäglichen Lebensbedingungen verbunden sein, eine „Revolutionierung" der Produktionsweise ist das nicht unbedingt.

An Hobsbawms „kurzem 20. Jahrhundert" kann man das veranschaulichen. Hobsbawm bestimmt es politisch, von 1914 (Ausbruch des 1. Weltkriegs) bis 1991 (Ende des real existierenden Sozialismus). Mit der wirtschaftlichen Phase des Fordismus stimmt das nur sehr grob überein. Dazu kommt, dass sich eine wirtschaftliche Phase

---

Staat und Kapitalismus am Anfang verbunden waren. Wenn wir Wood (2002) folgen, musste sich in Frankreich die Bourgeoisie gegen eine nicht-kapitalistische Klasse durchsetzen. Zugleich war die Revolution viel stärker als in England vom Kampf gegen Privilegien des Adels geprägt. In England war die Verbindung zum Staat nicht so eng. Die Bourgeoisie wehrte sich gegen staatliche Beschränkungen. Wood fasst (116ff) ihre Analyse zusammen mit: Revolutionen können bürgerlich sein ohne kapitalistisch zu sein, und sie können kapitalistisch sein ohne bürgerlich zu sein. Schließlich war es in England der Landadel, der die Landwirtschaft kapitalisiert hat.

Ereignis	*Jahr*	*unmittelbares Ergebnis*	*Relevanz für die bürgerliche Revolution*
Italienische Stadtstaaten	ab 12. Jhdt	kommunale Selbstverwaltung	Handelsrepubliken (städtisches Patriziat)
Reichsunmittelbare, freie Städte; Hanse-Bund	14. Jhdt	Handelsprivilegien; kommunale Selbstverwaltung	Handelsrepubliken (städtisches Patriziat)
Schweizer Eidgenossenschaft	14. Jhdt	Feudalisierung verhindert (Morgarten 1315, Sempach 1386)	demokratische Selbstverwaltung (Patriziate)
Holländische Revolution	1565-1589	Unabhängigkeit von Spanien	Handelsrepublik (städtisches Patriziat)
Englische Revolution Glorious Revolution	1640-1660 1689	Konstitutionelle Monarchie	Hinrichtung des Königs Charles I 1649 Habeas Corpus Act 1679 Bill of Rights 1689
Amerikanische Revolution	1776-1787	Unabhängigkeit von England; Republikanische Föderation	Declaration of Independence 1776 Constitution 1787 Bill of Rights 1791 (Amendments I to X to the Constitution) (Sklaverei ausgeklammert)
Französische Revolution	1789-1799 oder 1804	Demokratie – Terreur – Bonapartismus – monarchische Restauration	Déclaration des droits de l'homme et du citoyen 1789 Hinrichtung des Königs Louis XVI 1793 Code civil 1804
Europäische Revolutionen	1848	Monarchische Reaktion	Erfahrung von Parlamentarismus (z.B. Frankfurter Nationalversammlung)
Pariser Commune	1871	Niederlage	Erfahrung von demokratischer Selbstorganisation
Russische Revolution	1917	Bürgerkrieg; bürokratische und Partei-Herrschaft	Sowjet-(= Räte-)System
Demokratie im ehemaligen Deutschen Reich und ehemaligen Österreich-Ungarn	1918/19	Abschaffung der Monarchie und der Aristokratie	repräsentative Demokratie, allgemeines Wahlrecht

ohnehin nicht so scharf mit einem Jahr abgrenzen lässt. Fordismus in den USA war zu Beginn des 1. Weltkriegs schon durchgesetzt, der neoliberale Umbau wurde in den USA und Großbritannien schon seit Beginn der 1980er Jahre energisch betrieben und in Deutschland zumindest vorbereitet.

Im größtmöglichen Unterschied zu politischen Einteilungen gibt es auch eine Vorstellung, die man vielleicht als „Menschheitsgeschichte" benennen könnte. Hier wird von einem ewigen, unstrukturierten Lauf ausgegangen. Aus solchen Modellen folgen dann Beschreibungen über Schönheitsnormen vom alten Ägypten bis heute oder solche zu 2000 Jahren Marathonlauf, freilich häufig um den Preis, dass gegenwärtige Vergesellschaftungsformen zurückprojiziert werden. Meistens sind das Fortschrittsgeschichten, die Selbstverständigung darüber, wie wohlhabend und „zivilisiert" wir heute im Vergleich zu vor tausend Jahren leben. Manchmal ist das – umgekehrt –Exotismus, wenn wir über vergangene Hochkulturen staunen, wie etwa die Maya.[2] Dass die Antike als Vorbild in der Renaissance galt, hat sich als Wissen durchgesetzt, und wenn heute der gute, alte Fordismus im Gegensatz zum gegenwärtigen Casino- und Raubtier-Kapitalismus beschworen wird, folgt auch das der Annahme eines „goldenen Zeitalters" und dem Abstieg in die „Dekadenz". Zugespitzt könnte man sagen, dass die Idee einer „Menschheitsgeschichte" durch ein fatalistisches Geschichtsbild charakterisiert ist: Alles ist historisch kontingent, den Aufstieg und Fall von Kulturen gibt es halt, verstehen kann man das nicht.

Eine Form von kurzfristiger Periodisierung besteht darin, Konjunkturzyklen als Einheiten zu wählen. Die entscheidende Kennzahl dafür ist Wirtschaftswachstum. In der jüngeren Vergangenheit wurden zu Beginn der 70er Jahre kleine Verlangsamungen des Wachstums und ein Anstieg des Ölpreises im Licht eines Berichts des Club of Rome, in dem erstmals in der Nachkriegszeit auf die „Grenzen des Wachstums" hingewiesen wurde, so verstanden. Das hat zu der krisentheoretischen Einschätzung gepasst, dass wir es mit

---

2 Im zufällig aufgeschlagenen Heft 04/2004 einer Zeitschrift *Welt der Esoterik* fanden wir den Hinweis auf Seminare, die Kulturtechniken der Maya nachstellen sollen – unbeeindruckt davon, dass das eine Kultur ist, die Menschen geopfert hat. Aber auch in Filmen wie *Chocolat* (Lasse Hallström 2000) werden die kulturellen Errungenschaften – hier die erotische Wirkung von mit den magischen Rezepten der Maya zubereiteter Schokolade – dieser alten Hochkultur popularisiert.

„Spätkapitalismus" zu tun haben, dass das kapitalistische Akkumulationsregime in der Krise sei und Kapitalismus demnächst sein Ende finde. Wie wir inzwischen wissen, war das nicht ganz zutreffend. Vierzig Jahre später kann vielmehr die Ölkrise 1973 als Anfang dessen definiert werden, was wir hier als Umbau vom fordistischen zum neoliberalen Kapitalismus bestimmen werden. Ab 1980 wurde die neue Produktionsweise des Neoliberalismus politisch unterstützt in Gang gesetzt. Trotzdem wurde damals verbreitet so geredet und getan, als habe man es mit Konjunktur-Krisen zu tun.

Ob die Krise 2008/09 ein Konjunktureinbruch und der dramatische Beginn einer Rezession war oder (was wir für ganz unwahrscheinlich halten) das Ende der neoliberalen Produktionsweise, wird erst im längeren Rückblick zu sagen sein.

Von der Soziologie der Nachkriegszeit und besonders aus den letzten 20 Jahren kennen wir noch eine andere Einteilung: die Gesellschaftsdiagnostik. Hier werden auffallende Merkmale verallgemeinert und zum Begriff für eine ganze Gesellschaft gemacht. „Wissensgesellschaft" ist die letzte Version davon, die sich erstaunlich stabil als gültige Gesellschaftsdiagnose durchgesetzt hat – über die Wissenschaft hinaus. In der deutschen Nachkriegsgeschichte gibt es eine ganze Reihe solcher Anstrengungen, die mehr oder weniger populär geworden sind und mehr oder weniger schnell von einer anderen Beschreibung abgelöst wurden. (Vgl. ausführlich Resch 2005: 30-50)

Bekannt geworden ist in den 1980er Jahren Becks „Risikogesellschaft", in den 1990er Jahren Schulzes „Erlebnisgesellschaft", mit dem Internet-Boom wurde dann die „Informations"- und „Wissensgesellschaft" ausgerufen. Sie alle haben gemeinsam, dass sie eine (für die Lebensweise der gebildeten Schicht) bedeutsame Veränderung aufgreifen und verallgemeinern.

Für Ulrich Beck war das auffällige und neue Merkmal, von dem er ausging, das Bewusstsein von ökologischen Gefahren. Durch das zufällige Zusammentreffen der Veröffentlichung dieses Buches mit dem „Super-GAU" in Tschernobyl wurde diese Diagnose besonders plausibel. Eines der zentralen Argumente ist, dass von ökologischen Risiken alle gleichermaßen betroffen seien, ob arm oder reich, ob männlich oder weiblich, jung oder alt.[3] Wir hätten es mit einer

---

3 Tatsächlich sind die ökologischen Risiken aber so hierarchisch wie nur irgendwas: Schon im 19. Jahrhundert sind die Villen-Vororte der

Gesellschaft jenseits von Stand und Klasse zu tun, mit „individualisierten" Lebenslagen.

Für die „Informations- und Wissensgesellschaft" ist die Erfahrung der Popularisierung von PCs kennzeichend. Daraus wird abgeleitet, dass die Handarbeit immer mehr zugunsten von Kopf- und Wissensarbeit an Bedeutung verliere. Die gebildete Schicht wird zum wichtigsten Träger der Gesellschaft erkoren. Kapital und Arbeit hätten ihre zentrale Bedeutung eingebüsst, Wissen sei der wichtigste Produktionsfaktor. Es gehe um „Investitionen ins Humankapital".

Ohne diese Diagnosen hier im Einzelnen kritisieren zu wollen, ist an dieser Stelle festzuhalten, dass die Soziologie häufig von etwas auffällig Neuem fasziniert ist und das zur gültigen Beschreibung der Gesellschaft insgesamt verallgemeinert. Noch immer sind mehr als ein Drittel der Erwerbstätigen in der Produktion und mit Handarbeit beschäftigt, die von Wissensgesellschaftstheoretikern schlichtweg als irrelevant erklärt werden. Dazu kommt, dass nicht alles, was als Dienstleistung verrechnet wird, tatsächlich Wissensarbeit ist, vieles davon ist Handarbeit und auch Wissensarbeit hat handarbeiterische Anteile, wie umgekehrt handarbeiterische Tätigkeiten Wissen voraussetzen.

Bei allen Formen von Epocheneinteilungen ist es interessant zu rekonstruieren, wer mit welchen gesellschaftlichen Erfahrungen, in welcher Wissen(schaft)skultur und welcher Fragestellung welche Einteilung wählt, welche Interessen damit repräsentiert sind, welche Politik damit betrieben wird und welche sozialen Positionen für irrelevant erklärt werden. Es geht also nicht darum festzustellen, dass sie „falsch" sind, vielmehr darum, sie ideologiekritisch – anhand der genannten Fragen – zu analysieren.

---

europäischen Städte im Westen angelegt worden, weil man durch den häufigen Westwind damit dem Smog ausweichen konnte. Beck hat das Modell des radioaktiven fall-out, den man in der Tat nicht riecht und sieht, etwas zu gut für seine Zwecke verallgemeinert. Auch Giftstoffen in Wasser und Lebensmitteln entzieht man sich mit Geld ganz leicht: indem man nämlich nicht in der Nähe von Fabriken wohnt. Beim Essen ist ohnehin offensichtlich, dass man mit Bio-Nahrungsmitteln, die man sich freilich leisten können muss, diesen „demokratischen" Gefährdungen weniger ausgesetzt ist.

… oder Produktionsweisen

Mit dem Begriff „Produktionsweisen“ schlagen wir einen anderen Zugang vor. Das ist ein Begriff, der es ermöglicht, Gesellschaft als strukturierte Abfolge von Phasen zu verstehen. Produktionsweise kann man als den Basisvorgang umschreiben, in dem das Überleben der Gesellschaft in einer bestimmten Weise organisiert wird.

Um das zu explizieren:

Ausgangspunkt ist die Arbeit (in einem weiten Sinn), die notwendig ist, um das Überleben zu sichern (Beschaffung von Nahrung, Kleidung, Schutz vor Regen, Hitze, Kälte, Kinderversorgung …). In allen Gesellschaften, in denen es soziale Ungleichheit gibt, ist das zugleich die Frage, wer *nicht* arbeiten muss und trotzdem versorgt wird. Das sind einerseits Kinder, Alte, Kranke und sonst Arbeitsunfähige, die auf Zeit mitversorgt werden, andererseits solche, die das als Privileg erzwingen können und zugestanden bekommen. Der allgemeinste Begriff dafür ist „Abschöpfung von Mehrprodukt“. Man kann daher auch so fragen: Wer tut diese Arbeit zu welchen Bedingungen und wie wird er dazu gebracht? Für diese Frage ist der theoretische Begriff der der „Arbeitsmoral“. Wie jemand dazu gebracht wird, die notwendige Arbeit zu tun, verweist zugleich auf einen weiteren theoretischen Begriff, den des „Herrschaftsregimes“.

Man kann den Begriff des „Herrschaftsregimes“ so umschreiben: Zu jeder Produktionsweise gehört eine Differenzierung der Gesellschaft in soziale Positionen, die unterschiedlich über gesellschaftliche Ressourcen (Boden, Herden, Reichtum, Waffen und Krieger, Maschinen, Marktvorteile, allgemein: die Möglichkeit, für sich arbeiten zu lassen) verfügen und damit stärker als andere das Schicksal der Gesellschaft und die Bedingungen bestimmen, denen sich die anderen anpassen müssen. Eine gut funktionierende Herrschaft wird von allen Beteiligten zumindest hingenommen. Unter bestimmten Bedingungen gibt es Gegenwehr und Auseinandersetzungen, von kleinen, alltäglichen Subversionen über Verhandlungen mit Drohungen und Erpressungen bis zu gewaltsamen Aufständen. Herrschaftsregime lassen sich also durch die Positionen, aus denen sie bestehen, die darin entstehenden unterschiedlichen Interessen und die daraus resultierenden Auseinandersetzungen beschreiben.

Und schließlich kann man mit „Kultur“ („Sitten und Gebräuche“ und „Geistesleben“) den letzten Begriff benennen, der zur Analyse einer Produktionsweise notwendig ist. Welches Wissen über die Gesellschaft gibt es in den verschiedenen sozialen Positionen, nicht nur, aber besonders in den Fraktionen der gebildeten Schicht, und welche Form nimmt es in den verschiedenen Positionen an: Wissenschaft, Politik, Verwaltung, Kunst, Religion, Regeln dafür, wie „man" die Dinge des Lebens richtig macht. Wie wird damit Herrschaft legitimiert oder kritisiert?

Die zentralen Begriffe zur Analyse von Produktionsweisen sind damit:

* Abschöpfung des Mehrprodukts
* Arbeitsmoral
* Herrschaftsregime
  soziale Positionen
  Klassenpolitik
* Kultur/Wissen

Wir schlagen daher vor, dann von einer neuen „Produktionsweise" zu sprechen, wenn es auf diesen Dimensionen zu Veränderungen kommt, auch dann, wenn sich Übergänge innerhalb einer kapitalistischen Grundstruktur abgespielt haben.

Drei Phasen von Kapitalismus: Industrie-Kapitalismus, Fordismus, Neoliberalismus

Nachdem in einem langen Übergang vom Feudalismus in der „sogenannten ursprünglichen Akkumulation" Kapitalismus hergestellt war, folgte sein „take-off" im *Industrie-Kapitalismus* des 19. Jahrhunderts. Er war einerseits traditionalistisch und paternalistisch, andererseits offen rücksichtslos in der „Vernutzung" der Arbeiterschaft, von Männern, Frauen und Kindern. In schwierigen Zeiten der Kapitalreproduktion wurde die Arbeitsbelastung erhöht und der Lebensstandard der Arbeiterschaft gedrückt. „Verelendung" war unmittelbar erfahrbar und musste von der entstehenden Arbeiterbewegung mit Widerstand beantwortet werden. Andererseits ermöglichte die Ausweitung der Produktion eine zunehmende Absorption der Arbeiterschaft in den kapitalistisch organisierten Bereich der gesellschaftlichen Arbeit. Allmählich wurde der Staat mit einem wirtschafts- und sozialpolitischen Instrumentarium ausgestattet.

Eine grundlegende Veränderung der zentralen Strategien der Kapitalreproduktion stellten Massenproduktion von Konsumgütern und die Ermöglichung von Massenkonsum durch höhere Löhne und verbesserte Sozialpolitik ab dem 20. Jahrhundert (mit einer längeren Übergangszeit) dar. Diese Phase wird als *Fordismus* für den größten Teil des 20. Jahrhunderts bestimmend. Die zugehörige Wirtschaftspolitik des Keynesianismus hat geholfen, auch große Krisen wie die von 1929ff oder des 2. Weltkriegs zu bewältigen. Als „Konsumgesellschaft" und „Wohlfahrtsstaat" hat diese Produktionsweise „ein goldenes Zeitalter" ab den späten 1950er Jahren (mit dem Erreichen von „Vollbeschäftigung") im Westen geprägt.

Ab den 1980ern wurde die grundsätzliche Strategie der Kapitalreproduktion zum *Neoliberalismus* verändert. Marktfundamentalismus sollte staatliche Wirtschaftsplanung und gar Wirtschaftstätigkeit zurückdrängen. Sozialpolitik sollte in ihren Leistungen reduziert, die Arbeitskraft mobil und möglichst verbilligt werden. Das konnte durchgesetzt werden wegen der hohen Arbeitslosigkeit und der entsprechenden Schwäche von Arbeitervertretung. Zum Problem der Kapitalreproduktion wurde es, überhaupt profitable Investitionsmöglichkeiten zu finden – vor allem mit höheren Gewinnmargen, als die Finanzmärkte, selbst die sicheren Staatsanleihen, erst recht riskantere Spekulationen versprachen. Die „Arbeitsmoral" wurde umgebaut zu einem „Arbeitskraft-Unternehmertum", das sich weder auf einen Betrieb noch gar auf den Staat, ja nicht einmal auf einen festen Beruf verlassen kann.

Zwischen den drei Phasen (liberaler Industrie-Kapitalismus, Fordismus, Neoliberalismus) unterscheiden sich die maßgeblichen Strategien der Kapitalreproduktion grundsätzlich und mit allen weitreichenden Folgen für Arbeitsmoral, Herrschaftsregime, Klassenpolitik und Kultur/Wissen. Im Gegensatz dazu blieben etwa Konjunkturzyklen oder die kürzeren Phasen wie etwa Wiederaufbau nach 1945, durchgesetzter Fordismus plus Korporatismus („Modell Deutschland") in den 1960ern („expansive" Kapitalstrategie) und einsetzende Krise des Fordismus in den 1970ern („Intensivierung") im Rahmen der fordistischen Grundstruktur.

Die Benennung der genannten drei großen Varianten von Kapitalismus, die wir bisher kennen, als neue „Produktionsweisen" soll auf die historische Wandelbarkeit von Kapitalismus hinweisen und den etwas unfruchtbaren Nachweisen vorbeugen, dass es sich noch immer um Kapitalismus handle. Das ist geschenkt, erklärt aber nicht viel.

Feudalismus – Kapitalismus: typologisch

In diesem Kapitel werden zunächst die beiden großen Produktionsweisen Feudalismus und Kapitalismus in ihren Grundstrukturen beschrieben – bevor in den nachfolgenden Kapiteln sozialgeschichtliche Details und damit Komplikationen dazukommen.

Am Ende des letzten Kapitels wurden bereits die Phasen von Kapitalismus vorgestellt, die sich sinnvoll als eigene Produktionsweisen innerhalb der Grundstruktur unterscheiden lassen. Man kann und muss auch innerhalb der feudalen Produktionsweise solche Phasen-Unterschiede machen. Feudalismus hat schließlich viele Jahrhunderte gedauert, deutlich länger als Kapitalismus bisher. Der französische Historiker Marc Bloch (1939) unterscheidet in seiner grundlegenden Arbeit über die „Feudalgesellschaft" zwei Phasen der „Feudalzeit".[1] In Debatten in den 1950er Jahren (siehe „Glaubensfragen 3"), in denen die Fragestellung nach dem Übergang vom Feudalismus zum Kapitalismus zentral war, wurden vor allem

---

1 Bloch nimmt die „Wirtschaftsrevolutionen" im 11.-13. Jahrhundert als Indikator für die zweite Phase der Feudalzeit: Bevölkerungsvermehrung, zunehmende Bedeutung des städtischen Bürgertums und damit des Handels, und, damit verbunden, Münzen und Edelmetalle als Zahlungsmittel, die den europäischen Feudalismus zutiefst veränderten (vgl. 93-110). Le Goff (2003, insbesondere Kapitel 2) beschreibt das „lange Mittelalter" als Abfolge von drei Renaissancen: die karolingische (Ende des 8./Anfang des 9. Jahrhunderts), die er an der Neutralität Karl des Großen in den Auseinandersetzungen über das Bilderverbot festmacht (worin sich Christentum von Judentum und Islam unterscheidet); eine zweite im 12. Jahrhundert als Rückkehr zur römischen Antike, verbunden mit der Entstehung von städtischen Schulen, die sich neben den Klosterschulen etablierten; und schließlich *die* Renaissance im 15. und 16. Jahrhundert mit der Reformation und dem Durchbruch der Naturwissenschaften (Kopernikus und Newton), die das Ende der „mittelalterlichen Weltanschauung" bedeuteten. Was hier zur Periodisierung herangezogen wird, sind Veränderungen im religiösen Selbstverständnis, nicht in der Produktionsweise.

geographische Unterschiede diskutiert: der europäische Feudalismus im Unterschied zum asiatischen, insbesondere zum japanischen, aber auch Differenzen innerhalb des europäischen Feudalismus, zwischen England und Frankreich waren da von Interesse.

Hier sollen Feudalismus und Kapitalismus typologisch gegenübergestellt werden. Ausgangspunkt für die Beschreibung einer Produktionsweise ist die Art der Abschöpfung von Mehrprodukt. Daran schließen sich Arbeitsmoral, Herrschaftsregime und Kultur an.

Grundzüge der feudalen Produktionsweise

Feudalismus wird gemeinhin als Lehens-, Treue- und Gefolgschafts-Verhältnis zwischen Fürsten oder Königen und Grundherrn, also durch die Art der Beziehungen innerhalb der herrschenden Krieger-„Klasse" bestimmt. Der Fürst verfügt nominell über alles Land und „belehnt" seine Gefolgsleute damit. Das Lehen schließt sämtliche Bewohner des Landes und das Produkt ihrer Arbeit mit ein. Im Gegenzug besteht die Treueverpflichtung darin, an den Kriegen des Fürsten mit einer bestimmten Streitmacht teilzunehmen. In einer Untersuchung der Produktionsweise interessieren freilich nicht primär die wie immer komplizierten Verhältnisse zwischen den Herrschenden,[2] vielmehr die Formen, in denen das Lebensnotwendige produziert und den unmittelbaren Produzenten von den Herrschenden abgenommen wurde. Es geht also in erster Linie um die Verlängerung des Feudalverhältnisses von den Grundherrn zu den Bauern und Handwerkern.

Im Feudalismus wird den Bauern mit politischen und militärischen Machtmitteln das Mehrprodukt enteignet, man könnte auch sagen geraubt. Die Bauern sind, so wäre die strengere Formulierung, als Leibeigene Teil der Produktionsmittel. Die Bauern mussten einen Teil ihrer Arbeitszeit auf dem Grund und Boden des Feudalherrn Frondienst leisten. Die zweite Form der feudalen Abschöpfung bestand darin, dass der Bauer einen Teil der Produkte, den Zehenten, ablieferte, einen bestimmten Teil der auf seinem Grundstück erwirtschafteten Güter. Dazu kommen, wovon Handwerk und Handel besonders betroffen sind, Zölle und Steuern.

2 Eine wichtige Modifikation ist zum Beispiel der Umfang, zu dem die Gefolgsleute veranlasst werden konnten, sich „bei Hofe" aufzuhalten und sich der Disziplin der „höfischen Gesellschaft" (Elias 1969) mit ihren Ritualen und Intrigen zu unterwerfen.

Die Abschöpfung des Mehrprodukts dient nicht nur dazu, den Lebensstil der Adeligen und die Kirche, die das Herrschaftsregime legitimiert (König von Gottes Gnaden), zu finanzieren. Auch das Heer wird davon erhalten. Wenn der Besitz von Grund und Boden ausschlaggebend für Reichtum und Macht ist, sind Eroberungsfeldzüge als Herrschaftsmittel in die Logik eingebaut. Das bedeutet einerseits Aneignung von Produkten durch Raub, andererseits Expansion der Ländereien durch Besetzung.

Der König „entlohnte" den in seinem Dienst stehenden Adel, seine Beamten mit „Lehen", also Ländereien, die den Lehensherrn zur Nutzung überlassen (und häufig auch vererbt) wurden. Aber auch die Kirche, die die Autorität der Könige stützte, wurde mit Lehen bedacht. Das alles setzte voraus, dass die freien Bauern unterworfen wurden. Ökonomischer Ruin, aber auch Kriegsdienste, zu denen sie einberufen wurden, waren eine Möglichkeit, sie vom Lehensherrn abhängig zu machen. Unter Bedingungen von Raubzügen bot der Lehensherr Schutz an, dafür wurde ihm das Eigentum an Grund und Boden übertragen, das dann den Bauern gegen Frondienste zur Bewirtschaftung überlassen wurde. Anders formuliert: Wie wir es von der Mafia kennen, bieten die Grundherrn und Fürsten vor der Gefahr, die den Bauern von ihnen selbst droht, gegen Abgaben Schutz an.

Leibeigene sind persönlich abhängig und bezahlen den „Schutz" mit dem Verlust der persönlichen Freiheit: die Bauern waren der Gerichtsbarkeit der Lehensherrn unterworfen, mussten für die Heirat die Erlaubnis einholen usw. Im Unterschied zur Sklaverei ist das Eigentum der Feudalherrn am Produzenten aber auch beschränkt.

Die Bauern waren nicht die einzigen, denen das Mehrprodukt enteignet wurde. Bei den Handwerkern lassen sich drei Gruppen unterscheiden:

* zum Teil im Frondienst: Hans Mottek (1957[5]), der das für Deutschland beschrieben hat, nennt als wichtigste Beispiele die Müller, Bäcker und Brauer als Spezialisierungen innerhalb der Handwerksberufe, die an Fronhöfen entstanden seien. Dass „unfreie Handwerker" entstehen, hat eine entscheidende Bedingung: Nur für große Grundherrn rentierte sich das.
* Mit der allgemeinen Durchsetzung der feudalen Grundherrschaft wurde der größte Teil der Handwerker zu Abgaben in Form von Geldzins verpflichtet.
* Es gibt aber auch die freien Handwerker, die ebensowenig wie die freien Bauern ganz verschwinden.

Insgesamt ist im Feudalismus die Zugehörigkeit zu Ständen durch Geburt definiert. Weltliche Herrschaft wird durch Religion legitimiert. Religion ist aber zugleich ein eigenes Herrschafts-Regime mit den eigenen Notwendigkeiten der Abschöpfung des Mehrprodukts. Das Mehrprodukt wird in Form von Arbeits-, Produkt- oder Geldrenten gewaltförmig eintrieben und durch persönliche Abhängigkeiten der Bauern von ihren Grundherrn, des Grundherrn von seinem Fürsten, des Fürsten vom König, des Königs von der Kirche und umgekehrt charakterisiert.

Grundzüge der kapitalistischen Produktionsweise

Die Durchsetzung von Kapitalismus ist die Etablierung eines ganz neuen und indirekten Modus der Abschöpfung von Mehrprodukt, nämlich über die Etablierung eines Marktes für Arbeitskräfte. Das gab es vorher nicht, mit Ausnahme der Sklavenmärkte. Jetzt geht es aber um „freie Arbeit". Die Abschöpfung von Mehrprodukt geschieht jetzt als Abschöpfung von Mehrwert. Dieser entsteht aus der Differenz der Preise, die auf den beiden getrennten Märkten: dem Markt für Arbeitskräfte und auf dem Markt für die von diesen erzeugten Produkte, realisiert werden. Der Arbeiter wird also (der Idee nach) keineswegs persönlich beraubt oder sonst malträtiert, sondern er bekommt den Marktpreis für seine Arbeitskraft, der sich daraus ergibt, wie groß die Konkurrenz ist, wie viel Arbeitskraft also im Verhältnis zur Nachfrage angeboten wird. Was er auf diesem Markt anbietet, ist seine Arbeitskraft mit ihren Qualifikationen für eine bestimmte Zeit. Ist das Angebot relativ zur Nachfrage groß, also die Konkurrenz unter den Arbeitern groß, wird man die Arbeitskraft billig und für lange Arbeitsstunden verkaufen müssen. (Im Frühkapitalismus waren das daher Hungerlöhne für etwa 14, auch 16 Stunden am Tag.) Wie diese so verkaufte Arbeitskraft eingesetzt wird, ist den Einkäufern, den Besitzern der Produktionsmittel überlassen: Sie organisieren die Arbeit und stellen die Arbeiter an die Maschinen, an denen sie ein Produkt erzeugen, das dem besagten Besitzer der Produktionsmittel gehört. Er verkauft es auf dem Markt für dieses Produkt und muss dabei mehr Geld realisieren, als er für den Einkauf der Arbeitskraft und die Produktionsmittel eingesetzt hat. Diese Differenz ist der Mehrwert, den er einstreicht.

Es gibt verschiedene Möglichkeiten, diese Differenz zwischen den Märkten groß zu machen: Man kann das Produkt sehr teuer verkaufen, man kann bei gleichem Preis des Produkts mehr Einheiten davon herstellen lassen (man kann sogar billiger verkaufen, wenn dafür mehr Einheiten verkauft werden), man kann die Produktionsmittel billiger erwerben oder man kann die Arbeitskraft billiger einkaufen.

Die primitivste Form, die im Frühkapitalismus eingesetzt wurde und die wiederkehrt, wenn das Arbeitskraft-Angebot die Nachfrage übersteigt, ist das Drücken des Preises der Arbeitskraft auf das Existenzminimum. Die Grenze dieses Lohndrückens liegt nur darin, dass die Arbeitskraft sich reproduzieren können muss, also von dem Lohn leben und so bei Kräften bleiben muss, dass sie am nächsten Tag wieder eingesetzt werden kann. Bei einem sehr großen Arbeitsmarkt mit intern unterschiedlichen Lebenshaltungskosten ist diese Grenze die Reproduktionsfähigkeit der Arbeitskraft mit den geringsten Lebenshaltungskosten, was die anderen zwingt, ihre Reproduktionskosten ebenso zu senken. Nur bei einem lokal begrenzten Markt für Arbeitskräfte kommen dazu die Kosten für die „Produktion der Ersatzleute", also für die Familie, zumindest für die Kinder. Im Frühkapitalismus waren jedenfalls in einzelnen Branchen die Marktverhältnisse so, dass diese Form der Vergrößerung von Mehrwert erbarmungslos eingesetzt werden konnte und wurde. Im Neoliberalismus erkennen wir Parallelen, bei uns „auf hohem Niveau", in den Ländern der Peripherie oder unter Bedingungen von ursprünglicher Akkumulation (China, ehemals kommunistische Länder) auch auf sehr niedrigem Niveau.

Die zweite, auch sehr primitive Form, die Differenz zwischen Arbeitskraft- und Produktemarkt groß zu machen, ist es, die Arbeiter zum selben Preis möglichst viel, möglichst lang, möglichst schnell, möglichst intensiv, möglichst ohne Pausen arbeiten zu lassen. Im frühen Kapitalismus war das nur durch Antreiben durch Aufseher und durch strenge Regeln, deren Verletzung mit Lohnabzügen bestraft wurde, möglich. Wirksamer ist es, wenn man Maschinen den Takt vorgeben lassen kann. Wirksamer ist auch der Akkordlohn, in dem Unterschreiten einer vorgegebenen Produktionsmenge mit Lohnabzug bestraft wird. (Behauptet wird, im Akkord werde Mehrarbeit durch höheren Lohn belohnt, aber das wäre nur der Fall, wenn die Akkordgrenze nicht so festgelegt würde, dass sie nur mit größter Anstrengung erreicht werden kann. Wenn das zu vielen gelingt, wird sie höher gesetzt.)

In diesen beiden Formen, Ausnützen der Differenz zwischen den Märkten zu ermöglichen, entsteht Unterdrückung des Arbeiters durch das Fabrik-Regime und Verelendung durch Drücken seines Lohns auf das Existenzminimum und im ungünstigen Fall sogar darunter. Unterdrückung und Verelendung sind mögliche, nicht einmal notwendige Folgen von Ausbeutung und nicht damit identisch.

Kapitalismus wird, wie dargestellt, von einer spezifischen, abstrakten Form der Abschöpfung von Mehrprodukt, der Aneignung des Mehrwerts, der Differenz zwischen Kosten der Produktionsmittel und der Arbeitskraft einerseits und den Einnahmen aus dem Absatz der produzierten Waren, bestimmt. Insofern wird, im Gegensatz zu früheren Produktionsweisen, keine unmittelbare Gewalt für die Ausbeutung benötigt, im Gegenteil: „Freie" Arbeitskräfte, die sich ungehindert auf den Märkten für Arbeitskraft bewegen, sind Voraussetzung, alle Unfreiheiten und Diskriminierungen sind als Begrenzungen des Arbeitsmarktes ungünstig.

Dass sehr wohl Elend und Unterdrückung auftreten, ist sekundär bestimmten Kapitalstrategien geschuldet, die Differenz zwischen den beiden Märkten groß zu halten oder zu vergrößern.

Kapitalismus setzt damit das Kapitalverhältnis voraus: Verfügung über Produktionsmittel auf der Kapitalseite und „freie" Arbeitskraft, die abstrakt eingekauft wird, um an den Produktionsmitteln vorgegebene Arbeit zu verrichten, deren Ergebnis und Produkt (als Waren und Dienste) dem als Eigentum gehört, der über die Produktionsmittel verfügt.

Kapital hat im Kreislauf seiner (erweiterten) Reproduktion zwei Probleme:

* Das Verhältnis von realisiertem Produktpreis und Produktionskosten muss positiv bleiben.
* Es muss neue Investitionsmöglichkeiten finden.
  - Das können Erweiterungsinvestitionen sein (es wird mehr vom selben hergestellt),
  - oder Rationalisierungs-Investitionen (die Produktivität wird erhöht),
  - oder Innovationen (neue, zunächst Monopol-Produkte, Kommodifizierungen).

  In der Konkurrenz der Einzel-Kapitale ist Stillstand nicht möglich.

Die Bestimmung der Struktur von Kapitalismus wird klarer, wenn man einige Miss- und Fehlverständnisse ausschließt, die gelegentlich bis häufig auftreten. (Vgl. Ritsert 2009, Anhang) Kapitalismus ist *nicht* hinreichend bestimmt durch:

– *möglichst große Summen Geldes in der Verfügung einzelner oder des Staates*

Kapital ist nicht eine (möglichst große) Summe Geldes, Kapital ist die Verfügung über Produktionsmittel, im entwickelten Fall einer Geldwirtschaft also natürlich vermittelt über Geld, aber nur dann, wenn es in Produktionsmittel investiert wird.

Ansammlungen großer Reichtümer hat es auch vorkapitalistisch gegeben, im offensichtlichen Fall als Schatzkammern oder auch Vermögen, die für Protzbauten, Heere und ihre Ausrüstung oder Volksfeste mit Feuerwerk verpulvert wurden. Das ist ganz offensichtlich nicht Kapital.

– *Verfügung über Produktionsmittel*

Grundherrn verfügten auch im Feudalismus und schon in der Hauswirtschaft über das Produktionsmittel Grund und Boden, haben darauf sogar ein Mehrprodukt erzeugen lassen, es aber trotzdem nicht als Kapital eingesetzt. Vielmehr ging es dabei um Subsistenz plus Mitversorgung derer, die als Herrschaften oder im Lebenszyklus nicht mitarbeiten. Grundbesitz wird zum Kapital, wenn er verwendet wird, um durch Lohnarbeit aus ihm ein Produkt als Ware (also für den Verkauf) zu erzeugen.

Insofern gibt es Übergänge: Wenn das Mehrprodukt in Form von Geld, also nicht in Naturalien (Zehent und Fron) abgeschöpft wird, nähert man sich der Warenproduktion. Sklavenarbeit zur Warenproduktion, wie etwa in den Südstaaten der USA vor dem Bürgerkrieg und bis heute weltweit verbreitet vor allem als Schuld-Sklaverei, ist jedenfalls mit Kapitalismus gut verträglich. (Was „freie" Lohnarbeiter von Sklaven unterscheidet, ist die Mobilität, falls die nicht zu kostspielig ist und Staatsgrenzen – für „Wirtschaftsflüchtlinge" – überwindbar sind.)

– *Gewinn aus einem Geschäft*

Reine Handelsgeschäfte sind nicht unbedingt kapitalistisch. Bestimmte Güter zu kaufen und sie später oder an einem anderen Ort teurer wieder zu verkaufen, ist noch nicht Kapitalismus. Solche Geschäfte gibt es seit Urzeiten und in den verschiedensten Produktionsweisen. Auch Geld zu verleihen, um es später mit Zinsen zurückzubekommen, ist nicht Kapitalismus.

Beide Transaktionen, samt ihren immer abstrakter entwickelten Ableitungen in Güter- und Finanz- und Devisen-Spekulationen, sind als Bereich der Zirkulation ein Teil des Zyklus der Kapital-

Reproduktion – Handel ist notwendig, um den (potentiellen) Wert der erzeugten Waren zu realisieren; ebenso sind für den Warenhandel, besonders über lange Zeiten und weite Strecken, Geldgeschäfte nötig. Beide können aber auch in anderen Produktionsweisen auftreten.

– *Warentausch*

Warentausch – zwei Personen finden je einen Gegenstand, den der andere besitzt, attraktiver als der jeweilige Besitzer das tut, und tauschen sie daher – gibt es unabhängig von der Produktionsweise.

Auch hier gibt es Übergangsformen: Der Tausch von Gegenständen gegen Geld (also ein universelles, abstraktes Tauschmittel) ist der kapitalistischen Zirkulation näher als der Naturaltausch. Gegenstände als Waren zu produzieren, also nur um sie zu verkaufen, ist zwar ein notwendiges Merkmal von Kapitalismus, aber kein hinreichendes: Auch der mittelalterliche Handwerker hat das gelegentlich getan, auch wenn er gewöhnlich auf Bestellung für bestimmte Kunden produziert hat.

Typisch und bestimmend für Kapitalismus ist aber Warenförmigkeit der Arbeitskraft und der Drang bis Zwang, den Bereich der Warenförmigkeit dauernd auszuweiten, um neue Investitionsmöglichkeiten zu erschließen, damit Lebensformen zu erzwingen, die von Gelderwerb (besonders Lohnarbeit) und Warenkonsum bestimmt sind.

– *unternehmerisches Handeln*

Ein Schiff auszurüsten, das mit dort attraktiven Waren nach Indien segeln, dort die Waren gegen Gewürze, Seide, Teppiche und was sonst hier an Kolonialwaren gefragt ist tauschen und wieder zurückkommen (und also weder im Sturm untergehen noch von Piraten gekapert werden) soll, und hier die mitgebrachten Güter so gut zu verkaufen, dass die Kosten des Unternehmens hereinkommen und noch ein Gewinn abfällt, kann man gewiss als unternehmerisches Handeln bezeichnen. Es ist aber nicht kapitalistisches Unternehmertum. Für den Kapitän und die Mannschaft ist es weder Lohnarbeit, noch selbständiges Unternehmer-, vielmehr Abenteurertum. Shylock, der ein solches riskantes Unternehmen finanziert und sein Geld mit Zinsen zurückbekommen will, ist Unternehmer, aber kein Kapitalist. Auch was heute als „Casino-Kapitalismus" verteufelt wird, hat mehr mit Casino als mit Kapitalismus zu tun, ist jedenfalls ein zum Glücksspiel verselbständigter, hoch abstrahierter Anteil der Zirkulationssphäre und nicht der Kern von Kapitalismus.

Die Zirkulationssphäre zum Kern und Urbild von Kapitalismus zu erklären, ist ein weit verbreitetes Missverständnis und eng mit Antisemitismus verbunden.

Kapitalismus ist also in erster Linie bestimmt als Form der Produktion: Erzeugung von Waren mit Hilfe der Verfügung über die Produktionsmittel, besonders das Eigentum an ihnen, und die auf dem Arbeitsmarkt gekaufte „freie" Arbeitskraft. Der so erzeugte Wert der Waren (Mehrwert, insofern er potentiell größer ist als das eingesetzte konstante und variable Kapital) muss auf den Märkten für diese realisiert werden können, damit Profit entsteht. Die Zirkulationssphäre des Handels und der Finanzierung ist also unverzichtbar, aber nur Teil des Zyklus der erweiterten Kapitalreproduktion.

Entscheidend ist Warenproduktion unter Nutzung der Differenz zwischen den Kosten der Produktionsmittel und der Arbeitskraft (auf deren eigenem Markt) und den Einnahmen aus dem Verkauf der Waren (auf deren eigenem Markt), ermöglicht durch das Eigentum an den Produktionsmitteln (die Verfügung über sie und die Absperrung der Arbeiter vom unabhängigen Zugang zu ihnen).

„Ursprüngliche Akkumulation" und andere Übergänge

„'Das sind eure Schafe', sagte ich, 'die so sanft und genügsam zu sein pflegten, jetzt aber, wie man hört, so gefräßig und bösartig werden, daß sie sogar Menschen fressen, Felder, Gehöfte und Dörfer verwüsten und entvölkern. Denn überall, wo in eurem Reiche feinere und daher bessere Wolle erzeugt wird, da sind hohe und niedere Adlige, ja sogar heilige Männer, wie einige Äbte, nicht mehr mit den jährlichen Einkünften und Erträgnissen zufrieden, die ihren Vorgängern aus den Landgütern erwuchsen. Es genügt ihnen nicht, müßig und üppig zu leben, der Allgemeinheit nicht zu nützen, sofern sie ihr nicht sogar schaden; sie lassen kein Stück Land zur Bebauung übrig, sie zäunen alles als Weide ein, reißen die Häuser ab, zerstören die Dörfer und lassen gerade noch die Kirchen als Schafställe stehen, und, als ob die Wildgehege und Tiergärten bei euch noch zu wenig Ackerboden beanspruchten, verwandeln jene edlen Leute alle Ansiedlungen und alles, was es noch an bebautem Lande gibt, in Wüsten.

Damit also ein einziger Prasser, in seiner Unersättlichkeit eine unheilvolle Pest für sein Vaterland, einige tausend Morgen zusammenhängenden Ackerlandes mit einem einzigen Zaun einfrieden kann, werden die Pächter vertrieben; durch Lug und Trug umgarnt oder mit Gewalt unterdrückt, werden sie enteignet oder, durch Schikanen zermürbt, zum Verkauf gezwungen. Daher wandern die Unglücklichen in jedem Falle aus: Männer, Frauen, Ehemänner, Ehefrauen, Waisen und Witwen, Eltern mit kleinen Kindern und einer mehr zahlreichen als wohlhabenden Familie, wie eben die Landwirtschaft vieler Hände bedarf. Sie wandern aus, sage ich, aus ihrer gewohnten und vertrauten Häuslichkeit und finden keinen Platz, wohin sie sich wenden könnten. Ihren ganzen Hausrat, der sowieso nicht für hohen Preis verkäuflich ist, auch wenn man einen Käufer erwarten könnte, verschleudern sie, da sie ihn loswerden müssen; ist der Erlös auf der Wanderschaft nach kurzer Zeit verbraucht, was bleibt ihnen schließlich anderes übrig, als zu stehlen und – natürlich nach Recht und Gerechtigkeit – gehenkt zu werden, oder aber umherzustreunen und zu betteln, obgleich sie auch dann als Landstreicher ins Gefängnis geworfen werden,

> weil sie sich müßig herumtreiben? Es gibt aber niemanden, der sie dingt, wenn sie sich auch noch so eifrig anbieten. Denn mit der Landwirtschaft, an die sie gewöhnt sind, ist nichts mehr anzufangen, wo nichts gesät wird. Ein einziger Schaf- oder Kuhhirt genügt ja, um dasselbe Land vom Vieh abweiden zu lassen, zu dessen Bebauung und Bestellung viele Hände erforderlich waren." (Morus 1516: 26f)

Das Zitat ist der Abschnitt „Schafzucht und Einhegungen" aus dem ersten Buch der berühmten *Utopia* von Thomas Morus. In diesem ersten Buch werden die bestehenden Verhältnisse sehr direkt kritisiert, es ist der „Vorspann" für das zweite, in dem die Insel Utopia vorgestellt wird – als Bericht über die „beste Staatsverfassung" und indirekte Kritik an den Verhältnissen.

Morus war Humanist, der eine enge Beziehung zu Erasmus von Rotterdam hatte, er war Staatsmann (genauer „Lord High Chanceller", was soviel bedeutet, wie der Vorstand des House of Lords und damit enger Vertrauter des Königs, der wichtige Entscheidungen autonom treffen konnte), er verweigerte Heinrich VIII den Eid als Oberhaupt der anglikanischen Kirche und wurde wegen Hochverrats dafür 1535 hingerichtet. 1886 wurde er seliggesprochen, 1935 von der Katholischen Kirche als treuer Anhänger und Märtyrer heiliggesprochen und im Jahr 2000 von Papst Johannes Paul II zum Patron der Regierenden und Politiker ernannt.

Morus gilt als Erfinder der Utopie, also einer Form des Nachdenkens über Staat und Gesellschaft durch Konstruktion einer idealen Gesellschaft, was ganz deutlich negativ geschieht, also in Abgrenzung zu den realen Verhältnissen – die er in dem Zitat benennt. „Utopia" heißt soviel wie „Nirgendwo" oder „Unort". Das zweite Buch ist ein „Reisebericht" über diese ferne Trauminsel, auf der die Leute vernünftig miteinander leben.

Es ist – fast fünfhundert Jahre später – eine interessante Übung, diesen „Staatsroman" wieder zu lesen und sich klarzumachen, was die Vorstellungen davon waren, wie eine vernünftig eingerichtete Gesellschaft aussehen könnte: In *Utopia* wird Privateigentum kritisiert, auf Utopia wird die Zeit, die für notwendige, aber unangenehme Arbeit aufgebracht werden muss, erheblich reduziert und auf Utopia herrscht Religionsfreiheit. Andererseits ist Sklaverei auf Utopia nicht abgeschafft: Schwere Verbrechen werden damit bestraft, weil solche Leute sich trotz hervorragender Erziehung zur Rechtschaffenheit nicht von einem Verbrechen zurückhalten ließen. Kriege werden selten geführt, sind aber auch nicht ganz abgeschafft. In der Erzählung über „Eigene Truppen und Söldner“, wird berichtet, wie das Problem gelöst wird, wenn man einem Fürsten Beistand in einem Krieg versprochen hat – nämlich, indem man ihn mit reichlich Geld unterstützt, aber nur wenige eigene Leuten entsendet, stattdessen Söldner bei anderen Völkern anheuert. Dass das legitim erscheint, hat damit zu tun, dass diese Völker in der Hauptsache von Jagd und Raub lebten, nur zum Kriege geboren seien.

An diesem fiktiven Reisebericht ist bemerkenswert, wie radikal die Gesellschaftskritik ist. Hier werden die strukturellen und institutionellen Bedingungen für die beste Staatsverfassung benannt. Dass das auf einer abgeschotteten Insel stattfindet, ist einerseits dem Genre geschuldet – man braucht die Möglichkeit zu beschreiben, wie eine Gesellschaft funktionieren könnte, dazu muss sie abgegrenzt werden. Es liegt nahe, sie auf eine Insel zu verlagern. Aus heutiger Perspektive ist aber durchaus auch interessant zu analysieren, was damit über die Grenzen der Verallgemeinerung ausgesagt wird. Für Völker, die diesen Fortschritt noch nicht erreicht haben, gelten andere Gesetze: Sie werden nicht so streng bestraft, weil sie keine gute Erziehung hatten, sie können aber auch als Söldner „verheizt“ werden, wovor man die eigene Bevölkerung schützt. Die Ideen zur Verfassung der utopischen Gesellschaft stellen jedenfalls ein Kontrastprogramm zu den zeitgenössischen Zuständen dar. Die bürgerlichen Ordnungs-Utopien (von Campanellas „Sonnenstaat“, 1623, bis zu Skinners „Walden Two“, 1948) sind ziemlich autoritäre sozialtechnokratische Phantasien darüber, wie man den Übeln der Zeit abhelfen könnte. Insofern ist die Utopie des Thomas Morus zu lesen als Kritik der Zustände während des Übergangs vom Feudalismus zum Kapitalismus, in der Zeit dessen, was von Adam Smith als Problem der „previous accumulation“ beschrieben und von Karl Marx als die „sogenannte ursprüngliche Akkumulation“ kritisch aufgegriffen wurde.

Die „ursprüngliche Akkumulation“ und wie Karl Marx den Übergang vom Feudalismus zum Kapitalismus analysiert

Was Morus, zur Erinnerung: ein Vertrauter des Königs, als Geschichte von „menschenfressenden Schafen“ beginnt, hat Karl Marx mehr als 300 Jahre später als die „sogenannte ursprüngliche Akkumulation“ (1867: 741-791) analysiert. „Ursprüngliche Akkumulation“ beschreibt den Anfang der Herstellung des Kapitalverhältnisses. Um das ganz klar zu unterscheiden: Die Frage ist nicht primär, wo das Geld herkommt, das dann als Kapital eingesetzt wird. Die Frage ist, wie Besitz der Produktionsmittel und Arbeit getrennt werden, wie also Lohnarbeit als vorherrschendes Arbeitsverhältnis hergestellt wurde.

Was Marx in „Die sogenannte ursprüngliche Akkumulation" beschreibt, ist die Herstellung des „freien Lohnarbeiters". Sie sind frei im doppelten Sinn: nicht mehr Leibeigene, die unmittelbar zu den Produktionsmitteln gehören, noch besitzen sie die Produktionsmittel, wie der freie Bauer, sie besitzen nur ihre Arbeitskraft, die sie am Markt verkaufen müssen. Das ist kein Naturzustand (wie in Konstruktionen vom Gesellschaftsvertrag oft angenommen – zunächst sind alle gleich als Besitzer ihrer Arbeitskraft, dann arbeiten manche mehr oder haben mehr Erfolg und werden reicher usw.), sondern ein Zustand, der gesellschaftlich hergestellt wird. Wie Marx auch erwähnt, geschah das zu einem Zeitpunkt, wo Leibeigenschaft in England schon abgeschafft war. Ursprüngliche Akkumulation ist also Enteignung der Bauern. Genau das meint der Begriff: dass die unmittelbaren Produzenten nicht über die Produktionsmittel verfügen. Der Anlass für die Einhegungen waren die prosperierenden Wollmanufakturen. Für Wolle wurden hohe Preise bezahlt. Mit den Einhegungen wurde von Ackerbau auf Viehzucht umgestellt, die von Morus erwähnten Schafherden zur Wollproduktion weideten das Land ab. Das erforderte große Flächen, die zu einem Weideland zusammengefasst und eingezäunt wurden. Es wurden viel weniger Landarbeiter benötigt, als das bei Ackerbau der Fall war. Das geschah legal abgesichert durch verschiedene Gesetzgebungen (die „Parliamentary enclosures") während der „Glorious Revolution".

Damit entsteht das Proletariat – die „freien" Lohnarbeiter, die zu diesem Zeitpunkt aber nicht gebraucht werden. Die industrielle Revolution hat noch nicht stattgefunden, Fabriken gibt es noch nicht. Die Vertreibung der Bauern fing schon im 15. und 16. Jahrhundert an, erst im 18. sind Fabriken so relevant, dass Lohnarbeit in nennenswertem Ausmaß eingekauft wird. Erst dann werden den vom Land Verjagten, wie Marx am Beispiel von Schottland beschreibt, die Auswanderungen verboten, „um sie gewaltsam nach Glasgow und andren Fabrikstätten zu treiben".

Aber zunächst wird Armut erzeugt. Aus den Proletariern, die niemand braucht, werden aus Not Bettler, Räuber und Vagabunden – und sie wurden dafür bestraft:

> „So wurde das von Grund und Boden gewaltsam expropriierte, verjagte und zum Vagabunden gemachte Landvolk durch grotesk-

terroristische Gesetze in eine dem System der Lohnarbeit notwendige Disziplin hineingespeitscht, -gebrandmarkt, -gefoltert." (765)

Marx beschreibt genau, wie diese Gesetze formuliert waren, die etwa geregelt haben, dass die Vagabunden dorthin zurückkehren sollten, wo sie geboren sind – und vertrieben wurden. Da verwundert es kaum, dass Marx ziemlich starke Worte für dieses Vorgehen findet: grotesk-terroristisch etwa. Im zweiten Teil des zitierten Satzes findet sich dann schon ein Hinweis auf Disziplin, die für die Lohnarbeit in den Fabriken dann zweihundert Jahre später notwendig sein wird und wie sie mit Gewalt hergestellt wurde.[1]

Mit den verschiedenen Beschreibungen von Gesetzen wird auch darauf hingewiesen, dass die aufkommende Bourgeoisie auf die Staatsgewalt angewiesen ist, um sowohl die Enteignung der Bauern zu ermöglichen als auch den Arbeitslohn zu regulieren. Dass der stumme Zwang der Verhältnisse ausreicht und kaum noch unmittelbare Gewalt nötig ist, um den Arbeitslohn festzulegen, ist selbst ein langwieriger Vorgang. Im Zusammenhang mit der ursprünglichen Akkumulation ist sehr deutlich, dass wir es mit einem „Klassenstaat" zu tun haben, der die Bedingungen für die Herstellung des Kapitalverhältnisses schafft.

Ursprüngliche Akkumulation hat auch eine internationale Dimension: Kolonialismus und Sklavenhandel. Perry Anderson (1974) sieht in der engen Verbindung von antiker und feudaler Produktionsweise eine notwendige Voraussetzung für die Herausbildung der kapitalistischen Produktionsweise. Das ist vor allen Dingen die Einführung des Römischen Rechts in der Renaissance, aber auch „die zu Beginn der Neuzeit in der Neuen Welt in großem Umfang wieder auftretende Sklaverei" – „eine unabdingbare Voraussetzung für die ursprüngliche Akkumulation, die ihrerseits die Grundlage für den Sieg des industriellen Kapitalismus war". (548, Fn.: 32)

Bei Karl Marx heißt es:

> „Die Entdeckung der Gold- und Silberländer in Amerika, die Ausrottung, Versklavung und Vergrabung der eingeborenen Bevölkerung in die Bergwerke, die beginnende Eroberung und Ausplünderung von Ostindien, die Verwandlung von Afrika in ein Geheg zur Handelsjagd auf Schwarzhäute bezeichnen die Morgenröte der

---

1 Vgl. zu den Vagabundage-Gesetzen auch Chambliss 1964; zur Veränderung des Eigentumsbegriffs, die nötig war, um das Kapitalverhältnis durchzusetzen und zu regulieren, Hall 1952; Hay et al. 1975; Thompson 1975.

kapitalistischen Produktionsära. Diese idyllischen Prozesse sind Hauptmomente der ursprünglichen Akkumulation." (779)

„Den aufschießenden Manufakturen sicherte die Kolonie Absatzmarkt und eine durch das Marktmonopol potenzierte Akkumulation. Der außerhalb Europa direkt durch Plünderung, Versklavung und Raubmord erbeutete Schatz floß ins Mutterland zurück und verwandelte sich hier in Kapital." (781)

In beiden Fällen – nach innen und nach außen – ist die Herstellung des Kapitalverhältnisses ein gewaltförmiger Prozess. „Ursprüngliche Akkumulation" heißt Herstellung von Kapitalismus mit nicht-kapitalistischen Mitteln. Und ursprüngliche Akkumulation, auch darauf sei hingewiesen, ist kein historisch einmaliges und abgeschlossenes Ereignis. Dass Bauern von ihrem Land vertrieben wurden, war hierzulande schon lange nicht mehr zu hören – was nicht heißen soll, dass es das unter Bedingungen von Globalisierung nicht immer noch gibt. Es mag auch sein, dass in den Industrie-Nationen die Herstellung eines Kapitalverhältnisses in Bereichen gesellschaftlichen Lebens, die bisher anders organisiert waren, nicht mehr so gewaltförmig geschieht, wie das Marx für die Geburt des Kapitalismus beschreibt.

Die kapitalistische Entwicklung ist von fortlaufenden Prozessen der ursprünglichen Akkumulation gekennzeichnet, als der Überführung von als Gemeingüter ehemals frei verfügbaren Produktionsmitteln in Privateigentum. Marx hat sich mit der privaten Aneignung von Land befasst. Heute bezieht sich ursprüngliche Akkumulation auf andere Bereiche. In der „Wissensgesellschaft" gehört dazu auch die Kommodifizierung von Wissen. So ist etwa für Pharma-Konzerne beschrieben worden, dass sie sich indigenes Wissen mehr oder weniger legal aneignen (vgl. Hirsch 2002) und durch Patentierungen Monopolpreise einstreichen können.

Immer heißt ursprüngliche Akkumulation, dass das Kapitalverhältnis hergestellt wird, im doppelten Sinn: Die Produzenten (Arbeiter) werden von den Produktionsmitteln getrennt, also „befreit" (dazu gehört auch die dauernde Herstellung der Bereitschaft, sich auf dem Markt anzubieten und die Qualifikationen zu entwickeln, die man dort braucht – das geschieht z.B. durch Sozialpolitik, Bildungspolitik); und es werden Bereiche „kommodifiziert", die bis dahin durch Subsistenz-Arbeit, Hausarbeit, Arbeit in der und für die Gemeinde verfügbar gehalten wurden, oder die „commons" waren, Güter (Infrastruktur) zur allgemeinen Nutzung. Dazu muss dauernd die benötigte Arbeitsmoral hergestellt werden und es müssen dauernd profitable Investitionsfelder gesucht werden, beides zur Not auch mit Gewalt.

Der zweite Punkt, der an der Erzählung über ursprüngliche Akkumulation wichtig ist: Kapitalismus beginnt agrarisch, nicht städtisch, im Zweifelsfall adelig, nicht bürgerlich. Die berühmte Industrielle Revolution in England hat ihre Wurzeln in der Kapitalisierung der Landwirtschaft.

Dass Kapitalismus in England begonnen hat, begründet Ellen Meiksins Wood (2002) damit, dass die Aristokratie dort über keine außer-ökonomische Macht verfügte, sie war Teil der zentralen Monarchie und hatte nicht die Souveränität, wie es für den Feudalismus (Landadel und Grundherrn) charakteristisch war. Die Großgrundbesitzer hatten, wegen ihrer schwachen politischen Stellung, die dazu führte, dass sie nicht direkt höhere Renten eintreiben konnten, ein Interesse, ihre Farmer dazu zu bringen, die Kosten zu senken und die Arbeitsproduktivität zu erhöhen. Dazu kam die Erfahrung des „Marktes": Durch Verpachten von Ländereien an den Höchstbietenden wussten sie, dass fixe Renten nicht unbedingt die höchsten waren. Dass Renten über den Markt ausgehandelt wurden, im Unterschied zu Frankreich, wo sie mit politischer und militärischer Macht festgelegt wurden, benennt Wood als Voraussetzung für die kapitalistische Entwicklung. Die Markt-Vermitteltheit forcierte Warenproduktion und Produktivitätssteigerungen. Damit wiederum entsteht Konkurrenz zwischen den Pächtern und Großgrundbesitzern, die zu einer zunehmenden Konzentration des Grundbesitzes führt und „unproduktivere" Pächter in den Ruin treibt.

Mit agrarischem Kapitalismus – Wood beschreibt das anhand der Veränderung der Bedeutung des Wortes „improvement" (Verbesserung) – ist bis ins 17. Jahrhundert noch eindeutig gemeint, dass Land wegen des Profits kultiviert wird. Erst im 19. Jahrhundert wurde der Bezug zum ökonomischen Profit abgeschnitten und die Bedeutung des Wortes auf verbesserte Techniken in der Landwirtschaft eingeschränkt. Für unseren Zusammenhang ist daran wichtig, dass mit agrarischem Kapitalismus nicht vorwiegend technische Erfindungen und neue Methoden gemeint sind. Es geht vielmehr um Konzentration des Landbesitzes und seine Bewirtschaftung durch Pächter, die Lohnarbeiter dafür bezahlen und die Waren auf dem Markt profitabel verkaufen. „Einhegungen" sind die Geburt des Kapitalismus. Dass Einhegungen mehr meint als die physische Einzäunung von Land, davon war schon die Rede. Damit ist vor allen Dingen auch eine

Veränderung des Eigentumsbegriffs gemeint und die Transformation der „moralischen Ökonomie" in die „politische". Dass das nicht ohne Gegenwehr geschehen ist, wird uns noch beschäftigen.

Als allgemeinste Formel für Kapitalismus ergibt sich damit: Erst wenn es einen Markt für Arbeitskräfte gibt, wo die Arbeitskraft als Ware verkauft wird und Kapitalisten davon abhängig sind, diese Arbeitskraft zu kaufen und den Profit auf davon getrennten Märkten für Waren zu realisieren, die die Arbeiter als Produkte oder Dienstleistungen hergestellt haben, die aber den Eigentümern der Produktionsmittel gehören, ist es sinnvoll, von einem Kapitalverhältnis zu reden.

Andere Übergänge und ihre Theoretiker

Geldrente

Wir haben argumentiert, dass Feudalismus dadurch charakterisiert ist, dass das Mehrprodukt in Form von Arbeits- (Fron) oder Produkt- (Zehent) oder Geld-Renten abgeschöpft wird. Die Geldrente wird häufig als eine „Auflösungsform" des Feudalverhältnisses beschrieben. Dobb argumentiert, dass damit eine „partielle Befreiung von der feudalen Ausbeutung" möglich wurde, dass die Bauern „einen gewissen Anteil des Surplus für sich behalten" konnten:

> „Damit hatten sie nicht nur die Mittel, sondern auch den Anreiz, ihren Anbau zu verbessern und neues Land mit einzubeziehen, was nebenbei auch dazu führte, daß sich der Widerstand gegen feudale Beschränkungen noch weiter verstärkte. Diese Entwicklung schuf auch die Grundlage für eine gewisse Kapitalakkumulation innerhalb der Kleinproduktion (petty mode of production) selbst und somit für den Beginn eines Prozesses der Klassendifferenzierung innerhalb dieser Ökonomie von Kleinproduzenten." (Dobb 1962: 225)

Das wird als Vorgang angenommen, der mehrere Jahrhunderte dauerte. Dobb geht aber auch davon aus, dass sich auf diese Weise „der Keim der bürgerlichen Produktionsverhältnisse innerhalb der alten Gesellschaft" entwickelte. Der grundlegende Konflikt, den die feudale Produktionsweise hervorbringe, sei der zwischen Kleinproduzenten und der herrschenden Feudalklasse, die Bauernaufstände seien die entscheidenden Klassenkämpfe im Feudalismus.[2]

---

2 Hier wird die Terminologie von „Klassen", mit der die kapitalistische Produktionsweise auf den Begriff gebracht wurde, auf den Feudalis-

Mit dem starken Akzent auf der Geldrente als Form, die den Übergang vom Feudalismus in den Kapitalismus ermöglicht, gelingt es, diese theoretische Konstruktion aufrechtzuerhalten. Mit den empirischen Daten über die Herkunft der Kapitalisten ist die Annahme, dass den Kleinproduzenten in nennenswertem Ausmaß Kapital akkumuliert hätten, nicht vereinbar.

Aber zunächst gilt es festzuhalten, dass die Geldrente (wie Arbeits- und Produktrente auch) eine Feudalrente ist und nicht schon Kapitalismus indiziert. Sie mag und wird ein Mosaiksteinchen im Übergang zum Kapitalismus gewesen sein, war aber zunächst, wie Bauer und Matis (1988) argumentieren, geeignet, den Feudalismus zu stärken:

> „Der Grad der persönlichen Servilität der Untertanen nimmt dabei wohl ab, gleichzeitig verstärkt sich die Last ihrer Verpflichtungen. Daraus ergibt sich eine Labilität des Systems. Da die Bauern diesem Druck auszuweichen versuchen und ihnen die Flucht in die Städte dazu auch die Möglichkeit bietet, nutzen die Herren ihr Bannrecht, um die Untertanen als 'Grundhörige' fester an den Boden zu binden (Nulle terre sans seigneur). Das Feudalsystem verfestigt sich damit zu einem Zeitpunkt, als die Wirklichkeit es bereits aufzulösen beginnt." (57f)

Verschiedene Interessen-Politiken bringen Widersprüche hervor, die sich in anderen sozialen Positionen benützen lassen. Die Feudalherren setzten die Geldrente ein, um ihre Herrschaft zu stützen. Für die Bauern mag das ein Anreiz gewesen sein, die Produktivität zu steigern, was langfristig die Kapitalisierung der Landwirtschaft begünstigt haben kann. Für die Analyse von Übergängen lernen wir daraus, dass nicht-intendierte Nebenfolgen von Politiken interessant sind.

Die Annahme, dass der Feudalismus zu diesem Zeitpunkt in Wirklichkeit schon begonnen habe sich aufzulösen, hat auch damit zu tun, dass, wie schon die im Titel verwendete Umschreibung von Kapitalismus als „Marktgesellschaft" andeutet, Bauer und Matis in ihrer materialreichen Studie der Theorie von Karl Polanyi folgen, die Kapitalismus mit Marktgesellschaft identifiziert.[3]

---

mus übertragen und als zentraler Widerspruch behauptet. Das kann man mit Gewinn tun (für jede Produktionsweise ist die Stellung zu den Produktionsmitteln in den verschiedenen Positionen die Frage, die für die Analyse zentral ist), eine Klassengesellschaft im strengen Sinn ist Feudalismus aber nicht.

3 Auch Stamm (1982) argumentiert, dass der Übergang von Fronarbeit zu Geldabgaben ein entscheidendes Moment für die Ent-

Marktgesellschaft

Karl Polanyi (1944) beschreibt in seinem Buch *The Great Transformation* den liberalen Kapitalismus als „Marktgesellschaft", den Übergang zum Fordismus (aber auch die Bedingungen der Möglichkeit von Faschismus) als Folge der Notwendigkeit, in den „selbstregulierenden Markt"[4] politisch zu intervenieren, denn:

> „Eine solche Institution („selbstregulierender Markt", ChR/HSt) konnte über längere Zeiträume nicht bestehen, ohne die menschliche und natürliche Substanz der Gesellschaft zu vernichten; sie hätte den Menschen physisch zerstört und seine Umwelt in eine Wildnis verwandelt. Die Gesellschaft ergriff zwangsläufig Maßnahmen zum eigenen Schutz". (17f)

> „Die von solchen Einrichtungen verursachten Verschiebungen müssen zwangsläufig die zwischenmenschlichen Beziehungen zerreißen und den natürlichen Lebensraum des Menschen mit Vernichtung bedrohen." (64)

Dass Kapitalismus seine eigenen Grundlagen zerstöre, ist die Hauptthese Polanyis. So vehement er an diesem Modell auch festhält, sosehr widerlegt er sie zugleich mit seiner Analyse der „Doppelbewegung", die besagt, dass auf diese Gefahren tatsächlich mit vielfältigen Interventionen des Staates reagiert wurde. Genaugenommen kritisiert Polanyi „nur" die liberale Ideologie: Er zeigt, dass die Wirtschaftsliberalen „selbst regelmäßig nach staatlichen Zwangsmaßnahmen riefen" und trotzdem an der Legende festhiel-

---

stehung von Lohnarbeit war, bestreitet aber, dass die Abschaffung der Zwangsarbeit mit der Ausdehnung des Marktes erklärt werden könne. (18f) Anhand von Quellen belegt er, dass die Beschwerden über die schlechte Arbeitsmoral der Fronpflichtigen groß waren: „Da die Bauern die Fronarbeit gelegentlich vernachlässigten, sei es nötig, sich gegen ihre Betrügereien zu schützen. ... Oft arbeiteten die Bauern nur bis Mittag; war eine Familie verpflichtet, einen Angehörigen zum Dienst abzustellen, dann entsandte sie meist den ungeschicktesten Sohn." (21) Mit der Geldrente entfielen für die Feudalherrn derartige Kontrollen und es entstand die Möglichkeit, für einen Teil des Geldes Tagelöhner zu kaufen, die aufgrund der Konkurrenz bestrebt waren, die Arbeit zügig zu verrichten. (17) Die Abschaffung der Zwangsarbeit, so kann man zusammenfassen, war ein Herrschaftsmittel.

4 In diesem Kontext ist die Lektüre von Shutt (2005) interessant, der aus einer ausgezeichneten Analyse verschwörungstheoretische Schlussfolgerungen (die nicht „falsch" sein müssen, aber doch „ungeschützt" formuliert werden) zieht.

ten, der Wirtschaftsliberalismus „hätte nie eine Chance gehabt, sondern sei durch kurzsichtige Gewerkschafter, marxistische Intellektuelle, habgierige Fabrikanten und reaktionäre Grundbesitzer abgewürgt worden". (193) Aber dass Kapitalismus sehr wohl imstande ist, seine eigenen Voraussetzungen zu reproduzieren, ist hier nicht Gegenstand, sondern der verkürzte Kapitalismus-Begriff, den Polanyi seiner Interpretation zugrundelegt.

Polanyi behauptet für alle Produktionsweisen vor dem Kapitalismus eine Gemeinsamkeit: „dass die wirtschaftliche Tätigkeit des Menschen in der Regel in seine Sozialbeziehungen eingebettet ist" (68), und dass „Märkte bis zum Ende des Mittelalters keine wichtige Rolle im ökonomischen System spielten". (79) Kapitalismus wird dann als „völlig neues Wirtschaftssystem" beschrieben, das durch „einen Versuch zur Errichtung eines einzigen großen selbstregulierenden Marktes" (93) charakterisiert sei.

> „Selbstregulierung bedeutet, daß die gesamte Produktion auf dem Markt zum Verkauf steht und daß alle Einkommen aus diesen Verkäufen entstehen. Dementsprechend gibt es Märkte für alle Wirtschaftsfaktoren, nicht nur für Güter (immer mit Einschluß der Dienstleistungen), sondern auch für Arbeit, Boden und Geld, deren Preise jeweils Warenpreise, Löhne, Bodenrente und Zins genannt werden. ... Wenn diese Voraussetzungen erfüllt sind, dann werden alle Einkommen aus Verkäufen auf dem Markt entstehen, und die Einkommen werden gerade ausreichen, alle produzierten Waren zu kaufen." (95)

Ein solcher selbstregulierender Markt hätte, so Polanyis Annahme, die Zerstörung von Mensch und Natur zur Folge, wären da nicht Gegenbewegungen aus den unterschiedlichsten Interessenpositionen, was Polanyi zur Schlussfolgerung veranlasst:

> „Letzten Endes wurden die Dinge durch die Interessen der ganzen Gesellschaft in Gang gesetzt, auch wenn deren Verteidigung ursprünglich mehr dem einen als dem anderen Bevölkerungsteil zufiel. Es erscheint uns also angebracht, unseren Bericht über die Schutzbewegung nicht auf Klasseninteressen auszurichten, sondern auf die vom Markt bedrohte gesellschaftliche Substanz." (207)

Über das Kapitalverhältnis, das von Polanyi so nicht benannt wird, wird gesagt:

> „Das als Profit bezeichnete Einkommen entsteht in Wirklichkeit aus der Differenz zwischen zwei Arten von Preisen, dem Preis der produzierten Güter und deren Kosten, das heißt, dem Preis der Waren, die für ihre Erzeugung erforderlich sind." (95)

An dieser Annahme stimmt schon, dass Profit realisiert werden muss und dass das auf dem Markt geschieht. Dazu sind, auch soweit kann man Polanyi folgen, getrennte Märkte – für Arbeitskräfte und für Waren – vorausgesetzt. Aber diese Bedingungen können auch dann gegeben sein, wenn Protektionismus, Eingriffe in den „freien" Arbeitsmarkt oder Regulierungen im Finanzmarkt der Fall sind. Derartige Wirtschaftspolitiken bedeuten bekanntlich keinesfalls das Ende der kapitalistischen Produktionsweise. Was von Polanyi als das Brandneue – der selbstregulierende Markt – herausgehoben wird, ist tatsächlich nur eine Erscheinungsform, wenn nicht Ideologie von Kapitalismus, aber keine Analyse der Grundstruktur dieser Produktionsweise. Alle Beteuerungen, dass es sich bei Geld, Boden und Arbeit (im Unterschied zu Gütern) um fiktive Waren handle, und dass keine Gesellschaft die Auswirkungen dieser Kommodifizierung auch nur für kurze Zeit ertragen könne, wenn die „menschliche und natürliche Substanz sowie ihre Wirtschaftsstruktur gegen das Wüten dieses teuflischen Mechanismus nicht geschützt würden" (100), nützen da nichts. Genau diese Kommodifizierung, die Herstellung der Ware Arbeitskraft rechtfertigt es, von einem „völlig neuen Wirtschaftssystem" zu reden.

Märkte hat es selbstverständlich schon vorher gegeben, den „selbstregulierenden Markt", so kann man den Wirtschaftsliberalen in der Sache, wenn schon nicht im Ton zustimmen, hat es empirisch nie gegeben. Dass das, wie Polanyi nahelegt, einem „Weltgeist" zuzurechnen sei, der sich unterschiedliche Gesellschafts-Gruppierungen als Träger sucht und sich so zum Retter der „gesellschaftlichen Substanz" aufschwingt, mag man bezweifeln. Vielmehr ist davon auszugehen, dass die jeweiligen Ausformungen von Kapitalismus aus Interessenpositionen und Kompromissen zwischen ihnen entstehen.

Um den Übergang vom Feudalismus zum Kapitalismus zu verstehen, ist es sicher sinnvoll, die Ausweitung von Aktivitäten auf Märkten einzubeziehen, die eine solche Entwicklung begünstigen, aber gleichsetzen kann man „Marktgesellschaft" und Kapitalismus nicht. Die Idee des selbstregulierenden Marktes ist die Ideologie des alten und neuen Wirtschafts-Liberalismus, geeignet, um die Interessen des Kapitals als volkswirtschaftlichen Fortschritt zu legitimieren, aber ungeeignet, um die kapitalistische Produktionsweise zu charakterisieren.[5]

---

5 Blyth (2002) kritisiert an Polanyi, dass seine Arbeit unterstelle, mit der gesellschaftlichen „Einbettung" des Liberalismus ende die „Dop-

Verlagsproduktion

Einen Verlag (nicht zu verwechseln mit zeitgenössischen Buch- oder Zeitschriften-Verlagen) zu betreiben, hieß im Feudalismus, Fertig-Produkte zu kaufen und zu verkaufen. Das konnte zusätzlich auch den Handel mit Rohstoffen umfassen, mit denen die Produzenten versorgt wurden. In den meisten Ländern, folgt man den historischen Beschreibungen, stammten die Verleger aus Kaufmannskreisen. Aber auch Handwerker wurden gelegentlich unternehmerisch tätig und betrieben einen Verlag (für den lokalen Markt). Die Produktion geschah in Heimarbeit, über die Produktionsmittel – wie Webstühle – verfügten die Produzenten selbst, die Verleger bezahlten für das Produkt, das sie in einer bestimmten Menge und Qualität in Auftrag geben. Die Arbeitszeit, die dafür aufgewendet werden muss, ist ihnen gleichgültig, auch der Arbeitsprozess unterliegt nicht ihrer Kontrolle. Es handelt sich um Werkverträge. Die Kaufleute waren bestrebt, eine Monopolstellung zu erreichen, die Heimarbeiter faktisch von sich abhängig zu machen. Das ermöglichte es, den Preis für die Arbeit zu drücken. Dazu kommt, dass die dörflichen Arbeiter ohnehin billig produzierten, nicht zuletzt, weil sie zugleich immer noch Subsistenzproduktion betrieben. Der Profit der Kaufleute besteht in einem Zirkulationsgewinn, dem Unterschied zwischen den Kosten und dem Erlös. Aber auch Heimarbeiter versuchten ihr Einkommen aufzubessern:

> „Auch lernte der Arbeiter sehr früh, sein Einkommen dadurch aufzubessern, daß er einen Teil des ihm von dem Kaufmann gelieferten Rohmaterials auf die Seite schaffte und für eigene Rechnung verkaufte. Diese Unterschlagungen wirkten sich zum Nachteil des Fertigprodukts aus: Das Garn wurde versteift und erhielt dadurch ein falsches Gewicht; die Stoffe wurden bis zur Durchsichtigkeit gestreckt. Die Arbeiter empfanden bei diesen Veruntreuungen keine Gewissensbisse. Man betrachtete sie als normale Nebeneinkünfte des Berufs, die infolge der Ausbeutung durch den Verleger mehr als gerechtfertigt waren.“ (Landes 1968: 65)[6]

---

pelbewegung“. Blyth aktualisiert die Theorie, indem er „disembedding“ bei der Transformation des Fordismus („embedded liberalism“ – im Unterschied zu „classical liberalism“) in den Neoliberalismus zum Gegenstand macht.

6 Landes hat mit diesem Buch eine umfassende und sozial- und wirtschaftshistorisch informierte Technikgeschichte vorgelegt, die nicht zuletzt deshalb aufschlussreich ist, weil ihn interessiert, in welchen

Wie schon dieser kurzen Darstellung leicht zu entnehmen ist, sind mehrere Bestimmungsstücke, die die kapitalistische Produktionsweise kennzeichnen, im Verlagssystem nicht erfüllt. Die Produzenten verfügen selbst über die Produktionsmittel, sind also keine „freien Lohnarbeiter", die Kaufleute beziehen ihren Gewinn auf dem Markt, indem sie versuchen, Arbeit und Rohstoffe billig einzukaufen, die Fertigprodukte aber teuer zu verkaufen – unter Benützung von Unterschieden auf den überregionalen Märkten. Wenn sie das geschickt anstellen (und Glück haben), können sie damit ein Vermögen machen. Aber Geldreichtum ist nicht identisch mit Kapital. Erst wenn Vermögen in die Produktion investiert wird, kann man von Kapital reden.

Und genau das macht das Verlagssystem als Übergang zur kapitalistischen Produktionsweise interessant: Sobald die Herstellung eines Produktes (technisch) aufwendig wird und sich die Heimarbeiter die dazu notwendigen Maschinen nicht mehr leisten können, können und haben Verleger ihr Vermögen in Produktionsmittel investiert, die sie den Heimarbeitern zur Verfügung gestellt, sofern sie nicht ohnehin zunächst Manufakturen und dann Fabriken gegründet haben. Erst jetzt wird aus Vermögen Kapital und erst jetzt haben die Arbeiter nichts mehr zu verkaufen als ihre Arbeitskraft. Zusätzlich musste unterstellt werden, dass die Nachfrage nach bestimmten Produkten stabil ist. Die Verlagsproduktion bot die Möglichkeit, sich flexibel auf den Markt einzulassen, das Risiko trugen weitgehend die Heimarbeiter, die im Zweifelsfall keine Aufträge mehr erhielten, wenn die Nachfrage ausblieb.

Handels- und Kaufmannskapital

Henri Pirenne (1933) ist einer der wichtigen Theoretiker, die in der Anhäufung von Vermögen der mittelalterlichen Kaufleute das entscheidende Kriterium für den Übergang des Feudalismus in den Kapitalismus identifizieren.

Pirenne geht davon aus, dass die italienischen Städte von den Kreuzzügen profitiert und die Herrschaft im Mittelmeer erhalten haben. Mit dem Seehandel sei ein „neuer, genau genommen kapitalistischer Aufschwung des Wirtschaftslebens verbunden, der sich langsam über alle Gegenden nördlich der Alpen ausbreiten sollte." (36) Obwohl Pirenne nicht genau datiert, ist hier vom 13.

Produktionsformen sich Möglich- oder Notwendigkeiten der Produktivkraftentwicklung ergaben.

Jahrhundert die Rede. Die Kaufleute bestimmt er als „entwurzelte Klasse“: ihre Lebensgewohnheiten seien nicht mehr durch die Beziehungen zu Grund und Boden bestimmt. (47) Mit „entwurzelt“ ist tatsächlich gemeint, dass sie am Rande einer Gesellschaft leben, in welcher nur der Grundbesitz die Existenz garantiere:

> „Die besten unter ihnen, zumal wenn das Glück ihnen hold war, fanden jene Gelegenheiten reich zu werden, die das Kaufmannsleben in so reichem Maße allen Vagabunden und armen Teufeln gewährt, die sie mit Energie und Intelligenz beim Schopf zu ergreifen wissen.“ (49)

Hier wird keinerlei Unterschied zwischen Abenteurern und Kapitalisten gemacht. Zwar wird gesagt, dass „der Drang nach Abenteuer“ hilfreich war, um sich etwa als Matrose (!) anwerben zu lassen, aber zugleich wird mehrfach wiederholt, dass die „Kapitalisten aus der Masse jener entwurzelten Armen hervorgingen“ (158). Vom nicht ganz zu vernachlässigenden Risiko, als Matrose die Reise nicht zu überleben, ist ebensowenig die Rede, wie von der Unwahrscheinlichkeit, in dieser Position an einem potentiellen Gewinn in nennenswerten Ausmaß beteiligt zu sein. Stattdessen wird daran festgehalten, dass aus solchen Handelsaktivitäten der Kapitalismus entsteht, und zwar, folgt man Pirenne, schon im 12. Jahrhundert:

> „Dass der Kapitalismus sich schon im 12. Jahrhundert ankündigt, beweisen die Quellen, ohne darüber irgendwelchen Zweifel zu belassen. Der Fernhandel erlaubt die Anhäufung sehr beträchtlicher Vermögen. ... Der Geist, der ihn beseelt, ist seinem Wesen nach der Geist des Kapitalismus aller Zeiten. Er überlegt, er kalkuliert, und sein einziges Ziel besteht in der Anhäufung von Gewinnen.“ (157f)

Was aber geschieht mit dem angehäuften Vermögen? Erst daraus lässt sich nämlich schließen, ob aus Vermögen tatsächlich Kapital wird.

> „Die erzielten Gewinne werden bei weitem nicht alle im Warenhandel angelegt. Diese verhelfen vielen Kaufleuten auch zu einer führenden Stellung im Geldgeschäft. ... Alle investieren daneben ihre überreichen Reserven auch in Ländereien als sicherste Anlage. Im Laufe des 12. und 13. Jhs. erwerben sie den größten Anteil des städtischen Bodens. Die Zunahme der Bevölkerung verwandelt die Grundstücke in Bauland, steigert die Erträgnisse aus Grund und Boden zu einem solchen Grade, dass mancher Handelsmann seit der zweiten Hälfte des 12. Jhs. seinem Beruf entsagt, um als

> bequemer Rentner zu leben. Zwar stammte das bewegliche Kapital keineswegs vom Grundbesitze, es bot im Gegenteil den Anlass zur Bildung der ersten bürgerlichen Liegenschaften." (160f)

Was hier von Pirenne als Kapital benannt wird, ist nichts weiter als Zirkulationsgewinne und Erträge aus Finanzspekulationen. Selbst die erwähnten Investitionen in „Ländereien", in „städtischen Boden", sind keine Investitionen in die Produktion, sondern Spekulation mit Immobilien. Wenn aber Produktion (und die Rückwirkung der Verkäuflichkeit auf die Produktion) das Zentrum des Kapitalverhältnisses bildet, dann verwechselt Pirenne Gewinn und Vermögen mit Kapital. Dafür spricht auch, dass er die Ausweitung des Kreditwesens im 14. und 15. Jahrhundert als das behauptet, was schließlich zum Kapitalismus führe (184, 204).

„Kaufmannskapital" als wichtiges Moment für den Übergang vom Feudalismus in den Kapitalismus zu identifizieren, ist als Begriff in zweierlei Hinsicht ungenau bis irreführend. Wenn damit nur das Vermögen von Kaufleuten gemeint ist, hat das mit Kapitalismus nichts zu tun. Oder wie Marx es formuliert: „Das Kapital ist kein Ding, sondern ein spezifisches gesellschaftliches Verhältnis." Dass Kaufleute ihr Vermögen investiert und damit tatsächlich zu Kapital gemacht haben, war zwar auch der Fall, unterstellt aber, wenn der Akzent einseitig darauf gelegt wird, dass dieser Übergang ein „freundliches Unternehmen" war und unterschlägt etwa die Raubökonomie – als Einhegungen, als Plünderung in den Kolonien – als andere Form, investierbares Vermögen anzuhäufen und den Übergang in den Kapitalismus gewaltförmig zu beschleunigen.[7]

Manufakturen

Manufaktur meint im Unterschied zum Verlag die arbeitsteilig organisierte und an einem Ort zentralisierte Produktion, in der im Unterschied zur Fabrik noch ohne große Maschinerie gearbeitet wird.

---

7 Man kann Pirenne insgesamt nicht vorwerfen, ein brillanter Herrschafts-Analytiker zu sein. Von Grundherrn zeichnet er ein idyllisches Bild als gute Patriarchen. (66) Dem „Proletariat" (! – gemeint sind Aufstände in Flandern im 14. Jahrhundert) schreibt er dagegen zu, dass es unfähig sei zu begreifen, dass der Welthandel und die kapitalistische Industrie (!) notwendigerweise Lohnkrisen und Arbeitslosigkeit zur Folge habe, sie betrachteten sich stets als „Opfer der Reichen", für die sie arbeiten. (196f)

Hans Mottek (1957[5]) beschreibt für Deutschland und am Beispiel des Bergbau und Hüttenwesens die „Anfänge kapitalistischer Ausbeutungs- und Betriebsformen" (213ff). Wie in der Landwirtschaft auch, sind das langwierige Übergänge. Im 12. und 13. Jahrhundert, so Mottek, gehörten diese Betriebe den in ihnen tätigen Bergleuten, den „Gewerken". Anteile am Bergwerk, „Kruxen" genannt (und den heutigen Aktien vergleichbar), konnten aber auch weitergegeben und vererbt werden, was eine Trennung zwischen Besitzenden und Arbeitenden bedeutete. Neue Produktionstechniken im Kampf mit dem Wasser konnten ohne Außenstehende im 15. Jahrhundert nicht mehr finanziert werden – wohlhabende Städter, Handwerker und Kaufleute investierten und forderten dafür ihren Anteil. Aber, so hebt Mottek hervor: Die Arbeitskräfte stellten in vielen Fällen keine eigentlichen Lohnarbeiter dar. Immer noch existierten Felder zur eigenständigen Förderung, immer noch wurde auch von Feudalherrn das Mehrprodukt in Form des „Bergzehents" angeeignet.

Helga Schultz (1997) hebt dagegen hervor, dass die Zahl der Manufakturen, die dem Idealtyp der Fabrik ohne Maschinen entsprach, sehr gering war. Die meisten Manufakturen seien „ausgedehnte Verlagsunternehmen unter einem mehr oder weniger kleinen, zentralisierten Dach, das meistens die Endstufen der Produktion umfaßte" (128), gewesen. Und weiter:

> „Nicht zufällig waren es die Luxusgewerbe, in denen die Manufakturen blühten. Im Luxus sah die merkantilistische Theorie jenes Loch im Boden der Staatswirtschaft, aus dem am meisten Edelmetall in Ausland floß. Hier war das Interesse des Monarchen groß genug, um die Risiken und Kosten der Produktion aufzufangen, und in diesen Branchen wurde mit so kostbaren Materialien gearbeitet, daß eine genaue Überwachung des Arbeiters sinnvoll war. Bei anderen Zweigen, wie der Porzellanmanufaktur oder der Spiegelherstellung, schien die Wahrung des Produktionsgeheimnisses in einer zentralisierten Werkstätte innerhalb eines abgegrenzten Manufakturbezirks am besten gewährleistet." (125f)

Schultz hebt als Bedingung der Möglichkeit von Manufakturen das nationalstaatliche Interesse hervor, das sich durch „Subventionen in Gestalt von Gebäuden, freien Holzlieferungen, Zollfreiheit und Geldzuschüssen" (126) ausdrückte. Dazu kamen Privilegien, wie das Monopol für die Produktion in einem Bezirk oder sogar im ganzen Staat oder/und Einfuhrverbote für entsprechende ausländische Produkte. Anders formuliert: Für Einzelkapitale war diese Produktionsform hochriskant. Staatlicher Protektionismus, wie es die wirtschaftspolitische Doktrin des Merkantilismus forderte und wie sie im Absolutismus auch umgesetzt wurde, gehörte zu den Gehhilfen eines Kapitalismus in den Kinderjahren. Die arbeitsteilige, zentralisierte Produktion allein indiziert, wie wir am Beispiel des Bergbaus gesehen haben, noch keine kapitalistische Produktionsweise. Die „Manufakturperiode", wie Marx sie nennt, bringe, so argumentiert er, keine radikale Umgestaltung. Vielmehr benötige sie das städtische Handwerk und die häuslich-ländliche Nebenindustrie als nicht-kapitalistisch strukturierten Hintergrund. (1867: 776) Das freilich ist so außergewöhnlich nicht. Kapitalismus, so haben wir in Auseinandersetzung mit Polanyi argumentiert, setzt immer auch nicht-kapitalistische Ressourcen voraus: sei es die Herstellung der Arbeitsmoral in der Familie, sei es die Aneignung und Kommodifizierung von nicht-kapitalistisch hergestellten Gütern. Dass die kapitalistische Form der Produktion während der „Manufakturperiode" noch nicht zu einer „radikalen Umgestaltung" geführt habe, meint aber mehr: Es ist eine Ungleichzeitigkeit innerhalb des Feudalismus, eine Ausnahme, noch nicht die Grundstruktur.

Absolutismus

Absolutistische Staaten gelten als politische Reaktionen auf die Krise des Feudalismus, die häufig als kapitalistisch interpretiert werden. Perry Anderson (1974) reflektiert in seiner Untersuchung der Strukturen des absolutistischen Staates, die Schwächen dieser Beurteilung, die sich auf folgende Beobachtungen stütze:

> „Die absoluten Monarchien führten stehende Heere ein, eine dauerhafte Bürokratie, nationale Besteuerung, ein kodifiziertes Gesetz, und sie schufen die Grundlagen für einen gemeinsamen Markt. Alle diese Merkmale scheinen deutlich kapitalistische zu sein." (19)

Anderson diskutiert an diesen verschiedenen Merkmalen den Unterschied zwischen feudalem und kapitalistischem Staat. Er kommt zu dem Ergebnis, dass die absolutistischen Staaten der Renaissance „modernisierte Werkzeuge zur Erhaltung der Adelsherrschaft über die ländlichen Massen" (23) waren und also keineswegs ein bürgerlich-kapitalistischer Staat. Dass die Leibeigenschaft, ein wichtiges Bestimmungsstück der feudalen Produktionsweise, zeitgleich abgeschafft und der Zehent durch Steuern ersetzt wurde, ändert daran nichts. Vielmehr zeigt er am Beispiel der Steuerbeamten, die von bewaffnetem Wachpersonal begleitet wurden, damit sie ihren Dienst tun können, dass der unmittelbare Zusammenhang von „politisch-legaler Zwangherrschaft und wirtschaftlicher Ausbeutung, die die feudale Produktionsweise als solche bestimmten" (43), immer noch Bestand hatte. Erst im Kapitalismus wird sich eine eigenständige Ökonomie ausdifferenzieren.

Auf der abstrakt-strukturellen Ebene bestimmt Anderson also die Herrschaft des absolutistischen Staats als die des Feudaladels, aber in der Zeit des Übergangs zum Kapitalismus (52). Auf der Akteur-Ebene, und hier ist relevant, dass Anderson genau zwischen verschiedenen absolutistischen Staaten unterscheidet, zeigt er für den Absolutismus im Westen, dass die Bourgeoisie bereits stark genug war, um in begrenztem Umfang auf die absolutistischen Staaten einwirken zu können:

> „Das offensichtliche Paradox des Absolutismus in Westeuropa bestand ja darin, daß er einen Apparat zum Schutz des aristokratischen Eigentums und der aristokratischen Privilegien darstellte, daß aber die diesen Schutz gewährleistenden Mittel zugleich die grundsätzlichen Interessen der aufkommenden Handels- und Manufakturklasse absichern konnten." (49)

Anderson geht in seiner Analyse von Widersprüchen und Dynamiken aus: Der Absolutismus als Staatsform zur Herrschaftssicherung des Feudaladels geschaffen, stellte zugleich günstige Bedingungen für „Kapitalisierungen" her und, wie Anderson am Beispiel von Kolonialunternehmen und Handelsgesellschaften zeigt, die großzügige Förderungen genossen, übernahm Teilfunktionen im Prozess der „ursprünglichen Akkumulation", die ihrerseits die notwendige Basis für den Sieg der kapitalistischen Produktionsweise war. Diese Veränderungen im ökonomischen Bereich wiederum „kündigten unmißverständlich das Entstehen einer neuen politischen Ordnung an" (49).

Als Merksatz kann man damit festhalten, dass Absolutismus, analog zur Geldrente, der Versuch ist, die Feudalherrschaft zu zementieren, zugleich aber die Widersprüche produziert, die die Entwicklung der kapitalistischen Produktionsweise begünstigen, die wiederum ihre eigene politische Ordnung, den bürgerlich-kapitalistischen Staat hervorbringen wird.

Merkantilismus

Bezogen auf die merkantilistische Wirtschaftspolitik, wie sie absolutistische Staaten forcieren, wird analog argumentiert: auch sie förderten nicht nur die einfache, sondern die kapitalistische Warenproduktion.

Die Doktrin des Merkantilismus besteht in der „positiven Handelsbilanz“. Als Voraussetzung des Reichtums einer Monarchie wurde die Menge an Edelmetallen – Silber und Gold – betrachtet. Das wiederum setzt voraus, dass die Ausfuhr an Waren die der Einfuhr übersteigt, was, wie Mottek argumentiert, neben Exportprämien und Subventionen, Schutzzöllen und Einfuhr- (von Fertigprodukten) sowie Ausfuhrverboten (von Rohstoffen) durch eine Förderung des Gewerbes erreicht werden sollte: „... je mehr neue Gewerbezweige geschaffen, je mehr Rohstoffe im eigenen Land verarbeitet wurden, desto weniger brauchte man zu importieren, desto mehr konnte man exportieren, ...“. (Mottek 1957[5]: 259)

Unter dem merkantilistischen Gesichtspunkt – die Produktion zu fördern – war es, so Stamm (1982: 92), „ein Skandal, daß breite Schichten des Volkes ohne Beschäftigung waren“. Aus Zucht-, Armen- und Waisenhäusern wurden Arbeitskräfte für Manufakturen:

> „Die Unterschiede zwischen Fabrik und Manufaktur einerseits, Arbeits- und Zuchthaus andererseits waren also keinesfalls so deutlich, wie diejenigen es wünschen, die die Entstehung moderner industrieller Organisationsformen ausschließlich aus den Gesetzen der ökonomischen Zweckmäßigkeit, des Produktivitätsfortschritts begründen.“ (121)

Die Arbeiter in den königlichen Manufakturen wohnten innerhalb der Anlagen und selbst wenn es bestimmten Berufsgruppen erlaubt war, außerhalb der Manufaktur zu wohnen, so erfolgte die Arbeit zentralisiert: aus Gründen der besseren Überwachung.

Unter der Prämisse „positive Handelsbilanz“, so Mottek, konnten die Fürsten glauben, Manufakturen seien in ihrem Interesse. Die merkantilistische Politik war Machtpolitik, der Reichtum notwendig, um militärisch stark zu sein. Zugleich war es aber eine Politik, die den Aufstieg des Wirtschaftsbürgertums ermöglicht hat. Die „alte“ herrschende Klasse schafft aus Eigeninteresse Bedingungen, die einer „neuen“ Klasse zugute kommen. Bei Umwälzungen der Produktionsweise sind die Akteure, die sie betreiben, nicht immer auch diejenigen, die davon profitieren.

Anderson hebt in diesem Kontext noch einmal hervor, dass im Merkantilismus ökonomisches Wachstum und politische Machtansprüche vereint seien, dass erst in den Laissez-faire Theorien einer rigorosen formalen Trennung der politischen und ökonomischen Systeme das Wort geredet wurde. Während Laissez-faire sich um Frieden bemühte, um den internationalen Handel zu steigern, war die merkantilistische Theorie ausgesprochen „kriegerisch“ und betonte die Notwendigkeit und den wirtschaftlichen Nutzen der kriegerischen Auseinandersetzung. (Anderson 1974: 44)

> „Man kann aber feststellen, daß für die herrschende Klasse im Feudalismus der Krieg möglicherweise das ‘rationellste’ Mittel war, das – zudem am schnellsten – einen Reichtumszuwachs versprach. Die landwirtschaftliche Produktion stagnierte im Mittelalter keineswegs; ebensowenig kam das Handelsvolumen zum Stillstand. Beides wuchs jedoch sehr langsam, verglichen mit den plötzlichen und gewaltigen ‘Erträgen’, die durch territoriale Eroberungen gewonnen wurden.“ (37)

Wenn man diese Rationalität des absolutistischen Staates einbezieht, dann ist Merkantilismus die zum Feudalismus gehörige Wirtschaftstheorie und keine kapitalistische, die Liberalen werden den Merkantilismus auch harsch kritisieren. Aber ähnlich wie Absolutismus insgesamt fördert sie Entwicklungen – Anderson erwähnt die königlichen Manufakturen und die staatlich gelenkten Gilden in Frankreich, sowie die privilegierten Handelsgesellschaften in England, Mottek die Manufakturen in Deutschland –, die den Übergang in den Kapitalismus begünstigen.

Physiokraten

Schon mehrfach wurde erwähnt, dass sich erst im Kapitalismus Ökonomie, Politik und Recht als eigenständige Bereiche ausdifferenzieren. Die Physiokraten gelten als diejenigen, die zuerst eine ökonomische Theorie formuliert haben. Sie postulieren, analog zu den Naturgesetzen, wirtschaftliche Gesetzmäßigkeiten. Francois Quesnay, Berater von Ludwig XV, gilt als ihr Begründer und Erfinder des „Tableau économique“, ein volkswirtschaftliches Kreislaufmodell, das von der Entdeckung des Blutkreislaufs inspiriert ist und „Kreislauf“ metaphorisch auf das wirtschaftliche Geschehen überträgt.

Michel Foucault (2004a+b), der sich in seinen Vorlesungen Ende der 1970er Jahre mit der Genealogie des modernen (kapitalistischen) Staates beschäftigt und „Gouvernementalität“ (zunächst) als staatliche Machtverhältnisse und Kontext seiner Mikro-Analysen von Macht untersucht, sieht in den Wirtschafts-Theorien der Physiokraten eine zentrale Verschiebung in den Regierungstechniken. Zwar sucht auch Foucault die Anfänge dieser „modernen“ Regierungskunst im Merkantilismus, geht aber zugleich davon aus, dass die merkantilistische Problemstellung – „daß nicht sosehr das Land reich wird, sondern der Souverän über die Reichtümer verfügen kann, daß er Schätze haben und Armeen aufstellen kann, mit denen er seine Politik machen kann" (2004a: 154) – die Entwicklung blockiert habe. Die von den Merkantilisten entdeckte und als „produktive Kraft" verstandene Bevölkerung werde anhand der Achse „Souverän/Untertan", als „Verhältnis des Willens des Souveräns zur Willfährigkeit der Leute" betrachtet. (108f)

Erst die Physiokraten setzten die Bevölkerung nicht mehr als gegeben, sondern als abhängig von einer ganzen Reihe von Variablen. Auf die Bevölkerung einzuwirken heißt dann aber, „auf eine ganze Reihe von Faktoren, von Elementen einzuwirken, die offenbar weit entfernt von der Bevölkerung selbst, von ihrem unmittelbaren Verhalten, weit entfernt von ihrer Furchtbarkeit, ihrem Fortpflanzungswillen sind". (110) Erst mit der Frage nach der Beziehung zwischen den Reichtümern und der Bevölkerung findet „der Übergang von einem Regime, das durch die Strukturen der Souveränität beherrscht ist, zu einem Regime, das durch die Techniken des Regierens beherrscht ist", statt (159). Als Gouvernementalität bezeichnet er jene komplexe Form der Machtausübung, „die als Hauptzielscheibe die Bevölkerung, als wichtigste Wissensform die politische Ökonomie und als wesentliches technisches Instrument die Sicherheitsdispositive hat".[8] (162) Worin dieses „Sicherheitsdispositiv" besteht, wird am Beispiel der Getreidepreise ausgeführt. „Sicherheitsdispositiv" bedeute „gewähren lassen" – „die Preise steigen lassen, die Knappheit sich aufbauen lassen, die Leute hungern lassen um etwas nicht

8 Nachdem Foucault als einer der wichtigen Theoretiker von „Disziplinartechniken" gilt, ist das „Sicherheitsdispositiv" als zentraler Bestandteil von Gouvernementalität eine bemerkenswerte Neuerung. In Abgrenzung zu *Überwachen und Strafen* sagt er: „Ich habe irgendwo gesagt, daß man die Einsetzung der liberalen Ideologien und einer liberalen Politik im 18. Jahrhundert nicht verstehen könnte, ohne im Kopf zu behalten, dass das gleiche 18. Jahrhundert, das die Freiheiten so stark gefordert hatte, sie dennoch mit einer Disziplinartechnik befrachtete, die, indem sie Kinder, die Soldaten, die Arbeiter dort, wo sie gerade waren, aufgriff, die Freiheit beträchtlich einschränkte und damit gewissermaßen sogar die Ausübung jener Freiheit gewährleistete. Nun gut, ich glaube, ich hatte unrecht. Ich habe natürlich niemals völlig unrecht, doch kurz gesagt, das trifft es nicht genau." (2004a: 78) Dass Foucault in diesen Vorlesungen, im Vergleich zu früheren Konzeptionen, die Bedeutung der Disziplin für den Zeitpunkt des Übergangs in den Kapitalismus zwar nicht negiert, sie aber einschränkt und welche Theorie-Implikationen das hat, bedarf noch einer genaueren Analyse.

gewähren zu lassen, nämlich, daß die allgemeine Heimsuchung des Nahrungsmangels einsetzt". (74) Im Unterschied zwischen Merkantilisten und Physiokraten kann man sich das veranschaulichen. Für die merkantilistische Politik heißt es:

> „Es muß viel Getreide geben, und dieses Getreide muß billig sein. Weil das Getreide billig ist, wird man so geringe Löhne wie möglich zahlen können, und wenn die Löhne so niedrig wie möglich sind, wird der Einkaufspreis der zu handelnden Waren niedrig sein, und wenn dieser Preis niedrig ist, wird man sie ins Ausland verkaufen können, und wenn man sie ins Ausland verkauft, wird man soviel Gold wie möglich importieren können." (491)

Von den Physiokraten und, wie Foucault mehrfach betont, allgemein im Denken der Ökonomen im 18. Jahrhundert, wird dagegen argumentiert werden, dass die Getreidepreise hoch sein müssen, wenn Nahrungsmittelknappheit vermieden werden soll. Damit entsteht eine Gouvernementalität, die „sich nicht mehr auf den Markt konzentrieren [soll], auf den Kauf und Verkauf der Güter, auf ihren Verkehr, sondern, zunächst jedenfalls, auf die Produktion". (492) Warum ist ein hoher Getreidepreis günstig und was verhindert, dass er nicht ins Beliebige steigt, sondern sich auf einem gerechten Niveau einpendelt und somit nicht wieder Hungersnöte hervorruft?

> „Nun, erstens, weil die Bauern nicht zögern werden, soviel wie möglich auszusäen, wenn der Preis des Getreides relativ hoch ist, da der Preis gerade dann ein guter Preis ist und sie große Profite erwarten. Wenn sie aber viel aussäen, werden die Ernten besser sein. Je besser die Ernten sind, desto geringer wird die Versuchung sein, Getreide in Erwartung der Knappheit zu horten. Also wird alles Getreide verkauft werden; und wenn der Preis gut ist, werden die Ausländer versuchen, soviel Weizen wie möglich zu verschicken, um von diesem guten Preis zu profitieren, so daß der Preis um so mehr dazu neigen wird, sich zu stabilisieren, je höher er ist." (493)

Banal, es zu erwähnen: Foucault beschäftigt sich nicht mit Produktionsweisen und ihrer Veränderung, er analysiert Verschiebungen im Diskurs über Macht. Mit den Physiokraten markiert er die Entstehung einer volkswirtschaftlichen politischen Ökonomie, die sich von der „moralischen" des Feudalismus unterscheidet. Interventionen im Bereich der Wirtschaft werden zu einer herausragenden und eigenständigen politischen Aufgabe. Herrschaft bemisst sich nicht mehr so sehr am Territorium (zu dem freilich immer auch die Bevölkerung gehört hat, die aber als gegeben betrachtet wurde), über das man verfügt, sondern vielmehr an der Produktivität der Bevölkerung (die immer noch in einem Territorium angesiedelt ist). War es unter feudalen Bedingungen fast gleichgültig, wie produziert wurde, weil die Grundherrn „ihren" Anteil, den sie zu ihrer Lebensführung benötigt haben, gewaltförmig eingetrieben haben, entsteht mit dem Merkantilismus die Idee, staatliche Reichtümer anzuhäufen – zunächst, um Kriege zu finanzieren, mit den Physiokraten und den Liberalen dann aber unter der Prämisse des „Wohlstands der Nationen". Damit entsteht das, was Foucault als „Gouvernementalität" bezeichnet: Die spezifische Form einer (staatlichen) „Kunst des Regierens"[9], die sich, grob gesprochen, durch volkswirtschaftliche Interventionen und eine umfassende Verwaltung der Bevölkerung auszeichnet. Die Konzentration auf die Produktion als wertschaffende, die Foucault an den Theorien der Physiokraten aufzeigt, wird zum Charakteristikum für die kapitalistische Produktionsweise.

Methodische Schlussbemerkung

Was Perry Anderson als methodisches Prinzip für seine Analyse von Absolutismus anmerkt, ist für die Reflexion der Phänomene, die für den Übergang vom Feudalismus in den Kapitalismus zu bedenken sind, insgesamt hilfreich. Er beschreibt sein Vorhaben:

> „Mit dieser Arbeit wird beabsichtigt, den europäischen Absolutismus zugleich 'im allgemeinen' und 'im besonderen' zu analysieren.

---

9 In der 4. Vorlesung (134-172) hat Gouvernementalität genau diese historische spezifische Bedeutung: die Analyse der Machtverhältnisse bezogen auf das Problem des Staates. Foucault ordnet diesen modernen Staat in eine Abfolge ein: „Staat der Gerichtbarkeit" (durch Territorialität feudalen Typs festgelegt), „Verwaltungsstaat" (durch Grenzen gekennzeichnet) und schließlich den „Regierungsstaat" (durch die Masse der Bevölkerung bestimmt). (165) Foucault wird den Begriff dann verallgemeinern: von den für den Polizey-Staat konstitutiven Machttechniken zur Verhaltenssteuerung von Menschen insgesamt. Aber schon in der genannten 4. Vorlesung kontextualisiert Foucault seine Überlegungen mit einer, wie er annimmt, grundsätzlichen „Überbewertung des Staatsproblems" und bereitet so, wenn man will, vor, dass er die Konzentration darauf nicht lange mitmachen und die Analyse von Mikro-Politiken in seine Geschichte und Theorie der „Gouvernementalität" einbeziehen wird.

> Das heißt: es sollen die 'reinen' Strukturen des absolutistischen Staates, die ihn als fundamentale historische Kategorie konstituieren, und die 'unreinen' Varianten, wie sie sich in den vielen verschiedenen Monarchien des nachmittelalterlichen Europa darbieten, untersucht werden." (7)

An verschiedenen Annahmen, wie der Übergang vom Feudalismus in den Kapitalismus zu verstehen sei – Geldrente, Marktgesellschaft, Verlagsproduktion, Handels- und Kaufmannskapital, Manufaktur, Absolutismus, Merkantilismus, Physiokraten – wurde hier argumentiert, dass sie der Struktur nach noch feudal sind, in den konkreten Erscheinungen aber kapitalistische Elemente schon aufblitzen können oder diese Entwicklung vorbereiten. Um den langwierigen Übergang zu verstehen, ist es sinnvoll, nach Widersprüchen und Ungleichzeitigkeiten zu suchen. Verschiedene Erfindungen lassen sich, häufig gegen die Absicht der Initiatoren, von verschiedenen Leuten für verschiedene Zwecke benützen. Einiges, was von der Feudalherrschaft eingesetzt wurde, um ihre Position zu festigen, hat auch dem Bürgertum zum Aufstieg verholfen. Oder, um die Formulierung von Anderson aufzugreifen, Übergänge sind gemessen an typologischen Konstruktionen „unrein".

Theoriefragen 1: Ausbeutung – ein technischer Begriff und wie er mit moralischer Empörung aufgeladen wird

Im deutschen Strafgesetzbuch (§ 181a) wird Ausbeutung mit „Freiheitsstrafe von sechs Monaten bis zu fünf Jahren" bedroht, im österreichischen (§ 216) sind es zwei Jahre. In beiden Fällen geht es um die Ausbeutung von Prostituierten. Dabei gibt es im österreichischen StGB die feine Unterscheidung zwischen „ausbeuten" und „ausnützen": Wer die Prostituierte nur „ausnützt", muss nur mit höchstens einem Jahr rechnen. Im deutschen StGB kommt im Gegensatz zur sexuellen auch die „Ausbeutung der Arbeitskraft" vor. Es gibt zwar keinen eigenen Paragraphen, der die verbieten würde, aber verboten ist im § 233 der „Menschenhandel zum Zweck der Ausbeutung der Arbeitskraft". Dort erfahren wir auch, worin sie besteht: in „Sklaverei, Leibeigenschaft, Schuldknechtschaft, ... einer Beschäftigung zu Arbeitsbedingungen, die in einem auffälligen Missverhältnis zu den Arbeitsbedingungen anderer Arbeitnehmerinnen oder Arbeitnehmer stehen, welche die gleiche oder eine vergleichbare Tätigkeit ausüben". Mehr über Ausbeutung erfahren wir auch in § 291 Wucher: „Wer die Zwangslage, Unerfahrenheit, Mangel an Urteilsvermögen oder erhebliche Willensschwäche eines anderen dadurch ausbeutet ..." Im österreichischen StGB wird in §104a(2) durch den Einsatz „unlauterer Mittel" bestimmt, wann eine Person „sexuell, durch Organentnahme oder in ihrer Arbeitskraft ausgebeutet" wird: „Unlautere Mittel sind die Täuschung über Tatsachen, die Ausnützung einer Autoritätsstellung, einer Zwangslage, einer Geisteskrankheit oder eines Zustands, der die Person wehrlos macht, die Einschüchterung und die Gewährung oder Annahme eines Vorteils für die Übergabe der Herrschaft über die Person."

„Ausgebeutet" werden auch Erz-, Diamanten- und Gold- oder Kohle- und Erdölvorkommen, auf die vor allem die westliche Menschheit gestoßen ist. Ausgebeutet wird hier „die Natur", die als Rohstofflager verstanden wird. Diese Art Ausbeutung hat ihren Hautgout, weil im Zug von Kolonialismus und Imperialismus ferne Länder und ihre Bewohner gern in diesem Sinn als „Natur" verstanden wurden, bei der man sich bedienen kann. Um an das Gold der Inkas (oder an das Land der Native-Americans, die wie die Australischen Aborigines ohnehin keinen rechten Eigentumsbegriff hatten) zu kommen, wurden Völkermorde begangen. Aber selbst ohne solche „Exzesse" geschah und geschieht die Ausbeutung der Naturschätze der „dritten Welt" unter Bedingungen und zu Preisen, die weder „fair" noch für die entsprechenden Länder langfristig nützlich sind. Die spezifische „Ausbeutung der dritten Welt" (soweit sie nicht in der Beschäftigung der Menschen dort als besonders billige Lohnarbeiter besteht) ist ebenfalls die Ausnützung einer überlegenen Gewalt und einer Zwangslage und geschieht zu schlechten Preisen, die diktiert werden können.

Wir können zusammenfassen: Ausbeutung im Sinn des Strafgesetzbuchs ist einerseits Zwangsarbeit (wobei das Strafrecht eine ausdifferenzierte Liste von Zwängen kennt), andererseits unterbezahlte Arbeit unter „auffällig“ schlechten Arbeitsbedingungen. Und „ausgebeutet“ wird in erster Linie Sex-Arbeit. Ausbeutung von Naturschätzen ist aufgrund der kolonialen und imperialistischen Bedingungen, unter denen das oft geschieht, ebenfalls mit einem Zwangsverhältnis verbunden. Diese Bedeutungen dürften in sehr guter Übereinstimmung mit dem Alltagsverständnis sein. Leider ist die Übereinstimmung von Strafrecht und Alltagsverstand mit einem „technischen“ Begriff von Ausbeutung, wie er von Marx als Grundmechanismus des kapitalistischen Wirtschaftens identifiziert wurde, auffällig schlecht.

Ausbeutung als Grund-Sachverhalt von Kapitalismus geschieht dadurch, dass der Arbeiter im Dienst des Kapitalisten mehr arbeitet, als für seine Reproduktion notwendig wäre. Es wird ihm Mehrarbeit „abgepresst“. Dazu ist kapitalistisch kein unmittelbarer Zwang nötig, sondern es wird im Arbeitsvertrag die Arbeitskraft für eine bestimmte Zahl von Stunden eingekauft und in dieser Zeit produziert der Arbeiter an den Maschinen und in der Organisation, die der Kapitalist dafür bereithält, mehr als er selbst braucht, um am nächsten Tag und auch noch im nächsten Jahr und in vielen Jahren und schließlich vertreten durch seine „Ersatzleute“ (wie seine dann lohnarbeitsfähigen Kinder verfremdet gesehen werden) wieder an der Maschine stehen zu können. Aufgrund des Privateigentums an den Maschinen und sonstigen Produktionsmitteln gehört aber das gesamte Produkt, einschließlich des Mehrprodukts, dem Kapitalisten, der damit tun kann, was er will, vor allem: es als Waren verkaufen.

Das klingt ganz einfach und plausibel, wenn man an die feudale Abschöpfung des Mehrprodukts als Modell denkt: Der leibeigene oder auch freie Bauer bekommt vom Grundherrn einen Teil der Ernte abgenommen und muss ihm auch Arbeitsdienste leisten. Der Grundherr kann ihm aber nur so viel abnehmen, dass auch der Bauer mit seiner Familie bis zur nächsten Ernte überleben kann, und er kann ihn nicht so viel an Steineschleppen für die neue Befestigungsanlage arbeiten lassen, dass er nicht mehr dazukommt, seine Felder ausreichend zu bearbeiten. Das ist einfach und anschaulich: Der im Herbst eingebrachte Weizen lässt sich in das teilen, was der Bauer zum Überleben bis zur nächsten Ernte braucht, und einen Rest, das Mehrprodukt. Das Mehrprodukt ist das Maximum dessen, was der Herr kassieren kann, sonst bringt er den Bauern um und das kann er schon im eigenen Interesse nicht tun.

Die Komplikation ist freilich, dass beim Proletarier nicht so handfest greifbar ist, was und wie viel er zum Überleben braucht: Jetzt geht es nicht mehr um einen materiell vorhandenen und entsprechend anschaulichen Berg Weizen, sondern um Preise, einerseits die Preise für Brot und Kartoffeln, andererseits den Preis der Arbeitskraft. Die Mittel des Überlebens werden ebenso auf dem Markt gehandelt wie die Arbeitskraft und die Waren, die sie erzeugt. Allerdings sind das getrennte Märkte. Wie viel an Lohn der Arbeiter zum Überleben braucht, hängt auch davon ab, was Brot und Kartoffeln gerade an Marktpreis erzielen können. Wie viel an Lohn er bekommen kann, hängt aber nur höchst indirekt davon, sondern in erster Linie von der Konkurrenz-Situation auf dem Markt für Arbeitskräfte ab. Diese indirekte Abhängigkeit besteht darin, dass er seine Arbeitskraft sinnvollerweise nicht zu einem Preis verkaufen wird, von dem er nicht leben kann. Das ist freilich eine Frage der Alternativen, die er hat: Es haben immer wieder Leute zu dem sprichwörtlichen „Hungerlohn" gearbeitet. Es gibt auch hier und heute die „working poor" und Leute, die mehrere Jobs haben und selbst davon kaum leben können. Ebenso hängt der Wert der Waren, die von der Arbeitskraft erzeugt werden, von dem Marktpreis ab, den sie auf ihrem Markt und in Konkurrenz zu den vergleichbaren Produkten anderer Produzenten gerade „realisieren" können. In manchen Situationen, etwa wenn die Opel-Arbeiter gerade unverkäufliche Autos für die Halde zusammenschrauben, sieht es mit diesem Wert ziemlich traurig aus. Beide „Werte" sind also variabel und hängen von Märkten ab: Der Wert der Arbeitskraft lässt sich ebenso wenig fixieren wie der Wert der von ihr erzeugten Waren.

Die Redeweise, der Arbeiter werde ausgebeutet, indem er mehr arbeite, als für seine Reproduktion nötig sei, ist also eine etwas ungenaue Metapher. Und sie gilt schon gar nicht für den einzelnen Arbeiter. Als die Studenten um 1968 mit der Mitteilung „Arbeiter, Du wirst ausgebeutet" vor die Fabriken zogen, ernteten sie zurecht Unverständnis: Viele Arbeiter fanden damals, sie brächten einen recht guten Lohn nach Hause, von dem sie sich immerhin ein Häuschen, ein Auto, gutes Essen und zeitgemäße Kleidung, die gelegentliche Urlaubsreise und eine ordentliche Ausbildung für die Kinder leisten könnten. Für so einen anständigen Lohn waren sie gern bereit, auch anständig zu arbeiten. Warum sollte man das als „Ausbeutung" skandalisieren? Aus einer immer weiter zurückliegenden Vergangenheit von Arbeitslosigkeit konnten sie dazu höchstens sagen: „Schlimmer als ausgebeutet zu werden ist es nur, *nicht* ausgebeutet zu werden." Wahr ist: Wenn alles für den Betrieb gut geht, könnten die Arbeiter von ihren gesammelten Löhnen die Waren nicht kaufen, die sie erzeugt haben. Wenn es aber gerade dumm läuft, sind die Waren nichts wert und der Betrieb geht ein. Wenn es für die Arbeiter gut läuft, können sie von ihren Löhnen anständig leben und haben an den von ihnen erzeugten Waren und ihrem Wert eh kein Interesse.

Ausbeutung ist im Kapitalismus (anders als die Abschöpfung des Mehrprodukts im Feudalismus) kein Gewalt- und kein persönliches Verhältnis. Ausbeutung ist ein Verhältnis zwischen den Klassen als ganzen und beruht auf der gewissen Unabhängigkeit der Märkte für Arbeitskraft und für Waren. Der Wert der Arbeitskraft bestimmt sich aus der Menge des Angebots, also der Konkurrenz zwischen den einzelnen Arbeitskräften, und aus der Nachfrage. Was man zum Leben braucht, ist als „Mindestlohn" allenfalls die untere Grenze, in manchen Situationen aber nicht einmal das. Der Wert der erzeugten Waren und Dienste bestimmt sich auf einem anderen Markt aus der Menge des in der Konkurrenz der Betriebe Erzeugten und aus der Nachfrage, die nicht nur von den Arbeitern selbst ausgeht (sondern zum Beispiel von anderen Betrieben, von den Kapitalisten als Privatpersonen und vor allem auch vom Export). Ausbeutung entsteht dadurch, dass auf dem einen Markt (für Arbeitskräfte) weniger ausgegeben werden muss, als auf dem anderen Markt (für Waren und Dienste) realisiert werden kann. Und das gilt nur für die gesamte Volkswirtschaft, nicht unbedingt für jeden einzelnen Betrieb. Einzelnen wird das durchaus misslingen. Deshalb fallen sie aus dem Verhältnis der Ausbeutung noch nicht heraus. Ebenso bleibt ein Unternehmer in diesem Verhältnis, der gute Löhne zahlt, selbst länger arbeitet als „seine" Arbeiter und auch nicht viel mehr verdient als sie.

Es ist Unfug, das Verhältnis der Ausbeutung persönlich zu nehmen und es zu moralisieren. Ausbeutung ist ein Verhältnis zwischen den Klassen und nicht individuell aufzuheben. Es ist konstitutiv für Kapitalismus und – so viel lässt sich immerhin moralisch sagen – meist weniger belastend als die persönlichen Formen der Beraubung um das Mehrprodukt, die etwa Feudalismus kennzeichnen. In seiner Unpersönlichkeit ist dieses Verhältnis aber auch gleichgültig gegenüber den Einzelnen und ihren Schicksalen. Es ist eben keine „moralische Ökonomie" mit Fairness-Verpflichtungen zwischen Herrschenden und Beherrschten. Die Unpersönlichkeit des Verhältnisses nimmt den Beteiligten auch die persönliche Verantwortung dafür. Selbst in der Krise 2008 haben wir es von den Chefs von Ford, GM und Chrysler gehört: Sie haben nur getan, was alle taten und was von ihnen erwartet wurde. Dass sie dabei auch persönlich reich wurden, war ein angenehmer Nebeneffekt. Ebenso sei die Arbeitslosigkeit der Auto-Werker samt gesellschaftlichem Zusammenbruch von Detroit und Umgebung ihnen nicht als persönliche Schuld zuzurechnen.

Die Beteiligten wissen offenbar genau – die auf der Seite der Herrschenden vielleicht etwas genauer –, wie unpersönlich das Verhältnis der Ausbeutung ist. Der Ausbeutungsbegriff von Strafrecht und Alltag meint etwas, das darüber hinausgeht: Es wäre mit „Zwangsarbeit" recht gut benannt. Der Klarheit des Denkens und Redens käme eine solche Differenzierung der Begriffe durch verschiedene Wörter zugute.

„Moralische Ökonomie“: Hungeraufstände und Maschinenstürme

Produktionsweisen sind zwar Grundmechanismen und feste Muster von wirtschaftlichen und gesellschaftlichen Abläufen und Zusammenhängen, die aber hergestellt und laufend reproduziert werden müssen. Produktionsweisen haben daher auch ihre Akteure und das sind – mit unterschiedlichem Ausmaß von Einfluss in verschiedenen Positionen – alle daran Beteiligten. Die maßgeblichen Akteure einer Produktionsweise und erst recht des Übergangs von einer Produktionsweise zur nächsten und der Nutzung solcher Veränderungen sind zuerst die wirtschaftlich Maßgebenden im Verbund mit den politisch Mächtigen.

Übrigens ist diese Unterscheidung von wirtschaftlich und politisch Mächtigen selbst erst mit den großen Handelshäusern und Banken entstanden – im funktionierenden Feudalismus ist wirtschaftliche, militärische und politische Macht identisch. Auch in den Stadt-Republiken, wo die Handelshäuser und Banken entstanden, waren die Reichen Teil des Patriziats, das auch die politische Führung stellte (vor allem in Abstimmung zwischen den mächtigen Familien und mit einer begrenzten Vertretung der anderen Stände). Die Krieger-Häuptlinge konnten am ehesten Emporkömmlinge/ Fremde sein: siehe Othello, der Mohr von Venedig, der freilich der höfischen Intrige nicht gewachsen ist.

Die Diskrepanz zwischen wirtschaftlicher und politischer Macht trat am deutlichsten dann auf, wenn die Könige ihre Kriege durch Kredit finanzieren mussten und dann von den Bürgerlichen (und von ihren Hofjuden) abhängig wurden. (Die Fugger in Augsburg finanzierten diverse Kaiser und Könige, darunter Karl V, in dessen Reich die Sonne nicht unterging, und Phillip II von Spanien, auch Päpste; das Haus Rothschild finanzierte unter anderem die Kriege gegen Napoleon.) Umgekehrt prägt die Diskrepanz das 19. Jahrhundert, als der Reichtum und die wirtschaftliche Zukunft schon deutlich bei den Bürgerlichen lagen, die politische und militärische

Macht aber bei den Adeligen blieb, die oft arm waren (Beamten-Adel).

Die unteren, arbeitenden Klassen haben sicher weniger Einfluss, aber auch nicht gar keinen: Es muss genug von ihnen geben (sie dürfen nicht davongehen, z.B. in die Städte, oder auswandern, umgekehrt wurden zu Zeiten von aufgeklärten Herrschern gern Flüchtlinge aufgenommen, z.B. die in der Gegenreformation vertriebenen Protestanten in Preußen, oder die aus Frankreich vertriebenen Hugenotten in Deutschland – „Peuplierungspolitik") und sie müssen die passende „Arbeitsmoral" haben oder bekommen. Sie können subversiv die Arbeit und andere Leistungen verweigern und sie können Aufstände machen, also die Legitimität der Herrschaft in Frage stellen. Dabei wollen sie oft nur eine bessere Herrschaft („moralische Ökonomie"), oft aber auch weniger Herrschaft/mehr Rechte (Anerkennung der „alten Freiheiten" bis zu Demokratie und Selbstbestimmung).

Bei jeder Produktionsweise ist daher zu fragen, welche „Arbeitsmoral" (wer warum wie und gegen welche – nicht nur finanzielle – Entlohnung arbeiten soll) sie braucht, wie die hergestellt wird und wie sich die Betroffenen dazu verhalten. (Bei dieser Herstellung von Arbeitsmoral wie bei der Legitimation – und Ent-Legitimierung, Demoralisierung – von Herrschaft sind die Religion und die anderen Intellektuellen nicht unwichtig – um auch noch diese Gruppe von Akteuren zu nennen.) Besonders sind die Widerstände dagegen zu beachten, die sich von Subversion und Aufständen zu sozialen Bewegungen und Revolutionen entwickeln können.

Was „ursprüngliche Akkumulation", die Herstellung des Kapitalverhältnisses, „unten" bedeutet hat und wie die Gegenwehr ausgesehen hat, kann man am Bespiel von Hungeraufständen und Maschinenstürmen veranschaulichen, die sich auf die „moralische Ökonomie" berufen haben.

Mit dem Kapitalismus wird eine „moralische Ökonomie" durch eine politische Ökonomie abgelöst: Preise sollen auf dem Markt ausgehandelt – sowohl die für die Arbeitskräfte als auch die für Produkte. Auf dem Markt entstünde ein Gleichgewicht zwischen Angebot und Nachfrage – vermittelt durch Löhne und Preise. Der Markt reguliere das Wirtschaftstreiben, so entstehe der „Wohlstand der Nationen", an dem schließlich alle partizipieren würden.

Im Vergleich dazu ist die alte Ökonomie paternalistisch organisiert. Zur Erinnerung: Die Lehensherrn beschützen ihre Bauern und ziehen dafür den Zehent ein. In der Phase des langen Übergangs vom

Feudalismus zum Kapitalismus haben sich die armen Leute gegen das gewehrt, was ihnen der Markt diktiert hat, sie haben die alte, die moralische Ökonomie, also die Verpflichtung der Herrschaft eingeklagt, die Versorgung der Bevölkerung mit bezahlbaren Lebensmitteln sicherzustellen.

Der englische Historiker Edward P. Thompson hat mit seinen Studien entscheidend zu einer Geschichte von unten beigetragen.[1] Thompson (1971) kann in seiner Interpretation von Quellen zeigen, dass das herkömmliche Verständnis von „Mob" und „Aufruhr", nach dem die Aufstände als Kriminalität, als unverständliche Ausbrüche von Wut, als verzweifelte, aber blinde Aktionen aus einer Not-Situation heraus, als törichter, traditionaler Widerstand gegen Fortschritt, jedenfalls als irrational gedeutet wurden, die politische Dimension in der Gegenwehr der Unterschichten übersieht.[2]

Hungeraufstände

Für Hungerrevolten gilt folgendes Muster: Wenn die Preise für Getreide, Mehl oder schließlich Brot so hoch wurden, dass es sich die armen Leute nicht mehr leisten konnten, haben sie selbst die Preise dafür festgelegt. Sie haben dem Händler einen „gerechten" Preis genannt und darauf bestanden, dass er ihnen die Lebensmittel dafür verkauft. Das geschah unter der Drohung, das Getreide oder Brot zu stehlen, falls er ihren Forderungen nicht nachkomme. Ähnliche Aktionen finden sich, wenn die Bäcker ihnen schlechtes Brot angedreht haben. Schlechtes Brot hieß etwa dunkles Brot, wenn das Korn nicht ausgemahlen, sondern, wie wir heute sagen würden, Vollkornbrot hergestellt wurde. In Mangeljahren wurde das per Gesetz verordnet, das allerdings schnell wieder aufgehoben wurde: Die Leute ließen sich das nicht gefallen und haben etwa die Siebtücher von Müllern zerschnitten. Wenn man fast nur vom Brot allein lebt, ist das keine Geschmacksfrage, vielmehr fühlten sich

1 Das wichtigste und bekannteste Buch: Edward P. Thompson (1963) *The Making of the English Working Class*; deutsch (1987) *Die Entstehung der englischen Arbeiterklasse*. Frankfurt: Suhrkamp.

2 In Analogie dazu könnte man von „moralischer Politik" reden, wenn, wie Schivelbusch (1983) zeigt, die Laternenzerstörungen in Paris des 17. und 18. Jahrhunderts als kriminelles Delikt bestraft, sie von den Angreifern aber als symbolisches Auslöschen der Herrschaft, als Rebellion gegen den absolutistischen Ordnungsstaat verstanden wurden. (98ff)

die Arbeiter „schwächlich, fiebrig und unfähig, mit Energie an die Arbeit zu gehen". (Thompson 1971: 71) Schlechtes Brot hieß auch das Wissen oder den Verdacht, dass die Bäcker zum Mehl andere Substanzen mischen. Die Mutmaßungen reichten von Alaun (das häufig zum Weißen von Brot benutzt wurde) über Bohnenmehl und Kalk bis zu gemahlenen Knochen. Vieles davon gehört sicherlich in den Bereich der Mythen und sagt vor allen Dingen etwas darüber aus, was den Müllern zugetraut wurde. Am wahrscheinlichsten ist, dass frisches Mehl mit altem verdorbenem vermischt wurde. (87) Es kam auch vor, dass Transporte (Wagen, Schiffe) gestürmt wurden, wenn das Getreide exportiert werden sollte. In den Hungeraufständen wurde durchgesetzt, dass den armen Leuten Brot in einer bestimmten Qualität und zu einem „gerechten" Preis ohne Zwischenhändler verkauft werden musste.

Die Leute haben sich nicht grundsätzlich gegen Preiserhöhungen gewehrt, aber es existierte aufgrund von tradierten Rechten und Gebräuchen eine Vorstellung davon, was legitim und was illegitim ist. Zu Aufständen kam es dann, wenn diese moralischen Grundannahmen grob verletzt wurden. Müller und Bäcker galten als Diener der Gemeinschaft, die nicht für Gewinn, sondern für ein faires Entgelt arbeiten. Die allgemeine Überzeugung war, dass Preise reguliert werden müssten, dass sich Profitjäger außerhalb der Gesellschaft stellten. Dazu gehörte auch, dass Korn nicht ins Ausland und nicht an Zwischenhändler verkauft wurde, sondern dass die Leute es direkt am Marktplatz erwerben konnten. Die Ökonomie der Armen war regional. Brotpreise waren zudem behördlich festgelegt (Assize of Bread). Es war Aufgabe und Pflicht der Herrschaft, diese Regeln auf- und ihre Befolgung sicherzustellen.

Mit dem Marktprinzip wurden solche Regelungen umgangen: Getreide wurde in die Städte verkauft, wo ein höherer Preis zu erzielen war, die Müller haben das Mehl als sogenannte Warenproben Zwischenhändlern überlassen und sind nur noch auf dem Marktplatz erschienen, um den Schein zu wahren. Wollten die Leute dort Mehl kaufen, wurde ihnen gesagt, es sei schon verkauft. Gegen solche Strategien wurde protestiert, zum Teil ziemlich handfest. Aber: zu Gewalt kam es erst, wenn Abmachungen nicht eingehalten wurden. Und diese Gewalt war nicht willkürlich, sondern gegen ganz bestimmte Händler, Müller und Bäcker gerichtet, gegen diejenigen, die nicht fair waren – nicht gegen den Berufsstand insgesamt.

In den Hungeraufständen wurde die „moralische Ökonomie" der Versorgung gegen die sich herausbildende „politische Ökonomie" des Marktes und des Gewinns verteidigt. Dahinter steht zuletzt ein sich verändernder Begriff von Eigentum (an den Produktionsmitteln): Nach der „moralischen Ökonomie" ist Eigentum auch dazu da, die Versorgung sicherzustellen. Nach der „politischen Ökonomie" ist Eigentum „absolut", der Eigentümer hat das Recht, damit zu tun, was er will. Daher kann er das Getreide exportieren, wenn im Fernhandel bessere Gewinne zu erzielen sind, selbst wenn dafür lokal gehungert wird, daher kann er als Müller die Preise nach den Marktgegebenheiten hochsetzen, daher kann er – auf einem anderen Gebiet – seine Grundstücke einhegen und sie in Weideland umwandeln oder seinen Wald durch Wildhüter bewachen und damit den armen Leuten verbieten, Fallholz zu sammeln (Holzdiebstahlsgesetz) oder Kleinwild zu jagen (damit entstand erst, was wir als „Wildern" kennen). Allen diesen Beispielen gemeinsam ist die Ausarbeitung eines Begriffs von „Eigentum", der von allen Beimischungen von Nutzungsrechten und sonstigen Sozial-Verpflichtungen befreit ist. Diese Verschiebung des Eigentumsbegriffs ist eine unabdingbare Voraussetzung für die Herausbildung von Kapitalismus.

Thompson zeigt aber auch, wie diszipliniert diese Aufstände erfolgten. Im Mittelpunkt steht nicht Plünderei, sondern die Preisfestsetzung:

> „Die Spitzenwirker in Honiton, die 1766, nachdem sie den Farmern das Korn weggenommen und zu einem volkstümlichen Preis auf dem Markt verkauft hatten, diesen nicht nur das Geld, sondern auch die Säcke zurückbrachten. Sodann ist da die Menge in Oldham, die im Jahre 1800 das Korn auf zwei Peck pro Käufer rationierte. Und schließlich sind da die zahlreichen Fälle, in denen Karren auf der Straße angehalten wurden, die Ladung verkauft und das Geld dem Fuhrmann anvertraut wurde." (103)

Die Leute, häufig von Frauen angeführt, haben sich durch Anschläge an Kirchen und Wirtshäusern und auf dem Marktplatz organisiert. Die Friedensrichter waren häufig auf der Seite des Volkes, weil sie die Vorstellungen der „moralischen Ökonomie" teilten und auch, weil das eine Gelegenheit war, Respekt vor dem Gesetz zu erzeugen.

Für das 18. Jahrhundert war die Preisfrage, was im 19. Jahrhundert die Lohnfrage werden sollte. Der Marktplatz war ebenso Arena des Klassenkampfes wie später die Fabrik oder Grube. Die „moralische Ökonomie" durch die neue politische Ökonomie des Marktes abzulösen, war ein langwieriger Vorgang. Im 18. Jahrhundert war es unplausibel, dass auf dem Markt ein Gleichgewicht entstehen würde. Die wohl wichtigste Erfahrung, warum ein paternalistisches Modell gegenüber dem Marktmodell notwendig ist, umschreibt Thompson mit folgendem Satz:

> „Es ist bekannt, daß die Nachfrage nach Korn und Brot außerordentlich unelastisch ist. Wie sich ein hochgestellter Beobachter gelegentlich sagen lassen musste, gehen die Armen eben nicht zu Kuchen über, wenn das Brot allzu kostspielig ist."[3] (82)

Entgegen den Theorien der Nationalökonomen, die davon ausgingen, dass bei guten Ernten der Preis naturgemäß sinken würde, war die Erfahrung, dass die Ernten zurückgehalten wurden, bis sich der Preis zur Zufriedenheit der Verkäufer entwickelt hatte, dass also künstlich Knappheit hergestellt wurde. Unter diesen Bedingungen mussten auch bei guten Ernten hohe Preise bezahlt werden. Die alte, paternalistische, „moralische" Ökonomie hat selbst bei schlechten Ernten dafür gesorgt, dass die Leute nicht verhungern.

Maschinenstürme

An einem zweiten Beispiel wollen wir zeigen, dass selbst Lohnkämpfe im 19. Jahrhundert noch von dieser „moralischen Ökonomie" geprägt waren. Es geht um die schlesischen Weberaufstände im Jahr 1844.

Die schlesischen Weber waren Baumwollweber, die Leinenweber waren zu diesem Zeitpunkt schon völlig verarmt, die Leinenherstellung im Niedergang begriffen. Die Familien im Heimgewerbe konnten noch notdürftig überleben, die Zeit war schon die der Textilfabrikanten. Was ist geschehen, dass es zum Aufstand kam?

Aufgrund einer Absatzkrise 1843 wurden die Löhne erneut gedrückt (sie machten nur noch ein Viertel des Wochenlohns von 1830 aus). Aus der allgemeinen Notlage und der aktuellen Zuspitzung organisierten die Weber einen Protestmarsch zum Haus des Fabrikanten Zwanziger und forderten eine Lohnerhöhung und zwar als Rückkehr zum „gerechten" Lohn. Als sie abgewiesen wurden,

---

3 „Der hochgestellte Beobachter" war wohl eher eine hochgestellte Ahnungslose, nämlich die Königin Marie Antoinette, der auf die Mitteilung, die Armen machten einen Aufstand, weil sie kein Brot haben, der Ausspruch „Warum essen sie dann nicht Kuchen (Brioche)?" zugeschrieben wird. Es gibt auch Gerüchte, sie habe das niemals gesagt, vielmehr habe Jean Jacques Rousseau ihr diese Worte in den Mund gelegt.

stürmten sie das Haus des Fabrikanten und zerstörten dann die Maschinen und Kaufmannsbücher im Betrieb. Dem Fabrikanten gelang die Flucht, er alarmierte die Verwaltung, die Soldaten schickte – es kam zu Toten und Schwerverletzten, die Weber wurden zu Zuchthaus verurteilt und ein Jahr später begnadigt, da sie nur aus Armut und Ausweglosigkeit so gehandelt hätten. (Vgl. Wehler 1987: 654ff)

Insgesamt war die Sympathie auf seiten der Weber. Nicht nur den Kritikern, auch den Konservativen wurde bewusst, wie schwierig der Übergang in den Kapitalismus gesellschaftlich ist. Sozialkritische Publizisten gründeten erste Weber-Unterstützungsvereine. Heinrich Heine hat seine Sympathie für die Weber in einem berühmten Gedicht ausgedrückt:

Die armen Weber
(1844)

Im düstern Auge keine Träne,
Sie sitzen am Webstuhl und fletschen die Zähne:
Altdeutschland, wir weben dein Leichentuch,
Wir weben hinein den dreifachen Fluch!
Wir weben! Wir weben!

Ein Fluch dem Gotte, dem blinden, dem tauben,
Zu dem wir gebetet mit kindlichem Glauben;
Wir haben vergebens gehofft und geharrt,
Er hat uns geäfft und gefoppt und genarrt.
Wir weben! Wir weben!

Ein Fluch dem König, dem König der Reichen,
Den unser Elend nicht konnte erweichen,
Der uns den letzten Groschen erpresst,
Und uns wie Hunde erschießen lässt!
Wir weben! Wir weben!

Ein Fluch dem falschen Vaterlande,
Wo nur gedeihen Lüg und Schande,
Wo nur Verwesung und Totengeruch –
Altdeutschland, wir weben dein Leichentuch!
Wir weben! Wir weben!

Dass der Aufstand eskaliert ist, hat mit dem Einsatz des Militärs zu tun und mit der Unnachgiebigkeit des Fabrikanten. (Thompson erzählt für England, wie leicht die Händler zu Zugeständnissen zu bewegen waren, weil sie fürchteten, dass ihnen sonst das gesamte Brot geraubt würde.) Mitte des 19. Jahrhunderts wird „moralische Ökonomie" noch eingeklagt, sie ist aber, im Unterschied zum 18. Jahrhundert keine Verhandlungsbasis mehr. Das Marktprinzip hat sich schon weiter durchgesetzt. Die Kämpfe gingen auch nicht mehr um die lokale Versorgung einer lokalen Bevölkerung von Armen, sondern hier kämpfte bereits ein Proletariat um die Höhe des Lohns. Der Ort war nicht mehr der Markt, sondern die Fabrik.

An einem weiteren Beispiel, nämlich der Bewegung der „Maschinenstürme" vor allem in England, wird deutlich, dass es auch um eine Lebensweise ging: das selbstorganisierte Leben von Bauern und Handwerkern mit seinem Rhythmus, der sich aus der Sache ergab, gegen das disziplinierte, entfremdete Arbeiten in der Fabrik nach dem Rhythmus der Maschine, also damals bis zu 14 Stunden am Tag und das jeden Tag, jede Woche, jahrein, jahraus. Auch die Maschinenstürme wurden als „unreife" und „irrationale" Form des Widerstands gegen Industrialisierung beschrieben (und das besonders in der Geschichtsschreibung der Arbeiterbewegung, für die als „reif" nur der „Widerstand" in gewerkschaftlich und parteimäßig organisierter Form gilt).

Zwischen 1767 und 1769 kam es in England zwischen Einhand- (oder Schmal-) Webern und Maschinenwebern zu Auseinandersetzungen. Die Maschinenweber konnten auf ihren Maschinen pro Tag das Sechsfache produzieren, die Einhandweber fürchteten um ihre Existenz. Die Protestformen reichten vom Zerschneiden der Ketten bis zur Zerstörung der Webstühle.[4] Zu Beginn des 19. Jahrhunderts richtete sich der Protest dann gegen die in den Fabriken eingesetzten Dampfwebstühle. Die Aufständischen stürmten das Haus eines Dampfstuhlbesitzes in Edgeley, zerschnitten die Arbeitsstücke auf den Webstühlen und zertrümmerten diese.

Ein eindrucksvolles Beispiel sind die Proteste der Spitzen- und Strumpfwirker: Sie wehrten sich (in der Gegend von Nottingham) gegen die zu hohen Wirkstuhlmieten, die ihnen Kaufleute und Verleger aufdrückten, und gegen „'geschnittene', das heißt auf breiteren Stühlen gefertigte Strümpfe (ein besonderer Zankapfel, da

---

4 Vgl. zu diesem Abschnitt die Kapitel 4 und 5 in: Rudé (1964).

diese minderwertige Ware von ungelernten Arbeitern für niedrigere Löhne hergestellt werden konnte)". Wirker brachen in die Werkstätten der Strumpffabrikanten ein und setzen die Wirkstühle durch Entfernung der Platinen außer Betrieb. Die Aufstände breiteten sich rasch auf umliegende Dörfer und Städte aus. Die Bewegung erhielt ihren Namen Luddismus von ihrem Anführer Ned Ludd. Auch bei den Spinn-Maschinen, der „Spinning-Jenny" machten die Arbeiter „feine Unterschiede" – die kleinen Maschinen, die sich auch für Hauswirtschaft eigneten, wurden als „fair" angesehen und verschont. (Pearson 1978: 287)

Aber auch Landarbeiter waren Akteure solcher Proteste: Hier entstand eine Protestbewegung, als die Pächter Dreschmaschinen einführten. Die kleineren Pächter, die sich von dieser Maschine keine großen Vorteile versprachen, soldidarisierten sich gelegentlich mit den Landarbeitern. Der Kampf richtete sich also gegen die großen, kapitalistisch orientierten Pächter, die auch billige irische Arbeiter einstellten. Maschinenstürmerei und das Anzünden von Heuschobern waren hier die Formen, in denen sich die Wut ausdrückte. (Vgl. Rudé 1964: 138ff) Diese Aufstände sind als als „Swing Riots" bekannt, die Maschinenstürme wurden im Namen von „Captain Swing" durchgeführt. (Vgl. dazu ausführlich: Hobsbawm and Rudé 1969)

Aber auch hier zeigen die Details die politische Dimension: Die Maschinenstürmer unterschieden genau zwischen „fairen" Maschinen, also solchen, die ihnen die Arbeit erleichterten, und „unfairen", die ihnen die Arbeit wegnahmen, die Arbeit ent-qualifizierten und sie in die Fabriken zwangen, die ihnen die neue Disziplin des von der Uhr geregelten Arbeitstages aufzwangen. Dementsprechend zerstörten sie Maschinen selektiv und sie zerstörten häufig als erstes die Fabrikuhr. Der Kampf ging also zunächst nicht (nur) um Lohn, sondern in erster Linie um die Form der Arbeit und damit des Lebens: Es ging um die disziplinierte Lebensweise.

Lohnarbeiter-Disziplin

Die Durchsetzung von Kapitalismus bedeutete für die Arbeiter eine komplett neue Lebensweise, die der „Disziplin". Man kann sich das an einer Schilderung klarmachen, die auch wieder Thompson (1967) in einem Vergleich der bäuerlichen und handwerklichen mit der Arbeits- und Lebensform der Fabrikarbeiter gegeben hat.

Die bäuerliche Lebensweise und Zeiteinteilung hat nichts mit der Uhr zu tun: Sie ist an der Logik des Notwendigen orientiert. Gearbeitet wird vom Morgengrauen bis zur Dunkelheit, das Korn muss vor dem Beginn der Gewitterstürme geerntet werden, die Schafe erfordern während der Zeit des Lammens besondere Aufmerksamkeit. Bis zur Mitte des 17. Jahrhunderts berechneten Bauern die Arbeit von Landarbeitern in Tagwerken. Ähnliches gilt noch für gewerbliche Produktion: Ein Ofen darf während des Schmelzvorgangs nicht erlöschen. Aber auch solange die Produktion in Heimarbeit oder in kleinen Werkstätten geschieht, blieb die Orientierung an den Aufgaben vorherrschend. Vor dem Aufkommen der maschinenbetriebenen Industrie gab es zwar eine abverlangte Leistung, die in ein oder zwei Wochen erfüllt sein musste, die Länge des einzelnen Arbeitstags lag aber weitgehend im Belieben des Arbeiters. Wann das Produkt hergestellt wird, entscheidet er. Er erledigt nebenbei auch noch bäuerliche Tätigkeiten, die, aufgrund von Wetter und ähnlichem, den Tagesablauf stärker strukturieren: Wenn es regnet, verbringt er mehr Zeit am Webstuhl. Auch der „blaue Montag" wird in einigen Gewerben streng eingehalten. Thompson zitiert einen Augenzeugen noch während der Napoleonischen Kriege mit den Worten „Dem blauen Montag, der in dieser großen Stadt (London) sehr streng eingehalten wird, ... folgt meist noch ein blauer Dienstag." (46) Der „blaue Montag" bedeutet allerdings nicht, dass der Tag verkatert im Bett verbracht wurde. Vielmehr war er notwendig, um Heimarbeit zu erledigen – der karge Lohn musste durch Substistenzproduktion aufgebessert werden, um überhaupt überleben zu können.

Erst bei der industrialisierten Fabrikproduktion tritt dann das Problem der Disziplin und besonders der Zeitdisziplin auf. In ausführlichen Anordnungen an Hauswarte der Fabriken und die Fabrikaufsicht wird festgelegt, was als Arbeitszeit gilt, und wie Verstöße gemaßregelt werden. Die Zeit, die mit Essen, Rauchen, Zeitunglesen, Streit und jedweder Art von Müßiggang und bei aller Tätigkeit, die nicht zum Geschäft gehört, verbracht wird, gilt nicht als Arbeitszeit. Jetzt wird ein genauer Zeitplan erstellt, für Frühstück und Mittagessen werden von einem 15stündigen Arbeitstag 90 Minuten abgezogen, sodass 13,5 Stunden exakte Arbeitszeit übrigbleiben. Kommen und Gehen werden auf die Minute genau eingetragen. Auch (Armen-) Schulen wurden als Disziplinierungsanstalt verstanden: die Notwendigkeit, eine strenge Zeitdisziplin von Kindesbeinen an einzuüben. Notwendig wurde diese strenge Zeitdiziplin durch die Maschinen, die den Takt vorgaben.

Im Industriekapitalismus ist Zeit Geld. Der vollausgebildete Industriekapitalismus ist durch eine strenge Zeiteinteilung und die Trennung von „Arbeit" und „Leben" charakterisiert. Bezogen auf die Zeitdisziplin heißt es bei Thompson:

> „Der ersten Generation Fabrikarbeiter wurde die Bedeutung der Zeit von ihren Vorgesetzten eingebleut, die zweite Generation kämpfte in den Komitees der Zehn-Stunden-Bewegung für eine kürzere Arbeitszeit, die dritte schließlich für den Überstundenzuschlag. Sie hatten die Kategorien ihrer Arbeitgeber akzeptiert und gelernt, innerhalb dieser Kategorien zurückzuschlagen. Sie hatte ihre Lektion – Zeit ist Geld – nur zu gut begriffen." (55)

Aber bevor das der Fall ist, haben Maschinenstürmer als erstes die tyrannische Fabrikuhr zerschlagen, die „das verhaßte Symbol der Sklavenrhythmen der Fabrikarbeit" (Pearson 1978: 289) ist.

Aufstände und Gegenwehr aller Art sind also nicht einfach das Ergebnis von „Not". Die Marxsche Verelendungstheorie sollte nicht so verstanden werden, dass es für das Klassenbewusstsein und die Revolution „umso besser wird, je schlechter es wird". Die entscheidende Variable ist eine andere: „moralische Empörung".

Wenn wir die sozialhistorischen Berichte über Aufstände und Revolutionen ernstnehmen, zeigt sich zunächst als allgemeinster Befund, dass Aufstände und Revolutionen (übrigens auch Kriminalität) ihre ökonomische Basis weniger in quantitativen wirtschaftlichen Änderungen (also konjunkturellen Ereignissen) haben, als vielmehr in qualitativen Verschiebungen, also in Änderungen der Formen des Wirtschaftens – als dramatischstes Beispiel kann dafür die Herausbildung kapitalistischen Wirtschaftens dienen, also die Erzeugung einer „freien" Lohnarbeiterschaft und die Durchsetzung einer strikt profitorientierten Investitionspolitik. Diese Vorgänge der „Kapitalisierung" der verschiedenen Bereiche der Produktion gesellschaftlich notwendiger Güter und Leistungen erzwingen Veränderungen in bestimmten Bereichen der Lebensform bestimmter betroffener Bevölkerungsgruppen, die nicht ohne weiters hingenommen werden.

Diese Trennung des „qualitativen" vom „quantitativen" Aspekt der wirtschaftlichen Basis sozialer Bewegungen erscheint zunehmend wichtig, wenn man zeitgenössische Bewegungen in Europa und Nord-Amerika betrachtet, an denen – wegen des allgemein vergleichsweise hohen Niveaus des Lebensstandards – verelendungstheoretische Erklärungen scheitern. Die Schwierigkeit behebt sich, wenn man „Not“ als einen Zustand versteht, der besonders geeignet ist, „moralische Empörung“ und „gerechten Zorn“ hervorzurufen – Zustände, die Barrington Moore (1978) durchaus einseitig in seiner Erklärung sozialer Bewegungen und Aufstände einsetzt, die man aber trotzdem in seiner phänomenologisch scharfsichtigen Analyse zur Kenntnis nehmen soll. Unsere These wäre also, dass ökonomische Zustände und Entwicklungen in dem Maß zur Grundlage sozialer Bewegungen werden können, in dem sie geeignet sind, „moralische Empörung“ hervorzurufen – wofür es verschiedene Gründe gibt (die resultierende „Not“ ist nur einer davon).

Der implizite Gesellschaftsvertrag

Barrington Moore (1978) erstellt im Einleitungsteil seines Buchs eine Phänomenologie und Typologie der Bedingungen, unter denen sich in einer Gesellschaft ein Gefühl von „Ungerechtigkeit“, von „moral indignation“ einstellt. Er unterscheidet dazu drei Problembereiche, die in jeder Gesellschaftsordnung bewältigt werden müssten: das Problem der (politischen) Autorität, das der Arbeitsteilung und das der Verteilung des Erarbeiteten. Autoritätsverhältnisse erzeugen gerechten Zorn, wenn die Autorität ihrer Verpflichtung „Sicherheit zu geben und kollektive Ziele zu befördern“ (46)[5] nicht nachkommt. „Einige der wichtigeren Fälle von Versagen der Autorität sind Verlust der Kontrolle über die Instrumente der Machtausübung, Unfähigkeit, Frieden zu stiften und zu bewahren, Anforderungen und Aufforderungen, die den akzeptierten Definitionen von kollektiven Zielen zuwiderlaufen oder über sie hinausgehen, und Bestrafungen, die die Auffassung davon, was ein Mensch ist oder sein sollte, verletzten“ (46). Im Bereich der Arbeitsteilung gibt es immer einen zumindest latenten gerechten Zorn über unerfreuliche Arbeiten, das sind solche, „in denen es 1/keine Kontrolle über andere Menschen, dafür aber Unterwerfung gibt; in denen man 2/keine oder nur wenige und schnell erworbene Fertigkeiten braucht; die 3/Plackerei darstellen, das heißt repetitiv und daher uninteressant und körperlich anstrengend sind; manchmal 4/solche, die einen in Kontakt mit Exkrementen, Verfall, Dreck und Tod bringen“ (33). Ferner gibt es hier den Zorn gegen

5 Alle Zitate wurden von HSt übersetzt.

den „Faulenzer" und „Schmarotzer". Und schließlich gibt es (am Übergang zwischen den Bereichen von Produktion und Distribution) „das verbreitete Gefühl, dass alle Leute, sogar die einfachsten Mitglieder der Gesellschaft, hinreichende Möglichkeiten haben sollten, ihre Aufgabe in der Gesellschaft auch zu erfüllen, und dass da etwas moralisch nicht in Ordnung oder sogar unerträglich ist, wenn diese Möglichkeit nicht geboten wird" (47). Im Verteilungsbereich gibt es Normen von Gleichheit wie von Ungleichheit und die Verletzung beider kann Zorn hervorrufen. Ungleichheit wird akzeptiert, wenn der höheren Auszahlung eine höhere Investition entspricht oder wenn das Privileg eine wichtige soziale Funktion zu erfüllen scheint. Im allgemeinen wird eine Ansammlung von Gütern, die nicht gebraucht werden, während andere, die sie brauchen würden, dadurch davon ausgeschlossen sind, als Grund für gerechten Zorn gesehen (z. B. Spekulation mit Wohnraum oder Nahrungsmitteln). Als allgemeinste Formel verwendet Moore, dass gerechter Zorn dann auftritt, wenn Elemente des „impliziten Gesellschaftsvertrags" verletzt werden.

Was Moore hier in einem psychologisierenden Zugang darstellt, lässt sich noch stärker sozialstrukturell wenden, wenn man sich fragt, wer denn da mit wem einen „impliziten Gesellschaftsvertrag" geschlossen hat. Offensichtlich setzt der ja voraus, dass da eine nicht unbeträchtliche Integration in die bestehende Gesellschaft vorhanden ist, dass man noch nicht ganz „herausgefallen" ist, dass man noch etwas einzufordern hat, das einem „zusteht". Zu vermuten wäre daher, dass ökonomische Veränderungen besonders „brisant" sind, die (auch) sozial integrierte Bevölkerungsgruppen, „anständige" Leute betreffen. Je mehr das der Fall ist, umso „moralisierbarer" ist der Vorgang. Das trifft sich mit dem Befund, dass Aufstände gewöhnlich nicht von den ärmsten Bevölkerungsschichten initiiert wurden (und werden), sondern von (bis dahin) „respektablen" Teilen der Bevölkerung.

Das führt uns zu einem dritten Element in der Erklärung von Aufständen und sozialen Bewegungen, nämlich zur Frage der Ressourcen. Die Ärmsten machen auch deshalb selten Aufstände (können – und werden – sich ihnen aber anschließen und die Situation nutzen), weil sie voll damit beschäftigt sind, ihre Subsistenz zu sichern. Man braucht auch die Möglichkeit, sich moralische Empörung leisten zu können. Und damit daraus mehr als nur Privates wird, muss auch eine „Öffentlichkeit" bestehen, in der man sich über die „Moralität“ dieses gerechten Zorns verständigen kann. Dieser Ort der Verständigung hat sich offenbar vom Markt (der noch in den Hungerrevolten eine entscheidende Rolle gespielt hat) in die Fabrik und von dort möglicherweise in die „Nachbarschaft“ verschoben.[6] An diesem Punkt der Ressourcen ist also ein weiteres Einwirken von wirtschaftlichen Faktoren möglich, weil die Mechanismen der Öffentlichkeit wie die der vorhandenen Kapazität für Empörung und die Verständigung darüber ihrerseits ökonomisch beeinflusst werden.

Dieses Modell mit seinen drei Variablenblöcken ist dann noch zu dynamisieren durch die Berücksichtigung der Erfahrungen, die in entsprechenden Auseinandersetzungen gemacht werden und die – wieder je nach den sozialstrukturellen Randbedingungen – verschieden organisierte und folgenreiche Auswirkungen haben werden. Es ist vielleicht möglich, in diesen Lernprozessen ein paar Phasen und Stadien zu unterscheiden und dabei zugleich auf die Frage des Zusammenhangs von individueller Kriminalität und kollektiver Aktion einzugehen. Man kann zunächst unterstellen, dass die Probleme und Schwierigkeiten, die für eine bestimmte soziale Position aus der sozialstrukturellen Veränderung entstehen, in Anpassungen mehr oder weniger individueller Art aufzufangen versucht werden. Diese Anpassungen nehmen in dieser Situation offenbar häufig „kriminellen“ Charakter an, d.h. sie werden als „kriminell“ definiert, insofern sie mit privaten Mitteln für die Einzelperson den alten Zustand wiederherzustellen versuchen oder trotzig so tun, als hätte sich nichts verändert. Das kann man an den historischen Beispielen etwa des „Holzdiebstahls“, wie ihn Marx (1842) beschrieben hat, oder an der im „Black Act“ Englands von 1732 bekämpften Kriminalität (vgl. Thompson 1975), oder an der von Blasius (1976) analysierten Kriminalität im Preußen des Vormärz ablesen. Aus diesen Bewältigungsversuchen, die sich zwar aktiv mit den neuen wirtschaftlichen und sozialen Gegebenheiten auseinandersetzen, der entsprechenden Kontrolle gegenüber aber

6 Die heutige Scheinöffentlichkeit der Massenmedien bringt allenfalls von oben gesteuerte „Bewegungen“ hervor. Trotzdem mögen dabei Informationen abfallen, die auch anders bedeutsam werden – die heutige Internationalisierung von Problemwahrnehmung wie von Bewegungen und ihren Techniken ist ohne das Fernsehen und das Internet wahrscheinlich nicht denkbar.

passiv bleiben, kann sich ein rebellisches Element stärker in den Vordergrund entwickeln, häufig offenbar auch in Reaktion auf die Mechanismen der (kriminalisierenden) Kontrolle, wie man an vielen „Sozialrebellen" (Hobsbawm 1962, 1969), etwa am sprichwörtlich gewordenen Beispiel des Michael Kohlhaas, beobachten kann. Unter anderen Bedingungen der Öffentlichkeit bleibt solche rebellierende Verarbeitung nicht „privat", sondern organisiert sich im Aufstand. Eine Tradition von Aufständen (offenbar nur extrem selten eine von „Kriminalität" und „Sozialrebellentum") kann sich zu längerdauernden Auseinandersetzungen (mehr oder weniger kriegerischen Charakters) entwickeln, in denen dann unter Umständen im engeren Sinn „politische" Zielsetzungen entwickelt werden oder sich mit ihnen verbinden. Das kann partei- und gewerkschaftsförmige Organisationen hervorbringen, deren Aufgabe es ist, die Auseinandersetzung institutionalisiert und kontinuierlich fortzuführen. Auch daraus ergibt sich wieder eine eigene Dynamik in den bekannten Problemen der Auseinandersetzung zwischen verschiedenen „Führungseliten" solcher (möglicher) Organisationen und zwischen der Organisation und der „Basis". Mit ein wichtiger Grund dieser Probleme liegt darin, dass verschiedene Positionen in der Organisation (von der „Basis" bis zur „Führungsspitze") von ökonomischen Zuständen und Veränderungen unterschiedlich betroffen werden, so dass hier Diskrepanzen in den entstehenden Problemen und ihren Bewältigungen auftreten können, die nicht ganz problemlos zu überbrücken sind.

Theoriefragen 2: Klassenpolitik

Jede Produktionsweise beruht auf Positionen der Herrschaft und der Unterordnung – und erzeugt sie auf ihre spezifische Art. Feudale Herrschaft beruht offen auf der überlegenen Fähigkeit zum Gebrauch von Waffen und zum Gewinnen von Gefolgschaft. Herrschaft erweist sich in der Fähigkeit, das Territorium gegen rivalisierende Krieger-Herren zu verteidigen, es allenfalls in diesen Auseinandersetzungen sogar zu vergrößern, und in der Durchsetzung von Abgaben der Bauern und Bürger für diesen Schutz. Feudale Herrschaft erzeugt damit auch diese Positionen der Krieger und der Bauern, Handwerker und Händler, dazu das Parallel-Universum der Geistlichen, das in sich von den geistlichen Herrn bis zu den Bettelmönchen und heiligen Einsiedlern hierarchisch geordnet ist. Die so gegliederte ständische Gesellschaft erlaubt fast keine soziale Mobilität: einmal Bauer, immer Bauer. Höchstens der Eintritt in ein Kloster ermöglicht etwas wie einen „Ausstieg".

Trotzdem ist auch diese als statisch verstandene Gesellschaft nicht ganz stabil. Entwicklungen der Waffen und der Kriegstechnik entwerten die Reiterei und damit die Position der Ritter. An den Höfen setzt man sich nicht mit dem Schwert, sondern durch das Geschick der Intrige durch. Damit entstehen Differenzierungen innerhalb der herrschenden Klasse. Mit dem Bedarf der Herrschenden nach Geld statt nach Naturalleistungen werden die Bauern auf die Märkte gezwungen und Nah- wie besonders Fern-Handel (und die Händler) gewinnen an Bedeutung in der Gesellschaft. Um die Herrschaft und die Loyalität der Untertanen zu sichern, war nicht mehr nötig als eine gelegentliche dramatische Strafaktion und die Pflege der Religion, von der die Herrschaft als gottgewollt und Unterwerfung als gottgefällig dargestellt wurde. Insofern sind allerdings religiöse Dissidenz auf der einen Seite, die Verfolgung von Ketzern, Hexen und Ungläubigen auf der anderen durchaus Kämpfe um die Legitimität von Herrschaft. Religionsfragen waren damals Herrschaftsfragen und umgekehrt.

Wie die Gesellschaft gegliedert ist, bestimmt sich aus den Herrschaftsverhältnissen. Entsprechend bildet sich Sozialstruktur als Ergebnis von Politik und Konflikt. Nicht nur Kapital und Herrschaft müssen konstituiert und reproduziert werden, sondern ebenso die Träger dieser Funktionen: Die Reproduktion der herrschenden ist mindestens so problematisch wie die der lohnarbeitenden Klasse. Da es sich bei „Kapital", „Herrschaft" und „Klasse" immer um ein gesellschaftliches *Verhältnis* handelt, ist ferner davon auszugehen, dass entsprechende Politik sich immer auch auf das Gegenüber richtet, dass die eine Seite nicht unberührt bleibt von dem, was auf der anderen geschieht. „Sozialstruktur", wie sie sich zu einem gegebenen Zeitpunkt darstellt, ist das jeweilige Zwischenergebnis von Auseinandersetzungen darum, wie man selbst leben will und kann und wie die anderen leben sollen. Es geht um die eigene „Arbeitsmoral" und die der anderen, und es geht um die Ausgangsbedingungen und die erreichbaren Erfolge, die dafür ausgesetzt werden. Sozialstruktur wird „gemacht" – und eigene

Subkulturbildung sowie die Förderung oder Verhinderung der Subkulturen anderer sind wichtige Instrumente dieser Politik.

Das wichtigste Manöver in dieser konflikthaften Klassenpolitik war historisch die Schaffung von immer mehr fixierten Berufen mit spezieller Ausbildung und der besonderen Lizenzierung und Monopolisierung bestimmter Tätigkeiten. Diese Politik der „Schließung"[1] beherrschten bekanntlich schon vor-kapitalistisch die Zünfte und Gilden, die daher in der Herausbildung von Kapitalismus erst einmal (früh im 19. Jahrhundert) zerschlagen wurden. Aber im Gegenzug schaffte es die Arbeiterbewegung später wieder, Lehrberufe und die entsprechenden Ausbildungserfordernisse nun staatlich festlegen zu lassen. „Facharbeiter" zu definieren war eine Strategie zur Kontrolle von Arbeitsmärkten, indem die so qualifizierten Arbeiter weniger austauschbar waren. Die fordistische Entqualifizierung der taylorisierten Arbeit war die Gegen-Taktik.

Ein sehr folgenreiches Manöver von Klassenpolitik war die ebenfalls fordistische Schaffung und Vergrößerung der Schicht der Angestellten als privilegierte Arbeiter einerseits, besonders der höheren Angestellten als Kapitalfunktionäre andererseits. Besonders unter dem zweiten Aspekt kann die Ausdifferenzierung der betrieblichen Verwaltung in einer Linie mit dem Ausbau der Staatsfunktionen (besonders in der Verstaatlichung von Wirtschafts- und Sozialpolitik) und damit der Schicht von zugehörigen Funktionären gesehen werden. Im Staat besteht freilich die weit vor-kapitalistische Tradition des Beamtentums: Beamte wurden nicht für ihre Arbeit bezahlt, sondern „standesgemäß alimentiert" und hatten/haben dafür eine besondere Treuepflicht samt unbegrenzter Verfügbarkeit. Möglicherweise hat etwas davon ursprünglich auf die Kapitalfunktionäre, damals Direktoren und Prokuristen, abgefärbt. In ihrer heutigen Erscheinungsform als Manager, die als Söldner mit Gewinnbeteiligung von Firma zu Firma (und nach der letzten Pleite in den Berater-Beruf) wechseln, haben sie sich jedenfalls weit davon entfernt.

Die Schicht der Angestellten als privilegierte Arbeiter ist klassenpolitisch interessant, weil sie jedenfalls in ihren unteren Rängen weniger qualifiziert sind als Facharbeiter, oft auch weniger verdienen, aber sich durch Herrschaftsnähe und weil sie „sich die Hände nicht dreckig machen" als „etwas Besseres" fühlen (dürfen). In den höheren Rängen der betrieblichen Verwaltung wird das noch stärker. Die Schaffung von „white collar"-Massenarbeitern, also Angestellten, war eine höchst wirksame Spaltung der Arbeiterschaft als Klasse. Die relativ starke Feminisierung der Angestelltenschaft wird dazu beigetragen haben. Erst der kollektive Aufstieg von „blue collar" im 20. Jahrhundert hat vielleicht einiges dieser Spaltung wieder relativiert (das Stigma von „schmutziger" Arbeit aber eher verstärkt).

Eine weitere Entwicklung mit eminent klassenpolitischen Implikationen war die zunehmende Spezialisierung der Kopfarbeit und damit

---

1 Zur Ausdifferenzierung dieses von Max Weber verwendeten Begriffs vgl. Steinert (2004).

der Ausbau einer Schicht von Technikern und Wissenschaftlern mit der zugehörigen Monopolisierung von Wissen. Was traditionell das Erfahrungs-Wissen von Handwerkern war, in Auseinandersetzung mit dem Gegenstand durch „Manipulation" daran erworben, wurde durch die Abspaltung des Technikers und Ingenieurs zu einem „wissenschaftlichen" und damit schulischen Wissen, von dem das „bloße" Erfahrungs-Wissen entwertet wird.[2] Damit werden auch keine Innovationen mehr aus der „Praxis" erwartet, sondern von der davon getrennt betriebenen „Entwicklungs"-Abteilung und ihren Spezialisten. Damit ist auch der Aufstieg vom Arbeiter zum Techniker, erst recht übrigens der vom Techniker zum Manager praktisch versperrt – es sei denn über den Umweg einer zusätzlichen schulischen Ausbildung.

Diese Tendenz, die schon in der Klassenpolitik des Fordismus einsetzte, setzte sich erst in der des Neoliberalismus völlig durch. Grundsätzlich war die Klassenpolitik des Fordismus von dem Versprechen des sozialen Aufstiegs bestimmt. Durch die fordistische Wendung des Kapitalismus wurde die Kapitalstrategie der Verelendung (zumindest in den Metropolen-Ländern) überflüssig gemacht und im Gegenteil durch Konsumismus ersetzt.

Dazu musste der Glaube an immer mehr Waren-Konsum als Fortschritt durchgesetzt werden. Das wieder setzte den Glauben an immer mehr Lohn-Einkommen als persönlichen Fortschritt voraus. Ihm dienten betriebliche Karriere-Leitern und Gehalts-Schemata mit Senioritäts-Zuwächsen, vor allem aber das Versprechen, eine gute Ausbildung der Kinder würde diesen mehr und sichere Lohn-Einkünfte garantieren. Die soziale Ungleichheit, die im Fordismus als unterschiedlicher und häufig demonstrativer Konsum (das größere, schnellere Auto, die spektakuläre Urlaubsreise) sichtbar wurde, war gemildert von dem Versprechen der Verbesserung der Konsum-Möglichkeiten zumindest zwischen den Generationen.

Dem entsprach das Forcieren von Bildung und die Propaganda der allgemeinen Bildungs-Chancen und der „Mobilisierung von Begabungs-Reserven". Die Vollbeschäftigung der 1960er Jahre, also die Suche nach mehr und besser ausgebildeten Arbeitskräften, traf sich gut mit dem Mobilitäts-Versprechen: Erweiterung des Bildungssystems war die Antwort auf beide. In der sogenannten „Wissensgesellschaft" des Neoliberalismus hingegen wurde schulische Bildung zwar ausgeweitet, aber dadurch als Vehikel des sozialen Aufstiegs entwertet: Bildungsabschlüsse sind jetzt in der Konkurrenz der Arbeitskräfte notwendig, das damit verbundene Privileg hat sich aber abgeschwächt. Das hat zwar eminent klassenpolitische Implikationen – und übrigens, nachdem die jungen Frauen schulisch besser

2 Man kann diese Entwertung heute an Heizungs- oder Elektro-Installateuren fast tragisch beobachten, die sich das Programmieren der Geräte, die sie aufgestellt und angeschlossen haben, per Telephon von einer Zentrale durchsagen lassen müssen. Übrigens wird diese Inkompetenz auch dadurch hergestellt, dass jede Marke ihre eigenen Konventionen verlangt und damit den Installateur zur „Markentreue" verpflichtet.

abschneiden als die jungen Männer, auch geschlechterpolitische –, ist aber wahrscheinlich eine ungeplante Folge der Bildungspolitik. Offensichtliche und offensive Klassenpolitik ist es, dass auf diesen Vorgang mit Hochziehen der Bedeutung von Elite-Schulen geantwortet wird, selbst in Ländern wie Deutschland und Österreich, wo sie traditionell keine so große Rolle gespielt haben wie etwa in Großbritannien, den USA oder Frankreich.

Klassenpolitisch mindestens ebenso bedeutsam wie diese Veränderung in der Mitte der Gesellschaft ist die Entmachtung von Arbeiterschaft und Arbeiterbewegung, die im Neoliberalismus bewerkstelligt wurde. Der entscheidende Hebel dafür ist die Arbeitsmarkt-Situation, die ihrerseits nicht naturwüchsig entsteht, sondern hergestellt wird: in der Hauptsache durch Ausweitung der Arbeitsmärkte, vor allem schlicht geographisch, aber auch durch gezielte Anwerbungen oder durch zweckmäßige Verlagerung von Firmen-Standorten, durch ebensolche Auslagerung von Teil-Produktionen und insgesamt Rationalisierungen statt Erweiterungen. Wie sich auch politisch die Macht der Gewerkschaften brechen lässt, hat vor allem die erste Regierung Thatcher in Großbritannien vorgeführt. Dass bei hoher Arbeitslosigkeit und Entqualifizierung weniger Anlass besteht, sich der (traditionell Facharbeiter-)Gewerkschaft anzuschließen, kommt ebenso hinzu wie internes Missmanagement und Korruption, die Vermögen und Kredit (beides in jeder Bedeutung des Wortes) der Gewerkschaft ruiniert haben. Damit war der Politik einer Reduktion des klassischen Normalarbeitsverhältnisses und der Durchsetzung von „Arbeitskraft-Unternehmertum“ außerhalb des öffentlichen Dienstes (aber auch dort wurde und wird das Beamtenverhältnis tendenziell abgeschafft) nur wenig entgegenzusetzen.

Klassenpolitisch zu interpretieren ist auch die Wegrationalisierung bestimmter Berufe, die sich in erster Linie daran orientiert, wie teuer und auch wie potentiell militant diese Arbeiter sind: Wie etwa seit den 1970/80ern die Setzer, Drucker und Journalisten allseitig reduziert wurden, hatte neben der Nutzung neuer technischer Möglichkeiten auch Aspekte des Loswerdens eines besonders wehrhaften und traditionell führenden Sektors der Arbeiterbewegung. Die fordistische Tendenz zur Entqualifizierung der Arbeitskraft hat dieselbe klassenpolitische Stoßrichtung.

Am oberen Ende der Gesellschaft sind nicht nur neue Berufe, vor allem das Heer der „Berater“ auf allen Ebenen, entstanden, es wurde auch der Charakter von Management und der Umgang mit Finanzmitteln radikal verändert. Nicht nur die Haltung zu schnellem Gewinn und Reichtum hat sich geändert, auch die Einbettung der Reichen in eine lokale bis nationale Gesellschaft wurde in einer Abspaltung des internationalen Wirtschafts-Jet-Set aufgehoben. „Eigentum verpflichtet“ oder gar „Reichtum verpflichtet“ kann für eine in sich abgeschottete Schicht von Reichen keine Bedeutung haben. (Das ist nicht „Gier“, wie es jetzt gern vorgeworfen wird, sondern schlichte Abgehobenheit, auch Überheblichkeit, Herrenmenschentum und Gleichgültigkeit, versteht sich, aber die ergeben sich daraus.)

Klassen bedeuten nicht nur Ungleichheit, sondern in dieser Ungleichheit auch Lebensweisen mit ihren eigenen ökonomischen bis kulturellen Ressourcen und Solidaritäten. „Klassenbewusstsein", wenn man es nicht auf Mitgliedschaft in einer entsprechenden Partei und in der Gewerkschaft reduziert, hat historisch bedeutet, dass man an einer solchen Lebensweise teilnimmt, in einer solchen Klassen-Subkultur mitlebt. Ein besonderer Aspekt von Klassenpolitik ist daher die Politik der Subkulturbildung und ihrer Verhinderung. Zu den Manövern der Klassenpolitik gehört die Herstellung und die Verhinderung von Subkulturen, und zwar für Gruppen, denen man selbst zugehört, wie für die der anderen, sogar und besonders der (potentiellen) gesellschaftlichen Konkurrenten und Gegner.

Um gleich einmal anschaulich zu machen, was hier gemeint ist: Es gibt wahrscheinlich kein besseres Beispiel für die Herstellung und Gestaltung einer Subkultur *für andere* als die Fabriksiedlungen, die im 19. Jahrhundert allenthalben von aufgeklärten Unternehmern im Rahmen ihrer paternalistischen Sozialpolitik eingerichtet wurden. Im Gegensatz zu Industriestädten und -dörfern mit ihren unkontrollierbaren „gewachsenen" Elendsvierteln und halb-agrarischen Existenzweisen bot die Fabriksiedlung die Möglichkeit, den Umfang und die Form der lokalen Arbeiter-Subkultur bis zu einem gewissen Maß zu steuern. Es handelte sich zunächst schon um die Subkultur *eines* Werks, in der entsprechend die Chance bestand, dass ein Selbstbewusstsein eher als „Werksangehöriger" denn als „Arbeiter" oder als „Klassengenosse" sich herausbildete. Es war ferner durch die Anordnung und Gestaltung sowie die Ausstattung der Siedlung möglich, eine gewisse Abgeschlossenheit nach außen zumindest zu suggerieren, oft aber auch praktisch zu erzwingen. Die Lebensführung der Bewohner konnte direkt gesteuert werden durch die Innengestaltung der Häuser, die Verfügbarkeit von Gartenflächen, Einrichtungen für die Kinder, Freizeiteinrichtungen bis hin zu Vereinen, die von der Betriebsleitung selbst initiiert wurden, dann natürlich – um zu den „härteren" und im engeren Sinn sozialpolitischen Maßnahmen zu kommen – die Kassen zur Absicherung für Militärdienst, Unfall, Krankheit, Alter, um deren Verwaltung es immer wieder Konflikte gab, schließlich die Höhe von Lohn und Miete und die Regelung der Arbeitszeit. Nicht zuletzt konnte dort auf ordnungsgemäße Familienverhältnisse und auf eine solide Haushaltsführung gedrängt werden – auch wenn der Maßstab des bürgerlichen Familienmodells, der da angelegt wurde, ökonomisch völlig unpassend war, weil jedenfalls die Frau und Mutter und möglichst auch die Kinder in der Fabrik arbeiten mussten. Die Durchsetzung des Kleinfamilien-Haushalts als Normalform war jedenfalls ein hervorragendes Disziplinierungsinstrument für alle Beteiligten, mit dem unschätzbaren Vorteil, dass diese Beteiligten sich *gegenseitig* disziplinieren: der Mann die Frau, die Frau den Mann, die Eltern die Kinder, die Kinder die Eltern. Das konnte man sich, ohnehin stark moralisch motiviert, nicht entgehen lassen. In der Fabriksiedlung ließ sich die Arbeiter-Subkultur ziemlich weitgehend vom Fabrikherrn gestalten.

Dagegen stehen Versuche der Arbeiter, ihre Lebensbedingungen auch auf dieser Ebene nach eigenen Vorstellungen einzurichten, die organisiert erst später sichtbar wurden im Genossenschaftswesen und in kommunalen Arbeitersiedlungen, besonders sobald es sozialistisch dominierte Gemeindeverwaltungen gab. Auch hier aber gilt zunächst, dass die Arbeiterkultur vom Kapital hergestellt wurde, indem es die Lohnarbeiterschaft in den Städten und dort wieder in bestimmten Quartieren zusammenzog. Darüber hinaus wurden in jedem Fall auch im Detail Lebensbedingungen vorgegeben, indem von der Fabrik der zeitliche Rhythmus des Lebens und die verfügbaren Ressourcen, und das besonders krass durch Beschäftigung und Arbeitslosigkeit, auf der nächsten Ebene durch Arbeitszeit und Einkommen bestimmt wurden.

Freilich kann man feststellen, dass im historischen Verlauf diese Herstellung von Randbedingungen für die Subkulturbildung sich fortsetzte in die überlokale Vereinheitlichung und damit in die Auflösung von lebendigen Subkulturen zugunsten einer abstrakt gemeinsamen Lebenslage, aus der sich kein Zusammenleben mehr ergibt, dafür aber interne Konkurrenz. Am wichtigsten dafür war die Vereinheitlichung und Übernahme von Kontrolle durch den *Staat* in Ausbildung und Sozialpolitik und parallel dazu die konsumistische *Privatisierung* im Fordismus, die tendenzielle Auflösung von autonomer gesellschaftlicher Organisation also in der Polarisierung von isoliertem Einzelnem und staatlicher Bürokratie.

Die Bestimmung der Lebensweise der Arbeiterschaft durch die Fabrikherrn ist besonders deutlich sichtbar am Beispiel der Sozialpolitik – diese in einem weiten Sinn verstanden als Politik der Reproduktion der Lohnarbeiterschaft und ihrer Arbeitskraft. Diese Sozialpolitik beginnt als Armenpolitik und in diesem Rahmen zunächst damit, dass die dürftigen Versorgungsleistungen von Arbeitsbereitschaft abhängig gemacht werden, dass der (kapitalistische) Unterschied zwischen „selbstverschuldeter" Armut und „deserving poor" gemacht wird. Vorausgesetzt ist dabei der gewaltsame Prozess der „ursprünglichen Akkumulation", in dem jene Armut als Subsistenzlosigkeit erst einmal durch Enteignung und Vertreibung der Bauern sowie durch die Aufkündigung von Nutzungsrechten geschaffen wurde. Damit geht es erst einmal um die Herstellung einer „freien" Arbeiterschaft, was *ein* Aspekt jener Sozialpolitik ist, der hier, in der ersten Phase der ursprünglichen Akkumulation, isoliert sichtbar wird. Ein schlagender Beleg ist die Tatsache, dass in England noch im 19. Jahrhundert festgelegt wurde, wie viel Grund und Boden ein Arbeiter *höchstens* zur Verfügung haben durfte – es musste bei aller Bereitschaft, ihm die Möglichkeit zu geben, mit ein bisschen Gartenwirtschaft den schmalen Nahrungsmittelhaushalt besonders in Zeiten der Arbeitslosigkeit zu ergänzen, jedenfalls weniger sein, als für eine Subsistenzlandwirtschaft gereicht hätte. Eine „Bestimmung der Lebensweise" für die Arbeiterschaft war also von Anfang an in dem Sinne „nötig", als die traditionelle Subsistenzwirtschaft aufgelöst werden musste. Im nächsten Schritt ging es darum, eine Arbeitsfähigkeit und -bereitschaft herzustellen, die den

Erfordernissen der maschinellen Produktion angepasst, also zuverlässig, ausdauernd und nicht am Produkt interessiert war.

Es scheint, als wären alle diese Anstrengungen, eine Lohnarbeiterschaft und ihre Arbeitskraft in der nützlichen und notwendigen Form herzustellen, im ganzen 19. Jahrhundert wie selbstverständlich davon ausgegangen, dass sich das alles in einer relativ abgeschlossenen Arbeiter-Subkultur abzuspielen habe. Die Fabrikherrn standen zwar nicht an, das Herrenhaus für sich und sogar die Familie ins Fabrikgelände zu stellen, ein bisschen abseits und erhöht, versteht sich, aber immerhin. In der erhaltenen Anlage der damals Pulverfabrik duPont (inzwischen Dupont, und auch sonst hat der Fortschritt z.B. von Schwarzpulver zu Napalm geführt), die man bei Wilmington, Delaware, USA, besichtigen kann, hat das bedeutet, dass bei den regelmäßig vorkommenden Explosionen auf dem Gelände schon einmal ein Flügel des Herrenhauses beschädigt werden konnte. So weit war man (gedämpft und gepolstert) sogar an den Risiken der Produktion beteiligt. Ansonsten war aber klar, dass die Herren (und vielleicht noch besonders ihre Familien) ein Leben mit zumindest Einsprengseln von aristokratischen Mustern führten, das mit dem der Arbeiter nichts gemein hatte. Arbeiter waren damals eine eigene und fremde, auch bedrohliche Spezies, und das sollte – bei allem Eifer, sie zu „verbessern" und zu pazifizieren – auch so bleiben. Die Tendenz zur Einebnung der Klassenkulturen setzte erst im 20. Jahrhundert ein.

Bevor wir uns diesem entscheidend wichtigen Vorgang zuwenden, ist zu fragen, ob und wie auch umgekehrt die Kultur der Kapitalbesitzer und -funktionäre von der Lohnarbeiterschaft bestimmt wurde. Das angeführte Beispiel der Herrenvilla im Fabrikgelände ist insofern nicht ganz spezifisch, als auch in früheren Produktionsweisen Herren und Arbeiter gemeinsam lebten, der Plantagenbesitzer zwischen seinen Sklaven, der feudale Gutsherr zwischen seinen Bauern, der Handwerker und der Kaufmann ohnehin über der Werkstatt oder dem Kontor. Der Feudalherr war dementsprechend wahrscheinlich von den Bauern nicht so verschieden – außer dass er zusätzlich Krieger war. Die Abtrennung auch der Herrschenden erfolgte erstmals an den Höfen und in den Domkapiteln und Klöstern. Als historische These für die Entwicklung der Produktionsweisen könnte man die riskieren, dass in dieser langfristigen Geschichte die Distanz zwischen den Herrschenden und den Beherrschten zugenommen hat. Das bedeutet, anders formuliert, dass Herrschaft zunehmend weniger „persönlich" wird, dass zunehmend Herrschafts*funktionäre* zwischengeschaltet werden, bis die Herrschaft so abstrakt wird, dass man die Herrschenden gar nicht mehr ausmachen kann. *Innerhalb* der kapitalistischen Produktionsweise hat wahrscheinlich in erster Linie die Sichtbarkeit der Herrschaft, die „verschämt" geworden ist, abgenommen.

Dieses Verschämt-Werden ist wohl die wichtigste Entwicklung der Subkultur von Kapital und Herrschaft, auf die von der Arbeiterseite einige Wirkung ausgeübt wurde: Einer auf der Straße, in der Politik und moralisch offensiven Arbeiterbewegung gegenüber waren provokante Herrschaftsdemonstrationen nach feudalem Muster nicht mehr so opportun, und die hochgekommenen gewerkschaftlichen Sozialpartner im Fordismus hatten noch weniger Grund, vor den von ihnen angeblich Vertretenen zu protzen. Den „demonstrativen Konsum" pflegen heute eher die, bei denen er *nicht* Ausdruck einer Position von gesellschaftlicher Macht ist. Neben aufgedonnerten Friseusen und Bankangestellten ist es eine darauf spezialisierte „Schickeria", die sich mit demonstrativem Konsum auf verschiedenen Niveaus von Verschwendung befasst.

Das Zurücktreten einer selbstbewussten öffentlichen Herrschaftsdarstellung und der zugehörigen Kultur einer elitären Oberschicht ist ein Aspekt dessen, was oben als „Einebnung der Klassenkulturen" benannt wurde. Dieser Vorgang ist offensichtlich mit der Produktionsweise des Fordismus und der Erfindung des „Massenkonsums" verbunden. Dazu gehört, jedenfalls in Europa, auch die Verstaatlichung der Sozialpolitik, damit ihre Verallgemeinerung – und die Enteignung von autonomen oder sonst lokalen Formen der Absicherung gegen die Risiken der Lohnarbeiterexistenz, die eine Neigung dazu gehabt hatten, politisierend und solidaritätsstiftend zu wirken. (Das ging, wie man weiß, bis zur Konfiszierung der autonomen Kassen mit Einführung der staatlichen Sozialversicherung – sofern man ihrer habhaft werden konnte.) Indem warenförmig vereinnahmt oder verstaatlicht wurde, was bis dahin Kristallisationskerne für Subkulturbildung waren, wurde gesellschaftliches Leben individualisiert, privatisiert, monetarisiert – die Sozialversicherung ist ein zentraler Bestandteil und Ausdruck davon.

Grundsätzlich ist es dieser Vorgang, als Bestimmung der Lebensweise der Arbeiterschaft durch die Produktionsweise, der die Arbeiterkultur aufgelöst hat, sicher verstärkt und beschleunigt von der gewaltsamen Zerschlagung ihrer politischen Anteile durch die Nazis. Sozialpolitik ist ein Aspekt von Durchstaatlichung und Durchkapitalisierung, von Auflösung der Gesellschaft in ein unmittelbares Verhältnis der isolierten Einzelnen zu staatlichen oder staatlich garantierten, jedenfalls bürokratischen Apparaten und zu monetarisierten Leistungen.

Das paradoxe und unerwartete Ergebnis dieser Entwicklung war in den 60er Jahren, als die Wohlstandsentwicklung ihre Höhepunkte hatte, die Neu-Formierung einer Jugend-Subkultur, durchaus mit Ähnlichkeiten zu der ersten Jugendbewegung ein halbes Jahrhundert davor, die für Deutschland mit dem Namen „Wandervogel" verbunden ist. Sie lässt sich in ihrem betonten Hedonismus, ihrer Ablehnung des Leistungsprinzips, ihrem Bestehen auf Demokratie und politischen Beteiligungsrechten, mit dem ganzen „Wertewandel", der seither wissenschaftliches und sonstiges Aufsehen erregt, als Fortentwicklung und „spin-off" jener instrumentellen Arbeitshaltung interpretieren: Wenn es vor allem auf die Freuden der Freizeit ankommt, dann ist es sinnvoll, den dafür zu zahlenden „Preis" in Form von entfremdeter Arbeit möglichst ganz zu vermeiden, dann empfiehlt es sich, diese Freuden des „guten Lebens" möglichst gleich einzuheimsen, nicht erst, wenn man alt und verbraucht ist und gar nicht mehr dazu imstande, dann wird man sich diese Freuden dort suchen, wo sie wirklich zu haben sind, nämlich in einem guten Zusammenleben mit Gleichgesinnten, wofür man dann leicht auf einiges an dem großartigen Warenangebot verzichten kann, einiges davon, das doch ganz ersprießlich ist, kann man sich auch so beschaffen. Politische Entwicklungen, in denen der Vietnam-Krieg und seine moralischen Zumutungen einen entscheidenden Drehpunkt darstellten, kamen hinzu.

Diese Subkultur, die damals entstand und ausgebaut wurde, auch materiell, als Netz von Treffpunkten, von Stützpunkten in vorhandenen Institutionen (wie den Universitäten), dann in selbst gegründeten und betriebenen, in Landkommunen und städtischen Alternativbetrieben und -wohnungen, diese Subkultur war das neu entstandene Substrat von politischen Bewegungen verschiedener Art, von der Studentenbewegung bis zur Friedens- und Ökologiebewegung. Dass es eine Politik gibt, diese Subkultur zu stabilisieren oder sie zu zerstören, braucht für den halbwegs wachen Beobachter keine weiteren Belege.

Klassenpolitik wird unter den Aspekten von Arbeiterbewegung und Klassenkampf vorwiegend als Politik „von unten" verstanden und beschrieben. Tatsächlich ist alle bisherige Geschichte, wenn sie denn eine Geschichte der Klassenkämpfe ist, in erster Linie eine Geschichte des Klassenkampfs von oben. Das ergibt sich fast tautologisch: Die Kapitalseite verfügt über die größeren Machtmittel und über die Initiative, die Arbeiterbewegung und andere Bewegungen agieren weitgehend defensiv und reaktiv und mit Machtmitteln, die viel schwieriger zu organisieren und oft nicht ohne Selbstschädigung einzusetzen sind. Die andere Seite setzt die Randbedingungen – und dazu gehört nicht zuletzt schon die Sozialstruktur.

Nachbemerkung: Marx hat angenommen, kapitalistische Gesellschaften würden zu einer Polarisierung in zwei Klassen tendieren, das Proletariat würde also immer größer und das dazwischen liegende Kleinbürgertum (kleine Selbständige, die nur sich selbst ausbeuten können) würde aufgerieben. Wenn „Proletariat" alle sind, die nichts zu verkaufen haben als ihre Arbeitskraft, stimmt das sogar formal. Selbst die Verwalter des Kapitals, die Manager, sind nicht Eigentümer, und das Eigentum selbst ist als Besitz von Aktien oder davon abgeleiteten Wertpapieren abstrakt geworden. Aber innerhalb dieser abstrakten Polarität sind durch Klassenpolitik vielfältige Spaltungen und Differenzierungen gezogen worden, die eine unübersichtliche, sich verändernde und in sich konflikthafte, konkurrente Struktur der Gesellschaft herstellen. Klassenpolitik heißt auch dafür zu sorgen, dass aus der abstrakten (an sich) Polarität keine konkrete (für sich) wird.

Die protestantische Ethik oder: Die Netzwerke der Unternehmer

Im letzten Kapitel haben wir gezeigt, wie sich die Armen gegen das Marktprinzip, vor allen Dingen auch gegen die „Sklavenrhythmen der Fabrikarbeit" gewehrt haben. Wir haben auch gesehen, dass die politische Dimension dieser Aufstände in der Geschichtsschreibung wegdefiniert wurde, dass die „Maschinenstürmer" als „Mob" kategorisiert wurden, der sich gegen den Fortschritt wandte. Aus der Perspektive einer Geschichtsschreibung „von unten", mit einer Fragestellung, die nicht primär an Disziplinierung und sozialer Kontrolle interessiert ist, sondern die „Betroffenen" ernst nimmt, stellt sich das freilich anders dar: In diesen Aufständen geht es um Verhandlungen der Arbeits- und Lebensweise.

Auf der anderen Seite, auf der Seite der Unternehmer, sind andere Bilder populär: Hier wird die Vorstellung von wagemutigen und risikobereiten Persönlichkeiten kultiviert. Für diese soziale Position ist die populäre Vorstellung, dass es die Leute durch strenge Disziplin und Askese, durch Tugendhaftigkeit und Sparsamkeit, durch Fleiß und Ehrenhaftigkeit zu Ansehen und Reichtum gebracht hätten. Diese Mythen tradieren Unternehmer selbst in ihren Autobiografien, sie werden in der populären Geschichtsschreibung reproduziert, etwa journalistisch in der oben vorgestellten *Stern*-Serie oder schon im 19. Jahrhundert von lokalen Chronisten, die die „guten Taten" der „großen Männer" aufschrieben und sie zu Vorbildern machten. In der Sozialwissenschaft beziehen wir das Bild des tugendhaften Unternehmers von Max Weber, der in seinen religionssoziologischen Studien, besonders in „Die protestantische Ethik und der 'Geist' des Kapitalismus" (1904-06) eine Wahlverwandtschaft zwischen Protestantismus und kapitalistischer Arbeitsmoral festgestellt hat.

„Innerweltliche Askese"

Die „methodische Lebensführung", die die kapitalistische Produktionsweise voraussetzt und herstellt, entspricht, so Weber, der „innerweltlichen Askese", die die protestantische, besonders die calvinistische Religion auszeichnet. Im Katholizismus gibt es Sünden und es gibt die Beichte und die Reue, mit denen man den „gütigen Gott" um Verzeihung bittet. Im Calvinismus dagegen gibt es die nicht behebbare Unsicherheit, ob man zu den Erwählten gehört, die in Gottes Reich aufgenommen werden. Auf Erden kann man sich aber bewähren: Man kann das tun, indem man unermüdlich arbeitet. Der wirtschaftliche Erfolg durch unermüdliche Arbeit verstanden als Berufung gilt als Zeichen für ein gottgefälliges Leben, freilich ohne Gnadengewissheit, weshalb das Streben niemals aufhören darf. In der calvinistischen Lehre sei disziplinierte Arbeit eine religiöse Pflicht. Selbstkontrolle und -beherrschung, die gezielte Orientierung am ökonomischen Erfolg sowie ein tugendhaftes Leben kennzeichne den calvinistischen Glauben. Diese Form der „methodischen Lebensführung" sei zugleich der „Geist des Kapitalismus". Es sei diese Haltung, die zwar nicht ursächlich für Kapitalismus überhaupt ist, die aber den Erfolg dieser Produktionsweise unterstütze.

Max Weber ging auf der Grundlage von (wenigen) Statistiken davon aus, dass unter den Unternehmern in Deutschland eine signifikante Mehrheit protestantischer Herkunft ist. Für Gegenden mit überwiegend katholischer Zugehörigkeit wurde diese Affinität von Protestanten zu unternehmerischem Handeln mit der Minderheitenposition erklärt – traditionelle Wege zu Ansehen, Reichtum und Macht waren ihnen versperrt. Umgekehrt sind aber auch in Gegenden, wo Katholiken in der Minderheit waren, die Protestanten überproportional unter den Unternehmern vertreten. Der Minderheitenstatus allein erklärt es also nicht.

Max Weber sucht daher in den protestantischen Glaubenslehren nach einer ideologischen Grundlage für den „Geist des Kapitalismus", den er als „Berufsmenschentum" und „methodische Lebensführung" identifiziert, und findet sie, wie gesagt, bei den Calvinisten und Puritanern. (Übrigens sucht er bei ihnen, also in ihren Predigten und Traktaten erst, nachdem er bei Luther, also bei der Hauptströmung der Reformation, nicht fündig wurde.) Er wählt also ein sehr kompliziertes und voraussetzungsvolles Modell, um einen Zusammenhang zwischen Religion und Kapitalismus zu stiften: Er sucht nach Inhalten im religiösen Dogma (nicht nach Formen der religiösen Praxis), aus denen sich eine moralische Verpflichtung zur „innerweltlichen Askese“, zum „Berufsmenschentum“ ableiten lassen soll. Damit wird unternehmerisches Handeln im Kapitalismus mit Askese und unermüdlicher Arbeit, mit Glücksfeindlichkeit und Verzicht gleichgesetzt, ungefähr das, was Unternehmer und Manager uns auch heute über ihr Leben erzählen. Ferner wird unterstellt, die moralischen Aufforderungen, die in Sonntagspredigten an die Gemeinde gerichtet werden, würden von dieser auch gelebt. Hier wäre zumindest nach einem sozialen Arrangement zu fragen, das solche Umsetzung von Moral in Handeln bewirken kann. Mit vielen Interpretations-Kunststücken werden also beide Seiten der ideologischen Gleichung so lange bearbeitet, bis eine „Wahlverwandtschaft“, eine Entsprechung sichtbar wird – auf eine genauere Bestimmung des Zusammenhangs, auf irgendwelche Kausalitäten und Übersetzungen zwischen diesen beiden Ideologie-Variablen, lässt Weber sich ohnehin nicht ein.[1]

In sozialhistorischen Untersuchungen wurde gezeigt, dass die ersten Unternehmer, besonders im westlichen Deutschland, aus alten Familien kommen. Kocka (1975) spricht von „wirtschaftsbürgerlichen Dynastien“, die auch durch Heiratspolitik den adligen Dynastien glichen. (33) Andere sozialökonomische Gruppierungen konnten das vermutete „Unternehmerpotential“ dagegen nicht realisieren: Die unteren Schichten waren faktisch ausgeschlossen, für Adelige galten Handarbeit, Handel und Industrie als unstandesgemäß und schließlich pflegte auch das Bildungsbürgertum ein Ressentiment gegen die Verfolgung partikularer, besonders schnöder wirtschaftlicher Interessen – sie zogen die Beamtenlaufbahn vor, wo sie dem „allgemeinen“ Interesse (des Staats) zu dienen meinten. Das heißt nicht, dass sich diese Gruppierungen überhaupt nicht unternehmerisch betätigten, nur, dass sie deutlich unterrepräsentiert waren. Die überwiegende Zugehörigkeit der Unternehmer zu einer sozialökonomischen (statt ausschließlich religiösen) Gruppierung legt den Verdacht nahe, dass diese Variable unkontrolliert blieb, wenn Religionszugehörigkeit als Erklärung gewählt wird. Die Überrepräsentation der Protestanten ist eine Überrepräsentation von protestantischen „wirtschaftsbürgerlichen Dynastien“.

---

1 So sieht dann übrigens ein guter Teil der 100 Jahre Forschung zur Protestantismus-These auch aus: mehr oder weniger phantasievolle Exegesen von obskuren religiösen Traktaten, deren realer gesellschaftlicher Stellenwert ungeklärt bleibt.

Tatsächlich muss man schon die These selbst aus der Zeit erklären[2] – heute käme niemand auf die Idee zu behaupten, das katholische Bayern wäre weniger unternehmerisch als etwa die protestantischen Länder Brandenburg oder Mecklenburg-Vorpommern, das katholische Italien, selbst das katholische Irland mit seinem neoliberalen Boom weniger für Kapitalismus begabt als das protestantische Schweden. Max Weber bezog seine Idee aus dem „Kulturkampf", der in Deutschland nach der Reichsgründung 1871 unter Führung des protestantischen Preußen mit einem protestantischen König und daher mit einer protestantischen politischen Klasse und einer protestantischen Staatsverwaltung geführt wurde. Im Zusammenhang mit diesen Auseinandersetzungen wurde es damals den Soziologen in Deutschland auffällig, dass Katholiken nicht nur in der Unternehmerschaft, sondern vor allem im höheren Staatsdienst und an den Universitäten und in den Bildungsberufen unterrepräsentiert waren. Die politische Bedeutung eines Arguments, das liege an Eigenheiten der beiden Religionen und nicht etwa an der Schicht-Zuordnung ihrer Angehörigen (protestantische Oberschicht – katholische Unterschicht und ländliche Bevölkerung), ist leicht zu erkennen.[3]

Was heute die Protestantismus-These noch immer vielen plausibel macht, ist, dass sie praktisch zur Staatsreligion der USA geworden ist: Dort versteht man sich als protestantische Gesellschaft (mit der Zunahme der Hispano-Bevölkerung stimmt die Dominanz der protestantischen Sekten immer weniger) und hat den „amerikanischen Traum" – „from rags to riches", „vom Tellerwäscher, Schuhputzer, Straßenverkäufer zum Millionär", also durch harte Arbeit kann es jede arme Einwanderin zur Staats-Präsidentin oder zur CEO einer Computer-Firma bringen – als Staatsreligion.

Selbst- und Fremddisziplinierung

Es stellt sich aber noch eine andere Frage. Waren es tatsächlich die Calvinisten, die die methodische Lebensführung erfunden und zum religiösen Dogma gemacht haben? Und warum hat ge-

2 Zu diesem Kontext gehört auch ein innerwissenschaftlicher: Max Webers Polemik gegen die materialistische Dialektik. Adorno benennt das sogar als das eigentliche Motiv, „warum Weber eine so ungeheure Zeit und Arbeit an die Aufarbeitung der Religionssoziologie gewandt hat, und warum er dabei selbst in die entlegensten exotischen Materialien sich gestürzt hat". Vgl. dazu Adorno (1964: 20)

3 So viel nebenbei zur Wertfreiheit von Max Weber.

rade die Reformation diesen großen Einfluss auf die gesamte Arbeits- und Lebensweise? Bei anderen religiösen Spaltungen, die kirchengeschichtlich bedeutsamer waren, wurde ein derartiger Einfluss nie behauptet: weder für die Abspaltung des Christentums vom Judentum, noch für die Spaltung in orthodoxe und römisch-katholische Religion, noch für diverse frühere fundamentalistische „Ketzer"-Bewegungen, die von der Hl. Inquisition bekämpft bis vernichtet (Katharer, Waldenser), oder aber als Orden (von den Benediktinern bis zu den Franziskanern) doch wieder in die Kirche eingegliedert wurden, hat man einen derartigen Einfluss auf die Arbeitsethik angenommen. (Spätere Orden wie die Dominikaner und Jesuiten wurden schon im Dienst der Kirche als Kampforden gegen die Ketzer oder als Missionsorden gegen die Ungläubigen gegründet.) Nur für die Reformation, die zeitlich grob mit der Durchsetzung der kapitalistischen Produktionsweise übereinstimmt, wird diese Wahlverwandtschaft konstruiert. Wie die früheren Ordensgründungen war auch die Rebellion des Augustiner-Mönchs Martin Luther inner-kirchlich und fundamentalistisch. Sie weitete sich zur „Reformation" aus, weil sie von einigen deutschen Fürsten (und dem englischen König Heinrich VIII) genutzt wurde, um den Einfluss des Papstes in Rom zu brechen. Die Auseinandersetzungen um Feinheiten des religiösen Dogmas wurden also für politische Auseinandersetzungen um den Primat von Staat oder Kirche genutzt. Sich wie Max Weber auf religiöse Traktate zu stützen und die enormen gesellschaftlichen, auch kriegerischen Auseinandersetzungen der Reformation, selbst den daraus folgenden Dreißigjährigen Krieg, der zwar auch, aber nicht einfach ein Religionskrieg, sondern ein europäischer Territorialkrieg war und Deutschland ruinierte und entvölkerte, überhaupt nicht zu erwähnen, ist ein schönes Beispiel für den Bezug zur Wirklichkeit, den manche Strömungen der Soziologie haben. In einer soziologischen Analyse läge es näher, sich zunächst mit der sozialen Praxis, erst dann mit den Texten, also mit der dazugehörigen Ideologie zu befassen.

Für unseren Kontext ist eine andere Analogie zwischen religiöser und kapitalistischer Disziplin aufschlussreich: das Kloster.[4] Bezogen auf Max Weber ist die Ironie dieses Vergleichs, dass Disziplin eine katholische Erfindung ist. Und es ist eine Erfindung, die lange vor der kapitalistischen Produktionsweise gemacht wurde (näm-

---

4 Zur folgenden Darstellung ausführlich Treiber und Steinert (1980/2005).

lich vom Hl. Benedikt um das Jahr 530) und aus anderen Motiven (nämlich als Gottesdienst durch Arbeit statt durch Kontemplation). Aber diese Erfindung, niedergelegt in der Ordensregel der Benediktiner, wurde von anderen Orden übernommen, durch die Jahrhunderte praktiziert und so tradiert. Die Prinzipien des disziplinierten Lebens konnten dann im beginnenden Kapitalismus auch „weltlich", besonders in der Fabriksiedlung übernommen und verallgemeinert werden. Gemeinsam ist nicht so sehr der religiöse Inhalt, sondern die Organisationsform, die im westlichen Arbeitskloster (im Gegensatz zu dem östlichen Kontemplationskloster) gefunden wurde: Leben in der „geschlossenen Anstalt", in der alle alle überwachen und einander damit zu einem gottgefälligen, und das heißt arbeitsamen, an einem streng geregelten Stundenplan ausgerichteten Leben anhalten. Bestimmend ist also die Organisation einer religiösen Praxis, die von einer Form des Zusammenlebens (Zeitdisziplin, allgemeine gegenseitige Sichtbarkeit) erzeugt wird. Dieselbe Form von Praxis wird in den protestantischen Sekten (dem dortigen Gegenstück zu den katholischen Orden) in der Gemeinde hergestellt. Und genau dieselbe Praxis entsteht (mit der religiösen Begründung oder ohne sie) in anderen „geschlossenen Anstalten": im stehenden Heer, in Internats-, besonders Kadettenschulen, in den Armenhäusern, im Gefängnis. Immer geht es um einen streng geregelten Tagesablauf, gefüllt mit unermüdlicher Arbeit, die in Elite-Anstalten als Selbstdisziplin, in Anstalten für die Unterschicht als Fremddisziplinierung, durch allgemeine Sichtbarkeit und damit Kontrollierbarkeit hergestellt wurde.[5]

Max Weber, auch das sei angemerkt, erwähnt das Kloster, ordnet diese Form der disziplinierten Haltung aber „religiösen Virtuosen" zu, erst mit dem Protestantismus, so seine These, habe sich die „methodische Lebensführung" verallgemeinert. Weber macht in seiner „protestantischen Ethik" keinen Unterschied zwischen Unternehmern und Arbeitern, jedenfalls nicht systematisch. Unsere These ist dagegen, dass Unternehmer das Problem der Disziplinierung hatten:

5 Die protestantischen Sekten sind geschlossene Gemeinden, nicht als Anstalten durch eine Mauer abgegrenzt, aber mit denselben Mechanismen der allgemeinen Sicht- und Kontrollierbarkeit ausgestattet. Von Erving Goffman (1961) wurde diese Organisationsform als „totale Institution" beschrieben – „total" meint „das ganze Leben seiner Angehörigen umfassend", also ohne geschützten und abgeschirmten „Privat"bereich – so auch Jeremy Benthams Entwurf eines „Panoptikons", der wiederum Michel Foucault (1975) beeindruckt hat.

als Selbstdisziplinierung für sich, aber als Fremddisziplinierung gegenüber der Arbeiterschaft. In der letztgenannten Position braucht es keine Identifikation mit einem Beruf als Ausdruck der gottgefälligen Lebensweise. Die Fabrikherrn haben und nutzen andere Möglichkeiten, Disziplin herzustellen, sie können und müssen sich nicht auf die „innerweltliche Askese" ihrer Arbeiter verlassen.

Die zwei wichtigsten Kennzeichen des Lebens im westlichen Kloster sind ein klares Zeitregime und eine strenge räumliche Ordnung. Die zeitliche Ordnung legt den Tagesablauf fest: festgelegte Zeiten für Gebete und Messen, gemeinsames Essen, zurückgezogene Ruhe und Arbeit. Für die räumliche Ordnung ist die Klostermauer zentral und die genauen Regeln, unter welchen Bedingungen diese Grenze zur Welt überschritten werden darf. Und es ist die Erfindung von „ora et labora", „bete und arbeite", wie sie der Hl. Benedikt als religiöser Fundamentalist gepredigt und durch strenge Ordensregeln und gegenseitige Kontrolle für sich und seine Ordensbrüder durchgesetzt hat. Die Zisterzienser machten eine folgenreiche Erfindung: nämlich die Laienbrüder. Die einen beteten, während die anderen arbeiteten. Die Gebetspflichten standen so der Arbeitsleistung weniger im Wege. Mit diesen Konzepten waren die westlichen Klöster auch ökonomisch erfolgreich und daher unabhängig – von Spenden wie wir das aus den östlichen Religionen kennen etwa. Dieses disziplinierte Leben im Dienste Gottes hatte eine nicht-intendierte Nebenfolge – ökonomischen Erfolg, sodass die Orden über die Jahrhunderte überlebten und die Techniken des disziplinierten Lebens tradierten.

Zwischen diesen katholischen fundamentalistischen Orden und dem Protestantismus besteht eine Kontinuität. Dass Luther von der römisch-katholischen Kirche nicht mehr vereinnahmt wurde, sondern es zur Spaltung der Religionen kam, hat verschiedene Gründe, dass die protestantische Lehre ein fundamentalerer Angriff auf den Katholizismus gewesen wäre als die der verschiedenen Ordensgründer davor, trifft aber nicht zu. Weber geht im Gegensatz dazu davon aus, dass die katholischen Orden eine „spirituelle Aristokratie" bildeten und es erst den protestantischen Sekten gelungen sei, das Ideal der „innerweltlichen Askese" für alle zu verallgemeinern. Die Implikation dieser Annahme ist, dass Katholizismus fremddiszipliniert sei, der Protestantismus dagegen auf Selbstdisziplin beruhe.

Die Unterscheidung zwischen Fremd- und Selbstdisziplin ist in der Tat bedeutend. Die Frage ist nur, ob sich die Religionen darin unterscheiden. Viel eher trifft zu, dass sich Elite und die unteren Klassen darin unterscheiden. Diszipliniertes Leben und Arbeiten wurde ursprünglich als Selbstdisziplin einer Elite erfunden, die sich freiwillig in die Situation der geschlossenen Anstalt begab. Eliten-Ausbildung war immer eine der strengen Einübung von Selbstdisziplin, wie sie von gemeinen Bürgern nie erwartet wurde. Für die unteren Klassen standen immer andere Möglichkeiten zur Verfügung: Da wurde nicht erwartet, dass sich der Charakter verändert, dass Disziplin verinnerlicht wird, vielmehr wurde kontinuierlich diszipliniert. Das Modell dafür ist die geschlossene oder „totale" Institution.

Auf ganz andere Weise entstand die dazugehörige Disziplin der Betriebsführung und des Unternehmertums als auf Dauer gestellte Produktion mit ordentlichem Rechnungswesen, kalkulierter und laufender Investition und zurückhaltender Gewinnentnahme. Ohne Zweifel ist die „protestantische Ethik" einer Lebensweise zuträglich, in der die besitzenden Bürger die Einkünfte aus dem Unternehmen nicht verjubelten und sich zu ebenso kontinuierlicher und zuverlässiger Arbeit im Dienst des Unternehmens anhielten wie ihre Arbeiter auch. Dass aus Disziplin allein noch kein Kapital entsteht, haben wir am Beispiel der „ursprünglichen Akkumulation" gesehen. Die großen Vermögen entstanden aus gewaltsamen und abenteuerlichen Anfängen und wurden erst in der Folge „ehrbar" gemacht. Dass die kirchlichen Lehen durch die Reformation „frei" für kapitalistische Aneignungen wurden, stellt eine Verbindung ganz anderer Art zwischen Protestantismus und Kapitalismus her.

Wenn wir die Kontexte einbeziehen, in denen Disziplin entstanden ist, dann ist die „innerweltliche Askese", die Max Weber als „Geist des Kapitalismus" beschreibt, allenfalls ein Modell für die Selbstdisziplinierung der Unternehmer. Für die Arbeiterschaft dagegen ist es zutreffender, von Fremddisziplinierung zu reden. Im Unterschied zu den Mönchen haben sich die Arbeiter den Fabrikordnungen nicht freiwillig unterworfen. Die Ordnungs-Vorschriften für das Arbeiterquartier und die Fabrik waren ein in Paragraphen ausformuliertes Regelwerk, das Belohnungen und vor allen Dingen Bestrafungen vorgesehen hat, wenn sie nicht eingehalten wurden.

Zusammenfassend lässt sich damit sagen, dass die protestantische Ethik ein Modell für Wirtschaftsmoral, kaum aber für Arbeitsmoral ist. Es ist die Ideologie für Selbstverpflichtungen, vor allem aber für die Außendarstellung der Kaufleute und Fabrikherrn. Aber diese Wirtschaftsmoral, also die Legitimation des eigenen Handelns vor einer größeren Öffentlichkeit und gegenüber anderen Konflikt-Parteien, hat auch gesellschaftliche Institutionen, die sie tragen. Für den vorkapitalistischen Kaufmann war das die Kleinstadt. Jeder kennt jeden, Geschäfte werden mit dem „guten Ruf" gemacht, auch Kredite hängen davon ab. Mit Tugendhaftigkeit wird signalisiert, dass man den Geschäftspartner nicht „über den Tisch zieht". Zugleich werden Konkurrenten vor „unlauteren" Geschäften gewarnt. Auch die Kirche war eine solche übergeordnete Instanz, der mit „Gemeinnutzen" als Prinzip Rechnung getragen wurde. Die Fabriksiedlung ist dann ein erstes Beispiel dafür, dass die Arbeiterschaft für Projekte gewonnen werden musste – mit rudimentären Sozialleistungen, die später, wenn die Arbeiterbewegung eine wichtige Konfliktpartei wird, zur Sozialpartnerschaft ausgebaut wird. Davon wird noch zu handeln sein. Dass in Unternehmer-Selbstdarstellungen der Aufstiegsmythos populär bleibt, hat auch damit zu tun, dass er geeignet ist, Gleichheit darzustellen und damit die bestehende Ungleichheit zu rechtfertigen. Jedenfalls: Das Problem, ihren Erfolg zu rechtfertigen, hatten die Unternehmer, kaum die Arbeiterschaft. Die „protestantische Ethik" ist eine solche Legitimationsform. In den unteren Schichten wurde Arbeitsmoral dagegen mit Erziehungsprogrammen, Kontrolle und Bestrafungen durchgesetzt.

Zwei Anmerkungen sind dazu noch angebracht. Die erste bezieht sich auf die Praxis der Unternehmer – im Unterschied zu ihrer Selbstdarstellung. Die zweite bezieht sich darauf, dass auch die „Elite" die disziplinierte Lebensweise nicht durchgängig begeistert begrüßt und sich angeeignet hat.

Zur Praxis und Selbstdarstellung der Unternehmer: Max Weber stützt sich in seiner Analyse unter anderem auf die Schriften von Benjamin Franklin, an denen er die „methodische Lebensführung" prototypisch ausgedrückt sieht. Benjamin Franklin – ein Aufklärer, Wissenschaftler, Diplomat und Revolutionär, einer der „founding fathers" der Vereinigten Staaten von Amerika – wurde in Europa im 19. Jahrhundert als Beispiel für den amerikanischen „self-made man“ populär. Max Weber konnte sich in seiner Interpretation auf dieses Wissen verlassen, auf das verbreitete Verständnis, dass die Schriften von Franklin moralische Ratschläge, Tugendlehren seien. Wenn man aber die Schriften von Benjamin Franklin tatsächlich liest, wird deutlich, wie ironisch Franklin geschrieben hat – eine Dimension in den Schriften, die Max Weber übersieht.[6] Franklin teilt selbstreflexiv mit, was zur kompetenten *Selbstdarstellung* eines erfolgreichen Aufsteigers gehört. Wollte man ihn als Vorbild nehmen, sind es eher pragmatische Hinweise, wie man seine Unabhängigkeit und seinen Status sichert, als religiöse Vorschriften.[7] Die Autobiografie von Franklin enthält aber auch eine Reihe von Hinweisen, wie Franklin tatsächlich erfolgreich wurde. Das waren Netzwerke, Unterstützung von Leuten in hohen Positionen und Staatsaufträge. Zugleich aber war ihm die Haltung „Gelderwerb und -Anhäufung aus Selbstzweck“ und das Verständnis von „Arbeit als Berufung“ fremd – beides wichtige Bestimmungsstücke in Webers protestantischer Ethik. Franklins ökonomischer Erfolg war Community-orientiert – seine Arbeit und seine zahlreichen Erfindungen (von Straßenreinigung über Leihbibliotheken bis zum berühmten Blitzableiter, wichtiger als der war womöglich noch der Herd, den er erfand) dienten der Bereitstellung von Ressourcen, die in der Gemeinde gebraucht wurden, nicht primär seinem persönlichen Reichtum, sondern der Verbesserung des Lebens in der Gemeinde – und darüber hinaus der politischen Befreiung, zu der er durch seine Beteiligung an der amerikanischen Revolution entscheidend beigetragen hat. So erzählt die Autobiografie von Franklin tatsächlich eine Geschichte über ökonomischen Erfolg, aber keine über die Wahlverwandtschaft von protestantischer Ethik und dem Geist des Kapitalismus.

Damit kommen wir zum zweiten Beispiel: der Elite, die Kolonialismus der kapitalistischen Selbstdisziplin vorgezogen hat: David Cannadine (2001) hat in einer Studie des Britischen Empire ge-

---

6 Vgl. dazu ausführlich Steinert (2005b).

7 Das ist insgesamt wichtig: dass Autobiografien Regeln haben, die über die Jahrhunderte transportiert werden und sich nur langsam verändern. Noch Donald Trump, einer der ganz Reichen in den USA, verwendet die Formel von der religiösen Kultur und wie zentral sie für den Kapitalismus sei, ganz selbstverständlich. Zu autobiographischen Klischees in der Unternehmer-Selbstdarstellung vgl. Hansen (1992).

zeigt, dass es zu kurz greift, wenn Kolonialismus nur als Rassismus analysiert wird. Er zeigt, wie wichtig die Klassendimension zum Verständnis ist. Cannadine argumentiert, dass die britische Oberschicht im 19. Jahrhundert in ihrem Empire die konservative und hierarchische Gesellschaft reproduziert hat, dass der britische Kolonialismus das Vehikel war, um die Struktur der britischen Gesellschaft über den Globus auszudehnen – und zwar nicht die Struktur des kapitalistischen England, sondern die anachronistische des Feudalismus. Dazu haben sie mit der herrschenden Schicht in den Kolonien paktiert: den Prinzen und Landlords in Indien, den Stammeshäuptlingen in Afrika, den Scheichs im Persischen Golf. Sie haben in den Kolonien an einer Lebensweise festgehalten, die ihnen in England nicht mehr möglich war. Empire, so sein Argument, lässt sich nicht verstehen, wenn nur Rassismus analysiert wird, Klassenzugehörigkeit und Status aber unberücksichtigt bleiben.

> „This in turn means that it was about antiquity and anachronism, tradititon and honour, order and subordination; about glory and chivalry, horses and elephants, knights and peers, processions and ceremony, plumed hats und ermine robes; about chiefs and emirs, sultans and nawabs, viceroys and proconsuls; about thrones and crowns, domination and hierarchy, ostentation and ornamentalism." (126)

Kolonialismus war eine Möglichkeit, vor der Industrialisierung, der Demokratie und den großen Städten zu flüchten. In den Kolonien ließ sich eine Lebensweise aufrechterhalten, die in der Metropole schon brüchig war. Die Mittelschicht-Migranten wurden in den Kolonien „Jemand". Sie erreichten eine Position und einen Status, den sie zuhause realistischerweise gar nicht anstreben konnten. In die Kolonien auszuwandern war eine Möglichkeit, sich in die herrschende Klasse hineinzureklamieren und sich der kapitalistischen Produktionsweise, Wirtschaftsmoral und Selbstdisziplin nicht zu unterwerfen. (Vgl. dazu als „deutsches Äquivalent" Kundrus 2003)

Auch wenn Weber keinen ursächlichen Zusammenhang zwischen protestantischer Ethik und Kapitalismus annimmt, so ist unsere These doch, dass er die protestantische Askese für den Kapitalismus überschätzt. Die wichtigste Kritik daran ist sicherlich, dass er nicht konsequent zwischen der Selbstdisziplin der Unternehmer und der Fremddisziplinierung der Arbeiterschaft unterscheidet, vielmehr Selbstdisziplin verallgemeinert. Der zweite Kritik-Punkt, am Beispiel Benjamin Franklins dargestellt, machte deutlich, dass die Darstellung von Tugendhaftigkeit zur notwendigen Wirtschaftsmoral gehört, aber durchaus ironisiert werden kann, dass also auch hier von Verinnerlichung keine Rede sein kann. Vielmehr benennt Franklin ganz andere Bedingungen und Voraussetzungen für wirtschaftlichen Erfolg.

Für die kapitalistische Disziplin und ihren wirtschaftlichen Erfolg entscheidend sind nicht bestimmte Inhalte des religiösen Dogmas, an das die Unternehmer (und gar erst die Arbeiter) glauben würden, sondern die soziale Organisation, die mit dieser Zugehörigkeit hergestellt wird: soziale Netzwerke der gegenseitigen Unterstützung, der Vermittlung von Aufträgen, nicht zuletzt von Staatsaufträgen, das alles auf der Grundlage einer gegenseitig kontrollierten Rechtschaffenheit und Wohlanständigkeit („ehrbare Kaufleute").

Am Beispiel des Kolonialismus konnte gezeigt werden, dass die feudalen Möglichkeiten, sich in die herrschende Klasse hineinzureklamieren, im Zweifelsfall attraktiver waren, als durch „innerweltliche Askese" zu Ansehen und Reichtum zu gelangen.

Schließlich hat er die Bedeutung des katholischen Klosters als „totale Institution" für die Verallgemeinerung der disziplinierten Lebensweise unterschätzt. Fabriksiedlungen wurden in Analogie zu Klöstern gebaut, weil es dort möglich war, die zeitliche und räumliche Ordnung herzustellen, die der Durchsetzung von Disziplin zuträglich ist.

Theoriefragen 3: Arbeit, Warenproduktion, warenförmige Arbeitskraft – und der unwahrscheinliche Vorgang der „Kommodifizierung"

Arbeit ist mehr als Lohnarbeit

Im öffentlichen Verständnis ist Arbeit immer noch gleich Lohnarbeit: Arbeit, das ist die fremdbestimmte Tätigkeit, die man morgens pünktlich antreten muss und am späten Nachmittag ebenso pünktlich verlässt und für die man mehr oder weniger gut bezahlt wird. Alles andere und der Gegensatz dazu ist Freizeit. Insofern hat in diesem Verständnis Arbeit immer etwas mit Zwang zu tun, mit Unfreiwilligkeit und auch mit Plackerei und Hetze, denen man auszuweichen versucht, so gut es geht.

Die Selbständigen und die Unternehmer sehen das anders und daher wird in den Diskussionen gern die unternehmerische Arbeit nachgeschoben und als ebenso unerlässlich und anstrengend, wenn nicht als die Schaffung von Arbeitsplätzen und damit Ausgangspunkt aller wirtschaftlichen Aktivitäten, sowie mit Verantwortung, Risiko und praktisch unbegrenzter Arbeitszeit belastet dargestellt.

Wird historisch untersucht, kommt man nicht umhin zu sehen, dass der überwiegende Teil der Geschichte von entweder Sklaven-/leibeigener oder aber selbständiger Arbeit in Landwirtschaft und Handwerk geprägt war, aber das war nach herrschendem Verständnis im Grunde nur eine lange („unreife") Vorstufe von Produktion, die erst in der Industrie und also mit Lohnarbeit zu „richtiger" Produktion und Arbeit wurde.[1] In Darstellungen der vorindustriellen agrarischen Produktion kommt man nicht darum herum, Formen der familialen Hauswirtschaft zu beschreiben. Man muss schon sehr borniert sein, um hier den Anteil der Hausarbeit zu übersehen, aber man schafft es leicht, die für relativ unbedeutend zu erklären, indem man sie zu einem abgetrennten (weiblichen) Bereich der Arbeit macht statt zur Voraussetzung und zu einem Aspekt aller Arbeit.

Kurz und gut: Der „common sense" arbeitet mit einem absurd verengten Begriff von Arbeit, der sich zwar nicht durchhalten lässt, schon gar nicht, wenn man auch nur im geringsten historisch denkt, der sich aber als Begriffsfeld von „Arbeit = Lohnarbeit" und „Arbeit = Zwang und Schinderei" durchsetzt.[2]

---

1 Zu diesem Eindruck trägt bei, dass sich in den Industrie-Ländern der Anteil der Beschäftigten in der Landwirtschaft bis weit in den einstelligen Bereich verringert hat. Neuerdings, mit dem Sinken der Industrie-Beschäftigung in denselben Ländern, wird körperliche Arbeit insgesamt entwertet und stattdessen „Wissen" zur ersten Produktivkraft erklärt – wobei übrigens unentschlossen dazwischen geschwankt wird, ob dieses Wissen ein Teil der Produktionsmittel, ein Aspekt der Arbeitsorganisation oder eine Qualifikation der Arbeitskraft (der Manager und Berater oder der operativ, darunter in Spekulationsgeschäften Arbeitenden?) sei. In dem Unsinns-Begriff „Humankapital" drückt sich die begriffliche Verwilderung sehr schön aus.

2 In Mayers Großem Taschenlexikon, zugegeben von 1983, aber gerade damals war „Lohn für Hausarbeit" ein heißes Thema, wird „Arbeit" definiert als

Diesen bornierten Verbiegungen gegenüber ist es sinnvoll, mit einem umfassenden Begriff von Arbeit anzufangen, zum Beispiel der Marxschen Bestimmung als „Prozeß, worin der Mensch seinen Stoffwechsel mit der Natur durch seine eigne Tat vermittelt, regelt und kontrolliert". (Kapital I, MEW 23: 192) In diesem breiten Begriff ist nicht von „Beherrschung" der Natur die Rede, sondern von „Stoffwechsel" mit ihr, was mehr auf Pflege und Kultivierung, Austausch und also genaue Kenntnis durch Beobachtung und Erfahrung verweist, nicht aber Gewalt und Unterwerfung. Das impliziert, dass der Mensch als Teil der Natur anerkannt wird, Arbeit also auch immer Arbeit an sich selbst und den eigenen Kenntnissen und Erfahrungen ist. Arbeit als „eigene Tat" kann wohl nur bedeuten, dass das Ergebnis als von eigenem Handeln verursacht „angeeignet" wird, dass es also zumindest rückblickend nicht als unwillkürlich und bewusstlos herbeigeführt verstanden wird. (Insofern muss man immerhin Atmen oder Verdauen, obwohl „Stoffwechsel mit der Natur", nicht als „Arbeit" verstehen.)

Arbeit findet immer in „Produktionsverhältnissen" statt, also nach gesellschaftlichen Normen und Regeln, an gesellschaftlich festgelegten Aspekten von Natur, mit gesellschaftlich üblichen und bereitgehaltenen Fertigkeiten, Wissensbeständen und Produktionsmitteln (Werkzeugen), als organisierte Arbeitsteilung und Zusammenarbeit, mit Festlegungen darüber, was mit dem Arbeitsprodukt geschieht. (Der Fall der völlig autonomen „Eigenarbeit" zu nichts als der eigenen Subsistenz ist ein Spezial- und Grenzfall, eine gedankliche Robinson-Abstraktion.) Anders gesagt: Dass und wie von wem mit welchem Ergebnis für sich und andere gearbeitet wird, ist zentraler Gegenstand des jeweiligen Regimes von Herrschaft und der Ort, an dem Herrschaft unmittelbar erfahren wird.

Ein wesentlicher Aspekt der Produktionsverhältnisse ist die Arbeitsteilung, von deren Möglichkeiten die Theoretiker der kapitalistischen Wirtschaft seit Adam Smith fasziniert waren. Dass man in den Fertigungsstraßen schon der Manufaktur, erst recht der Fabrik,

---

„jede auf ein wirtschaftl. Ziel gerichtete, planmäßige Tätigkeit des Menschen, gleichgültig ob geistige oder körperl. Kräfte eingesetzt werden. Das Ziel kann reine Bedarfsdeckung oder Gewinn- bzw. Einkommensmaximierung sein." Hausarbeit kommt weder im Text noch als eigenes Stichwort vor, dafür aber Hauswirtschaftslehre als der Teil der Arbeitslehre für die Mädchen. Und in Arne Eggebrecht et al. (1980; das Buch ist immerhin Marc Bloch gewidmet und maßvoll an Marx orientiert), heißt es in der Einleitung: „Die folgenden Kapitel beschränken sich auf die Arbeit im primären und sekundären Sektor (Landwirtschaft und Industrie); unter Arbeit wird hier zunächst körperliche Arbeit verstanden. In einer zukünftigen umfassenden Geschichte der Arbeit wird es ohne Zweifel unerläßlich sein, auch die geistige Arbeit und die Arbeit im Dienstleistungssektor mit in die Betrachtung einzubeziehen ..." (17). Hausarbeit hatte weder für die damalige Gegenwart einen Stellenwert, noch wurde angenommen, dass man sie in der damaligen Zukunft in irgendwelche „Betrachtung einbeziehen" werde müssen. Aber auch ein kürzlich erschienenes Buch zum Begriff „Arbeit" (Füllsack 2009) in einer Reihe „Grundbegriffe der europäischen Geschichte", herausgegeben von Konrad Paul Lissmann, schafft es, die Bedeutung von „Arbeit" zwar seit Urzeiten, aber ohne Erwähnung von Hausarbeit darzustellen.

durch immer weiter getriebene Arbeitsteilung und die Spezialisierung der einzelnen Arbeiter immer schneller produzieren konnte, erschien als das Modell von Fortschritt.[3] Die Kosten der Arbeitsteilung in der Entleerung von Arbeit und im Verlust des Bezugs zum Endprodukt erschienen und erscheinen letztlich als hinnehmbar.[4] Arbeitsteilung und wie sie genau erfolgt ist nicht einfach ein technischer Vorgang der „Rationalisierung“, sie wird vielmehr unter Herrschafts-Gesichtspunkten aktiv gestaltet: „Wegrationalisiert“ werden nicht in erster Linie die besonders unangenehmen, sondern die besonders teuren und von militanten Arbeitern ausgeführten Tätigkeiten. Neue Spezialisierungen schaffen neue Privilegien und Hierarchien. Arbeitsteilung ist eine Frage der Klassenpolitik – und wird daher unter diesem Stichwort genauer behandelt.

Zwei Formen der Arbeitsteilung, die weit vor den Kapitalismus zurückgehen, sollen wegen ihrer Bedeutung für die Gesellschaft aber auch hier behandelt werden: die Trennung von Hand- und Kopfarbeit und die Arbeitsteilung der Geschlechter.

Jede Arbeit enthält Komponenten von Wissen und von körperlicher Kraft und Geschicklichkeit, aber die Anteile können variieren. Schon früh haben sich Herrscher und Priester dadurch ausgezeichnet, dass sie Handarbeit von anderen tun und sich „bedienen“ ließen. Herrscher mussten immerhin oft (zumindest am Anfang ihrer Karriere) überlegene Krieger sein. Aber religiöse Virtuosen konnten früh von Opfern und sonstigen Zuwendungen leben und sich ganz der Vermittlung des und zum Numinosen widmen. Die dazu nötigen theatralischen und bildlichen Darstellungen sind der Ursprung von Kunst. Aus ihrer Theologie wurde die Philosophie. Wissenschaft hingegen entstand eher aus dem Handwerk, dem der Ingenieur bis heute nahe ist. Die weitere Verselbständigung der Wissensbestandteile von Tätigkeiten ließ deren Handarbeits-Anteil immer verarmter zurück, führte auch zu einer Abwertung von Erfahrungswissen zugunsten von schulisch vermittelbarem Wissen. (Ein Teil dieses Wissens, etwa das der Juristen und Manager, ist übrigens reines Herrschaftswissen, abgespalten zur

---

3 Die Soziologie sieht überwiegend und bis heute die Entwicklung von Gesellschaften nach diesem Modell als einen Vorgang der zunehmenden „funktionalen“ Ausdifferenzierung von (eventuell beruflich festgeschriebenen) Tätigkeiten (Luhmann) und Tätigkeits-Feldern (etwa Wissenschaft, Moral und Kunst; übergreifend System und Lebenswelt) mit ihren Eigenlogiken (Habermas). Vgl. Luhmann (1985); Habermas (1981).

4 Der junge Marx hat die Kosten der Arbeitsteilung im Begriff der „Entfremdung“ benannt. In der späteren Entwicklung seiner Theorie hat Entfremdung an Stellenwert verloren.
Im heute herrschenden politischen Verständnis geht es ohnehin nur um die Zahl der „Arbeitsplätze“, ihre „Sicherheit“ (Stichwort Prekarität) und allenfalls noch die Höhe des Lohns. Was auf diesen Arbeitsplätzen produziert wird, ist keine Frage. Welchen Schaden das Produkt und die Produktion anrichten, thematisiert die Öko-Fraktion, die sich aber dem Arbeitsplätze-Argument unterordnen muss. Folgenreich „Entfremdung“ zu erleben, wäre ein Luxus, den man sich in der gegebenen Arbeitsmarkt-Situation nicht leisten kann.

Delegation von Herrschaft in länger werdenden Herrschaftsketten und -netzen.) Der taylorisierte Arbeiter sollte nach dem Willen seines Erfinders, des Ingenieurs Fredrick Taylor, ausdauernd, gehorsam und dumm sein – das Denken sollte er zwar nicht mehr, wie der preußische Soldat, den Pferden, dafür aber den Maschinen überlassen. Diese Übernahme der Wissenskomponente von Arbeit in Organisationsabläufe und Maschinen hat neuerdings auch die bisherigen Wissens-Arbeiten erreicht. Die „Wissensgesellschaft" bietet die feine Ironie, dass in ihr die Wissens-Komponente auch aus Wissens-Arbeit wegrationalisiert wird. Was als „Wissen" übrig bleibt, ist das Beherrschen der Gebrauchsanweisung.

Für die geschlechtsspezifische Arbeitsteilung ist in den letzten Jahrzehnten besonders vehement nachgewiesen worden, dass sie auf Herrschaft beruht. (Walby 1990) Dieser Herrschaftsform des Patriarchats ist hier ein ganzes Kapitel gewidmet. Schon im industriellen Proletariat war Patriarchat nicht mehr sehr überzeugend (Engels hat darauf hingewiesen), in den nach-industriellen Gesellschaften ist es nur mehr in der wohlhabenden Oberschicht lebbar, und dort mit Mühe. Seither sind die Verteilung von Lohn- und Hausarbeit im Haushalt und die Möglichkeiten der Karriere in der Lohnarbeit zum Dauer-Konfliktthema zwischen den Geschlechtern geworden. Die Frage nach einem spezifisch „weiblichen Arbeitsvermögen", das nicht so monomanisch wie das „männliche" auf Beruf und Karriere fixiert wäre, sondern breiter alle hier diskutierten Arbeitsformen umfasst, ist umstritten. Sehr langsam verschiebt sich das Ungleichgewicht in den Lohnarbeits-Karrierechancen wie in der Verteilung der Hausarbeit[5] zu größerer Gleichheit – in einem neuen Arrangement, das bisher höchstens in Umrissen sichtbar wird.

Warenförmigkeit muss hergestellt werden

Es ist ein wesentlicher Unterschied, ob man für den eigenen Gebrauch des Produkts der Arbeit oder für den Tausch von Waren arbeitet. Damit ein Gegenstand oder gar ein Dienst sich zur Ware eignet, muss er eine gewisse allgemeine Verwendbarkeit haben, darf er nicht zu persönlich zugeschnitten sein. Der Rock als Konfektionskleidung hat ein höheres Maß an universeller Warenförmigkeit als ein nach Maß geschneidertes Modellsakko. Damit wir lieber zu dem in China massen-gefertigten T-Shirt greifen, statt selbst eines zusammenzunähen (was wirklich keine Kunst wäre, nachdem das T-Shirt, wie schon der Name sagt, den einfachst möglichen Schnitt hat), wurden jenem Waren-Eigenschaften gegeben, die es überlegen machen. Das ist an dem Beispiel sehr einfach: Es ist so billig, dass man es, wie der Volks-

5 Im Gegenzug zu der früher geführten Klage über die „Unsichtbarkeit" der weiblichen Hausarbeit muss man allerdings anmerken, dass die klassisch männlichen Hausarbeiten von Bau, Reparatur, Garten und Verwaltung gern übersehen werden.

mund sagt, „zu dem Preis nicht selber machen könnte".[6] Dazu kommt der witzige, heldenverehrende und Anhängerschaft markierende oder auch globalisierungskritische Aufdruck, den man eigentlich kauft. Auch der würde heute von einer eigenen Teil-Industrie des Computer-Drucks völlig individualisiert, sogar nach eigenem Entwurf zugeliefert. Das Objekt T-Shirt ist also nicht in sich eine Ware, sondern es wird durch Eigenschaften, die ihm „eingearbeitet" werden, dazu gemacht.

Was von der einen Seite wie zunehmende Arbeitsteilung mit ihren Rationalisierungs-Gewinnen aussieht, ist von der anderen Seite die Herstellung von Warenförmigkeit. Durch geeignete Organisation der Arbeit können die Kosten gesenkt und größere Zahlen des Produkts hergestellt werden. Dabei geht es, wie das Beispiel des T-Shirt, das um die Welt reist, deutlich zeigt, nicht darum, die dafür nötige Arbeit zu verringern, nur darum, sie billiger zu machen. Selbst beim vermehrten Einsatz von Maschinen, die als „arbeitssparend" bezeichnet werden, relativiert sich das, wenn man den Aufwand zur Entwicklung, Herstellung, Wartung und Modernisierung der Maschinen hinzurechnet.[7] Die Maschine „rechnet" sich nur, wenn der Preis der lebendigen Arbeitskraft hoch ist. Wenn man in Billiglohn-Länder verlagern oder sonst den Preis der Arbeitskraft drücken kann, lohnt sich die Anschaffung der Maschinerie nicht. Es geht bei diesem Typ der Herstellung von Warenförmigkeit um den geringen Preis der Ware, damit um geringe Stückkosten in der Produktion, nicht notwendig um die Verringerung der gesellschaftlichen Arbeit.

Warenförmigkeit herzustellen, ist ein Basis-Prozess von Kapitalismus. Wenn im Zug der ursprünglichen Akkumulation neue Delikte wie „Holzdiebstahl" und „Wildern" erfunden wurden, ist das als Folge eines neuen Verständnisses von „Wald" zu verstehen: Er war jetzt nicht mehr ein Stück Natur, das den Grundherren Bauholz und die Jagd, den Armen Bruchholz und Kleintiere lieferte, sondern ein Stück Eigentum in dem Sinn, dass alles, was der Wald bietet, verkäuflich sein soll, daher einen „Wert" hat und daher nicht gratis entnommen wer-

---

6 Wie viel an schlecht bezahlter Arbeit unter unmöglichen Arbeitsbedingungen und an Externalisierung von Kosten in die Umwelt in dem billigen T-Shirt steckt, hat Rivoli (2005) ausführlich dargestellt.

7 Mit dem *gesellschaftlichen* Arbeitsaufwand ist es häufig so wie mit der Geschwindigkeit des Automobils: Wenn man die gesamte Zeit nimmt, die nur der Besitzer selbst für das Geld zur Anschaffung und zum Betrieb einsetzen muss, und die gefahrenen Kilometer auf diese Stunden bezieht, dann ist das Automobil (selbst ohne Stau) das langsamste Verkehrsmittel – übrigens für Leute mit einem geringeren Stundenlohn besonders langsam. Illich 1978: 85f stellt die Berechnung an, dass ein amerikanischer Mann (damals) 1.600 Stunden pro Jahr seinem Auto widmet und in diesem Zeitraum damit 7.500 Meilen fährt – das ergibt weniger als 5 Meilen pro Stunde. Kurzfristig ist es trotzdem so, dass man mit dem Fahrrad, dem nach dieser Rechnung schnellsten Transport-Vehikel, nicht an einem Wochenende von Wien nach Venedig und zurück fahren kann. Ähnlich kann die voll-automatisierte Fabrik in kurzer Zeit mehr Exemplare derselben Ware auswerfen – wenn es etwa darum geht, einen möglichst großen Markt damit zu „überschwemmen" und der Konkurrenz gar keine Möglichkeit zu lassen.

den kann. (Es gab erst kürzlich unter Österreichs Waldbesitzern eine Initiative, auch das Sammeln von Pilzen – immer noch ein Freizeit-Vergnügen von Sommerfrischlern, aber zunehmend auch wieder eine Nahrungs- oder sogar Einkommensquelle für Arme – an eine Lizenz zu binden, für die natürlich zu zahlen wäre.) Die Eigenschaft der Warenförmigkeit wird in diesem Fall durch ein Verbot, durch eine Einzäunung hergestellt, technisch: durch die private Aneignung von „Commons", also Gemeineigentum, das von allen genutzt werden konnte. Natürlich braucht man dann auch die zugehörige Bewachung und es entsteht der Kleinkrieg zwischen Wildhütern und Wilderern, der noch im Heimatfilm romantisiert wurde.

Man kann auf diese Art sogar einen Sonnenuntergang zur Ware machen: Man zäunt den Ort ein, an dem er besonders dramatisch, mit Alpenglühen und länger werdenden Schatten zu sehen ist, und verlangt Eintritt. Schonender, weil weniger offensichtlich ist es, eine Erfrischungsbude, später ein Panorama-Restaurant an den Ort zu bauen und die schöne Aussicht als Gelegenheit zu nutzen, um den Leuten Essen und Getränke zu verkaufen. Dann ist der Sonnenuntergang nicht mehr unmittelbar die Ware, sondern er ist Teil der Waren-Eigenschaften der Nahrungs-Ausgabe. Wenn es weit und breit keine andere Einrichtung dieser Art gibt, weil dieser Aussichtspunkt der beste ist, kann man das Essen und Trinken auch etwas teurer machen.

Monopolisierung aller Art ist ein wesentlicher Mechanismus, um Warenförmigkeit herzustellen. Man macht Eigenarbeit unmöglich, indem man das Wissen und das Werkzeug dafür knapp hält. Bei vielen Handwerker-Leistungen ist das der Fall – wie das verbreitete Heimwerker-Wesen zeigt. Mit dem entsprechenden Werkzeug kann der durchschnittlich technisch begabte Mensch Wasser-, Strom- und Heizungs-Probleme der durchschnittlichen Art auch selbst beheben. Er kann sogar die einfacheren Installationen selbst machen. Aber es lohnt sich für die paar Mal, wo das vorkommt, nicht, das teure Werkzeug anzuschaffen und zu pflegen – und seine Handhabung zu trainieren. Hinzu kommen behördliche Bestimmungen, die nur einem lizenzierten Handwerksmeister das Recht zu solchen Installationen geben. Die Schaffung von Berufen mit Lizenz und Ausbildung heißt zugleich, dass die entsprechenden Leistungen zur Ware gemacht werden.

Zur Zeit können wir an der forcierten Umwandlung von Wissen in Ware, die ein wenig kompliziert und daher auffällig ist, besonders gut beobachten, wie Warenförmigkeit erzeugt wird: Das Patent und das Copyright sind schlichte rechtliche Monopolisierungen, um Warenförmigkeit dort herzustellen, wo es nach bisherigem Verständnis um Gemeineigentum ging: Das Wissen der Menschheit gehört allen. Es kann auch zur Ware gemacht werden, indem man sich für die Vermittlung des Wissens, die Lehre bezahlen lässt. Berufe der Beratung wurden als weitere Variante davon erfunden, wie man Wissen zur Ware macht.

Übrigens ist bei Wissen als Ware keineswegs ausgemacht, dass es sich wirklich um „Wissen" in einem emphatischen Sinn handelt.

Es muss nur geglaubt werden, dass einem ein Wissen abgeht, das der andere vermitteln kann. Eine Wissens-Ökonomie setzt also ein verbreitetes Bewusstsein von eigener Unwissenheit voraus. Verkäuflichkeit wird nicht zuletzt durch soziale Normen hergestellt, durch einen Standard, der verpflichtend gemacht wird. Dafür gibt es ein frühes analoges Beispiel: die Anhebung der Sauberkeits-Normen seit Ende des 19. Jahrhunderts, um Reinigungsmittel zu verkaufen, bis zur Anhebung der „Schönheits"-Normen, um Kosmetika oder auch „Schönheits"-Operationen zu verkaufen.

Bei Wissen als Ware kann man auch die Träger des Wissens, den „Speicher" in der Form von Buch oder DVD, vor allem aber den privaten Computer mit seinen Programmen, als Produkte verkaufen, ohne die der Inhalt nicht zu haben ist. An der Entwicklung des Mobiltelefons war es lange auffällig, dass händeringend nach „Inhalten" für die längst vorhandene Technik gesucht wurde, auch beim PC gab und gibt es immer wieder dieses Problem. Die Industrie löst es durch Spiele, die sie dafür verkauft, Kleinunternehmerinnen und ihre Vermittler (früher hießen die Zuhälter, jetzt eher Agenturen) lösen es durch Pornos im Netz, deren Besichtigung zu bezahlen ist, die Benützer selbst, indem sie amüsante Gerüchte streuen und austauschen. Die Benützer erweisen sich auch als subversiv, indem sie die Industrie-Preise für Musik und Filme in Form von CD und DVD zu umgehen lernen und gleich nur die Inhalte „herunterladen".

Ein entscheidendes Vehikel von Kommodifizierung ist das Überlassen auf Zeit – entscheidend, weil so die wichtigen Produktionsmittel Arbeit, Geld und Grund und Boden zu Waren gemacht werden.

Arbeit wird zur Ware über ihren Träger, also in der Form von Arbeits*kraft*. Die Transformation erfolgt in zwei Schritten: Um an dem Markt für Arbeit teilnehmen zu können, wird der Mensch zur Arbeitskraft reduziert (und stellt sich auch selbst so dar), zum Träger und Versprechen von möglicher Arbeit. Kapitalistisch wird, in einem zweiten Schritt, nicht, wie etwa in der Sklaverei und Leibeigenschaft, die Arbeitskraft unbeschränkt angeeignet, sondern auf Zeit gemietet, wenn man so will. Der Vorteil solcher Aneignung auf Zeit ist, dass damit keine Zuständigkeit für die Reproduktion der Arbeitskraft entsteht, die Sorge dafür bleibt vielmehr bei der Arbeitskraft selbst. Durch diese Aneignung auf Zeit bleibt auch offen, wie viel Arbeit in dieser Zeit geleistet wird – die Grundlage der Möglichkeit von „Ausbeutung", ein komplizierter Vorgang, wie wir in der „Theoriefrage 1" gesehen haben.

Ebenso wird Geld durch das Überlassen auf Zeit zur Ware. Der Zins wird pro Zeiteinheit verlangt und gezahlt. Auch die Versicherung ist eine Wette auf die Zeit, in der eingezahlt wird, aber der Versicherungsfall nicht eintritt. Mit dem Kredit werden Warenkäufe verzeitlicht. Das ist besonders interessant, wenn es auf Produktionsmittel wie Maschinen angewendet wird, die über die Zeit „abgeschrieben" werden. Das materielle Geschehen der Verfügung über Produktionsmittel und ihres Einsatzes zur Produktion einer Ware wird damit zu einem über Zeit regulierten Finanzgeschäft.

Das gilt analog für Grund und Boden, der, nachdem ein absoluter Eigentumsbegriff durchgesetzt ist, als Ware gehandelt, der aber auch gegen Zahlung pro Zeiteinheit auf bestimmte oder unbestimmte Zeit überlassen werden kann. Diese „Grundrente" ist ein wichtiger, oft der entscheidende Posten für alle wirtschaftliche Kalkulation von Produktionskosten. Sie tritt uns aber besonders nahe, weil sie das Wohnen, ein Grundbedürfnis, das gleich nach Atmen, Essen und Bekleidung kommt, zur Ware macht.

Man kann insgesamt aufgrund dieser Möglichkeit, Warenförmigkeit durch Verzeitlichung herzustellen, Kapitalismus als eine „Ökonomie der Zeit" (Postone 1993) untersuchen.

Warenförmigkeit herzustellen ist deshalb ein Basis-Vorgang von Kapitalismus, weil damit Investitionsmöglichkeiten erschlossen werden. Kapital ist dauernd auf der Suche nach guten Gelegenheiten für gewinnbringende Warenproduktion. Was uns als technischer Fortschritt vorgestellt wird, ist, von der anderen Seite gesehen, eine Investitions-Chance. Noch vor der Suche nach Möglichkeiten der Rationalisierung – Senkung der Stückkosten für ein schon verfügbares Produkt – steht die Suche nach neuen Möglichkeiten der profitablen Investition, also nach neuen Waren. Der erste zu sein, bevor die Konkurrenz einem das Leben schwer macht, verspricht für die erste Zeit einen Super-Profit, wie er später im Waren-Zyklus nur wieder herzustellen ist, indem man alle Konkurrenten niederkämpft und ein Monopol sichert.

Im einfachsten Fall ist die neue Investitionsmöglichkeit ein Schatz, den man in der Natur vorfindet und nur abbauen und dorthin transportieren muss, wo er als Ware verkauft werden kann: Gold, Eisenerz, Erdöl, die „abgebaut", Bisonherden oder Fischschwärme, die zu Nahrungsmitteln oder Leder verarbeitet werden, Wälder, die „abgeholzt" werden können, Menschen, die sich versklaven lassen. Abbau und Transport können mehr oder weniger harte Arbeit sein.

Im komplizierteren Fall besteht sie in der Erfindung eines neuen Produkts, das einem bisher unbefriedigten Bedürfnis abhilft, ein Problem löst, das Leben entscheidend erleichtert. Nur wenig komplizierter ist der umgekehrte Fall, dass man zu einem günstig herstellbaren Produkt das Bedürfnis erst wecken oder das Problem und die Verbesserung des Lebens erfinden muss.

Die Beispiele und Überlegungen zusammenfassend: Gegenstände und Dienste werden zu Waren gemacht * durch *Aneignung*, möglichst Monopolisierung, indem sie also anders nicht zu haben sind als durch den Tausch, zu dem sie angeboten werden. Neben dem Warentausch als Übertragung in das Eigentum des anderen ist * *Verzeitlichung* als Überlassen gegen eine Zahlung pro Zeiteinheit das Vehikel der Kommodifizierung. Dazu muss die Ware * möglichst *universell* verwendbar erscheinen. Und sie muss * *konkurrenzfähig*, also mit ähnlichen Angeboten vergleichbar sein und ihnen überlegen erscheinen können.

Gesellschaftliches Leben besteht zuerst in Hausarbeit

Die Zurichtung von Produkten und Diensten zu Waren heißt umgekehrt, dass Waren, die man kauft, nicht unmittelbar verwendbar sein werden. Marx hat für diese Tatsache die Terminologie eines Unterschieds zwischen Tauschwert und Gebrauchswert verwendet. Die Ware braucht einen potentiellen Gebrauchswert, aber gewöhnlich ist weitere Arbeit nötig, um an ihn zu kommen: Man muss sie zumindest an den Ort des Gebrauchs bringen und auspacken. Man muss sie an den persönlichen Gebrauch anpassen, für den man sie einsetzen will. (Das gilt für Bekleidung – man denke besonders an Schuhe – und Werkzeuge – man denke an den Stiel einer viel verwendeten Axt oder Schaufel, den man erst im Gebrauch zurechtschleift, oder das Innere einer Tasche, in der man seine eigene Ordnung findet. Bei Diensten kann diese Anpassung an die persönlichen Gegebenheiten besonders mühsam sein und lange dauern.) Man muss sie erst weiterverarbeiten, bevor etwas Brauchbares daraus wird. (Das gilt für alle Nahrungsmittel jenseits von fast food.) Man muss erst lernen, sie sachgemäß zu verwenden und instand zu halten. (Dazu braucht man in diesem Zeitalter der unverständlichen Gebrauchsanweisungen – von Video-Maschine bis Mobiltelefon –, der „Führerscheine" – von Automobil bis Computer – und der Spiele und Sportarten, die langes Training erfordern, bis man sie „beherrscht", falls man nicht längst vorher aufgegeben und den teuren Krempel auf dem Dachboden vergessen hat, nicht weiter auszuholen.) Man hat die laufende Arbeit der Instandhaltung von Säubern über Lagern bis Reparieren. Da man besonders letzteres oft selbst nicht kann (auch weil es durch die Ware unmöglich gemacht wird), setzt hier auch wieder die Arbeit der Marktorientierung und des Kaufens ein, die man vorher, bevor man an die Ware oder den Dienst kam, auch schon hatte. „Warenkunde" zu erwerben, ist ein beträchtlicher Teil der Arbeiten des Alltags – und macht übrigens auch einen großen Anteil der Gespräche und Unterhaltungen aus (die sich um das Automobil, die „Anlage", den Computer, Sport und Spiele, Bekleidungsmode und die Wohnungs-Einrichtung drehen – in höherem Alter um die Leistungen von Doktors und Schönheits- bis Gesundheits-Anstalten).

Schon diese Arbeit der Konversion von Tausch- in Gebrauchswerte lässt das klassisch sozialistische Ideal der „Abschaffung" von Hausarbeit durch Automatisierung oder Verberuflichung illusorisch werden. Selbst wenn wir alle in Kantinen essen, in Schlafkojen übernachten, die kaum Pflege brauchen, unsere Gefühlserregungen inklusive sexueller Abreaktion aus geeigneten Maschinen beziehen, und die Kinder in fachfrauliche Pflege geben oder auch maschinell zumindest erzeugen, wie es erst Utopien (etwa Bellamy 1887), dann Dystopien (allgemein bekannt Huxley, Orwell) ausgemalt haben, bleibt selbst dem so allseitig reduzierten Menschen ein notwendiger Rest von Sorge um sich selbst und die Hartnäckigkeit, mit der er sich das „soziale Tier" nicht ganz austreiben lassen will. Tatsächlich ist die Entwicklung ohnehin in die andere Richtung gegangen und der Bereich der Hausarbeit historisch eher vergrößert worden, vor allem in der Pflege des Nachwuchses und der „Beziehung" des damit überforderten Paares. Indem die Stabilität des Haushalts statt auf einem vernünftigen wirtschaftlichen Arrangement auf dem notorisch labilen Gefühl einer sexuell unterlegten Liebe beruhen soll, ist die „Beziehung" des Paares zu einer anspruchsvollen Aufgabe geworden. Auch die Entwicklung der wenigen Kinder mit ihren Krisen, besonders der zu einer jahrelangen Krise gewordenen Pubertät und Jugend, und ihrer Bedeutung für die schulische Karriere, stellt hohe Ansprüche an alle Beteiligten. Sie wird nicht nur dauernd mit Sorge beobachtet, sondern soll auch noch in einer weiteren auf Dauer befriedigenden und immer wieder erneuerten „Beziehung" bestehen. Dass dieser Bereich zu Zeiten als „Beziehungs-Arbeit" thematisiert wurde, ist nicht wirklich überraschend. Dazu kommen die Ansprüche an die Ausstattung des Haushaltes (von Automobil über Wohnungsgröße bis zu Heizungs-, Küchen- und Unterhaltungs-Maschinen und sonstigem Mobiliar), die finanziell überfordern, und an die Ordnung und Sauberkeit, die dort zu herrschen haben, die Hausarbeit entscheidend vermehrt haben.

Man kann das Verhältnis von Lohn- und Hausarbeit auch so sehen: Das Leben besteht zunächst aus einem weiten Bereich der Hausarbeit; zur Ausstattung des Haushalts mit Waren und Diensten ist das in der Lohnarbeit verdiente Geld zwar nötig, aber seinen Anforderungen ist man wegen der Zeit, die einem durch die nötige Lohnarbeit genommen wird, und wegen der Belastungen, die von dort in die komplizierten „Beziehungen" getragen werden, nur mit größter Anstrengung gewachsen. Die rein instrumentelle Bestimmung von der Wirtschaft her geht genau umgekehrt: Hausarbeit dient der Reproduktion der Lohnarbeitskraft, von Tag zu Tag wie zwischen den Generationen. Immer weniger Leute sehen das so, auch die Männer nicht mehr. Offensichtlich ist auch, dass dieses Verständnis sich zwischen den Lebensphasen verändern wird: Kinder und Jugendliche sind von Hausarbeit weitgehend entlastet, in der ersten Zeit nach Verlassen der Herkunftsfamilie leben die jungen Erwachsenen mit einem Minimum an Hausarbeit für ihre „Karriere" und die „Freizeit", erst mit Gründung eines Haushalts und besonders mit Kindern wird Hausarbeit anspruchsvoll und den Beteiligten wichtig, in späteren Phasen gibt es vorübergehend wieder etwas Entlastung davon. Später wird die Hausarbeit aber zuerst durch Altenpflege wieder vermehrt, dann durch eigene Pflegebedürftigkeit prekär.[8]

Hausarbeit ist, weil anders als Lohnarbeit organisiert und daher (im kapitalistischen Verständnis) „wertlos", nicht der Zeit-Ökonomie unterworfen. Daher können in Hausarbeit Produkte hergestellt, vor allem aber Dienste erbracht werden, die im Vergleich zur industriellen Fertigung „viel zu lang" brauchen und sonst „unökonomisch" sind. Man kann sich gerade im Modus der Hausarbeit „der Sache widmen" und sie bis hin zu künstlerisch gestalten. Haushalts-Dienste sind „persönlich", was an ihnen als eine unersetzliche Eigenschaft geschätzt

---

8 Vgl. dazu an einem ganz anderen Beispiel und zugleich allgemeiner Elwert (2000).

wird, und haben oft schon im Vollzug einen eigenen Wert. Einen Pullover selbst zu stricken oder einen Garten zu pflegen ist nicht nur wegen des Ergebnisses interessant, sondern als Tätigkeit selbst. Das gilt im glücklichen Fall noch viel mehr für das pflegliche Behandeln von Mitgliedern des Haushalts. (Das schließt nicht aus, dass dieselbe Arbeit zu Zeiten zur lästigen Verpflichtung und damit Plackerei wird. Aber das ist eine andere Verpflichtung als die aus einem Lohnarbeits-Vertrag.) In manchen Fällen ist gar nicht so leicht zu entscheiden, ob die Fertigung in Hausarbeit nicht auch „ökonomisch" günstiger wäre als der Kauf der entsprechenden Ware oder Dienstleistung mit dem in Lohnarbeit Verdienten, besonders wenn man die Qualitätsunterschiede berücksichtigt. Das gilt schon für das Herstellen von Nahrung, erst recht für komplizierte Dienste wie Kindererziehung. Freilich hat die Teilnahme an der außerhäuslichen Arbeit und die Verfügung über „eigenes Geld" wiederum Bedeutungen und Freuden, die wichtiger sein mögen als Erwägungen nur der Haushalts-Ökonomie.

Man kann zwei weitere Formen der Arbeit abgrenzen, die man auch zur Hausarbeit rechnen könnte: *Eigenarbeit* besteht in der Herstellung der Dinge und in den Diensten, die man braucht, durch eigene Arbeit, eventuell unterstützt von Freunden und Bekannten und oft auf Gegenseitigkeit. Auf dem Land ist das wichtigste Beispiel dafür der Bau des eigenen Hauses, gewöhnlich in einer Mischung aus Kauf und Eigenarbeit. Auch die Reparatur von Maschinen, besonders der Transport-Maschinen, geschieht gelegentlich so – vom gegenseitigen Haareschneiden gar nicht zu reden. Der Übergang zur Schwarzarbeit (die nicht auf Gegenseitigkeit, sondern gegen unversteuertes Geld geschieht) einerseits und zu den Tauschkreisen der Solidarökonomie andererseits ist fließend.

Eigenarbeit, die nicht direkt dem eigenen Haushalt, sondern der Gemeinde, also der sozialen Infrastruktur des Wohnorts zugute kommt, kann man noch einmal als *Gemeindearbeit* abgrenzen. Das ist deshalb sinnvoll, weil die viele freiwillige Arbeit, die in Vereinen, Kirchengemeinden, Arbeitskreisen und losen Zusammenschlüssen geleistet wird, jedenfalls in Überlegungen zur gesellschaftlichen Arbeit leicht verlorengeht. Selbst die Freiwillige Feuerwehr, auf dem Land ein bedeutendes Stück Infrastruktur – sie wird ja nicht nur bei den (heute seltenen) Bränden, sondern bei technischen Gebrechen, Unfällen, Sturmschäden und sonstigen Wetterkatastrophen aktiv und hat das Gerät dafür –, die viele karitative und Jugend-Arbeit, die politische Arbeit, all das und mehr wird gerne als „Freizeit" subsumiert. Die Feuerwehr fährt auch gelegentlich auf ein Bier und der politische Zirkel trinkt Kaffee – aber dass man zusammenarbeitet und dabei gastlich und gesellig ist, sollte kein Hindernis dafür sein, das Ergebnis und die Wichtigkeit dieser Arbeit anzuerkennen.

Theoretisch hochgezogen findet sich dieses Missverständnis von Arbeit in der Gegenüberstellung von (instrumenteller) Arbeit und (verständigungsorientierter) Interaktion bei Habermas. Nicht jede Interaktion zielt auf Verständigung, geschweige denn, dass sie einen Konsens erreichen würde, im Gegenteil, das ist ein ziemlich seltener Fall. Gewöhnlich will man in der Interaktion gemeinsam arbeiten und das braucht soziale *und* instrumentelle Normen und Kompetenzen dafür, wie das geht – siehe das Beispiel der jam-session im Jazz, aber der Installateur-Geselle mit dem Lehrling, der in meiner Küche hantiert und dem Junior zugleich Anweisungen gibt, ist auch kein schlechtes Beispiel: der bringt ihm die Normen bei und das in einer höchst instrumentellen Interaktion, keineswegs auf Verständigung aus, und wenn der nicht glaubt, dass das so geht, lässt er ihn am Material auflaufen. Verständigungsorientierung wird dann nötig, wenn die Zusammenarbeit gestört ist, und besteht dann darin, die Normen der Arbeit zu klären, ein Stück Meta-Arbeit, so wie das Vorbereiten des Werkzeugs und das Aufräumen der Werkstatt – Alfred Lorenzer, der das gern betonte, hatte völlig recht: Interaktion *ist* Arbeit. Und fast alle Arbeit hat einen Anteil von Interaktion.

Für die Wirtschaft und ihre Statistiken wie ihre Theorien ist alle Arbeit, die nicht als Lohnarbeit organisiert ist, wertlos und damit nicht vorhanden. Sie kommt (übrigens auch in der Argumentation von Marxisten) in der Unterstellung vor, der Arbeitslohn sei ein Familienlohn und müsse natürlich nicht nur die Reproduktion der konkreten Lohnarbeitskraft, sondern auch die seines „support system" (also nach klassischem Muster der Ehefrau und sonstiger Haushaltshilfen) und die der „Ersatzleute" (so werden die Kinder gesehen) abdecken. Abgesehen davon, dass es die Hausfrauen-Ehe außerhalb der wohlhabenden Oberschicht nur auf Zeit, nämlich für Monate bis wenige Jahre nach der Geburt eines Kindes gibt, dass also längst ein Lohnarbeits-Einkommen allein keine Familie erhält, wird in dieser Betrachtung die Hausarbeit als Kostenfaktor gesehen. Es wird so getan, als werde Hausarbeit (inklusive Eigen- und Gemeindearbeit) durch Lohnarbeit finanziert.[9] Richtig ist es umgekehrt: Gesellschaften leben von Hausarbeit, Eigenarbeit und Gemeindearbeit als Voraussetzungen dafür, dass in einem vergleichsweise kleinen Bereich durch warenförmige Produkte und Dienste „Wert" geschöpft werden kann. Hinzu kommt, dass „Wert" noch nicht heißt, das Produkt oder der Dienst wäre wirklich nützlich oder vermehre den Reichtum: Ein bedeutender Bereich von Wertschöpfung ist die Waffenproduktion und jeder Unfall, erst recht jede Naturkatastrophe erhöht das Bruttonationalprodukt durch die notwendigen Reparaturen, die Wert schöpfen, soweit an ihnen Lohnarbeit beteiligt ist. Dass ein bestimmtes Produkt oder ein Dienst

9 Dazu gibt es dann in der Lohn-für-Hausarbeit-Forderung, die dazu erhoben wird, um diese Sicht der Dinge ad absurdum zu führen, die Gegenrechnung, wie hoch der Arbeitslohn eines Mannes oder einer Frau sein müsste, die sich all die Hausarbeits-Leistungen als Dienste auf dem Markt kaufen müssten – und dabei muss man noch von der Tatsache absehen, dass es das emotional Wichtigste daran nicht zu kaufen gibt, anderes, wie etwa Pflege, nur in höchst reduzierter Qualität, und von der Frage, wo dann die Kinder, also in dieser Logik genauer gesagt: die zukünftigen Arbeitskräfte herkommen und wie und von wem deren Aufzucht geleistet und finanziert wird. (Man darf dabei an das Rumänien Ceausescus und seine Kinderheime denken.)

als Ware und per Lohnarbeit organisiert wird, heißt oft genug, dass die Qualität gesenkt wird. (Man muss dazu nur an die industriell erzeugten Nahrungsmittel denken.)

Vielleicht sollte man zuletzt noch erwähnen, dass ganz viel an gesellschaftlicher Arbeit gern und mit Lust getan wird. Lohnarbeit hingegen wird mit Plackerei und Zwang gleichsetzt – was auch nicht immer und ausschließlich stimmt, oft genug aber sehr wohl. Interessant am Kapitalismus ist, welche Anstrengungen aufgewendet werden, um Arbeit, also: Lohnarbeit so unangenehm wie möglich (bis zur Erschöpfung, gehetzt, intensiv, repetitiv, demütigend) zu machen. Nur zu Lohnarbeit ist Freizeit das Gegenteil. Alle andere Arbeit ist das, woraus das Leben und woraus Gesellschaft besteht.

Kapitalismus als Lebensweise

Bürgerliche Kultur wird auch von Kapitalismus-Kritikern geschätzt und geachtet.[1] Mit Bürgerlichkeit verbinden wir Individualität und Intimität, Häuslichkeit und Gemütlichkeit, Zivilisation und (relative) Gewaltfreiheit, Hochkultur und Bildung. Mit diesen Zuschreibungen fangen aber die Probleme schon an: Wer ist mit „Bürgertum" überhaupt gemeint? Im Unterschied zum französischen „bourgeois" ist mit dem deutschen „Bürger" der Staatsbürger mitgemeint. Dazu hat sich historisch verändert, was der Begriff meint. Vorkapitalistisch sind damit städtische Handwerksmeister, Kaufleute und Angehörige der Professionen, kapitalistisch sind mit Bourgeoisie nur die Besitzer der Produktionsmittel gemeint, aber auch da unterscheiden wir zwischen Groß- und Kleinbürgertum. Wenn wir von bürgerlicher Kultur reden, denken wir freilich zunächst eher an das Bildungsbürgertum, an Universitäten und Professoren, Denker und Dichter, Beamte und nur noch auf Umwegen vielleicht an Bankiers (im Unterschied zu den zeitgenössischen Bankern).

Wenn wir von bürgerlicher Lebensweise reden, wovon reden wir dann also:

* von der hegemonialen Kultur im 19. Jahrhundert?
* dem Beginn des 19. Jahrhunderts, als sich das Bürgertum konstituierte?
* dem Ende, als in vielen Ländern die politische Macht immer noch König, Kaiser und Zar hatten?

1 Das schließt durchaus ein, dass die Bohème und die Jugend, zuletzt relevante Teile der „1968er", die „bürgerliche Liebe", „bürgerliche Kunst", „bürgerliche Wissenschaft", „bürgerliche (Doppel-)Moral" usw. verspotteten.

* der Wirtschaftselite, die sich (länderspezifisch unterschiedlich) durch Verbindungen zum Adel auszeichnete?[2]
* dem Bildungsbürgertum, das sich stärker vom Adel und Kleinbürgertum abgrenzte?
* allen, die über Produktionsmittel verfügen, also Wirtschafts- inklusive Kleinbürgertum?

Die (geschichts-)wissenschaftliche Literatur zum „Bürgertum" ist entsprechend vielbändig und/oder hochgradig spezialisiert und/oder nicht vergleichbar, weil (mehr oder weniger implizit) jeweils andere Fraktionen des „Bürgertums" für die verschiedenen Fragestellungen relevant sind. In dem Kontext hier kann daher nur ganz grob verfahren werden. Es soll auf einige Widersprüche innerhalb der bürgerlichen Lebensweise aufmerksam gemacht, vor allen Dingen dem Bürgertum aber die Herstellung der proletarischen Lebensweise zugerechnet werden.

Mit Kapitalismus ist eine spezifische Lebensweise verbunden, die sich freilich nach sozialen Positionen und vor allen Dingen nach Klassen unterscheidet. Intern sind es die Auseinandersetzungen zwischen Wirtschafts- und Bildungsbürgertum, dazu die geschlechtsspezifische Arbeitsteilung, die darauf aufmerksam macht, dass die bürgerliche Kultur eine Frauensache war. Zur bürgerlichen Kultur gehört aber auch der Zustand des Proletariats. Wie Arbeiterkultur „von oben" hergestellt wurde, schwankt zwischen Paternalismus und Verelendung. Wenn wir von bürgerlicher Kultur reden, reden wir daher von Auseinandersetzungen, die das Bürgertum weniger gegen die Aristokratie und mehr gegen das Proletariat geführt hat. „Kultur" heißt damit immer auch, dass mit einer Veränderung der Produktionsweise die Beziehungen zwischen den verschiedenen sozialen Positionen (neu) austariert werden. Die Lebensweise ist Ausdruck der Klassenposition, sie ist aber auch eines der Felder, auf denen Klassenkämpfe ausgetragen werden.

Mit der bürgerlichen Gesellschaft entsteht Privatheit und verändert sich das Verständnis von Öffentlichkeit, die von Kulturindustrie

---

2 Cassis (1988) schlägt daher vor, Begriffe wie „Elite" oder „herrschende Klasse" dem „Bürgertum" vorzuziehen; im selben Band geht auch Mosse von einer zusammengesetzten „Elite" aus, der ein großer Teil des Adels und die Masse des Bürgertums *nicht* angehörten, nur eine relativ kleine Schicht des Großbürgertums verkehrte – und interagierte – mit Teilen des Adels. Zur Begriffsgeschichte von „Bürger" und „Bürgerlichkeit" vgl. auch Kocka (1987, 2008).

überformt wird. Beides betrifft entscheidend, was wir als bürgerliche Kultur und spezifischer als autonome Kunst kennen.

Bürgerliche Lebensweise als Frauenkultur

Privatheit wurde möglich durch die Trennung von Arbeitsstätte und Wohnung. Anonymität im öffentlichen Leben kontrastiert mit Privatheit als bürgerlicher Erfindung und der dazugehörigen „Individualität". Sicher bedeutet Individualität materialistisch übersetzt, dass jeder Bürger frei über sein Eigentum verfügen kann. Zugleich ist es der emphatische Gegenbegriff zu den instrumentellen Beziehungen im Geschäftsleben und, auf der Dimension der Klassenverhältnisse, zur adeligen Geselligkeit und proletarischen Solidarität (die freilich durch geschickte „Klassenpolitik von oben" zu schwächen versucht wurde).

Privatheit setzte voraus, dass Wohnung und Haus groß genug waren. Der private Haushalt wird als umfassende Hauswirtschaft geführt. Freudenthal (1934) hat in ihrer Untersuchung von städtischen, bürgerlichen und proletarischen Haushalten gezeigt, dass auch die bürgerliche Hausherrin Vorratswirtschaft betrieben und viele Rohstoffe selbst (mit ihrer Dienerschaft) verarbeitet hat. Erst in der zweiten Hälfte des 19. Jahrhunderts nähert sich der städtische bürgerliche Haushalt dem heutigen (also dem der 1920er Jahre) an. Zu dem Zeitpunkt werden freilich auch aus Dienstmädchen Fabrikarbeiterinnen. (Walser 1985) Bürgerin und Proletarierin erledigen die Hausarbeit jetzt selbst und unbezahlt. Aus einer Dienstleistung wird „Arbeit aus Liebe – Liebe als Arbeit" (Bock und Duden 1977).

Privatheit bedeutet einerseits Häuslichkeit und Gemütlichkeit, zugleich wird andererseits ein „offenes Haus" geführt. Schon Veblen (1899) hat darauf hingewiesen, dass die repräsentativen Räumlichkeiten vor den notwendigen, wie Kinderzimmern, die kein Besucher zu sehen bekam, Vorrang hatten. Ein Spezialfall davon sind die bildungsbürgerlichen Salons.

In Anlehnung an die französischen, aristokratischen Salons werden auch von bürgerlichen Frauen Zusammenkünfte dieser Art initiiert, in Deutschland manchmal und in Abgrenzung vom französischen Adel „ästhetische Teetische" oder „literarische Teegesellschaften" genannt. Einer der bekannten wird von Rahel Varnhagen in Berlin geführt, der erste, den eine unverheiratete Frau betreibt. Beschrieben wird ihre Idee „als Versuch, eine humane und gebildete

Gesellschaft im kleinen Rahmen zu realisieren". (Heyden-Rynsch 1992: 143) Mit unterschiedlichen Akzenten – eher künstlerische, philosophische oder politische Themen, die in den Salons geistreich diskutiert wurden – haben die Frauen im Kleinen die bildungsbürgerliche Gesellschaft organisiert. Sie haben dazu nicht nur einen mehr oder weniger repräsentativen Raum zur Verfügung gestellt, sondern eine „kultivierte Atmosphäre" gestiftet, interessante Leute zusammengebracht und Gegensätze mit hohem diplomatischem Geschick ausgeglichen. Die Konversation wird selbst zur Kunst stilisiert: Geselligkeit als Kunstwerk.

> „In der Vorstellungswelt der Bürger der zweiten Hälfte des 18. Jahrhunderts kommt der Frau die Aufgabe zu, in Geselligkeiten und allgemeiner im privaten Teil des bürgerlichen Lebens die Erzieherin des Mannes zu sein und ausgleichend zu wirken. Diese Rolle spielen Frauen weiterhin in den Salons." (Schmid 1985: 199)

Das Bürgerliche an der Kultur wurde von den Frauen getragen und es ist, am Beispiel der Berliner jüdischen Salons, eine Kultur, in der sich Adelige und Bürgerliche zusammentun: „Die Hälfte sind Adlige, ein Drittel Bürger, ein Sechstel Juden; ein Drittel Frauen, zwei Drittel Männer. Zwei Drittel von ihnen sind literarisch aktiv." (Schmid 1985: 192) Der Salon sei eine Mischung adliger und bürgerlicher Verhaltensweisen, jenseits der Konvention: „Den gewöhnlichen Abendgesellschaften, der Langeweile bei den Bürgern, der Steifheit beim Adel, stellen die Salonbesucher etwas Neues, Ungezwungenes entgegen." (Schmid 1985: 195)

Das Kernstück des bürgerlichen Weiblichkeitsentwurfs und damit Vorbild für die bürgerliche Frau ist die Salondame zwar nicht. Im Gegenteil: Für Frauen sollte Bildung Vorbereitung auf die Position als Hausmutter heißen. Das hat nichts daran geändert, dass es die Frauen waren, die gelesen haben – von Zeitungen abgesehen, Zeitungslektüre gehörte zur männlichen Kaffeehauskultur. Aber zur „Erziehung der Frauenzimmer" gehörte die Kritik zunächst ihrer „Lesesucht", bevor später vor allem die Jugendlichen davor geschützt werden mussten. So oder so: Häuslichkeit und Gemütlichkeit war ebenso Frauensache, wie es die Frauen waren, die die Künste gepflegt haben.

Privatheit in der bürgerlichen Gesellschaft kontrastiert mit dem instrumentellen Geschäftsleben, dazu gehört aber auch die kulturindustrielle Öffentlichkeit, die sich herausbildet. Die Bourgeoisie, so die These, hat in ihrem vermeintlich ureigensten Metier – der Hochkultur – nicht so reüssiert, wie es der Begriff „bürgerliche Kunst" im Nachhinein glauben machen will. Autonome Kunst wird als eine *der* bürgerlichen Errungenschaften gepriesen. Worin aber genau besteht das Neue an der Hochkultur, die es bis dahin nicht gab, und wie verhält sich Kunst zur bürgerlichen Kultur insgesamt?

Das bürgerliche Kunstmuseum ist da aufschlussreich: Zum vielleicht ersten Mal in der Geschichte hat die herrschende Klasse auf einen „Bildersturm" verzichtet. Sie hat die „ästhetische Haltung" erfunden und auf inhaltliche Aspekte – die Kenntnisnahme von Verherrlichung der aristokratischen und kirchlichen Macht – in der Rezeption verzichtet. Man konnte sich die Kunstschätze aneignen – die historisch überkommenen genauso wie die „aus aller Welt". Die Einbeziehung der Kunst des Mittelalters und der Renaissance in die neu gegründeten kunsthistorischen Museen war ebenso opportun wie die der griechischen Antike oder der ägyptischen Hochkultur, die man von Feld- und Raubzügen mitgebracht hat. Im Louvre, dem Inbegriff eines bürgerlichen Kunstmuseums, bekommt man davon einen soliden Eindruck. Die bürgerliche Kunst kann a-historisch, nämlich als ästhetische Anschauung bestimmt werden. Damit erspart man sich die Entwicklung eines bürgerlichen Stils, mit dem man sich dezidiert von Adel und Klerus absetzt. Man versteht es, aus Kulturschätzen durch Hängung und Rezeptionsnormen „Meisterwerke" zu machen. Bürgerliche Kunst besteht in „Ausstellbarkeit" (Resch und Steinert 2003), die entwickelt wurde, und im Zurückdrängen des „Inhalts" zugunsten der „Form". Die Erfindung der „ästhetischen Haltung" hinderte das Bürgertum freilich nicht daran, sich selbst in repräsentativen Porträts malen zu lassen und damit wieder Herrschafts(selbst)darstellung zu betreiben.

Die Bürger besuchten Konzerte, Kunstausstellungen, Theater und Opernhäuser, aber sie haben sie nicht erfunden und – regional unterschiedlich – sich nicht unbedingt als die großen „Freunde und Förderer" hervorgetan, sondern durchaus dem Adel das Mäzenatentum (in Deutschland etwa und im Unterschied zu England) weiterhin überlassen. Es ist eine Demokratisierung der Hochkultur, die stattgefunden hat – auch das nicht so reiche Bürgertum hatte

Zugang zu kulturellen Ereignissen, die bis dato den Privilegierten vorbehalten waren. Zugleich wurde mit dem Bildungsanspruch das gemeine Volk ausgeschlossen, das sich zu Shakespeares Zeiten noch gemeinsam mit dem Adel an (manchen) Spektakeln erfreut hat.

Die bürgerliche Kunst ist zunächst am Hofe entstanden. Goethe hat, wenn auch als höherer Domestik, dem Fürsten gedient. An Mozart lässt sich der Übergang vom Hof- zum Marktkünstler studieren. In der Literatur finden sich zahlreiche Beispiele, in denen in den „Werken" das Verhältnis von Fürst und bürgerlichem Schreiber/Hofmeister thematisiert wird: Goethes *Leiden des jungen Werthers* und *Torquato Tasso* sind nur die berühmtesten davon.

Für die Literatur kann der Genie-Gedanke die Entwicklung illustrieren. „Das Genie", eine Erfindung schon des 18. Jahrhunderts, „mit seinem Anspruch auf Authentizität steht programmatisch gegen die Gelehrten, so wie es programmatisch gegen die höfische Kultur und ihre Rituale steht". (Schmidt 1985: 3) Sie vollzogen, so Schmidt weiter, „indem sie ihre eigene Rolle als Dichter neu interpretierten, den bürgerlichen Emanzipationsprozeß prototypisch an sich selbst". (4) Vorausgesetzt ist freilich der Beginn von Kulturindustrie: die Formierung des bürgerlichen Lesepublikums und damit die Zwänge des literarischen Marktes, denen die Dichter jetzt ausgeliefert sind. Und der hat durchaus seine Tücken. Folgt man Christa Bürger (1977) in ihrer Interpretation der *Iphigenie* und der zeitgenössischen Reaktionen darauf, dann ist dieses Drama in der bürgerlichen Öffentlichkeit gescheitert. In dieser frühen Phase der Entwicklung der bürgerlichen Gesellschaft werde Kunst als Teil der Öffentlichkeit begriffen und habe Praxisfunktion. Sie nennt das die „bürgerlich-aufklärerische Institution Kunst", die sie an Lessing veranschaulicht. Für die bürgerliche Institution Kunst sei „Zweckfreiheit" programmatisch, die Leserschaft wende sich ab:

> „Das an der Praxisfunktion der Kunst zunächst festhaltende bürgerliche Lesepublikum fügt sich diesem Autonomieanspruch der Kunst nicht und wendet sich von Werken ab, die seine Bedürfnisse nach Praxisorientierung nicht erfüllen. Diese Abwendung erfolgt in doppelter Weise, als Hinwendung zu einer lebenspraktische Funktionen wahrnehmenden Trivialliteratur und als Verschiebung des Rezeptionsinteresses von den Werken auf die Person des Autors." (205f)

Es gibt gute Gründe, der Idee von „Kunst und Lebenspraxis" nicht zu folgen (vgl. dazu Resch 1999: 63-93), aber die Beobachtung, die aus den Rezeptionen geschlossen wird, dass die bürgerliche Öffentlichkeit „ihre“ Kunst als esoterisch wahrgenommen und sie, immerhin die deutsche Klassik, nicht als die ihre erkannt hat, verdeutlicht doch, dass „bürgerliche Kunst“ auf einer retrospektiven Verherrlichung beruht und nicht unbedingt einer verbreiteten Praxis im zeitgenössischen Bürgertum entspricht. Eine Werkästhetik, so kann man auch folgern, war in der bürgerlichen Rezeption nie dominant, vielmehr hat man sich schnell auf eine Genieästhetik verständigt. „Kunst“ und „Genie“, so könnte man pointiert formulieren, sind kulturindustrielle Kategorien.

Die genuin bürgerlichen Künstler, die nicht mehr aus dieser höfischen Tradition stammen, haben dann in der Hauptsache ohnehin Kulturindustrie entwickelt. In der Romantik zeigt sich das deutlich: die Virtuosen, Selbstverkäufer von Liszt bis Wagner, die ohne jede Ironie das romantische Genie gepflegt haben. Gay (2002) hebt Virtuosen wie Paganini und Liszt hervor, die im Ancien Régime undenkbar gewesen wären, „als Musik noch weitgehend in privaten adeligen Kreisen oder auf lärmenden plebejischen Festen zu Gehör gebracht wurde“ (274). Für die Rezeption betont Gay, wie auch Christa Bürger, die „einfachen“ ästhetischen Freuden:

> „Ihnen reichte durchaus sentimentale Literatur, in der handfeste Geschichten erzählt wurden, Musik, die man leicht behalten und beim ersten Hören nachsingen konnte, oder der biedere Stich, der jede Woche zuhauf in den Familienzeitschriften aller gesitteten Nationen abgedruckt war. ... Die meisten Bürger dieser Zeit, wie ohnehin die meisten Menschen vor und nach ihnen, wollten, wenn sie ein Stück sahen oder eine Geschichte lasen, wissen, woran sie waren, wollten, wenn sie eine Sinfonie hörten oder ein Bild anschauten, Klarheit über die Gefühle, die sie haben sollten.“ (281)

Besuche von Ausstellungen und Konzerten waren gesellschaftliche Ereignisse, nicht ausschließlich Gelegenheiten zur Bildung des Individuums: „Sie sahen darin Orte, wo sie sich entspannen oder einen Flirt erhoffen konnten, wo sie gesehen wurden oder Geschäftsfreunde trafen.“ (176)

Kultur ist Unterhaltung und Dekoration geblieben, wie es der Adel vorgemacht hatte, sie hat sich nur inhaltlich der neuen Schicht und dem Markt angepasst. Was wir dagegen als bürgerliche Kunst tradiert haben, die strenge Unterscheidung zwischen Hoch- und Populärkultur, ist einerseits selbst ein Produkt von Kulturindustrie und war andererseits ein Projekt, das von „strengen“ Intellektuellen als Kritik des Bürgertums und Reflexion auf die kulturindustriellen Bedingungen erdacht wurde.

Am Ende des 19. Jahrhunderts als die Hoch-Zeit des Bürgertums schon vorbei war, entstand ein bürgerlicher Stil und eine bürgerliche Kunst, die von einem liberalen und hochgebildeten Bürgertum gefördert, von anderen Fraktionen aber nicht, wie schon seinerzeit Goethe, als die ihre erkannt wurde: Für die Architektur kann man Loos, für die Musik, um bei der Wiener Jahrhundertwende zu bleiben, Schönberg, für die Philosophie Wittgenstein und Freud, für die Literatur Karl Kraus als Beispiele nennen.

„Ihre" Kunst hat sich das Bürgertum zeitlich verzögert angeeignet. Schönberg gehört bis heute nicht in den Kanon. Provokant könnte man formulieren, dass für das Wirtschaftsbürgertum die Orientierung am Adel wichtiger war und die Bildungsbürger die Aufgabe der Hofnarren übernommen haben.

Bürgerlichkeit als verdünnte aristokratische Lebensweise

Adolph Freiherr von Knigge hat ein Jahr vor der französischen Revolution *Über den Umgang mit Menschen* (1788) veröffentlicht. „Knigge" ist zum Synonym für ein ganzes Genre geworden: Benimm-Dich-Bücher. Tatsächlich ist an dieser „praktischen Philosophie" aber interessant, dass hier die bürgerlichen Verkehrsformen aus der Perspektive der adeligen Tugenden entwickelt, die Umgangsweisen aber aus der Position der Bürgerlichen formuliert werden. Zur Veredelung der Konkurrenzgesellschaft war die adelige Weltgewandt- und -klugheit eine willkommene Orientierung. Freiherr von Knigge transformiert den Standesdünkel in Respekt, der allen zukommt, egal welchen Status sie gesellschaftlich einnehmen. Das geschieht in einer Situation, in der tatsächlich ziemlich durcheinander ist, wem standesgemäß Ehre gebührt, in einer Situation, in der sich politische (die im 19. Jahrhundert bei den Adeligen verbleibt) und ökonomische Macht (die die Bürgerlichen zunehmend gewinnen) aufspalten können, in einer Situation, in der warenförmige Beziehungen die gewaltförmigen zu den unteren Schichten abzulösen anfangen. Höflichkeit ist die verallgemeinerbare Variante des (höfischen) Protokolls. Und es geschieht in einer Situation, in der Kontakte zu Angehörigen anderer sozialer Positionen, die nicht mehr durch die Zugehörigkeit zu Ständen voneinander abgeschirmt sind, und zu Fremden durch marktvermittelte Beziehungen wahrscheinlicher und häufiger werden.

Bei diesem „Ratgeber" handelt sich um eine philosophische Ethik, wie warenförmige und instrumentelle Beziehungen durch Höflichkeit und Respekt zivilisiert werden können. Dem Bürgertum wurde eine abgeschwächte Version der strengen höfischen Konventionen angeboten, die alltagstauglich waren. Das Korrektiv zur bürgerlichen Kälte und Konkurrenz, die durch Umgangsweisen gemildert werden sollen, ist eine verdünnte aristokratische Lebensweise, eine aufgeklärte Version des adeligen Sittenkodex.

Bei der Analyse eines solches „Ratgebers" bleibt notwendig ungeklärt, ob überhaupt und bei welchen Gelegenheiten und wie sich die vorgeschlagenen Umgangsweisen tatsächlich als bürgerliche Verkehrsformen etabliert haben.

Als zweites Beispiel soll daher Architektur dienen. Ein Spaziergang die Wiener Ringstraße entlang belegt die Orientierung des Bürgertums am aristokratischen Baustil.

Die Architektur der Wiener Ringstraße ist eines der eindrucksvollsten und stärksten Beispiele für Historismus – ein Stil, den ursprünglich die monarchische Reaktion um 1848 hervorgebracht hat. Für die Aristokratie war das passend, um das Selbstvertrauen und -bewusstsein durch Zurückschauen auf bessere Zeiten, ein idealisiertes Mittelalter, Rittertum und ein untergeordnetes Bürgertum wiederzubeleben. An der Ringstraßen-Architektur ist bemerkenswert, dass sich das Bürgertum diesen Stil angeeignet hat. Der Ringstraßen-Historismus – mit der Ausnahme des Parlaments, das einen griechischen Tempel nachstellt – demonstriert Abhängigkeit des Bürgertums von der Aristokratie: Die Bürgerlichen erfanden keinen eigenen Stil, sondern imitierten Paläste – zwischen Gotik, Renaissance und Barock. Das Resultat ist der überhebliche und neureiche Gründerzeit-Stil: eine ornamentale Fassaden-Architektur. Nach dem „aristokratischen Historismus" der Romantik ist es jetzt „bürgerlicher Historismus", der versucht, die aristokratische Großartigkeit zu übertreffen: noch mehr derselben teuren Ornamentik. Das Resultat ist weniger ein Stil als eine Imitation, die die Welt wissen lässt: „Wir können es uns leisten."

Aber: Viele Ringstraßen-Palais' hatten zwei Funktionen. Sie waren zur Straße hin die „Residenzen" des Großbürgertums und auf der Hinterseite „Zinspalais'" (auf die proletarische „Zinskaserne" wird im Abschnitt über „Klassenverhältnisse" zurückzukommen sein). Das reiche Bürgertum brauchte repräsentative Orte, inklusive Salons für große Dinners und Bälle, aber es benötige kein ganzes Palais mehr, also vermieteten sie die Hinterseite als Wohnungen. Die Nachahmung der Aristokratie verbindet sich so mit der neuen, der bürgerlichen Ökonomie.

Bürgerliche Sittlichkeit …

Mit dem „Evangelium der Arbeit“, wie Gay es nennt, grenzten sich die Bürgerlichen tatsächlich von der Aristokratie und den armen Leuten ab. Für den Adel galt Arbeit als Strafe Gottes, die Armen dagegen brauchten kein Arbeitsethos, sie waren zu harter Arbeit gezwungen. Zum Arbeits*ethos* gehört die Wertschätzung von „Nüchternheit“. Nicht mehr Alkohol, Kaffee wird zur bürgerlichen Droge:

> „Die Situation, in der die aristokratische Gesellschaft die Schokolade vorzugsweise zu sich nimmt, ist das Frühstück. Es wird gern im Boudoir, wenn möglich im Bett eingenommen. Mit dem bürgerlichen Frühstück, dem Morgenkaffee, hat das Schokoladenfrühstück wenig gemein. Es ist eher sein Gegenstück, und das nicht nur aufgrund des verschiedenen Getränks. Sitzt die bürgerliche Familie aufrecht und diszipliniert am Frühstückstisch, so ist hier alles fließende, lässig-müde Bewegung. Macht der Kaffee gleichsam ruckartig wach für den Arbeitstag, so kultiviert die Schokolade eher jenen Zwischenzustand von Liegen und Sitzen, den die zeitgenössischen Abbildungen wiedergeben: das allmorgendliche Erwachen einer untätigen Klasse zum gepflegten Nichtstun.“ (Schivelbusch 1980: 99)

Das bürgerliche Arbeitsethos brauchte man, um „nach unten“ Ungleichheit zu legitimieren. Eigentum war ein persönlicher Verdienst. Als „Redlichkeit im Kleinen“ bezeichnen Dieter und Karin Claessens (1979: 138) zusammengefasst die bürgerliche Selbstdarstellung: Pünktlichkeit, Gediegenheit, peinliche Genauigkeit beim Begleichen der kleineren Summen bei täglichen Ausgaben, Zurückhaltung im Gespräch, Mäßigung – das waren die Techniken, die Zuverlässigkeit (und Kreditwürdigkeit) signalisierten. „Redlichkeit im Kleinen“, so argumentieren sie weiter, macht das Unmögliche möglich:

> „Der ‘Kapitalist’ kaufte menschliche Arbeitskraft billig, um sie teuer (d.h. ihre Produkte) zu verkaufen. Das war nach allgemeiner Auffassung *offen* eine unsittliche Handlungsweise. Auf ihr beruhte aber das ganze System.“ (Claessens und Claessens 1979: 139)

Diese Selbstdarstellung, Claessens und Claessens nennen sie „Identität“, war geeignet, Klassenzugehörigkeit zu demonstrieren, sie war aber auch für die klasseninternen Beziehungen relevant. Dass sich die Wirtschaftsbürger gegenseitig über den Weg trauen konnten, braucht, unter Bedingungen von Konkurrenz, spezielle Vorkehrungen.

Konkurrenz setzt „Anonymität" voraus: Der Markt ist der Ort der „unpersönlichen Beziehungen". Damit entsteht freilich ein Problem: Durch den Vertrag soll gewährleistet sein, was früher das Ehrenwort, der Handschlag, das Vertrauen zwischen Geschäftspartnern, die sich bekannt waren und die einen Ruf (zu verlieren) hatten, leisteten. Betrug wird damit zwar zivilrechtlich einklagbar, insofern besteht eine Verpflichtung gegenüber einer „übergeordneten" Instanz, die aber im Zweifelsfall nur bestrafen, nicht aber den Schaden begrenzen kann. Vertragsförmige Beziehungen haben zudem vorvertragliche Voraussetzungen. Das Grundproblem kennen wir aus Krimis, die von Drogengeschäften, Entführungen und Erpressungen handeln: Wer garantiert, dass der andere seinen Teil der Abmachung auch erfüllt? Für legale (größere) Geschäfte sind Professionen ein Zwischenglied: der Notar, der das Treuhandkonto verwaltet und das Geschäft „Zug um Zug" absichert. Faktisch gibt es diesen Moment der Unsicherheit bei jedem Einkauf: Stichwort Ladendiebstahl. Auch „mein Anwalt", der Verträge auf Herz und Nieren prüft, ist eine solche Vertrauensperson. Selbst den „Arzt des Vertrauens" kennen wir. Die klassischen Professionen beruhen auf Stammkundenbeziehungen und verpflichten sich einem besonderen Ehrenkodex. Sie sind ein personifizierter und notwendiger Widerspruch zur reinen Ideologie des Konkurrenz-Kapitalismus.

… und proletarische „Verworfenheit", sowie die Veredelung des Proletariats

Wenn Kaffee die bürgerliche Droge war, so war der Schnaps die proletarische (auch weil sich die Arbeiter Bier nicht leisten konnten):

> „Die Maximierung der Wirkung, die Beschleunigung und die Verbilligung machen den Branntwein zu einem genuinen Kind der Industriellen Revolution. Er ist auf dem Gebiet des Trinkens, was der mechanische Webstuhl in der Weberei ist." (Schivelbusch 1980: 165)

Schivelbusch zitiert Tobias Smollert, einen Journalisten und Romanautor des 18. Jahrhunderts mit folgender Passage:

> „Es herrschte ein solcher Zustand der Verworfenheit, daß die Schankwirte, die dieses Gift vertrieben, öffentlich Schilder aushängten, auf denen sie die Leute dazu aufforderten, sich gegen Zahlung von einem Penny zu betrinken. Für zwei Pence dürften sie

> sich sinnlos besaufen, und das Stroh zum Ausschlafen des Rausches sei umsonst.“ (168)

Diese Passage lässt sich gut in Analogie zu dem interpretieren, was Schivelbusch über die Geschichte der Schokolade erzählt: Später wird die Schokolade zum Frauen- und Kindergetränk, zum Getränk derjenigen, die von Macht und Verantwortung ausgeschlossen sind: „Die bürgerliche Gesellschaft als der historische Sieger über die alte Gesellschaft macht sich damit gerade über diejenigen Statussymbole lustig, die der Aristokratie so wichtig waren.“ (Schivelbusch 1980: 106) Inzwischen ist Flatrate-Saufen ein Angebot, das Jugendlichen gemacht wird, die damit ihre Langeweile möglichst billig vertreiben. Die Wissensgesellschaft, die Handarbeit abwertet, macht sich so über den Eskapismus der Proletarier (mit Engels verstanden als die moralische und physische Notwendigkeit unter der ihnen aufgezwungenen Lebensweise, dem Trunk verfallen zu müssen) lustig, der ihnen das Leben halbwegs erträglich gemacht hat.

Die Bürger reagieren mit Ressentiments, Abneigung und Skandalisierung auf die Trinkgewohnheiten der Proletarier. Die Veredelung des Proli-Mannes hat die Arbeiterbewegung in der Hauptsache selbst betrieben. Der Arbeiterabstinentenbund – „ein denkender Arbeiter trinkt nicht“ – verstand es als seine Aufgabe, den Arbeitern die Werte und die Disziplin beizubringen, die sie befähigten, den skrupellosen Angeboten der Kapitalseite zu widerstehen. Die Abstinenzbewegung schwankte zwischen der Norm der vollkommenen Nüchternheit und Erlaubnis zu mäßigem Biergenuss. Letzteres stellt in Rechnung, dass das Wirtshaus für die Arbeiter eine ähnliche wichtige Einrichtung wie das Kaffeehaus für die Bürger war. Der Verzicht auf Alkohol bedeutet den Verzicht auf geselliges Beisammensein und politisches Debattieren. In Deutschland waren unter dem Sozialistengesetz alle offiziellen Versammlungsräume geschlossen worden. Die Verfechter der absoluten Abstinenz orientierten sich an der bürgerlichen Lebensweise, die gemäßigten setzten auf Kollektivität und Solidarität statt auf den bürgerlichen Individualismus.

Nolte (2004) hat eine aktuelle Version von Abstinenz und Arbeiterbildung vorgelegt als impliziten Ratschlag an die SPD, einen solchen Bund neu aufzulegen. Es geht darum, die respektablen Arbeiter gegen die „gefräßige Unterschicht“ auszuspielen, die ihre Zeit mit dem Konsum von Fast Food, Bier und Trash-TV verbringt. Die Werte, an denen sich die Arbeiterschaft einst orientiert habe, so

Nolte, seien Leistung, Disziplin, Bildung, Benehmen, Höflichkeit und Toleranz. Bis in die 1960er Jahre hätte das Proletariat dem Bürgertum nachgeeifert: Bildung, solide Wohnverhältnisse und Demokratie waren die Werte. Der Angriff auf die Bürgerlichkeit durch die Bürgerkinder, die '68er, hätte für die Unterschicht verheerende Folgen gehabt. Missverstandene Laissez-faire-Erziehung wird schließlich als weiteres Beispiel für die „die kulturellen Wurzeln der Verwahrlosung" benannt. Der vernünftige Teil der Arbeiterschaft soll dagegen für die „Neue Mitte" gewonnen werden: „Ein denkender Arbeiter sieht kein RTL."

Brecht hat sich über die Arbeiterbildungsprogramme, die Bürgerlichkeit nachahmen, schon früh lustig gemacht. Er lässt in den *Flüchtlingsgesprächen* den Arbeiter Kalle sagen:

> „Ich hab Walther von der Vogelweide genommen und am Anfang ists auch gegangen, aber dann bin ich arbeitslos geworden und da war ich abends zu müd und habs aufgesteckt. Die Vorträg waren frei, sie haben nichts gekostet und nichts eingebracht, aber ein Reklambändchen hat soviel gekostet wie ein Dutzend Zigaretten."
>
> „Ich weiß nicht, ob es viel Sinn gehabt hätt auf die Dauer. Wozu meinen Schönheitssinn ausbilden, indem ich die Bilder von dem Rubens anschau, und die Mädchen, die in Betracht kommen, haben alle die Gesichtsfarb, die sie in der Fabrik kriegen?"

Brechts Frage wurde selten gestellt. Arbeiterbildung hieß (auch bei den Austro-Marxisten) Aneignung der bürgerlichen Kultur. Erst mit dem Bildungsaufstieg, in den Anfängen der *Cultural Studies*, waren es die kulturellen Ressourcen der Proletarier, an denen sich Arbeiterbildung orientierte. Die Konservativen feierten derweil die gelungene „Verbürgerlichung der Arbeiterklasse", gemessen einzig und allein am relativen Wohlstand und damit am Warenkonsum, den Fordismus ermöglichte.

Aus beiden Perspektiven lässt sich eine Erfolgsgeschichte schreiben. Fordismus aus der Sicht des „Schein-Bürgertums" und ihrer „liberalen" (Selbstbezichtigung, die Nolte als Alternative zu „links" oder „konservativ" für sich reklamiert) Intellektuellen, belegt die gelungene Integration der Arbeiterschicht. Das wird als Modell behauptet, an dem sich aktuelle Politik orientieren und der Entstehung einer neuen Klassengesellschaft entgegenwirken könnte. Aus der Sicht der Arbeiterschaft wird der fordistische Sozialstaat als Errungenschaft der Arbeiterbewegung und ihrer Kämpfe verstanden, die gegen den Widerstand des Kapitals durchgesetzt wurden. Beides ist nicht falsch, aber doch verkürzt: Die einen reden nicht vom stummen Zwang der Verhältnisse, der die Integration der Arbeiterschaft wahrscheinlich gemacht hat, die anderen nicht davon, dass ihre Kämpfe reaktiv waren, und schon gar nicht von denen, die verloren wurden.

Klassenverhältnisse

Zur bürgerlichen Kultur gehört nicht nur die Erfindung der romantischen Liebe (als Ehe zugleich von vornherein widersprüchlich konzipiert), Privatheit und Individualität und die Hohe Kunst (als kulturindustrielle Verkaufskategorie), dazu gehört das Verhältnis nach unten. Für das 19. Jahrhundert kann man zwei Grundhaltungen benennen: Paternalismus/Wohltätigkeit einerseits, Fremdheit/Verständnisverweigerung andererseits. In beiden Fällen wird die proletarische Lebensweise „von oben" organisiert. Für den Paternalismus sind Fabriksiedlungen der „aufgeklärten Unternehmer" ein Beispiel. Von der „ursprünglichen Akkumulation" bis zur Verelendung des Proletariats im 19. Jahrhundert ist es dagegen notwendig, „die da unten" als minderwertig zu betrachten. Die feudale Organisation nach Ständen war sicherlich eine hilfreiche Tradition, um etwa die Definition von Vagabunden durchzusetzen, die nicht auf ihr Land, das ihnen enteignet wurde, zurückkehren durften, aber nur dort Aussicht auf Armenhilfe gehabt hätten. Ein solcher Zynismus in der Gesetzgebung setzt neben handfesten materiellen Interessen zusätzlich eine Kultur der Entmenschlichung voraus, die durch die Möglichkeit von Leibeigenschaft im Feudal-Regime gut entwickelt war. Dazu kamen Erfahrungen mit Kolonialismus, die es ermöglichten, das Proletariat als „fremden Stamm" zu verstehen. Kolonialismus stellt bekanntlich eine Gelegenheit her, in der „Herrenmenschentum" eintrainiert wird. Um das auch „nach innen" zu praktizieren, braucht es Distanz zwischen den Klassen. Direkten Kontakt gab es zwischen Bürgertum und Dienerschaft, die aber war „sauber" und an den Wünschen der Herrschaft orientiert. Mit den Arbeitern in den Fabriken und Bergwerken hatte man nicht alltäglich zu tun. Für die Arbeitsorganisation inklusive der Auszahlung der Löhne und der Bestrafungen, die bei der Gelegenheit vom Lohn abgezogen wurden, waren Aufseher zuständig. Damit waren diese „Unterteufel" dem Proletariat zum Teil verhasster als die Fabrikherrn, umgekehrt aber blieb die Arbeiterschaft für das Bürgertum eine abstrakte „Ware" einerseits, verdreckter und versoffener „Abschaum" andererseits.

Zum Beispiel Zinskasernen

In der zweiten Hälfte des 19. Jahrhunderts wurde in Wien nicht nur die Ringstraße mit den fürstlichen Palais' gebaut. Eine zweite Anstrengung galt dem Bemühen, Häuser für das Proletariat zu bauen, das nach Wien einwanderte, nicht zuletzt deshalb, weil die Arbeiter für das Projekt Ringstraße gebraucht wurden. Außerhalb des Rings entstand „Massen-Architektur". Hinter einer Gründerzeit-Fassade waren das oft mehrere Höfe, die aufgeteilt in kleine Wohnungen mit einer Bassena auf dem Gang vermietet wurden. Diese Art der Herrschafts-Architektur ist das Gegenstück zu den Ringstraßen-Gebäuden: Das Bürgertum definiert mit diesen Zinskasernen, was den Unterschichten zusteht. Sie werden mit einem Minimum an Raum und Hygiene abgefertigt und in Zaum gehalten und ansonsten ihrer gegenseitigen Kontrolle überlassen. Durch die Toiletten und Wasserbecken, die sie sich teilen müssen, war ihr Leben ziemlich „öffentlich", kontrolliert durch Klatsch und Tratsch. In solchen Zinskasernen war es nicht einfach Kinder großzuziehen. Eher als Wohnungen waren das Schlafplätze, die man zwischen langen Arbeitszeiten geteilt hat.

Diese Zinskasernen sind das städtische Äquivalent zu den Fabriksiedlungen, die häufig weit außerhalb der Stadt gebaut wurden. Die städtischen Zinskasernen waren im Vergleich dazu eine Verbesserung, weil sie es nicht erlaubten, diese Form von Disziplinierung durchzusetzen, wie es in Fabriksiedlungen üblich war. In den Zinskasernen wird nicht öffentlich geweckt oder die Abendruhe eingeläutet, eine unmittelbare Organisation und Kontrolle des häuslichen Lebens durch den Eigentümer gibt es nicht. (Un-)Diszipliniertheit wird weder belohnt noch bestraft. Es ist „nur" die hohe wöchentliche oder monatliche Miete aufzubringen. Auf der anderen Seite sind da freilich auch keine paternalistischen Verpflichtungen. Es ist die „freie Arbeitskraft", die sich in diesen Wohneinheiten reproduziert und sich selbst und ihrer gegenseitigen Kontrolle überlassen bleibt.

Zum Beispiel Germinal

Ende des 19. Jahrhunderts, in den großen „realistischen" bürgerlichen Romanen, werden die Klassenverhältnisse zum Gegenstand. Sie werden von den Söhnen des Bürgertums als Kritik am Bürgertum und in Sympathie mit sozialistischen Ideen thematisiert. Emile Zolas *Germinal* (1885), 1993 unter der Regie von Claude Berri verfilmt, ist einer der berühmtesten.

Die Geschichte ist schnell erzählt: Der arbeitslose Maschinist Etienne Lantier (Renaud) wird, wenn auch unter seiner Qualifikation in einer Grube eingestellt. Er freundet sich mit dem Arbeiter Maheu (Gérard Depardieu) an, der ihn in seiner Familie bei sich aufnimmt. Gegen die gemäßigte und gegen die radikale Fraktion der Arbeiterschaft initiiert er eine Versorgungskasse und einen Streik, der in einer blutigen Niederlage endet. Das Eindrucksvolle an diesem Film, der „der Solidarität" gewidmet ist, ist die Schilderung der Lebensweise der Bergwerk-Arbeiter und, im Kontrast dazu, der Betreiber der Grube. Die Szenen, in denen beide Klassen aufeinander treffen oder über die jeweils andere reden, führen vor, wie sehr das Bürgertum die armen und verdreckten Proletarier nicht ernst nimmt bis verachtet.

Die Zuschauer lernen die Lebensweise der Arbeiter durch den Fremden Lantier kennen. Er sieht mit dem roten Mantel, den er trägt und der ihn deutlich von den grau/schwarzen Klamotten und Gesichtern der Bergleute abhebt, ausgesprochen respektabel aus. Das Elend, in dem die Kumpel trotz harter Arbeit leben, wird uns als „teilnehmende" Beobachter und mit der dazugehörigen Empathie vorgeführt. Lantier arbeitet mit den anderen, nimmt an ihrem Leben teil (sie teilen das Essen, baden abends alle in der gleichen Wanne und streiten allenfalls darum, wer zuerst darf und wer die tägliche Reinigung im Dreck der anderen zu erledigen hat), verliebt sich in die Tochter Maheus, aber das wird nicht ausgesprochen, wie er auch sonst bis zum Streik zurückhaltend bleibt. Er beobachtet, studiert sozialistische Schriften und fängt an, politische Diskussionen mit den Kumpels zu führen. Lantier repräsentiert die Haltung der Zuschauer: Aus dem anfänglich nur neugierigen und wohlgesonnenen Blick, der erkundet, wird zunehmend Empörung und politisches Engagement.

Die Ignoranz der Bürgerlichen zeigt sich darin, dass die Gemahlin des Betreibers der Grube nicht bereit ist, ein Essen abzusagen, als der Streik schon droht. Die Dramatik dieser Szene besteht darin, dass sich die Reichen und Schönen vor den Proletariern nicht fürchten. Die Verachtung drückt sich dann in Sprüchen an der reich gedeckten bürgerlichen Tafel (Krebse und Fasan im Überfluss werden aufgetragen) aus: Während vornehm gespeist und getrunken wird, fehlt es nicht an Äußerungen, dass die Arbeiter zum Trinken normalerweise keinen Anlass bräuchten.

Auf andere Weise aufschlussreich sind die politischen Kämpfe gegen die „verdeckten" Lohnkürzungen. Der Gruppenmanager kommentiert die Verhandlungen mit den Arbeitern, um den Streik doch noch abzuwenden etwa mit: „Ich vertraue voll auf eure Vernunft." „Wenn ihr am Leben bleiben wollt, muss erst einmal ich am Leben bleiben." „Ihr wollt Brot. Als wenn das reichen würde – euer Brot." (Er hat gerade erfahren, dass ihn seine Frau betrügt.)

Mitleid hat nur die junge Nichte des Grubenmanagers: Maheus Frau zieht ihre zwei kleinen (alle größeren arbeiten auch im Bergwerk) Kinder hübsch an, als absehbar ist, dass das Brot nicht für die ganze Woche reichen wird, um bei den Reichen etwas zu erbetteln. Als man sie kommen sieht, wird nur angemerkt, dass diese Frau das öfter mache. Die Tochter aus gutem Hause, noch im Morgenmantel, freut sich auf Brioche zum Frühstück. Sie ist es, die den Kindern ein großes Stück davon schenkt.

Es sind die Töchter des Bürgertums (und die widerspenstigen Söhne in Erscheinungsform von Schriftstellern), die die kapitalistische Lebensweise „oben" anklagen oder zivilisieren.

Wenn wir den Roman und seine Verfilmung als Kritik des Bürgertums, formuliert von dessen Söhnen, verstehen, ist interessant, wie darauf reflektiert wird, dass sich die Arbeiterschaft nicht einig ist. Der Vertreter der „radikalen" (oder eher orthodoxen?) Fraktion, die auf eine Art Sintflut als große Reinigung warten, dem Kapital bei ihrem Untergang, der kommen würde, zuschauen will, wird als „Spinner" dargestellt. Auch von den Befürwortern der Internationale, die den Arbeitskampf auf den St. Nimmerleinstag verschieben wollen, findet eine Abgrenzung statt. Streikbrecher kommen vor, unter ihnen die Tochter von Maheu und ihr unsympathischer Liebhaber. Die Haltung zu ihnen ist kompliziert: Wir wünschen uns, sie mögen solidarisch sein, und können doch verstehen, wenn die junge Frau sagt, dass man nicht leben könne, ohne zu arbeiten. Das hat nichts mit Moral oder gar Herzensangelegenheiten zu tun: „Dann hätten wir wenigstens Brot", ist alles, was es an Begründung dafür braucht. Der Fraktion der Arbeiterschaft, die sich gegen die konkreten Arbeitsbedingungen wehrt, aber gilt unsere Anteilnahme. Es ist Unverständnis, wie man die Arbeiter so schlecht behandeln kann, das uns nahegelegt wird. Dass sich die Arbeiterschaft radikalisiert und schließlich die Produktionsmittel zerstört (und dabei vom Militär erschossen wird), ist Folge der Dummheit und Überheblichkeit des Kapitals, das trotzdem gewinnt. Elementary, dear Watson: Lebensweisen sind eine Frage von Herrschaft.

An *Germinal*, wie anderen Filmen, die das Klassenverhältnis thematisieren (auch z.B. *Gosford Park*, *Les Miserables*, *Gangs of New*

York), fällt auf, dass es „unten" Freundlichkeit und Solidarität gibt. „Die da unten" bekämpfen und prügeln sich, „die Bösen" schlagen die Frauen, sie beklauen sich gegenseitig, besonders wenn es das Lumpenproletariat ist, und die Reichen, so es möglich ist, aber sie helfen sich auch, im günstigsten Fall zum Vorteil aller. „Die da oben" leben luxuriös, aber nicht gut. Sie betrügen sich und intrigieren gegeneinander (nicht zuletzt das haben sie vom Adel, der an den Hof gezwungen wurde, gelernt und übernommen). Neben der Empörung darüber, was dem Proletariat von den Besitzern und Verwaltern der Produktionsmittel angetan wird, ist es die Wertschätzung von Freundlichkeit und Solidarität, die die Kinder aus gutem Hause dazu bringt, die bürgerliche Kälte aus der Perspektive „von unten" zu kritisieren.

„Das Elend der Welt"

Mit der kapitalistischen Produktionsweise hat sich auch die Lebensweise verändert. Die soziale Position ist nicht mehr durch die Zugehörigkeit zu Ständen festgelegt, die Gesellschaft wird als gemachte und damit veränderbar verstanden. Ein Begriff wie „Kultur" ist strenggenommen erst unter diesen Voraussetzungen sinnvoll, nicht aber solange wir es mit einer gottgewollten Ordnung zu tun haben. Unter dieser Prämisse kann man der jeweils herrschenden Klasse somit nach der Aufklärung tatsächlich die Bedingungen zurechnen, unter denen die Beherrschten ihr Leben organisieren und einrichten können. Das Bürgertum hat einen Klassenkampf „nach unten" geführt und damit die proletarische Lebensweise definiert. Dagegen hat sich das Proletariat zu Zeiten gewehrt, so gut es ging, und sich zu Zeiten damit arrangiert und mitgespielt. Der Widerspruch zwischen bürgerlichen Proklamationen und realen Verhältnissen wurde von Befreiungsbewegungen immer wieder als Aufhänger für Proteste verwendet. Verwirklicht ist die bürgerliche Revolution, ist die Aufklärung bis heute nicht.

Das Elend der Welt ist den Herrschenden und ihrer Lebensweise zuzurechnen.

Theoriefragen 4: Das bürgerliche Individuum

Kapitalismus wird zugute gehalten, er hätte durch die Markt-Vergesellschaftung das „Individuum" hervorgebracht, eine hohe Errungenschaft der westlichen Zivilisation. Dazu seien vor allem dumpfe patriarchale Abhängigkeiten von den Normen der (Groß- und Klein-) Familie, des Clans und der Gemeinde aufgelöst worden. Die besondere Freiheit des Einzelnen, die Würde und Bedeutung des Lebens jeder Person, auch die Toleranz für Verschiedenheit und Abweichung, die Möglichkeit von besonderer Genialität und Leistung auf allen Gebieten, das alles sei letztlich dem Kapitalismus und der Sprengung traditionaler Fesselungen des Individuums und seiner Potentiale zu verdanken. In letzter Zeit wird auch noch besonders die Emanzipation der Frauen zu eben solchen Individuen als Errungenschaft hervorgehoben und der brutalen und abergläubischen Männer-Herrschaft in anderen Kulturen entgegengehalten.

Kapitalismus hat freilich das Individuum in einem sehr speziellen Sinn hervorgebracht: Individualität als Eigentum. Man kann sich das an einer kurzen Überlegung zur Phänomenologie, also zum Erleben von Individualität klar machen. Individualität erfahren wir einerseits als körperlich und als Alleinsein, andererseits aber als vertraute Beziehung zu Menschen, die wir gut kennen und die uns von anderen unterscheiden können: Besonders und unverkennbar sind wir für bestimmte andere, mit denen wir eine Geschichte und eine besondere, persönliche Beziehung gemeinsam haben. „Individuum" ist ein Relationsbegriff. Gegenüber einem solchen Verständnis von „Individuum" und „Person" als interpersonal und gesellschaftlich konstituiert hat sich in der bürgerlichen Gesellschaft der absurde Versuch durchgesetzt, ein „absolutes Individuum" zu konstituieren, also diese Gegebenheiten individuell anzueignen, zur Ausstattung der jeweiligen Person und damit als Arbeitskraft oder Statusanspruch (wörtlich oder übertragen) verkäuflich zu machen. Dieses „absolute Individuum" wird besonders auf den Körper projiziert: Der durch eine Haut umgrenzte Organismus scheint besondere Evidenz dafür zu sein, dass es ein „absolutes Individuum" gibt.

Wir erleben und erfahren Individualität am stärksten als Alleinsein: Ein wenig Zahnschmerz genügt, um uns unmissverständlich deutlich zu machen, dass es da ein höchst individuelles Ich gibt, das sich in der pochenden Höhlung im Zahn versammelt. Wir erfahren diese Individualität auch in verschiedenen Extremsituationen: in Momenten großer Gefahr, in Momenten der Beschämung, in Momenten der Lust, der Erschöpfung; wir wissen auch, dass wir ganz allein sterben werden, dass die Welt endet, wenn dieses Individuum endet.

Eine andere Erfahrung von Individualität machen wir mit Menschen, die wir sehr gut kennen, am stärksten wohl mit der Mutter: Das ist völlig unbezweifelbar eine ganz einzigartige Person, unabhängig von ihren Eigenschaften, die wir schätzen oder unter denen wir leiden mögen. Umgekehrt sind wir selbst für diese Mutter „individuell" – zumindest dieser Tage, wo wir höchst wahrscheinlich ein Einzelkind oder eines von zwei Kindern sind. (Für Väter ist die Erfahrung in der

Mittelschicht ähnlich, aber insgesamt ist die Erfahrung von „häufig wechselnden Vätern" weniger selten als die von wechselnden Müttern.) Abgeschwächt erfahren wir diese Art von Individualität auch in der selten gewordenen Geschwisterhorde und mit Onkeln und Tanten, mit Nachbarn, auf dem Land vielleicht noch mit dem ganzen Dorf. Man kennt uns und wir kennen alle: So sind wir Individuen.

Der losgelöste Begriff eines in seinem Körper gefangenen einsamen, „absoluten" Individuums mit und aus seinen Eigenschaften ist im *Robinson Crusoe* auch mit populärer Wirkung dargestellt. Er hat gravierende Folgen dafür, wie über Gesellschaft gedacht wird. Wenn man von ihm ausgeht, stellt sich als wichtigste Frage, wie eigentlich Gesellschaft zustande kommen soll, worin das „soziale Band" bestehen kann, das diese Monaden in einer Gesellschaft zusammenhält, wie ihre egoistischen Antriebe und Bedürfnisse so gezähmt und kontrolliert werden können, dass sie überhaupt gemeinschaftsfähig werden, wie sie daran gehindert werden können, einander umzubringen und aufzufressen (so ebenfalls im *Robinson* am Beispiel des Freitag dargestellt, den Robinson vor dem Gefressen-Werden rettet). In Schopenhauers Bild von den Stachelschweinen, die gegenseitige Wärme brauchen, aber einander durch ihre Stacheln auf Distanz halten, ist die Schwierigkeit ebenso dargestellt wie in Thomas Hobbes' Kampf aller gegen alle, in den wirtschafts- und sozialwissenschaftlichen Modellen vom egoistischen Nutzenmaximierer und der Rational-Choice-Maschine, oder in den naturwissenschaftlichen Konzepten des Menschen als isolierter Organismus.

Interessant ist die Erfahrung der Verliebtheit und der Liebe, in der wir uns einerseits, im akuten Stadium, so „individuell" wie sonst nie vorkommen, akzeptiert und begehrt, und das als dieses bestimmte, unverwechselbare und unersetzbare Individuum, das wir dabei bestätigt bekommen wie bei keiner anderen Gelegenheit, in der wir andererseits die Erfahrung der Austauschbarkeit fürchten und oft genug auch machen. Die Idee dieser persönlichen Liebe ist selbst eine Ableitung von der des bürgerlichen Individuums. Diese angeblich höchst individuelle Beziehung findet ihren stärksten Ausdruck in der Idee, man müsse „die richtige" Partnerin *finden*, es gäbe irgendwo da draußen den Märchenprinzen, die eine Person, mit der alles gut wird. Die Annahme hat den Vorteil, dass sie nicht widerlegt werden kann: Wenn es doch wieder nicht klappt, dann hat man sich eben getäuscht und muss weitersuchen.

Erfahrungen der Nicht-Individualität sind viel leichter zu haben: Im Getriebe der Großstadt oder im Auto auf der Landstraße sind alle anderen nur Hindernisse, die einen am Weiterkommen hindern oder gar am Leben bedrohen, denen man daher geschickt ausweichen, die man mit überlegener Motorkraft und Fahrgeschick überholen muss. Im Stau erfährt man die Vergeblichkeit selbst dieser „individuellen" Anstrengungen. Dasselbe Erlebnis vermittelt jede Bürokratie, die einen sprichwörtlich „zu einer Nummer macht", man muss warten, bis diese Nummer aufgerufen wird, man wird dann nach Schema abgefertigt und ohne Rücksicht auf die persönlichen Umstände, die da nicht hineinpassen; wenn man etwas Bestimmtes erreichen will, muss man das passende Schema finden und das der Bürokratie anbieten; man kann bestenfalls zum „Typus“ werden. Das wissen und beherrschen wir auch alle: Wir kennen die Kategorien, die wir uns selbst zuschreiben müssen, um so behandelt zu werden, wie wir hoffen. Wenn wir in einer Bürokratie „individuell“ behandelt werden, heißt das meistens nichts Gutes – in Deutschland, wo es in der Nazi-Sprache das Wort „Sonderbehandlung“ gab, braucht man das nicht weiter erklären. In der Bürokratie machen wir also auch die Erfahrung der „repressiven Individualität“ als eines Wissens, das die Behörde von uns hat und das wir nicht mehr loswerden, von der „Vorstrafe“ bis zur Personalakte, deren Umfang etwas über die Konflikte aussagt, die man mit den Vorgesetzten schon gehabt hat. Gekannt werden, bekannt sein und also ein Individuum sein ist nicht nur erfreulich.

„Individuum“, so erfahren wir besonders am negativen Fall, ist eine soziale Beziehung: Individuen werden wir durch lange und gute Bekanntschaft, durch eine gemeinsame Geschichte, die sich auch in einer „Aktenlage“ niederschlagen kann. Entindividualisiert werden wir durch schematische Behandlung nach einem Merkmal oder nach wenigen. Wir haben gelernt, diese Entindividualisierung auch selbst zu betreiben, indem wir uns „identifizieren“ (lassen).

Das bürgerliche Individuum wird nicht so verstanden. Individuum im bürgerlichen Sinn ist man, weil man bestimmte Rechte als einzelne Person hat, weil man bestimmte Eigenschaften hat, weil man das alles besitzt. Bürgerliches Individuum ist man absolut, nicht in einer bestimmten sozialen Beziehung, sondern unabhängig von allen partikularen Bindungen. Bürgerliches Individuum ist damit selbst eine Form der sozialen Beziehung und zwar die des Losgelöstseins, der Autonomie, der Gleichberechtigung, der Besonderheit. Es ist die Form einer Vergesellschaftung nach dem Prinzip „jeder für sich und Gott gegen alle“. Bürgerliches Individuum zu sein bedeutet, dass man der Träger von Eigenschaften, dass man Eigentümer ist.

Das erste und entscheidende Eigentum, das einen zum Individuum macht, ist die Arbeitskraft – unter der Voraussetzung eines Arbeitsmarktes, auf dem man sie anbieten und verkaufen kann. Das Individuum wurde also konstituiert durch den Markt und es ist umgekehrt vorausgesetzt, damit Warentausch möglich ist: Gleich berechtigte Anbieter und Nachfrager treten sich auf dem Markt gegenüber und vergleichen die Qualitäten und die Preise und die Kaufangebote. Dabei geht es nicht um irgendwelche Waren, sondern um die Ware Arbeitskraft. Individuum ist man, weil man sich selbst verkaufen muss – und verkaufen kann: Ein Leibeigener wird kein Individuum, er hat keine Wahl und er wird nicht gewählt, er hat auch keine Rechte. Auch der Proletarier, der nichts zu verkaufen hat als seine Arbeitskraft, wird nicht so recht zum Individuum, zumindest nicht, wenn Arbeitskraft „en gros“ eingekauft wird und zur Verfügung steht: Dann ist er leicht austauschbar.

Individuum wird auf dem Markt eher der Käufer, der Einkäufer von Arbeitskraft: Er kann besondere Wünsche haben, er bestimmt die

Qualität, die nachgefragt wird, unter für ihn günstigen Bedingungen auch den Preis. Er ist vor allem Individuum als Eigentümer der Produktionsmittel, zu deren Gebrauch er Arbeitskraft einkauft. Er ist damit auch Individuum als Unternehmer, als „ehrbarer Kaufmann" unter seinesgleichen, als herausragendes Mitglied seiner Gemeinde und seiner Klasse, die ja ursprünglich nicht so groß war und nicht so abstrakt gearbeitet (und delegiert) hat wie heute. Er ist Individuum als der, der die Produktion organisiert und die Fabrik zum Erfolg macht. Er ist Individuum auch als Eigentümer einer besonderen Ware, einer besonderen Qualität, heute heißt das „Marke", die er produzieren lässt. Er ist Individuum auch als Eigentümer eines Familienunternehmens, das seinen Namen verewigen soll (Mayer & Söhne).

Das verweist auf den Hintergrund, den das bürgerliche Individuum – ursprünglich exklusiv männlich konzipiert – unverzichtbar braucht: die patriarchale Familie, der er gemeinsam mit seiner Matriarchin vorsteht. Abstrakt gesagt braucht er eine Organisation der Reproduktion seiner Arbeitskraft, im täglichen Sinn und als Ort der Produktion der Nachfolger. Das bürgerliche Individuum ist, um öffentlich als Individuum auftreten und funktionieren zu können, auf einen privaten Hintergrund angewiesen, der anders funktioniert als der Markt: nicht warenförmig, sondern patriarchal (eine Organisationsform, die aus einer vorkapitalistischen Wirtschaftsform stammt, aber im Kapitalismus unersetzbar ist und daher reproduziert wird).

Die Psychologie dieses bürgerlichen Individuums ist vergleichsweise einfach: Sie beruht auf Selbstbeherrschung und Disziplin, Askese und Gemeindeorientierung. Die Psychologie des „liberalen Individuums" muss mit der Konkurrenz fertig werden, die der Gemeinde ein Problem ist: In der Gesellschaft der Konkurrenten muss verarbeitet werden, dass manche erfolgreicher sind als die anderen und dass sie das vielleicht sogar *auf Kosten* der anderen sind. Daher müssen Tugenden der Mäßigung und der Selbstbeherrschung gepflegt werden, auch der gegenseitigen Anerkennung, obwohl man sich wirtschaftlich an die Kehle geht oder das zumindest möchte. Niemand hat das besser beschrieben als Knigge.

Das „fordistische Individuum" musste vor allem die Konsum-Haltungen erlernen, die für diese Produktionsweise nötig sind, ohne dabei die Disziplin der entfremdeten Arbeit zu verlieren. David Riesman (1950) hat in seiner Typologie von „innengeleiteten" und „außengeleiteten" Menschen, die er zwar anders begründet, aber trotzdem höchst zutreffend den Unterschied zwischen dem „liberalen" und dem „fordistischen" Individuum beschrieben. Zugleich wurde im Fordismus das Individuum wie nie zuvor wissenschaftlich erfasst und dabei, besonders von der Psychoanalyse, mit einem hoch komplizierten Innenleben (und einem Vokabular zu seiner Beschreibung) ausgestattet, andererseits von der Test- und Arbeitspsychologie, später auch von der Psychotherapie-Industrie kontrolliert und sonst instrumentell behandelt. Komplexität in der Selbsterforschung und krude Manipulation von außen, sentimentaler Selbst-Bezug und Entindividualisierung sind zwei Seiten derselben Medaille.

Das neoliberale Individuum ist wieder anders einem besonderen „Zwang zur Selbstdisziplin“ und zum „Unternehmertum seiner selbst“ ausgesetzt.

Wie die Beispiele andeuten, ist es besonders die von einer Produktionsweise geforderte „Arbeitsmoral“, die bestimmt, wie sich das jeweilige Individuum strukturiert und ausstatten muss. Wie das in Familie, Schule, Freundes-Cliquen und Arbeitsverhältnissen, unter dem Einfluss von Konsumangeboten und -verlockungen, in den Institutionen von Liebe und eigener Familie, mit Hilfe von Psychologie, Ausbildung, Coaching, Beratung, Therapie geschieht, ist eine komplizierte Geschichte, der sich die Sozialpsychologie und besonders die Psychoanalyse mehr oder weniger technokratisch widmet. Darauf können und wollen wir hier nur hinweisen.[1]

Statt auszuholen und den Bibliotheken zu diesem Thema ein weiteres Buch hinzuzufügen, wollen wir an dieser Stelle mit einem Schema abschließen, in dem die wichtigsten Bestimmungen des bürgerlichen Individuums aufgezählt werden:

Die soziale Definition von „Individuum“ entsteht und wird geformt durch

* rechtliche Konstitution (Individual-Besteuerung, Bürger-, Menschenrechte)
* entsprechende Bestimmung der Arbeitskraft/Arbeitsmoral (frei für den Markt)
* Normierung des Lebenslaufs (Karriere, Bildung, Entwicklung)
* den Hintergrund in (patriarchaler) Familie und Gemeinde/Subkultur
* Selbstkonstitution (Genie, Einsamkeit, Außenseitertum)
* kolonialistische/rassistische Abgrenzung (Herrenmenschentum)

Die soziale Definition von „Individuum“ wird spezifisch geformt je nach

* Phase der Gesellschaftsentwicklung (liberales, fordistisches, neoliberales Individuum; Psychologie ist gefragt in den Krisen zwischen den Phasen: „Moderne“ nach 1900, „Post-Moderne“ vor 2000),
* Sozialer Position (Wirtschafts-, Bildungs-Bürgertum, Proletariat),
* Geschlecht/Position in der patriarchalen Struktur (dazu mehr im Kapitel „Patriarchat“).

Anstelle des Verständnisses von Individualität als soziale Beziehung, als Unersetzbarkeit aufgrund langer und guter Bekanntschaft, anstelle dieser sozialen Einzigartigkeit, die wir uns alle wünschen (und bis zu einem bestimmten Grad auch alle haben), ist bürgerlich das „absolute Individuum“ entstanden, ein vielfältiger Widerspruch. Nicht nur, dass Individualität damit zu einer Leistungsanforderung

---

1 Zur weiteren Lektüre empfehlen wir Abercrombie et al. 1986; Kaufmann 2004; Rose 1998; Zaretsky 2004.

in der (dadurch) verschärften Konkurrenz wird, entsteht umgekehrt „repressive Individualisierung“, in der wir die eigene Vergangenheit nicht mehr los werden, in der wir „identifiziert“ werden – bis hin zu der barschen polizeilichen Aufforderung: Können Sie sich identifizieren? Dieselben zwei Jahrhunderte haben Genie, Abweichung, Besonderheit, zuletzt Exzellenz zur Pflicht des einzelnen gemacht und parallel die Menschen nach Brauchbarkeit oder angeblicher Schädlichkeit für ein phantasiertes Großes & Ganzes, wenn nicht nach Merkmalen von Augen-, Haar- und Hautfarbe rassistisch oder nach Zugehörigkeit nationalistisch kategorisiert. Sie wurden im Zeitalter der Individualität in Exzessen von schematisierter Be- und Misshandlung entpersönlicht und entmenschlicht. Dem Kult des falschen Individuums steht der anonyme Massenmord gegenüber.

Die Arbeiterbewegung – Widerstand und Anpassung

Liberalismus als Produktionsweise beruht auf der Ideologie des freien Marktes. Der Staat sollte nur für die öffentliche Ordnung zuständig sein, tatsächlich ist das selbstverständlich Infrastruktur für das Kapital, die da zur Verfügung gestellt wird. Und er war, spätestens nach der Wirtschaftskrise 1870ff, für das Gesamtkapital-Interesse zuständig. Der bürgerliche Staat, das als Hinweis, entsteht, wenn und weil die Einzel-Kapitale ihre Konflikte nicht selbst lösen können. Genau deshalb musste dem Staat auch eine relative Autonomie zugestanden werden. Das wiederum stellt die Bedingung der Möglichkeit der Idee her, der Staat sei auch aus anderen Interessenpositionen – für die Anliegen der Arbeiterschaft – benützbar; eine Idee, die allerdings nicht unumstritten war. An der Geschichte der Arbeiterbewegung, die den wichtigsten Teil von Widerstand gegen diese Produktionsweise – und von Anpassung der Arbeiterschaft an sie – darstellte und organisierte, kann man sich das veranschaulichen.

Frühe Widerstände gegen kapitalistische Produktion

Die Arbeiterbewegung ging hervor aus den frühen Formen des Widerstands in Hungeraufständen und Maschinenstürmen, von denen schon ausführlich die Rede war – und aus den Organisationen der Handwerker und Kaufleute in Zünften und Gilden seit dem Mittelalter. Sie ging aus von den „proletarisierten" Bauern und Handwerkern, die, gewaltsam oder wirtschaftlich von ihren Produktionsmitteln enteignet, nichts zu verkaufen hatten als ihre Arbeitskraft, und das dringend und in Konkurrenz mit einander, weil man ohne Subsistenz nicht lange überleben kann. Sie waren damit am Ausgangspunkt von Kapitalismus verarmt und alternativenlos und „zu viele", ihre Qualifikationen waren entwertet, sie waren was wir heute „entwurzelt" nennen, also Migranten vom

Land in die Stadt und häufig auch zwischen Ländern. Die Armen, die erst noch Proletarier werden mussten, lebten dort, in den Städten, in einer Armutsökonomie von Gelegenheitsarbeit, niederen bis verbotenen Diensten, Gelegenheitsgeschäften, Betteln, Abfall-Sammeln, Nutzen von Wohltätigkeit (Klostersuppe), Diebstahl und Raub (letzteres vorwiegend von einander).

Ländliche Armut ist üblicherweise integrierter und hat selbst bei Landlosigkeit mehr Subsistenz-Möglichkeiten – Sammeln, Jagen = „Holzdiebstahl", „Wildern" – und andere Gelegenheitsarbeiten. Vagabunden als herumziehende Wanderarbeiter, Bettler, Händler nutzen ebenfalls diese Möglichkeiten.[1] Diebs- und Räuberbanden wurden im 18. Jahrhundert in Deutschland besonders skandalisiert und von der Polizei niedergekämpft, die sich bei der Gelegenheit und mit Hilfe dieser Propaganda zwischen den Kleinstaaten koordinierte. Sie entstanden häufig aus entlassenen Soldatengruppen[2] und waren vermutlich real viel weniger stabil, als die Polizeisicht sie darstellt. Zugleich gab es, wo das über Subsistenz-Kleinkriminalität und Sozialrebellentum hinausging, zweifellos eine auch internationale Infrastruktur von Aufenthaltsorten und vor allem Hehlern – diese Art von „organisierter Kriminalität" lebt immer von der Nachfrage aus der respektablen Gesellschaft.

Das Bild ist uns aus den heutigen Armuts-Ökonomien in den großen Städten, besonders denen Afrikas, Lateinamerikas und Asiens, aus dem Fernsehen (nur irrtümlich auch von Reisen) vertraut – aber auch im reichen Westen könnte man Ansätze dazu leicht beobachten, wenn man nicht gelernt hätte, solche Gegenden zu vermeiden und sonst wegzusehen. Armuts-Ökonomie heißt immer, dass die Subsistenz aus allen möglichen Quellen zusammengestoppelt wird, dass alle arbeiten, inklusive die Kinder, die zum Teil besondere Einkommens-Möglichkeiten haben, und dass der Haushalt matrilokal und überhaupt Mutter-zentriert ist: Sie ist (eventuell gemeinsam mit ihrer Mutter oder umgekehrt mit einer halbwegs „großen" Tochter, die gerade noch keine eigenen Kinder hat oder nur eines bis wenige) mit den (diversen) Kindern der Fixpunkt der Haushaltsführung, des Einkommens und der Pflege-Leistungen. Mann oder Männer tragen unregelmäßig und unsicher dazu bei, sind häufig unterwegs als Wanderarbeiter oder mit sonstigen Geschäften, im günstigen

1 Für heute wurden die Möglichkeiten dazu beschrieben von Holzach (1993).

2 Schinderhannes ist ein bekanntes Beispiel dafür.

Fall als Pendler, die regelmäßig zurückkommen oder Geld schicken. Im noch relativ günstigen Fall enthält der Subsistenz-Mix noch ein Stück Landwirtschaft, zumindest einen Hausgarten für Kartoffel und Gemüse und ein paar Hühner und Kaninchen, dazu eine Ziege (die seinerzeit – warum wohl? – den Spitznamen „Eisenbahner-Kuh“ hatte), vielleicht sogar ein Schwein. (Mit solchen Haustieren fängt in vielen Weltgegenden bereits der Wohlstand an.) Was später „Doppelbelastung“ der Frau (mit Erwerbs- und Hausarbeit) hieß, ist in der Armuts-Ökonomie (auf beiden Seiten verschärft) „normal“. Auch das ist keineswegs Sache einer finsteren historischen Vergangenheit: Ursprüngliche Akkumulation findet laufend statt.

Historisch schossen die Fabriken nicht als fertiges System aus dem Boden. Anders als heute, wo Adidas oder H&M ihre hochentwickelten Fertigungsstätten unvermittelt in Gegenden einer ländlichen und Armuts-Ökonomie mit entsprechend billigen (weiblichen) Arbeitskräften setzen, gab es historisch eine lange Zwischenphase (in der Größenordnung von mindestens einem Jahrhundert), in der viele Leute schon „proletarisiert“, also von ihren Produktionsmitteln getrennt waren, aber noch keine Nachfrage nach proletarischer Arbeitskraft bestand. Vor der Fabrik gab es die Zwischenformen der Landwirtschaft mit Tagelöhnern und Saisonarbeitern, der Manufaktur als Zusammenführung von Handwerkern in arbeitsteiliger Zusammenarbeit, vor allem der Hausindustrie und des Verlagssystems. (Die Historiker sprechen von Proto-Industrialisierung.) Vor allem aber gab es die Einkommenslosen: In Deutschland wird für das 18. Jahrhundert der Anteil der Armen, die bei der geringsten Schwierigkeit (Missernte, Krankheit) sich zumindest vorübergehend nicht mehr selbst ernähren konnten (heute führen wir sie als die „working poor“), auf 60-80% der Bevölkerung geschätzt, der Anteil der anerkannten, unterstützten Armen in den Städten auf 5-20%, der Anteil der Vaganten auf 2-10% der Bevölkerung (Rheinheimer 2000: 15f).

Ausgangspunkt der kapitalistischen Industrialisierung ist also einerseits ein (durch Enteignung der Bauern hergestellter) Überfluss an verarmten Arbeitskräften ohne besondere Qualifikation, andererseits die Auflösung der Arbeitsorganisation, die sich die qualifizierten Arbeitskräfte, also die Handwerker geschaffen hatten: der Zünfte. Die Zünfte waren nach Branchen gegliederte Berufs-Zusammenschlüsse, die entsprechend von den Handwerks-*Meistern*, also den Produktionsmittel-Besitzern, dominiert wurden. (Das ist der Unterschied zu dem, was wir bis heute als Gewerkschaft kennen:

Sie ist der Zusammenschluss der proletarisierten Arbeiter.[3]) Ihr Zweck war es vor allem, die Zulassung von neuen Betrieben und damit die lokale Konkurrenz-Situation zu regulieren – so wie es heute noch die Taxler, die Apotheker, die niedergelassenen Ärzte und die Notare tun. Neoliberal wird daher heute – so wie im Früh-Kapitalismus – daran gearbeitet, diese Konzessionierungen zugunsten der reinen Markt-Konkurrenz aufzulösen.

Das wichtigste Mittel dieser Regulation sind Festlegungen der Ausbildung und der Qualifikation, die man erwerben muss, um als Meister zugelassen werden zu können. Daraus entstand schon im Mittelalter das System von Lehrlingen, ausgelernten Gesellen und Meistern. Lehrlinge hatten Quartier und Essen, dazu bestenfalls ein Taschengeld, üblicherweise mussten sie (also ihre Eltern) „Lehrgeld zahlen". Die Lehre war mit der Verpflichtung verbunden, anschließend als Geselle noch einige Zeit bei dem Meister zu arbeiten, dann aber „auf die Walz zu gehen", um überlokale Erfahrung zu gewinnen, vielleicht auch den Grundstein für Geschäftsverbindungen zu legen (und eine verwitwete Meisterin zu finden, die einen brauchen konnte). Als Prüfungsarbeit für den Übergang in die nächste Qualifikations-Stufe waren eine „Gesellen-Arbeit" und ein „Meister-Stück" vorzulegen, die von den anderen Meistern begutachtet wurden.

Das entscheidende Hindernis für eine kapitalistische Entwicklung stellte die Anforderung dar, dass nur ein zugelassener Meister einen Betrieb führen konnte. Das machte die freie Investition etwa eines reichen Kaufmanns, den das nur als Geldanlage und völlig unabhängig von der Art der Waren, die erzeugt wurden, interessierte, etwa in die gerade lukrative Weberei schwierig bis unmöglich. Daher wurden die frühen Proto-Fabriken und das Verlagssystem außerhalb der Städte und damit außerhalb des Zugriffs der Zünfte eingerichtet. Aber auf mittlere Sicht musste die Macht der Zünfte gebrochen werden: In Deutschland gelang das zu Beginn des 19. Jahrhunderts. Die Handwerker-Traditionen samt dem zugehörigen Arbeits-Stolz und den Qualitäts-Anforderungen, die man „zünftig" an sich selbst und sein Produkt stellte, waren aber eine wichtige Grundlage für die beginnende Arbeiterbewegung.[4] Das „nach Maß" und mit einem Höchstmaß von „Sachkenntnis" hergestellte Einzel-Werkstück (im

---

3 Anders ist das mit Gesellenorganisationen, die es auch gab, und die sich von den Meisterzünften getrennt hatten.

4 Kürzlich hat Sennett (2008) wieder auf diese Bedeutung von gutem Handwerk hingewiesen.

Kunsthandwerk – Möbel, Musikinstrumente, Tafelsilber – wissen Kenner, aus welcher Werkstätte das kommt) blieb das Ideal von „nicht-entfremdeter Arbeit“ und das des bürgerlichen Kunstwerks. „Entfremdet“ ist Arbeit, wenn und weil die Arbeiter keine Beziehung zum End-Produkt haben können, an dem sie unspezifische Teilarbeiten verrichten, deren Bedeutung sie nicht einmal kennen müssen, auch weil sie an der Organisation und Koordination dieser Teilarbeiten nicht beteiligt sind, schon gar nicht an der Konstruktion des Produkts und an der der Werkzeuge. „Entfremdet“ ist Arbeit in einer anderen Bestimmung, wenn und weil der Anteil von Wissen und Erfahrung an der Arbeit enteignet, der Arbeiter auf den rein körperlichen Vollzug von repetitiver Teilarbeit reduziert wird. „Entfremdung“ ist also von „Verelendung“ streng zu unterscheiden. Ihre Kontrastfolie ist die autonome Handwerks-Arbeit.

Qualifizierte und unqualifizierte Arbeit

Der industrielle Kapitalismus beruht darauf, dass sich mit Hilfe von Produktions-Maschinen und der Fabrikorganisation der Produktion unqualifizierte Arbeitskräfte einsetzen lassen. Aber die Fabriken haben immer auch eine „Kern-Belegschaft“ von qualifizierten Arbeitskräften für die Einrichtung, Erhaltung und Reparatur der Maschinen gebraucht. Je riskanter und weniger entwickelt die Maschinen sind, umso mehr ist das der Fall. Diese qualifizierten Leute wurden aus dem Handwerk bezogen. Das war auch lange der einzige Ort, wo die Ausbildung geschah – Lehrlingsausbildung in Fabriken gab es erst in der 2. Hälfte des 19. Jahrhunderts mit der Einrichtung von Fabrik- und Gewerbe-Schulen und also staatlich vermittelt. Es gab im 19. Jahrhundert einen großen Kampf um Lehrlinge, weil die Fabriken die Leute besonders gern im letzten Lehrjahr mit finanziellen Angeboten abwarben, wo sie zwar schon alles können, aber formell nicht Gesellen sind (daher sind sie insgesamt und vor allem auf Dauer doch billiger). Die Handwerks-Meister sahen das als Raub des Erfolgs ihrer Ausbildung, wollten daher Verträge über den Verbleib der Gesellen im Betrieb. Das ist ein klassischer Fall, dass die konkurrierenden Einzelkapitale einen Konflikt selbst nicht lösen können und daher den Staat brauchen, der sie zu ihrer eigenen Gesamt-Vernunft zwingt, dem sie daher eine gewisse Unabhängigkeit geben müssen.

Die kapitalistische Industrie hat also von Anfang an eine Zweiteilung der Arbeiterschaft in qualifizierte und unqualifizierte geschaffen, in unersetzbare und austauschbare.[5] Es ist leicht zu sehen, dass diese beiden Fraktionen der Arbeiterschaft ziemlich unterschiedliche Interessen haben. Es ist auch leicht zu sehen, dass ihre Möglichkeiten des Arbeitskampfes recht verschieden sind: Wie zwischen den Einzelkapitalen herrscht auch zwischen den Arbeitern Konkurrenz, die sie überwinden müssen, um konfliktfähig zu sein. Sie müssen sich organisieren, um *alle* die von ihnen benötigte Leistung, also ihre Arbeit zu verweigern oder das glaubhaft androhen zu können, sonst werden sie einfach ersetzt. Die erste Voraussetzung ist daher *Organisationsfähigkeit*: Sie müssen sich verständigen und sich absprechen können – das hat die Fabrik ganz von selbst getan, indem sie viele Arbeiter an einem Ort zusammenbrachte. Durch lange Arbeitszeiten und strikte Kontrolle der Pausen, nicht zuletzt durch Feuern von „Unruhestiftern", hat die Fabrik Organisation aber auch verhindert.[6] *Konfliktfähigkeit* heißt, dass es überhaupt eine Leistung gibt, die von einem benötigt wird: die Arbeitskraft, eine bestimmte Arbeit.[7] Ersetzbarkeit des einzelnen Trägers der benötigten Leistung lässt sich durch Absprache verringern, durch Zwang, der auf mögliche Ersatzleute ausgeübt wird (Besetzen der Fabriktore, picket line), durch ökonomische Kompensation von Lohnentgang, Androhung von späteren Nachteilen für Streikbrecher. Man kann aber auch versuchen, den Markt der möglichen Konkurrenten zu verkleinern durch Ausschluss nach Alter (Kinderarbeit, Alte), Geschlecht, Nationalität, Ethnie (daher sind Arbeiterorganisationen für solche Diskriminierungen anfällig, sie verringern die Konkurrenz), besonders aber durch Qualifikation. Man kann schließlich Preisabsprachen treffen, z.B. in Form eines Mindestlohns, unter dem sich niemand verkaufen wird (darf). Umgekehrt versucht die Kapitalseite, die benötigte Leistung möglichst durch Maschinen zu ersetzen; sie strebt den Arbeitsmarkt geographisch und personell

---

5 In Italien hat die Linke in den 1970ern die Trennung in „garantiti" und „non-garantiti" als große Entdeckung in den Arbeitskämpfen verkündet.

6 Im Gegensatz dazu sind etwa Bauern oder Dienstmädchen (und später die Hausfrauen, wie an der Debatte „Lohn für Hausarbeit" leicht ersichtlich), die isoliert arbeiten, wenig organisationsfähig. Wir haben schon darauf hingewiesen, dass vorindustriell der Markt der Ort war, der die Leute mit gleichen Interessen zusammenbrachte.

7 Deshalb sind Studenten wenig konfliktfähig. Übrigens auch Professoren: Die einzige Leistung, die die Gesellschaft kurzfristig von ihnen braucht, sind Zeugnisse und da üben die Studenten den Druck aus.

auszuweiten und kennt daher hier keine Vorurteile, tritt im Gegenteil offensiv internationalistisch und „liberal" auf; schließlich trifft auch sie Preisabsprachen über Löhne.

Man kann als historische Erfahrung festhalten, dass der Markt für unqualifizierte Arbeitskräfte nicht zu kontrollieren ist (da kann es höchstens kurze Zwischenzeiten geben, in Europa war das die „Vollbeschäftigung" in den 1960er Jahren, dann wird der Markt wieder ausgeweitet, z.B. durch „Gastarbeiter", heute durch Kapitalexport). Schon eher lässt sich der Markt für qualifizierte Arbeit kontrollieren, weil man da über die Ausbildung und die Zulassung einiges tun kann.[8] Dazu sind unqualifizierte Arbeitskräfte schwerer zu organisieren (weil sie viele sind und ihr Leben weniger um einen „Beruf" organisieren, der einen Ansatzpunkt für Organisation bildet). Aus dieser Situation ist der organisierte Arbeitskampf als Streikdrohung und Verhandlungen mit der Kapitalseite, weiterentwickelt zur auf Dauer gestellten „Sozialpartnerschaft" aus einem beiderseitigen Wissen um eine gegenseitige Abhängigkeit, für die Unqualifizierten nicht besonders machbar: Sie neigen daher zu Individuallösungen (die sich summieren können) und Spontanaktionen, also der „Abstimmung mit den Füßen", also dem Verlassen ungünstiger Positionen, wie sich eine andere Möglichkeit bietet (deshalb gab es z.B. bald nach der Jahrhundert-Wende einfach keine Dienstmädchen mehr), aber auch zu Sabotage, Attentat und Rebellion.

Insgesamt gehen die Kampfformen der Arbeiterbewegung von den vorkapitalistischen und vorindustriellen aus: also vom (Hunger-) Aufstand, Maschinensturm etc, also dem „collective bargaining by riot" einerseits (auch die großen Revolutionen von der französischen bis zur russischen haben mit Hungeraufständen begonnen) und vom Einfordern der „alten Rechte" der Gemeinde und des kommunalen Zusammenlebens (samt Gemeineigentum – „commons" – und Nutzungsrechten) und der sonstigen Selbstorganisation (Handwerker) andererseits. Die frühen Formen der Arbeiter-Organisation folgten dem Modell der Bildung von Subkultur (Gemeinde), des Zusam-

8 Insofern ist z.B. die Ausweitung der akademischen Ausbildung *als Berufsqualifikation* nicht im Interesse der Studierenden und muss, soweit sie gelingt, zu verschärfter Konkurrenz auf dem Arbeitsmarkt und also geringeren Löhnen führen. Studenten müssten also eigentlich für Aufnahme-Begrenzungen oder aber, wesentlich sinnvoller, für eine akademische Lehre sein, die *Bildung* und nicht Berufsqualifikation ist.

menschlusses auf der Grundlage von Zusammenleben und Verteidigen dieser Lebensweise (Schibel 1985). Das ergab sich nicht zuletzt aus der Situation des Fabrikdorfs, der Fabriksiedlung – besonders früh galt das für die Bergleute, die aufgrund solchen Zusammenlebens in der Nähe der Mine (und daher gewöhnlich abgeschieden) und wegen des hohen Risikos ihres Berufs auch früh gemeinsame Kassen anlegten, aus denen die Kosten von Unfall und Invalidität gezahlt sowie Witwen und Waisen versorgt wurden – frühe Formen der Sozialversicherung. Nach diesem Modell geschah das auch in anderen Arbeiter-Zusammenschlüssen.

Festzuhalten ist also, dass Arbeiter-Organisation zunächst als Organisation von Subkultur und Gemeinde geschah, als Sicherung und Herstellung einer Lebensweise. Das geschah im Widerstand gegen die Zumutungen der Fabrikdisziplin, aber auch, durch die Unternehmer organisiert, als Disziplinierungs-Anstalt. Das geschah als Absicherung gegen die Widrigkeiten des Arbeiter-Lebens in genossenschaftlicher Gegenseitigkeit und von oben als zusätzliches Instrument, um Abhängigkeit herzustellen. Die auf Gegenseitigkeit angelegten Kassen waren Vielzweck-Einrichtungen: Sie dienten als Versicherung, konnten aber auch als Streik-Kasse verwendet werden.

Interessenpolitik

Man kann dem typologisch eine andere Organisationsform entgegenstellen, die abstrakter ist: die Organisation nach gemeinsamen Interessen. Sie ist deshalb abstrakter, weil sie nur eine bestimmte Gemeinsamkeit zwischen den Beteiligten herausgreift, etwa das Interesse an einem möglichst hohen Lohn, und alle anderen Aspekte des Lebens unberücksichtigt und unberührt lässt. Das ist zugleich die Form von politischer Organisation, die an die Politik-Formen des kapitalistischen Staats angepasst ist: Interessen zu vertreten und sie gegeneinander abzugleichen, das ist es, was jede Art von „repräsentativer" Politik kann und tut (egal ob es sich um die Vertreter von Ständen, um Regional-Delegierte oder um Parteien-Abgeordnete handelt). In der Arbeiterbewegung kam diese Art von Politik vor allem über die Konzentration auf den Betrieb und die Organisation rund um die Lohnarbeit und die dort anfallenden Probleme zustande, also durch gewerkschaftliche Politik. Damit geht es nicht mehr um eine Lebensweise, sondern um Lohn und Arbeitsbedingungen. Gewerkschaftliche Politik hat eine Tendenz, an solchen abstrahierten (manche sagen „bornierten“) Interessen orientiert zu sein.

Nun war aber das 19. Jahrhundert in einer Weise von der Idee und der Erfahrung der „Revolution“ bestimmt, die wir uns heute erst mühsam wieder klarmachen müssen. Seit der Aufklärung waren die Ideen der Demokratie und der Selbstbestimmung, der Bürger- und Menschenrechte, der Gleichheit und Solidarität entwickelt worden – natürlich vom und für das Bürgertum, also abhängig von Eigentum und Bildung, aber dort ließen sie sich nicht halten: nicht logisch, denn sie waren erstmals nicht als Standes-Rechte, sondern als universelle Rechte bestimmt, und auch nicht praktisch, denn die unteren Schichten und die Handwerker hatten in allen bürgerlichen Revolutionen eine tragende Rolle: Ohne sie gab es keine Aufstände und sonstigen Volks-Aktionen, auf deren Grundlage (und mit deren Droh-Potential) die Bürgerlichen erst ihre Politik gegen die Vormacht des Adels fahren konnten. Es gab also im 19. Jahrhundert direkte oder indirekte Erfahrungen mit Aufständen und anderen gewaltsamen Auseinandersetzungen, und es gab (natürlich in erster Linie bürgerliche) Theoretiker der Befreiung, auf die sich auch die Arbeiterschaft beziehen konnte. Das waren die Frühsozialisten, vor allem in England (Owen, Godwin, Tom Paine) und Frankreich (Saint-Simon, Fourier, Proudhon), dann Marx/Engels und die Anarchisten (Bakunin, Kropotkin), dann der immer breitere Strom der sozialdemokratischen und sozialrevolutionären Theoretiker und Organisatoren, unter ihnen besonders folgenreich Uljanow und Bronstein, die unter ihren Kriegsnamen Lenin und Trotzki Geschichte gemacht haben. Als die beiden wichtigsten Strömungen sowohl in der Theorie als auch und besonders in der praktischen Organisation und Politik kann man die *libertäre* und die *staatssozialistische* Richtung von Denken und Praxis unterscheiden.

Libertäres und staatssozialistisches Denken

Die *libertären Ideen* von Befreiung orientieren sich an den Organisationsformen der Kommune, der Genossenschaft, der Arbeiterselbstverwaltung. Das Individuum und seine Freiheit, aber auch sein Bedürfnis nach Kooperation und Solidarität (manche, wie Tolstoi, reden gar von – durchaus christlich gemeinter – Liebe, andere, wie Brecht, von Freundlichkeit), steht im Mittelpunkt des Denkens. Der Staat wird als der offensichtliche Apparat der Herrschaft und Unterdrückung wahrgenommen und bekämpft.

Im Gegensatz dazu gehen die *staatssozialistischen Ideen* davon aus, dass sich der Staat sehr wohl als Instrument zur Durchsetzung von Arbeiterinteressen verwenden lässt, dass man daher mit Hilfe des allgemeinen Wahlrechts und der Demokratie die Macht im Staat gewinnen kann. (Marx/Engels und die Sozialdemokraten gingen selbstverständlich davon aus, dass bei einem allgemeinen Wahlrecht die größte Klasse der Gesellschaft, das Proletariat, auch als sichere Mehrheit alle Wahlen gewinnen würde – im Kommunistischen Manifest ist das mit „Diktatur des Proletariats" gemeint, Lenin hat das dann anders interpretiert.)

Beiden gemeinsam ist die Vorstellung, Befreiung werde als Ergebnis der kapitalistischen Entwicklung möglich, der Fortschritt der Produktivkraft, den Kapitalismus notwendig bewirke, schaffe eine Situation, in der zuletzt die organisierende Funktion des Kapitals nicht mehr gebraucht, sogar zum Hemmnis weiteren Fortschritts werde und daher durch die Arbeiter gestürzt oder selbst übernommen werden könne. Sie unterscheiden sich in der Einschätzung, wann dieser Zeitpunkt erreicht ist: Die Libertären gehen davon aus, er ist bereits erreicht, die längst mögliche Befreiung werde nur mehr durch staatliche Unterdrückung verhindert. Die Staatssozialisten nehmen an, dass ein geeigneter „sozialistischer Staat" diese Entwicklung erst (beschleunigt) herbeiführen muss, daher ist (sozialdemokratisch) die Revolution noch (lange) nicht möglich oder (kommunistisch) die klassenlose Gesellschaft noch nicht perfekt. Sozialdemokraten wie Kommunisten haben bzw. hatten eine Neigung, den jeweiligen Endzustand an das Ende aller Zeiten zu verschieben und sich für die absehbare Zeit im gegebenen Zustand der bürgerlichen Demokratie bzw. im „demokratischen Zentralismus" unter Führung der KP einzurichten und sich auf Wirtschaftsentwicklung zu konzentrieren. Dadurch wurde die Sozialdemokratie zum „Arzt am Krankenbett des Kapitalismus" und der Kommunismus zum an Kriegswirtschaft orientierten Staatskapitalismus und zur Entwicklungsdiktatur.

Die Libertären haben vor allem zwei politische Erfindungen gemacht:

* die „Räte" (auf Russisch „Sowjets") als politische Basis-Organisation, in denen (als Betriebsräte, Soldatenräte, Regionalräte – wer denkt bei „Betriebsrat" noch an diese Herkunft?) unter Beteiligung aller alle politischen Entscheidungen getroffen werden, die dann durch Abgeordnete mit imperativem Mandat (die also laufend rückmelden und sich eventuell neue Direkti-

ven an der Basis holen müssen) untereinander zu koordinieren sind.

* die Kommune als den Versuch, mitten im Kapitalismus in abgegrenzten Einheiten Elemente einer sozialistischen Vergesellschaftung vorwegzunehmen und damit zu entwickeln. An der Basis werden autonom, genossenschaftlich, solidarisch neue Formen der selbstverwalteten Produktion und des emanzipierten Zusammenlebens schon jetzt praktiziert. Verallgemeinerung wird, wenn überhaupt, dadurch geschehen, dass diese Modelle so attraktiv sind, dass andere sie übernehmen oder nach ähnlichen Prinzipien ihre eigenen Formen entwickeln werden. (Eine Verallgemeinerung über den Staat und durch Gesetze ist undenkbar – der Staat soll durch die „freie Assoziation“ der Menschen ersetzt werden.)

Die Organisationsform der staatssozialistischen Richtung der Arbeiterbewegung ist die Partei, ihr „parlamentarischer Arm“, während die Gewerkschaft Interessenvertretung im Betrieb und in der betrieblichen Mitbestimmung, schließlich in der Sozialpartnerschaft ist. Im Gegensatz zur unmittelbaren Interessendurchsetzung hat die Partei die Aufgabe, diese Interessen mit langfristigen Zielen der Gesellschaftsveränderung zu verbinden, also unmittelbare und strategische Ziele in Übereinstimmung zu bringen. Damit ist die Partei ein Bildungs-Apparat, der den Mitgliedern einen Begriff von Gesellschaftsentwicklung, Wirtschaft und Politik vermitteln muss, um die Impulse aus der Bewegung in die Institutionen der professionellen Politik so einbringen zu können, dass sie dort verarbeitbar sind, besonders aber um Kompromisse finden und eingehen zu können, die sich aus gegebenen Macht-Konstellationen als unvermeidlich erweisen mögen. Die Organisation als Partei ist also die Form, in der Interessen der Arbeiterbewegung in die institutionelle Politik eingebracht werden, sie stellt aber zugleich die Anpassung dieser Interessen an die Formen dar, die der bürgerliche Staat zur Verfügung hat. Radikale Formen der Demokratie wie die Räte sind damit nicht verträglich.

Lenin und die Bolschewiki haben in der russischen Revolution die Form der revolutionären Partei entwickelt, in der eine revolutionäre Avantgarde dafür zu sorgen hat, dass die Gesamt- und Fernziele in den unmittelbaren Interessen berücksichtigt bleiben. Damit konnte Lenin zwar „Alle Macht den Räten!“ proklamieren, aber zugleich dafür sorgen, dass das ZK die Richtung angibt. Mit der Erfindung der

Parteidisziplin und der Verfolgung von „kleinbürgerlichen Abweichlern“ wurde die Partei damit nicht nur, wie die sozialdemokratischen Parteien, eine Bildungs-, sondern eine Disziplinar-Einrichtung, die mit dem Mittel des Ausschlusses besonders empfindlich sanktionieren konnte. Die Richtung des Einflusses kehrt sich damit um: „demokratischer Zentralismus“ bedeutet, dass die zentral gefällten Entscheidungen durch den Parteiapparat nach unten plausibel gemacht und durchgesetzt werden, statt dass umgekehrt die Entscheidungsmacht an der Basis läge und weiter oben nur koordiniert würde. Wie komplett diktatorisch eine solche revolutionäre Staats-Partei eingesetzt werden kann, hat Stalin vorgeführt.

Die Geschichte der Arbeiterbewegung ist im 19. und 20. Jahrhundert vom Sieg der staatssozialistischen Richtung in ihren beiden Varianten, der sozialdemokratischen und der kommunistischen, gekennzeichnet. Die libertäre Strömung wurde dadurch zurückgedrängt bis niedergekämpft. Ihre Politikformen (Kommune, Genossenschaft, Räte) wurden verdrängt durch die mit der repräsentativen Demokratie verträglichen Formen der Interessenvertretung: Gewerkschaft, Partei, wenn nicht durch zentral gesteuerten Staats- und Planungs-Kapitalismus. Aus der Bewegung wurde ein bürokratischer Apparat, mehr oder weniger eng verknüpft mit der staatlichen Bürokratie.

Eine wichtige Rolle hat dabei die staatlich vermittelte Sozialpolitik gespielt. Obwohl sich im allgemeinen die Arbeiterbewegung Sozialpolitik als ihre Errungenschaft zuschreibt, wird in Deutschland zurecht von der „Bismarckschen Sozialversicherung“ gesprochen. Auf Bismarcks Initiative wurde vom Deutschen Reichstag 1883 die Krankenversicherung der Arbeiter, 1884 die Unfallversicherung, 1889 die Invaliditäts- und Altersversicherung per Gesetz und damit flächendeckend eingeführt. Die bestehenden Arbeiter-Kassen wurden aufgelöst und konfisziert. 1878, also fünf Jahre vor diesen Gesetzen, waren übrigens durch das Sozialistengesetz (blieb bis 1890 in Kraft) die „gemeingefährlichen Bestrebungen der Sozialdemokratie“ kriminalisiert und alle sozialdemokratischen Organisationen und Veröffentlichungen verboten worden. Bismarck hat also gewiss die Sozialpolitik nicht erfunden, aber er hat sie verstaatlicht und ihr die Organisationsform der Versicherung gegeben. Das ist in anderen Ländern (etwa Großbritannien und Schweden) nicht so, vielmehr wird dort der Sozialstaat aus den Steuern finanziert.[9] Die

9 Der Unterschied besteht in der Verteilungswirkung: Im Versicherungs-Modell finanzieren die Beschäftigten während ihrer aktiven

Bismarcksche Sozialversicherung war Teil seiner Politik zur Befriedung der „sozialen Frage", mit der zugleich der Arbeiterbewegung der Wind aus den Segeln genommen wurde. Verbot und Auflösung der sozialdemokratischen Organisationen und staatlich verpflichtend gemachte allgemeine Sozialversicherung gehören also zusammen. Die Sozialdemokratie hat anschließend dieses verstaatlichte Modell akzeptiert und „angeeignet" – die Sozialbürokratie ist ein bevorzugtes Beschäftigungsfeld für Leute, die ihr nahestehen. Zur Bürokratisierung der Arbeiterbewegung hat das nicht unwesentlich beigetragen.[10]

Bürgerliche Befreiung – und Herrschaft

Die Arbeiterbewegung ist im 19. Jahrhundert parallel zur bürgerlichen Bewegung und in vielen Aspekten als ein Teil von ihr aufgetreten. In gewisser Hinsicht wäre die bürgerliche Bewegung, deren Ziel die Entmachtung des Adels war, ohne die Aufstände der unteren Schichten nicht oder jedenfalls anders vorangekommen. Gemeinsam haben sie die politische Form des bürgerlichen Staats – mit Bürgerrechten, Bindung der Herrschaft an das Recht, Gewaltenteilung und zunächst nicht mehr als allgemeinem gleichem Wahlrecht – hervorgebracht. Schon letzteres war – wenn auch im Universalismus der Bewegung angelegt – den Bürgerlichen kein Herzensanliegen und wäre ohne das Drängen der Arbeiter- und der Frauenbewegung nicht unbedingt zustandegekommen. Das Bürgertum als Ganzes mit seinen starken nationalen und konservativen bis autoritären Strömungen konnte auch mit konstitu-

---

Zeit die Auszahlungen, die sie in Zeiten der Abhängigkeit – vielleicht – bekommen. Bei Steuerfinanzierung ist ein möglicher sozialer Ausgleich eingebaut – wenn nicht auch in der Besteuerung, speziell wenn man die Subventionen und Abschreibungen mit berücksichtigt, eher eine Umverteilung von unten nach oben betrieben wird.

10 Bei Thompson (1963) kann man nachlesen, dass Bewegungen sich in Auseinandersetzungen verändern. Dass sie „lernen", kann auch heißen, dass sie sich der Gegenseite anpassen. Dabei kann es sein, dass die internen Kämpfe wichtiger werden als die nach außen und dass es sogar Koalitionen mit der Gegenseite (und den Politikformen, die sie verlangt, etwa der bürgerliche Staat, der wohlorganisierte und geordnete Interessenvertretungen braucht) gegen eine interne Fraktion geben kann. Der Sieg der Staatssozialisten gegen die Libertären ist womöglich auch so zu verstehen.

tionellen Monarchien und sogar Diktaturen leben. Eine radikale Demokratie dagegen hat es immer zu verhindern gewusst und es hat immer darauf geachtet, Einflüsse anderer, speziell der unteren Schichten, vorsichtig zu kanalisieren. Insofern war die Arbeiterbewegung wahrscheinlich notwendig, um die bürgerliche Bewegung in deren eigenen Zielen zu unterstützen.

Zugleich gab es wichtige Gemeinsamkeiten zwischen der bürgerlichen Bewegung und der staatssozialistischen Fraktion der Arbeiterbewegung, nämlich die Konzentration auf den Staat, sogar auf einen starken Staat mit einer verlässlich funktionierenden Verwaltung. Man sollte nicht übersehen, dass die Theoretiker und auch die Organisationsspitzen der Arbeiterbewegung häufig bis gewöhnlich Bürgerliche waren. Und man sollte nicht übersehen, dass es die staatssozialistische Fraktion war, die die radikaleren libertären Ansätze unterdrückte und damit den Bürgern den Kampf und die Herrschafts-Arbeit abnahm. (In der Revolution von 1918/19 in Deutschland ist das besonders deutlich, wo die Räte-Versuche mit von den Sozialdemokraten verhindert, teilweise auch niedergekämpft wurden. In der russischen Revolution gab es dieselbe Bewegung zur Neutralisierung der Basis und ihrer Räte zugunsten einer Herrschaft der staatsorientierten Apparatschiks.)

In der Entwicklung des Sozialstaats, der auch zu verstehen ist als die Herstellung der materiellen Grundlage für Demokratie als allgemeine Beteiligung an Gesellschaft und Politik, ist das Zusammenspiel der beiden Bewegungen komplex. Wir werden im 20. Jahrhundert sehen, wie die Veränderungen der Produktionsweise zum Fordismus der Arbeiterbewegung besonders günstige Bedingungen für eine hoch angepasste Beteiligung an dieser Variante von Kapitalismus gaben. Das im 19. Jahrhundert proklamierte Ziel, den Kapitalismus zu überwinden, war wohl dem Überschwang eines Jahrhunderts der Revolutionen geschuldet. Im 20. Jahrhundert, als der Mythos Revolution in Europa verblasste, blieb vor allem die aktive Beteiligung am Kapitalismus übrig.

Theoriefragen 5: Befreiungsmodelle

Über viele Seiten analysiert Marx im Kapitel über *„Die sogenannte ursprüngliche Akkumulation“* (1867), dass der Übergang in den Kapitalismus kein harmloser Vorgang war, sondern brutal und gewaltförmig durchgesetzt und rechtlich durch einen veränderten Eigentumsbegriff und Armengesetzgebungen abgesichert wurde. Im letzten, einem ganz kurzen Abschnitt, analysiert er das als Fortschritt, bestimmt die kapitalistische Produktionsweise als fortschrittlich gegenüber der feudalen und als notwendigen Schritt zur Entwicklung eines Kommunismus, der aufgrund der Entwicklung der Produktivkraft, die Kapitalismus forciert, möglich werden wird. Die bürgerlichen Befreier von heute sind die Klassenfeinde von morgen.

Machen wir einen zeitlichen Sprung. Im Aufsatz „Egoismus und Freiheitsbewegung“ (1936) argumentiert Max Horkheimer am Beispiel von historischen „bürgerlichen“ Befreiungsbewegungen (beginnend mit Cola di Rienzo im 14. Jahrhundert in Rom über Girolamo Savonarola im 15. Jahrhundert in Florenz und Luther und Calvin im 16. Jahrhundert bis zur französischen Revolution im 18. Jahrhundert), dass selbst die fortschrittlichen Fraktionen des Bürgertums die unteren Schichten immer nur instrumentalisiert haben, um ihre, also die bürgerlichen Interessen durchzusetzen. Dieser Aufsatz gehört in den Kontext des vielleicht berühmtesten Buchs der Kritischen Theorie, die gemeinsam mit Theodor W. Adorno verfasste *Dialektik der Aufklärung*. Die zentrale Grundidee, wenn man das ganz grob zusammenfassen wollte, ist, dass Aufklärung und Vernunft selbst wieder in Mythologie, in instrumentelle Vernunft umschlagen, dass mit den Möglichkeiten zur Befreiung ein Fortschritt in Herrschaftstechniken einhergeht. In elaborierten Theorien haben sich Horkheimer und Adorno mit den herrschaftlichen Erfindungen auseinandergesetzt, wie die gesellschaftlich vorhandenen Möglichkeiten zur Befreiung immer wieder kassiert werden.

Zurück zu Marx: In einigen Passagen in *Der achtzehnte Brumaire des Louis Bonaparte* (1852) argumentiert Marx analog zu Horkheimer. Auch er analysiert, wie die unteren Schichten instrumentalisiert und eingemacht worden sind. Zugleich aber unterscheidet er, anders als Horkheimer, das 19. Jahrhundert von den früheren: Für Marx ist erst das 19. Jahrhundert das der sozialen oder proletarischen Revolution. Erst zu diesem Zeitpunkt wird es damit auffällig, wenn die Proletarier um ihre Interessen betrogen werden. Noch für das 18. Jahrhundert argumentiert Marx, es sei das Zeitalter der politischen oder bürgerlichen Revolution. Die Bürgerlichen hätten in einer negativen Koalition (verbündet mit den „Massen“, um gegen Adel und Klerus siegreich sein zu können), bürgerliche Gesellschaft erst herstellen müssen. Bürgerliche Gesellschaft ist zunächst Fortschritt, die Instrumentalisierung der unteren Schichten wird hier, zugunsten einer damit zukünftig möglichen Befreiung, billigend bis zynisch in Kauf genommen.

Horkheimer denkt das von vornherein als Dialektik. Die Vorstellung einer Gerichtetheit von Fortschritt ist der Kritischen Theorie, im Unterschied zu Marx, mit der gescheiterten Revolution von 1917-19 abhanden gekommen.

Diese grundsätzlich unterschiedliche Einschätzung der Möglichkeiten von Befreiung macht es interessant, sich die Modelle von Befreiung zu vergegenwärtigen, wie sie von Marx und den Vertretern der Kritischen Theorie gedacht und implizit vorausgesetzt wurden.

Produktivkraft-Entwicklung

Marx teilt Gesellschaftsgeschichte anhand von Produktionsweisen in Epochen ein: Sklavenhalter-Gesellschaft, Feudalismus, Kapitalismus, Sozialismus, Kommunismus. Ihn interessieren die Produktionsverhältnisse und die Möglichkeiten von Produktivkraft-Entwicklung.

Das ist zugleich die materialistische Neu-Konzeption der Herr/Knecht-Dialektik bei Hegel. Die arbeitende im Unterschied zur herrschenden Klasse erzeugt den gesellschaftlichen Reichtum und eignet sich durch die Auseinandersetzung mit Natur Kompetenzen an. Sie entwickelt durch Arbeit ihre Fähigkeiten und Bedürfnisse und stellt damit die Bedingungen für ihre eigene Befreiung her. Sie entwickelt die Produktivkräfte – das Wissen und Können, um die notwendige Arbeit zu erledigen. Entwicklung der Produktivkraft meint dabei nicht nur etwa technischen Fortschritt, sondern auch die Entwicklung der menschlichen Bedürfnisse. Sobald die Produktionsverhältnisse – durch bornierte Herrschaft, durch Eigentumsverhältnisse, weil die Arbeitsteilung und damit die Koordinationsbedürftigkeit der Produktion den Einzelbetrieb überschreitet – die weitere Entwicklung der Produktivkräfte hemmen, werden sie anachronistisch, zu Fesseln, die es zu „sprengen“ gilt.

Soweit wir uns rein auf die Entwicklung der Produktivkräfte beziehen, hat das die Implikation, dass Befreiung auf lange Sicht kaum aufzuhalten sein wird. Mit dem Kommunismus wäre dann auch die Dialektik von Befreiung und neuer Herrschaft stillgestellt. Das ist ein Entwurf einer Produktionsweise, die ihre Produktionsverhältnisse den jeweiligen Entwicklungen der Produktivkraft anpassen kann. Herrschaftsgeschichte wird damit endlich gemacht, oder anderes formuliert, die proletarische Revolution wäre das Ende der Vorgeschichte, die Menschheit könnte in die Geschichte eintreten.

Klassenkampf

Bei Marx findet sich als zweite Vorstellung die von Revolution. Nach der vollendeten bürgerlichen Revolution wird die proletarische möglich. Erst mit dem Kapitalismus und dem bürgerlichen Staat, der das kapitalistische Eigentum absichert, sind die Möglichkeiten für die Konzentration des Kapitals und die Verelendung des Proletariats in den Krisen der Kapitalreproduktion geschaffen worden.

Das zweite Modell ist also das des Klassenkampfs: Stichworte dafür sind „Verelendung“, sinkende Profitraten und damit verstärkte Ausbeutung, die klassenbewusstseinsbildend wirken können. Historisch ist das keine ganz einfache Annahme. Aus der Aufstandsforschung ist bekannt, dass Aufstände kaum von den ganz Armen gemacht werden, die eher damit beschäftigt sind zu überleben. Dazu kommt, dass die herrschende Klasse über weitreichende Ressourcen verfügt, ihre Interessen durchzusetzen. Aufstände werden militärisch beantwortet, mit Niederknüppeln hat das nichts mehr zu tun: die Reaktion schießt scharf.

Besonders in seinen Untersuchungen zu den *Klassenkämpfen in Frankreich* (1850) und auch in *Der achtzehnte Brumaire …* differenziert Marx die Idee von zwei antagonistischen Klassen, die sich feindlich gegenüberstehen, aus und weist auf Interessenkonflikte zwischen den herrschenden Fraktionen hin, aber auch auf Zwischenklassen wie das Kleinbürgertum und besonders die Bauern. Für die Bedingung der Möglichkeit von Klassenkämpfen, also Revolutionen ist es entscheidend, wie aus den „Klassen an sich" Klassen „an und für sich" werden, sie also Klassenbewusstsein entwickeln und sich organisieren. An der Stelle ist dieses Befreiungsmodell mit der Entwicklung der Produktivkräfte verbunden, der objektive Klassenantagonismus entsteht dann, wenn die jeweilig herrschende Produktionsweise die weitere Entwicklung der Produktivkräfte hemmt. Damit ist aber auch die Möglichkeit des „Klassenkampfes von oben" gegeben. Dass sich auch die herrschende Klasse organisiert, ist Gegenstand seiner Analyse der Konterrevolution im nachrevolutionären Frankreich.

In *Der achtzehnte Brumaire …* ist nachzulesen, dass es den Herrschenden gelingt, „die da unten" zu spalten. Da ist einerseits das Lumpenproletariat, das leicht käuflich ist (und sich Solidaritäten nicht leisten kann), da sind andererseits die Parzellenbauern, die als „Eigentümer" adressiert werden, obwohl ihr Eigentum kaum ausreicht, die Familie zu ernähren, und die daher vermeintlich andere Interessen verfolgen als das städtische Proletariat. Dass aufgrund der *objektiven* Interessenlage Koalitionen mit dem Proletariat angebracht wären, ändert nichts daran. Die Parzellenbauern leben vereinzelt auf dem Land, sind nicht organisationsfähig und in der Lage, ihre Interessen zu klären, daher lassen sie sich – populistisch – alles mögliche einreden.

In diesem Modell ist jedenfalls keinerlei Notwendigkeit mehr einbaut, dass Befreiung stattfinden müsste. Aus der historischen Entwicklung des Kapitalismus wissen wir inzwischen zudem, dass dem Kapital ganz andere Dinge einfallen, als auf sinkende Profitraten immer nur mit Verelendung zu reagieren. Stichwort dafür sind „der wohlhabende Arbeiter" oder die „Verbürgerlichung des Proletariats" als Umschreibungen dafür, dass der Arbeiterschaft im Fordismus der relativ hohe Lohn durch Massenkonsum, der den Eindruck von Wohlstand und Freiheit gibt, wieder abgenommen wird. Auch eine Politik der Angstmache wie im Neoliberalismus und insgesamt Klassenspaltungen sind ein probates Mittel, um Klassenkämpfe zu verhindern. Klassisch sind nationalistisch-rassistische Spaltungen oder die durch kleine Privilegien (Angestellte). Dazu gehört auch die Idee, die Lohnabhängigen durch Kleinaktien oder, wirksamer, die Aktienabhängigkeit der Altersversorgung, oder, noch wirksamer, durch das Eigenheim (und die damit verbundenen Schulden) in eine widersprüchliche Interessenlage zu bringen. Am wirksamsten ist freilich die Regulation des Arbeitsmarktes so, dass die Konkurrenz um die Arbeitsplätze mögliche Solidarisierungen verhindert. Das geschieht durch betriebliche Rationalisierungen, durch Arbeitskräfte-Import und durch räumliche Ausweitung der Produktion und damit des Arbeitsmarktes. Auf der Arbeitskraft-Seite muss gegen alle diese Manöver die schwierige Solidarität großer Zahlen von potentiellen Konkurrenten hergestellt und „moralische Empörung" über einen Zustand organisiert und wachgehalten werden, der offensichtlich allem widerspricht, was einem Menschen und einem Arbeiter „zusteht". Auch im Klassenkampf sind die Ressourcen zwischen Kapital und Arbeit nicht gerade gleich verteilt.

Das Modell von Klassenkampf impliziert jedenfalls einen ungewissen, historisch kontingenten Ausgang und Lernprozesse auf beiden Seiten. Die herrschende Klasse verteidigt den Status Quo mit allen Mitteln und Erfindungen, die sie zur Verfügung hat, und setzt ebenso energisch ihren jeweiligen „Fortschritt" durch. Wer in diesen Auseinandersetzungen was erreicht (und für wie lange), lässt sich nur retrospektiv sagen.

Entfremdung

Bei Marx findet sich noch ein drittes Befreiungsmodell. Seine Theorie der „Entfremdung" beschreibt, dass durch die kapitalistische Organisation von Arbeit, dadurch dass Arbeitskraft selbst zur Ware wird, die Erfahrungen in Auseinandersetzung mit der Natur und mit den Gegenständen der Welt, die notwendig wären, um sich die Kompetenzen anzueignen, die Herrschaft überflüssig machten, von ebendieser Herrschaft verhindert werden. In diesem Modell wird der Herrschaft ziemlich viel zugetraut, Befreiung wird eher unwahrscheinlich, im Extrem ist die Herr/Knecht- Dialektik außer Kraft gesetzt.

In der Kritischen Theorie ist dieses „schwächste" Modell von Befreiung, ist Entfremdung / Verdinglichung / Instrumentalisierung, und wie sie herrschaftlich hergestellt wird, der Ausgangspunkt des Nachdenkens.

Dialektik der Aufklärung

Das Grundmodell von Horkheimer und Adornos *Dialektik der Aufklärung* ist, dass Befreiung neue Herrschaft hervorbringt, Aufklärung zur Herrschaft wird, die Möglichkeit von Befreiung mit der Erfindung von immer neuen Herrschaftstechniken einhergeht.[1] Horkheimer und Adorno sahen kein gesellschaftliches Subjekt für eine grundsätzliche Umwälzung der Produktionsweise: Die Arbeiterschaft ist vereinnahmt, die Studentenbewegung, zu der es eine durchaus wohlwollende Grundhaltung gibt, wird wegen ihres „blinden Aktionismus" scharf

1 Vgl. dazu ausführlich Steinert (2007).

kritisiert.[2] Lohnarbeit ist entfremdete Arbeit ohne die Möglichkeit, Erfahrungen (im emphatischen Sinn) zu machen, die Lebensweise ist herrschaftlich aufgezwungen und daher „beschädigt", die zwischenmenschlichen Beziehungen sind von Verdinglichung und gegenseitiger wie Selbst-Instrumentalisierung geprägt, die Freizeit ist kulturindustriell überformt und daher auch angepasst.

Aber: Kritische Theorie ist eine Befreiungstheorie. An den Möglichkeiten von Vernunft ist festzuhalten. In „Egoismus und Freiheitsbewegung" kontrastiert Horkheimer die wesentlich irrationale Manipulation der Massen mit Möglichkeiten der rationalen Klärung von Interessen und der damit verbundenen Politik:

> „Wenn zum Zweck irrationaler Beeinflussung die Massenversammlung geeignet ist, so entsprechen der gemeinsamen Arbeit an der Theorie, der Analyse einer gegebenen historischen Situation und den sich anschließenden Erwägungen über die einzuschlagende Politik kleine Gruppen von Einzelnen, die gemeinsame Interessen haben."

Vernunft und Individualität und die gemeinsame Verständigung von vernünftigen Individuen über ihre Interessen, Wünsche und Bedürfnisse sind die Voraussetzung von Herrschaftskritik und Befreiung.

Die herrschaftliche Verfasstheit von Gesellschaft macht kritisches, reflexives Nachdenken über Gesellschaft keineswegs unmöglich. Wie dieses Denken gesellschaftlich wirksam wird, ist freilich nicht vorauszukalkulieren. Hingegen ist die aktive Teilnahme an den intellektuellen Auseinandersetzungen, ist Intellektuellen-Politik möglich. Horkheimer und Adorno haben sich – nach 1948/49 wieder in Deutschland – an solcher Intellektuellen-Politik, vorrangig als Wissenschafts- und Wissens-Politik, aktiv beteiligt und in den 1950er und 1960er Jahren die intellektuelle Agenda zu einem guten Teil bestimmt. Befreiung aus dieser Perspektive setzt Aufklärung über Aufklärung und mit den Mitteln der Aufklärung voraus.[3]

In den Gesellschaftsdiagnostiken, die in der gesamten Nachkriegszeit über Analysen der Produktionsweise dominiert haben, ist bei aller Fortschritts-Metaphorik[4] von Fortschritt als Befreiung nichts mehr enthalten. In solchen Konzeptionen von Gesellschaft wird, grob gesagt, über Gewinner und Verlierer nachgedacht. Nicht mehr und leider auch nicht weniger. Die gesellschaftlichen Veränderungen, auf die sich solche Diagnosen stützen, sind solche der eingesetzten Produktions*mit-*

---

2 Das von ihren Gegnern lancierte Gerücht, die Kritische Theorie habe den RAF-Terrorismus gedanklich vorbereitet, ist genauso falsch wie das von „Linken" gepflegte Vorurteil, die Kritische Theorie, von Herbert Marcuse abgesehen, habe die Studentenbewegung kategorisch abgelehnt.

3 Zu den Befreiungsmodellen der Kritischen Theorie im einzelnen vgl. Resch und Steinert (2009); zu ihrer Intellektuellen-Politik Demirović (1999).

4 Von Fortschrittsoptimismus geprägt waren die Gesellschaftsdiagnostiken bis zu Ulrich Becks *Risikogesellschaft*, dann wieder in den 1990er Jahren als Konsumvielfalt und PC- und Internetboom. Seit dem Crash der New Economy 2000/01 überwiegt das Defensive, das geeignet ist, Anpassung umso nachdrücklicher einzufordern.

tel, die (un-)wichtiger werden oder von denen zumindest erfolgreich behauptet werden kann, dass das der Fall sei. Von Widersprüchen in den Produktions*verhältnissen* und einer möglichen Entwicklung der Produktiv*kraft* ist keine Rede mehr. Wenn die Produktionsmittel und wie sie sich verändern – von Grund und Boden über „die große Maschinerie" hin zu Information und Wissen –, der Dreh- und Angelpunkt der Theoriebildung sind, entspricht dem auf der gesellschaftlichen Dimension das Interesse an Statuskämpfen. Die Leute damit zu beschäftigen, ist ein ziemlich taugliches Mittel, sie davon abzuhalten, darüber nachzudenken, wie sich ein „gutes Leben" anders organisieren ließe. Befreiung wird nicht einmal mehr gedacht.

Patriarchat

Die „nicht-vertraglichen Voraussetzungen des Vertrags" sind eine geläufige Denkfigur: Damit zwei Personen einen Vertrag schließen und sich auf seine Einhaltung verlassen können, muss ihn eine dritte Instanz garantieren – im Kapitalismus der Staat mit seinem Gewaltmonopol. In diesem Sinn beruht Kapitalismus, den es ohne Privateigentum und Vertragssicherheit nicht gäbe, „in letzter Instanz" auf einem Gewaltverhältnis.[1] Ähnlich beruht die Warenförmigkeit der Beziehungen, die Kapitalismus charakterisiert, auf „nicht-warenförmigen Voraussetzungen". Wir haben sie eingangs schon benannt: die Disziplin der betrieblichen Arbeit, bürokratische Herrschaft und die patriarchale Organisation des Haushalts und der Gemeinde.

Patriarchat ist eine vielschichtige und komplizierte Form von Herrschaft, die Jahrtausende an Geschichte der Menschheit seit deren Sesshaftigkeit in der Haushalts-Produktion beherrscht hat. Es ist eine vor- und außerstaatliche Herrschaftsform, gekennzeichnet durch personale Abhängigkeiten und Verpflichtungen in einer grundsätzlich familialen Produktionsorganisation. Heute gibt es zwei populäre Verständnisse von Patriarchat: 1) Es sei eine anachronistische Herrschaftsform, die aus vorkapitalistischen Zeiten überlebt hat, und 2) Patriarchat wird mit Männerherrschaft übersetzt und beschreibt folglich die Unterdrückung der Frauen durch die Männer. Wir werden dagegen argumentieren, dass Patriarchat

---

1 Im Alltag des Wirtschaftens werden Verträge weniger wegen dieser Drohung eingehalten, sondern weil die Vertragspartner auf mittlere Sicht von einander abhängig sind und diese Beziehung nicht durch einen Vertragsbruch aufs Spiel setzen können und wollen. Die staatliche Garantie wird real vor allem für Geschäfte zwischen Fremden gebraucht – wo sie übrigens am schwierigsten zu mobilisieren ist. Ansonsten bleibt sie im Hintergrund; man handelt „im Schatten des Leviathan". Wenn Bekannte die staatliche Garantie anrufen, bedeutet das gewöhnlich das Ende der Beziehung – oder anders herum: Man braucht sie, um die Beziehung zu beenden.

zu den *notwendigen* Widersprüchen im Kapitalismus gehört, und dass die Herrschaft weniger über die Frauen, als über die nächste Generation ausgeübt wird.

Die Struktur von patriarchaler Herrschaft: Der Patriarch, seine Frau, ihre Arbeiter und Krieger, die verheiratbaren Töchter und die sich selbständig machen

Bei den sesshaften Produktionsweisen wird der Boden zu einem Produktionsmittel, das bearbeitet wird – es wird in den Boden (und in die Herde) Arbeit investiert, deren Ertrag erst später genossen werden kann. Damit entsteht die Notwendigkeit, die Verfügbarkeit des Bodens über Zeit, den Zugriff auf ihn und das Produkt, das die Arbeit an ihm zeitversetzt hervorbringt, zu sichern. Eine gewisse Technologie des Speicherns von Nahrungsmitteln für den Zyklus von einer Ernte zur nächsten ist notwendig vorausgesetzt. Die freie Zirkulation von Paarungen und Kindern, wie sie für Jäger-Gesellschaften beschrieben wird, ist bei Sesshaftigkeit unwahrscheinlich. Es entsteht Hauswirtschaft nach dem Patriarchats-Muster.

Raub und Eroberung und damit die Erfindung der „Institution Krieg" sind in der Organisation von Hauswirtschaft und Patriarchat angelegt, insofern notwendig eine Männerhorde von Brüdern entsteht, die nicht nachfolgen können und daher ausschwärmen müssen. Dass sich einer von ihnen zum Krieger-Häuptling aufschwingt und damit eine Räuber- und Eroberer-Bande anführt, ist eine nicht ganz unwahrscheinliche Möglichkeit, die sich daraus ergibt. Zivilisiertere Möglichkeiten sind a/der allein herumziehende Held, den wir aus den Rittersagen kennen: Er erschlägt Drachen und rettet Jungfrauen und macht sich damit an fremden Höfen beliebt, an die er im glücklichen Fall aufgenommen wird, bis hin zur Einheirat; b/der Austausch der jungen Männer zwischen verschiedenen Höfen und ihre dort stattfindende Erziehung zu Dienstleuten, samt Aufnahme in die dortige Krieger-Truppe. Sobald Krieg als Institution eingeführt ist, wird das selbsttragend, weil jede Herrschaft ihre Krieger-Truppe haben muss, der Patriarch selbst auch Krieger-Häuptling zumindest gewesen sein[2] und gut aufpassen muss, dass

2 In allen Mafia-Geschichten kommt das vor, dass der alte Pate den jungen Krieger noch einmal auch kämpferisch in die Schranken weist,

er seine jungen potentiellen Krieger-Häuptlinge gut beschäftigt[3] und zugleich abhängig hält.

Auch im Feudalismus mit der de-zentralen Herrschaft und der Subsistenz-Produktion der freien Bauern und Handwerker, mit dem Schutz-und-Treue-Verhältnis, dominiert Patriarchat als Herrschaftsform. Erst im Absolutismus, wenn Herrschaft und Verwaltung zentralisiert werden, werden die lokalen Clans, die sich aus Patriarchen zusammensetzen, zerschlagen. (Diamond 1971)

Der Patriarch und die Frau des Patriarchen verfügen über die Produktionsmittel und organisieren die Produktion nach verwandtschaftlichen Abhängigkeiten, ebenso erfolgt die Beteiligung am Ertrag (in der bäuerlich/kleinbürgerlichen Produktionsform finden wir das Modell am deutlichsten vorgeführt).

Der Patriarch und die Frau des Patriarchen haben drei zentrale Verpflichtungen:

* *Produktion*, genauer: Organisation derselben, dazu gehört die Verfügung über die Produktionsmittel, möglichst ihre Erweiterung, aber auch Wissen und Autorität zur Anleitung von guter, sachgerechter Arbeit und zur Durchsetzung einer nützlichen und fairen Arbeitsteilung, schließlich Verteilung und Wiedereinsatz des Erwirtschafteten;
* *Prokreation*: Erzeugung (physisch und moralisch) zumindest der legitimen Erben und Nachfolger (bei Patrilokalität wird die Nachfolgerin der Frau des Patriarchen zugeheiratet), besser einer ganzen Kinderhorde von Arbeitskräften, Kriegern und Personal für Heiratspolitik;
* *Protektion*: Schutz des Besitzes und der Familie vor kriegerisch/räuberischen Übergriffen, aber auch vor den Folgen von natürlichen oder wirtschaftlichen Wechselfällen (Krankheit, Alter, Katastrophen, Unfälle, Konkurrenz, Konjunkturen).

Patriarchat ist, wie sich schon aus diesen Aufgaben ablesen lässt, nicht primär eine Herrschaftsform zur Unterdrückung von Frauen durch Männer. Es geht genauso um die Herrschaft von Männern über Männer und von Alten über Junge. Die Position der Frau des Patriarchen ist stark: Er kann sich ohne sie allenfalls im hohen Al-

---

auch in den Ritter-Geschichten immer wieder einmal – sonst braucht er eine ergebene Leibgarde, die das notfalls für ihn tut.

3 Womit wohl? Jagd und Schaukämpfe allein werden auf Dauer nicht ausreichen.

ter weiter halten. Die untergeordneten Männer sind viel ersetzbarer: Sie können notfalls (als Arbeiter und Krieger, nicht der Älteste als Nachfolger) zugekauft und kooptiert werden. Das gilt ähnlich für die untergeordneten Frauen: Sie sind als Arbeitskräfte ersetzbar, nicht aber als Bräute, über die Beziehungen zwischen den Familien hergestellt und befestigt werden können.

Auf der nächsten Stufe der Hierarchie, in der Geschwisterhorde (der Gruppe der untergeordneten, meist jüngeren Männer und Frauen), sind folgende Positionen zu unterscheiden:

* der designierte Nachfolger (und seine unmittelbaren Konkurrenten – siehe Esau und Jakob);
* die Männer ohne Aussicht auf die Patriarchenposition:
  – sie können als Krieger (im kriegerischen Männerbund) noch versuchen, einen Besitz zu erobern (neues Land erschließen, einen Patriarchen stürzen und seinen Platz einnehmen);
  – oder sie können Knechte bleiben (im günstigeren Fall Verwaltungsknechte, im ungünstigeren Fall Arbeitsknechte);
  – oder die zweigen seitlich ab in Priester-, Künstler- und Narren-Positionen;
* die verheiratbaren Frauen (mit Aussicht darauf, Frauen von Patriarchen zu werden, und in Heiratspolitik einsetzbar)
* und die unverheiratbaren (wozu sie sich auch selbst machen können),
  – die selbstständig werden (Abenteurerinnen, Unternehmerinnen, Künstlerinnen, Gelehrte)
  – oder Mägde bleiben
  – oder in Frauengemeinschaften (z.B. Klöster) gehen.

In dieser Arbeitsorganisation des „ganzen Hauses" können der Patriarch und seine Frau Gehorsam und Ehrerbietung verlangen, die aber ihrerseits davon abhängig sind, dass sie ihre Aufgaben erfüllen. Die Dramen des Patriarchats entstehen aus Versagen gegenüber diesen Pflichten, oft durch Bevorzugungen einzelner Geschwister. In den Märchen ist es regelmäßig die Stiefmutter, also die zweite Frau des Patriarchen, die solche Unordnung verursacht. Der „klassische" Patriarchats-Konflikt ist der mit dem Nachfolger, also das Ödipus-Drama. In der banalen Form dreht es sich nur darum, dass der Patriarch nicht rechtzeitig „abdanken" und „den Hof übergeben" kann. Komplizierter wird das Drama durch Eifersucht um die Zuneigung der Mutter. Es wird häufig übersehen, dass die Aggression ebenso vom Patriarchen wie von seinem (verhinderten) Nachfolger ausgehen kann. (Die klassische Ödipus-Geschichte beginnt damit, dass der Vater Laios den Sohn töten lassen will.) Die jüngeren Söhne, die nicht nachfolgen können, haben ohnehin eine schlechte Position und müssen nach einer Dienst-Zeit das Haus verlassen. Die verheiratbaren Töchter haben die schwächste Position, weil sie gezielt zur möglichst günstigen Erweiterung des Clans und seines Besitzes und Einflusses eingesetzt und dafür vorbereitet werden. Die größten Konflikte ergeben sich hier in der Phase der Auflösung des Patriarchats-Modells, wenn die Töchter sich selbständig machen, ihren Partner selbst wählen und die Familie verlassen wollen.

Staat als Patriarchat

Zur Gesellschafts- und Staats-Organisation verallgemeinert sich das Patriarchats-Modell im Zusammenschluss der Patriarchen, um gemeinsam in der Gemeinde die Rahmenbedingungen zu sichern und zu verbessern,

- in gemeinsamer Infrastruktur und
- gemeinsamer Abwehr von äußeren Gefährdungen (Natur und Feinde), auch von Herrschaftsansprüchen
  etwa von Monopolisten
  oder von früher Dagewesenen, darunter
    Ureinwohnern (die der feindlichen Natur zugeschlagen werden)
    oder ersten Kolonisatoren, die niemand mehr zuwandern lassen wollen,
    oder von nächsten Eroberern.

Für die USA ist die Entstehung des Staates aus dem Patriarchat besonders deutlich, deutlicher als in Europa. In einem der klassischen Kulturindustrie-Produkte, dem Hollywood-Western, den man als Heimatfilm der USA verstehen kann, ist das besonders festgehalten und um die Welt verbreitet worden: Gesellschaft beginnt mit den patriarchalen Siedler-Haushalten, die sich zu einer Gemeinde zusammenschließen – in der gegenseitigen Anerkennung der Patriarchen als Gleiche und als Gemeinschaft zur Verteidigung gegen eine feindliche Natur (der die Eingeborenen zugeschlagen werden) und mögliche Eindringlinge. Der Staat ist fern und wird nach dem Modell der Republik von Klein-Patriarchen gesehen, die sich gegen äußere Feinde zusammenschließen (und im Zweifel einen Pistolenhelden engagieren, der Recht & Ordnung wiederherstellt).

Der Western ist die Darstellung aller Varianten dieser patriarchalen Demokratie, die durch Kapitalismus bedroht ist: Monopole enteignen Klein-Patriarchen, es entstehen Lohnarbeits-Patriarchen, denen die wirtschaftliche Grundlage fehlt – oder alle geraten in die Position von Knechten. Das amerikanische Staatsdenken ist von der familialen und kommunalen Landnahme bestimmt: In Amerika wurde das Ideal des Klein-Patriarchen festgehalten, auch als Arbeitskraft-Unternehmer, alles andere wäre „Lohn-Sklaverei".

Das europäische Staatsdenken folgt einem anderen Modell: Die vorgängig vorhandene, von Gott eingesetzte Zentralmacht „belehnt" die nächste Schicht von Patriarchen und so weiter durch die ganze Hierarchie, an deren Ende Leibeigenschaft, also tatsächlich etwas wie Sklaverei steht. Die Klein-Patriarchen sind immer schon abhängig und in der Entstehung des bürgerlichen Staats wird an der Auflösung von Patriarchat durch den staatlichen Durchgriff auf das Individuum mit seinen individuellen Rechten gearbeitet. Europäisch ist die moderne Staatsbürgerschaft weniger durch den Zusammenschluss der autonomen Patriarchen, als von der Geschwisterhorde (also dem Zusammenschluss der Enteigneten) geprägt. Das bürgerliche Denken in einem Staats- und Gesellschafts-Vertrag wird überlagert vom Denken der Unterworfenen und Machtlosen in Rechten und Ordnungen, von denen die Herrschaft vorhersehbar und Gleichbehandlung einklagbar gemacht werden soll. (Radikalisiert entsteht Befreiungsdenken – aus der bürgerlichen wie aus der proletarischen Position –, in dem Abbau und Abschaffung von Herrschaft, nicht nur ihre günstige Ordnung, auf dem Programm steht.)

Das unmögliche Patriarchat und seine Reproduktion

Real geht es dem Patriarchat in unseren Breiten schon ziemlich lang ziemlich schlecht. Horkheimer und seine Gruppe zum Beispiel diagnostizierten schon 1936 in den *Studien über Autorität und Familie* den Niedergang der väterlichen Autorität und damit des bürgerlichen Individuums. Grund dafür war damals klar sichtbar die Zerstörung von Unternehmertum und Selbständigkeit. Daran ist bis heute nichts besser geworden.

Andererseits: So schlecht geht es ihm auch wieder nicht. In der Oberschicht, dort, wo dank reichlich Vermögen und Einkommen die Welt in Ordnung ist, erweist sich auch eine patriarchale Familienform mit Hausfrau und Mutter als lebbar und als ein Arrangement, das zur einigermaßen Zufriedenheit aller Beteiligten einigermaßen funktioniert. (Vgl. Böhnisch 1999)

In der Politik hat die Popularität der patriarchalen Familie ohnehin nur vorübergehend ernsthaft gelitten. Neuerdings ist der kleine Selbständige sogar wieder besonders beliebt – als Ich-AG und allgemeiner als Arbeitskraft-Unternehmer, zu denen möglichst alle Arbeitslosen werden sollten. Und völlig ungebrochen beherrscht Patriarchat unsere Unterhaltung: Praktisch alle Geschichten, die wir uns zur Unterhaltung erzählen und erzählen lassen, finden in einem Rahmen von Patriarchat statt. Je weiter wir uns von der gelebten Realität entfernen und uns den Phantasien überlassen, desto mehr sind wir im Reich des Patriarchats.

Real geht es dem Patriarchat dort schlecht, wo die wirtschaftliche Grundlage dafür fehlt – und das ist fast überall unterhalb der genannten Oberschicht. Das liegt nicht nur daran, dass dem Patriarchat diese wirtschaftliche Grundlage der Selbständigkeit entzogen wird. Ebenso wichtig ist, dass Patriarchat und der Anspruch darauf sich in Positionen ausgeweitet haben, die dafür nicht gedacht waren und nicht geeignet sind: vor allem ins (gehobene) Proletariat. Mit dem Industrie-Proletariat ist die wirtschaftliche Grundlage für eine Haushaltsform entstanden, der Patriarchat nicht entsprach. Engels (1884) hat das beschrieben: Die „freie" Lohnarbeiterschaft wäre endlich, weil eigentumslos, frei gewesen für eine freie Assoziation der Liebenden. Stattdessen entstand sehr schnell das „Arbeitnehmer-Patriarchat" (Pinl 1977): teils selbstgewählt, weil es das einzige verfügbare Modell von Haushalt war, teils von paternalistischer Betriebs- und Sozialpolitik aufgedrängt, weil es als ideale Disziplinar-Organisation erkannt wurde. Der kleine Schönheitsfehler war, dass ihm die wirtschaftliche Grundlage fehlte. Der als patriarchal behauptete Haushalt konnte von dem Mann, der sich zu seinem Oberhaupt aufschwang, weder geleitet noch ökonomisch gesichert werden. Die Kinder waren in diesem Haushalt immer eher ein Kostenfaktor und keine erwünschten Mitarbeiter. Die wirtschaftliche Grundlage war von Anfang an strukturell falsch, nicht nur ungenügend. Bei jedem Konjunktur-Abschwung bricht ihre mühsame Balance in Arbeitslosigkeit völlig zusammen. Wir haben es mit etwas zu tun, das wir wahlweise als „Schein-" oder als „Schrumpf-Patriarchat" benennen.

Das ändert wenig daran, dass die entsprechenden Verpflichtungen und Wünsche beiden Geschlechtern, besonders aber den Männern, nach wie vor beigebracht werden. Eine Familie erhalten zu können, gilt immer noch als „männliche" Aufgabe, auch wenn zugleich akzeptiert ist, dass es ohne das zweite Einkommen der Frau, das aber als „Ergänzung“ verstanden wird, nicht geht. Wenn die „Unfähigkeit“ dazu unausweichlich sichtbar wird, wie bei längerer Arbeitslosigkeit, ist das eine tiefe Kränkung von Männlichkeit und kann viel schwerer als von Frauen als ein rein praktisches Problem bearbeitet werden. Was sich offenbar im Zug der „verlängerten Jugend“ (die man, wie es etwa Barber 2007 tut, auch als Infantilisierung sehen kann) gegenüber den Idealen des „guten Patriarchen“ in den Vordergrund schiebt, sind die Bilder von den „erfolgreichen Kriegern“, vom Macho-tum des biertrinkenden Fußball-Fans bis zu dem des nervenstarken Börsen-Brokers. Man sollte auch nicht vergessen, dass die gewalttätige Krieger-Männlichkeit (im Auftrag eines größeren Ganzen, nicht so sehr auf eigene Rechnung) immer noch hoch geschätzt und staatlich vermittelt, also den Soldaten aufgezwungen wird.

Barbara Ehrenreich (1983) hat beschrieben, dass die Männer schon in den 1950er Jahren beginnend die Versorger-Verpflichtung zurückwiesen und die bis dahin kurze Phase des gut verdienenden Junggesellen wenigstens in der Phantasie zu verlängern suchten. Die Frauen haben sich seither, nicht zuletzt in der Bildungsreform der 1960/70er und durch ihre Bildungsvorteile, die sie zunehmend realisieren, auf diese Unverlässlichkeit der Patriarchen eingerichtet und achten klugerweise auf Selbständigkeit und eine unabhängige Karriere. In der neuen Frauenbewegung seit den 1970ern hat sich diese selbständige Weiblichkeit organisiert und ihre Forderungen erhoben und teilweise auch durchgesetzt.

Trotz einer gewissen Emanzipation der Männer (am ehesten in der Väterlichkeit) sind die Pflege-Arbeiten weibliche Verpflichtung geblieben – im Haushalt (als Geliebte, Ehefrau, Mutter oder (Schwieger-)Tochter) wie beruflich (als Kindergärtnerin, Lehrerin, Sozialarbeiterin, Kranken- oder Alten-Pflegerin bis hin zur Friseurin). Die Mehrfach-Anforderungen zwischen Haushalt und Beruf sind überall, aber besonders in der Zwei-Karrieren-Familie, für die Frauen nicht gerade geringer geworden, während den Männern die Konzentration auf „den Beruf“ oder auch nur mehr „das Geldverdienen“ eher zugestanden wird. Beide „Arbeitsvermögen“ werden in ihrer Unterschiedlichkeit nicht nur familiär, sondern auch in der Lohnarbeit gepflegt und genützt.

Wir haben es heute in jedem Fall mit einem Schein-Patriarchat zu tun, das seine Aufgaben längst an den Staat der arbeitsrechtlichen und sozialrechtlichen und familienrechtlichen Sicherungen und des Gewaltmonopols delegiert hat. Dieses Schein-Patriarchat wird nicht zuletzt deshalb weitergepflegt, weil die traditionell männlichen und weiblichen Bestimmungen von Arbeitskraft nach wie vor gebraucht werden: als Bereitschaft zur körperlichen Verausgabung, zum Riskieren von Gesundheit bis Leben, als Bereitschaft zum Pflegen und Verwöhnen, als sexuelle Attraktivität (das wichtigste Spiel-Material der Unterhaltungs-Industrie wie der Werbung aller Art), als Wunsch zum Beschützen und Versorgen. Die traditionellen Geschlechter-Charaktere sind im Uni-Sex der universellen Lohnarbeiterschaft in komplette Austauschbarkeit und Konkurrenz aufgelöst *und* zugleich als Arbeitskraft-Qualifikationen unersetzlich. Die private Brutpflege ist nach wie vor (bei aller staatlichen Skepsis ihren Ergebnissen gegenüber, die man durch Schule, Gefängnis und Psycho-Dienste zu steuern und zu korrigieren versucht) die kostengünstigste Organisationsform. Die Rolle der Familie als Arbeitsmarkt-Puffer wie als Konsumeinheit liegt auf der Hand. Ebenso, dass das alles gut mit persönlichen Bedürfnissen zu verbinden ist, die sich in solcher Privatheit ausleben lassen.

Neoliberal wird die patriarchale Produktionsgruppe noch einmal besonders interessant, um das Arbeitskraft-Unternehmertum, die mobile, flexible, für den Betrieb anspruchslose Organisationsform der Arbeitskraft, auf die wir hinarbeiten, zu stützen oder überhaupt zu ermöglichen. Das obsolete Schein-Patriarchat wird also von vielerlei Interessen gestützt und (mehr oder weniger mühsam) aufrechterhalten. In der neoliberalen Produktionsweise sind patriarchale Verpflichtungen besonders gute Angriffspunkte zur Konstruktion und Stützung der neuen Organisation von Arbeitskraft.

Die Unersetzbarkeit von Patriarchat für das Gefühlsleben im Kapitalismus

Kapitalismus bringt keine guten Geschichten hervor. Die abstrakten Prinzipien von Warenförmigkeit, Markt, Konkurrenz, Ausbeutung und Kapitalvernichtung produzieren Bilanzen und andere Zahlenkolonnen, von denen man nicht nur „nicht abbeißen kann", wie der Volksmund weiß, sondern aus denen sich auch keine emotional ansprechenden Erzählungen machen lassen, die man gern hören und weitergeben würde. Man kann kapitalistisches Wirtschaften ein wenig erzählenswerter machen, indem man es als Bandenkriege darstellt. Deshalb ist die Mafia, die Familie, Geschäft und Krieg verbindet, eine so großartige Erfindung. Deshalb sind an den derzeitigen Vorgängen auch die „feindlichen

Übernahmen“, die rücksichtslosen Entlassungen durch überbezahlte Manager und die „Gier“ der Finanz-Jongleure das, womit sich Kapitalismus gerade noch, mühsam genug, veranschaulichen und ein wenig emotional ansprechend (also: abstoßend) machen lässt. Die guten Geschichten brauchen die Verbindung zu den patriarchalen Verstrickungen.

Die kulturell zirkulierenden Erzählungen handeln vom Patriarchat und seinen Gefühlskonstellationen: von der Konstitution von Gesellschaft durch die gegenseitige Anerkennung der Kleinpatriarchen, von den innerfamiliären und davon abgeleiteten Konflikten und Gefühls-Komplikationen der Zuneigung und Eifersucht, der Zugehörigkeit und der Befreiung, der Verpflichtung und der Ehre, Anerkennung und Verachtung, des Kampfes um das, was einem zusteht und vorenthalten wird, natürlich immer wieder von der Krieger-Position und ihrer Einsamkeit, vom verlorenen Sohn und wie er wieder aufgenommen wird, bitterem Konflikt und großzügiger Versöhnung, Versagen und Erfolg in den Augen der enttäuschten oder stolzen Eltern. Kulturindustriell wird das heute im Kino (nachdem uns die „psychologischen“ Filme der 1950er wie *East of Eden* – Elia Kazan 1955 – oder *Cat on a Hot Tin Roof* – Richard Brooks 1958 – peinlich geworden sind) konzentriert an diesen merkwürdigen Einwanderer-Familien und ihrem ebenso überhitzten wie komischen und neidvoll-sentimental besichtigten Innenleben dargestellt. (Ein überraschend erfolgreiches Exemplar davon war *My Big Fat Greek Wedding* – Joel Zwick 2002.)

Für große und komplizierte Emotionen und daraus folgende dramatische Verstrickungen reicht die Nüchternheit und Rechenhaftigkeit von warenförmig organisierter Vergesellschaftung nicht aus. Kapitalismus pur ist einfach langweilig.

Kapitalismus hat mit der Freistellung des Haushalts von Produktionsaufgaben und der zugehörigen Erfindung des „Individuums“ einen „Privatbereich“ geschaffen, in dem die Gefühle sentimentalisiert und ausdifferenziert werden konnten. Man kann annehmen, dass das, was Thomas Hobbes dem Naturzustand zuschreibt, jedenfalls für die von Krieg und kriegerischen Übergriffen geprägten feudalen Zustände galt: dass das Leben der Menschen „solitary, poor, nasty, brutish, and short“ war. Und wenn man Norbert Elias (1939) trauen kann, waren starke Gefühlsausbrüche, also Angst, Begierde und Wut, bestimmend. Krieger müssen ihre Wutfähigkeit kultivieren, Untertanen ihre Unterwerfung. Im Produktionsbereich „Haushalt“ gibt es wenig Grund und Anlass, in Gefühlen zu schwelgen. Das war allenfalls religiösen Enthusiasmen, nicht zuletzt den Zerknirschungen aus Anlass der Beichte oder an ihrer statt vorbehalten. Erst als „Privatbereich" organisiert die patriarchale Struktur die komplizierten Gefühlsbeziehungen, die von der Psychoanalyse erforscht und beschrieben wurden.

Zweifellos ist warenförmige Verwertung dieses interessanten Gefühlslebens naheliegend. Die Dichter und Denker haben damit angefangen und es in ihren Entwicklungs- und Liebesromanen zugleich entwickelt und zur Unterhaltung (also phantasierten Ersatzbefriedigung) verkauft. Von dort haben es die psychologischen Wissenschaften übernommen und fordistisch das Gefühlsleben besonders in der Werbung instrumentalisiert. Ganze Produktionszweige haben sich angeschlossen und Ausstattung und Kulissen für die sentimentalisierten Gefühlsbeziehungen zwischen Eltern und Kindern (pädagogisches Spielzeug, Kinderbücher), zwischen Verliebten (Tanzlokale, Cafés), zwischen Eheleuten (Urlaubsreise), in neuerer Zeit zunehmend kruder zwischen Sexualpartnern (tiefer Ausschnitt, Hot Pants; teures Cabrio, antrainierte breite Schultern) zum käuflichen Erwerb angeboten. Es ist aber eine optische Täuschung, wenn daraus auf einen „emotionalen Kapitalismus" (Illouz 1997, 2007) geschlossen wird. Gelegenheit macht zwar ebenso Liebe wie Diebe, aber die Qualität der Gefühlsbeziehung wird nicht von den Kulissen und der Ausstattung festgelegt, sondern von dem sozialen Rahmen an sonstigen sozialen Verpflichtungen und Erwartungen, in denen sie ihre Bedeutung als Pflichterfüllung, trotziger Ausbruch, wildes Über-die-Stränge-Schlagen, stolzes Vorführen der eigenen Attraktivität, sozialer Aufstieg oder Sich-fallen-Lassen, schicksalhaftes Verfallensein oder Erreichen einer Bestimmung und einiges mehr bekommen.[4] Die Normen, nach denen sich unsere Gefühle richten, sind nicht die des Marktes, sondern die in der Familie gelernten Normen der Beziehung. Märkte kennen Konkurrenz und die zugehörigen

---

4 In detaillierteren Untersuchungen einzelner dieser „Gelegenheiten" wie etwa der Hochzeitsreise und besonders der nach Niagara Falls (Dubinsky 1999) wird deutlich, was ohnehin offensichtlich ist: Die Hochzeitsreise entstand, als die Hochzeit und besonders die Hochzeitsnacht „privat" wurde. Sie hat noch einmal die Bedeutung verändert, seit zunehmend Paare heiraten, die ohnehin schon zusammenleben. Der Tourismus hat sich da angehängt. Die kapitalistische Nutzung folgt der Veränderung, vor allem der geringeren öffentlichen Verbindlichkeit, der „Privatisierung" von patriarchalen Normen nach.

Gefühle von Triumph oder Beschämung bei einem guten oder einem schlechten Geschäft, aber selbst diese Konkurrenz wurde vor allem zwischen den Geschwistern gelernt und lange Jahre gelebt und geübt, bevor sich die Markt-Gelegenheit überhaupt zum ersten Mal ergab. (Die Märkte rücken den Kindern näher und suchen sie so früh – und wehrlos – wie möglich zu erreichen.) Waren werden emotional aufgeladen, indem sie als Requisiten in Gefühlsbeziehungen phantasiert werden, deren Struktur vorweg familiär festgelegt wurde.

Es ist nirgends deutlicher als in der Unterhaltung, in den Geschichten, die uns berühren und aus denen wir wiederum lernen, welche Gefühle wann verlangt werden und wie man sie darstellt, dass die Beziehungen und ihre Komplikationen nach patriarchalen Mustern strukturiert sind. Die Liebesgeschichten wie die von der Suche nach Verbrechern, von denen die Unterhaltung dieser Tage dominiert wird (sofern es nicht die reine „Action", also die Fahrt auf einer Hochschaubahn ist), handeln meist direkt von familiären Beziehungen oder sonst von Autoritäts- oder Treue-Problemen, die von dort stammen. Die Struktur der Gefühle ist – mitten in der Warenförmigkeit, die sie benützt – patriarchal.

Die kulturindustrielle Organisation unseres Gefühlshaushalts nach patriarchalen Mustern ist hoch funktional und keineswegs als rückwärtsgewandt und konservativ zu erklären. Sie gelingt auch deshalb, weil die kindlichen Erfahrungen, in denen unsere grundlegenden Gefühls-Modelle aufgebaut sind, doch immer noch Ansatzpunkte für patriarchale Konstellationen bieten. In Notzeiten und in Krisensituationen wie der Migration gewinnt außerdem die patriarchale Familie noch einmal besondere praktische Bedeutung. In der Einwanderer-Gesellschaft ist die Familie in der ersten Phase unersetzlich hilfreich – daher werden ihre Kosten in Kauf genommen. Selbst die Emanzipation von ihr kennt noch die patriarchalen Muster und bezieht sich negativ darauf. Die Unmöglichkeit, sie und die mit ihnen verbundenen Verpflichtungen wirklich zu leben, ist ein brauchbares Disziplin-Instrument und wird aufrechterhalten, weil es sich so als nützlich erweist. Der kulturindustriellen Reproduktion entspricht eine in realen Erfahrungen, zunächst der Kindheit auch in der Kleinfamilie, dann aber auch in wirtschaftlichen und gesellschaftlichen Erfahrungen allgemeinerer Art. (Dabei gibt es Verschiebungen: Die ödipale Konstellation wird weniger interessant, vielmehr gibt es als neues Muster für den ödipal entlasteten Nachwuchs die verweigernde Mutter.) Auch in politischen Nutzungen wird das patriarchale Muster bestätigt.

Einwanderung und der unverzichtbare exotische Reiz der patriarchalen Familie

Kapitalismus hat immer von Wanderungen vom Land in die (industrielle) Stadt gelebt – der Wirtschaft ist es egal, ob intern oder über Staatsgrenzen. Der ungebundene junge Mann in einem Arbeits-Camp nahe bei den Rohstoffen, das wäre die ideale Arbeitskraft gewesen – hätte es ihm nicht an Disziplin gemangelt. Kapitalismus mag tendenziell „individualisierte" Arbeitskräfte favorisieren, aber etwas längerfristig gedacht hat diese Wirtschaftsform mehr von der patriarchalen Familie, die durch Disziplinierung des Manns durch die Frau, der Eltern durch die Kindern (und jeweils umgekehrt) für eine zuverlässige Belegschaft sorgt – und fördert und pflegt sie daher.

Derzeit blüht die „Individualisierung" mitsamt ihren Problemen besonders in den akademisch gebildeten Mittel- und Oberschichten von (Kapital- wie Staats-)Verwaltern und freien Berufen. Die „Zwei-Karrieren-Familie" hat hohe Kommunikations-, Transport- und menschliche Kosten, Kinder sind ein fast unerschwinglicher Luxus, besonders für die hoch gebildete Mutter und ihre Karriere. Neoliberale Regierungen machen sich Sorgen über die niedrige Geburtenrate.

Anders als in der Oberschicht, wo das Patriarchat immerhin eine solide finanzielle Basis hat, ist es in der Mittelschicht nur eine bröckelnde Fassade. Die Frauen der Mittelschicht haben keinen guten Grund, sich auf Patriarchat und Ehe zu verlassen, und haben (daher) die individualisierte Konkurrenz erfolgreich aufgenommen. In allen gebildeten Tätigkeiten, die sie angehen, sind sie den Männern an Verstand, sozialem Geschick, Entschlossenheit und Verbindungen gleichwertig, wenn nicht überlegen. Es mag in den Statistiken noch nicht durchschlagen, aber Frauen glauben zunehmend weniger an das Märchen, sie könnten „einen Millionär heiraten", eher schon daran, sich von einem scheiden zu lassen, besonders aber daran, selbst Millionärinnen zu werden.

Familie und Patriarchat sind eher in der Arbeiterklasse hohe Werte, wo das Patriarchat freilich noch weniger wirtschaftliche Basis hat. Aber hier springt die Zuwanderung ein: Einwanderer haben noch Großfamilien, sie arbeiten gern mit „Ihresgleichen", am liebsten mit Familienmitgliedern, die als einzige so hart, ausdauernd und billig schuften, wie es für das Überleben des Familien-Unternehmens nötig ist. Und sie haben diesen großartigen Familiensinn, sie halten zusammen – und sie haben Kinder, die ihrerseits nach der guten, alten ödipalen Psychologie funktionieren und es daher ehrgeizig „zu etwas bringen" wollen – es ist eine Freude mitanzusehen.

Die Einwanderer-Familie stellt einen Grund-Baustein von kapitalistischem Wirtschaften dar: den Familienbetrieb, den kleinen Selbständigen. Das entspricht der reinen Form von liberalem Kapitalismus, noch nicht verdorben von Monopolen und internationalen Konglomeraten. Sein Ideal ist eine große Zahl von kleinen Selbständigen in freier Markt-Konkurrenz, intern unterstützt von den Strukturen des Patriarchats. Im Neoliberalismus wird dieses Ideal im „Arbeitskraft-Unternehmer" wiedererweckt, der Art von Arbeitskraft-Organisation, die diese Produktionsweise heute braucht.

Das Filmgeschäft würde uns die Freude am Besichtigen der merkwürdigen und komischen Einwanderer-Familien nie vorenthalten. (Es versorgt uns damit in den „ethnischen Filmen", aus jüngerer Zeit neben dem oben erwähnten *My Big Fat Greek Wedding* etwa *Moonstruck* – italienisch, *Family Business* – irisch, *Monsoon Wedding* – indisch, *Crossing Delancey* – jüdisch, usw.) Aber dabei geschieht mehr als Lachen über Fremdes und Fremde. Diesem Gelächter ist viel Sehnsucht und Neid beigemischt. Im Film können wir die Wärme dieser riesigen, verrückten Familien mitgenießen – und uns zugleich darüber freuen, dass wir ihre Kosten nicht haben und weder der Unfreiheit durch Kontrolle und Einmischung ausgesetzt sind, noch die harte Familienarbeit tun müssen, die dazugehört. Personal und Position sind für viele verwobene und verstrickte, komische und traurige, banale und tragische Geschichten gut.

Im Gegensatz dazu wirft der individualisierte Sektor der Gesellschaft nur zwei magere Themen ab: die Karriere- und die Liebes-Geschichte, die beide in der Literatur- und Filmgeschichte ziemlich durchgearbeitet wurden. Viel ist da nicht mehr übrig, das nicht so oder so schon erzählt worden wäre. Auch ist selbst die Liebes-Geschichte ohne den komplizierenden Familien-Hintergrund nicht sehr interessant. Jetzt ist Hollywood gerade noch die Möglichkeit einer hässlichen, teuren Scheidung als Komplikation eingefallen – das ergibt weder eine richtige Liebes-, noch eine Horror-Geschichte, gerade noch ein neues Genre von Farce.[5]

---

5 Zum Beispiel *Intolerable Cruelty* (Ethan und Joel Coen 2003; dt.: *Ein unmöglicher Härtefall*).

Der individualisierte Sektor der Gesellschaft wird mit Bewunderung und Neid, aber auch Ressentiment und Zorn bedacht, die sich alle in der boshaften Scheidungs-Komödie unterbringen lassen. Aber die Geschichten über Einwanderer-Familien, das Kontrastprogramm in dieser Gesellschaft, sind weit befriedigender. Sie sind nicht nur gute Unterhaltung, sondern exemplifizieren zugleich die Werte, die uns helfen sollen, mit der harten Realität des neoliberalen Wirtschaftens und Lebens fertigzuwerden: Einwanderer-Geschichten handeln vom wirtschaftlichen, gesellschaftlichen und menschlichen Überleben in einer schwierigen Situation. Es trifft sich gut, dass diese „guten Geschichten" zugleich die richtige Moral für das gegenwärtige Stadium von Kapitalismus transportieren.

Wir haben zwei Gesellschaftsbereiche: den emanzipierten, modernen, gleichberechtigten, in dem Patriarchat vermieden wird, indem wir – mühsam genug – neue Haushaltsformen erproben; und den traditionellen, in dem rudimentäre Erfahrungen von Patriarchat tatsächlich gemacht werden und die Familie ihre Nützlichkeit oder Unausweichlichkeit erweist: ganz oben (als Interessen-Gemeinschaft) und ganz unten (als Not-Gemeinschaft) in der Gesellschaft. Den Normen – und besonders den Gefühls-Normen – des Patriarchats sind wir alle unterworfen, positiv oder negativ.

Autoritärer Kapitalismus

In den zweihundert Jahren seiner Herrschaft hat Kapitalismus immer einige wenige reich gemacht und viele arm und elend. Das unterscheidet ihn von anderen Produktionsweisen mit zugehörigen Herrschaftsregimen, besonders von Feudalismus und Absolutismus, die er abgelöst hat, nur insofern, als es bei ihm mit einem Versprechen von Wohlstand und Gleichheit verbunden ist. Vor allem aber wurde Freiheit versprochen: Kapitalismus steht in dem Ruf, eine freiheitliche Verfassung von Staat und Gesellschaft zu benötigen und sie daher herbeizuführen und historisch herbeigeführt zu haben. Kapitalismus gilt zumindest heute als Grundlage von Demokratie. Markt und Konkurrenz gelten als Ausgangspunkte der abendländischen Individualität. Kapitalismus und Freiheit, so wird behauptet, gehören zusammen.

Man muss ziemlich ungenau hinsehen, um diese Suggestion anzunehmen. Tatsächlich hat Kapitalismus sich in großen Teilen seiner Geschichte mit Sklaverei recht gut vertragen. Er wurde von Jahrhunderten an kolonialen Eroberungen, Genoziden und Ausplünderungen eingeleitet. Er hat sich (in England, den Niederlanden und Frankreich) mit blutigen Revolutionen und in blutigen Bürgerkriegen durchgesetzt. Er hat sich später mit diktatorischen Regimen wie dem Bonapartismus, aber auch dem Faschismus mehr als gut vertragen: Eher hat er sie gebraucht, um die Bevölkerung zu disziplinieren und die Wirtschaft kriegsbedingt zu fördern. Das gilt im 20. Jahrhundert noch besonders, wenn man sich von der Illusion verabschiedet, dass Staatskapitalismus, darunter vor allem der Sozialismus, der einmal real existiert hat, nicht auch eine Variante von Kapitalismus sei.[1]

---

1 Nach dem Ende des Kalten Kriegs können wir das endlich zur Kenntnis nehmen, dass Kapitalismus nicht nur unausweichlich geworden ist, sondern das im gesamten 20. Jahrhundert schon war. Das war 1917 so wenig ein Beginn wie 1989 ein „Ende der Geschichte“, nur die Etablierung einer starken Variante von Kapitalismus in einem

Die Bürger wollten Demokratie, aber sie konnten auch mit einer mehr oder weniger konstitutionellen Monarchie gut wirtschaften – und sie haben immer sorglich darauf geachtet, dass die Demokratie im Sinn von Volksherrschaft nicht „zu weit geht". Die Verfassung der Vereinigten Staaten, die Mutter aller demokratischen Verfassungen, ist ein gutes Beispiel dafür. Sie besteht in wichtigen Teilen in Regelungen, die verhindern sollen, dass der Einfluss „des Volkes", das damals ohnehin auf die wohlhabenden Männer reduziert war, zu direkt durchschlagen kann: daher das komplizierte und vielschichtige Repräsentationssystem, daher die De-facto-Eingrenzung der Wählbarkeit auf die Superreichen. Die Frage der Sklaverei wurde in der Verfassung sorglich ausgeklammert: Es brauchte einen rabiaten Bürgerkrieg, um die Sklaverei, und weitere hundert Jahre, um die an ihre Stelle getretene Apartheid abzuschaffen. Dass mit dieser mühsamen rechtlichen Bereinigung die staatliche Diskriminierung der Schwarzen nicht verschwand, zeigt jeder auch nur oberflächliche Blick in die Gefängnisstatistik der USA – von der sozialen Diskriminierung gar nicht zu reden. Dazu beruhen die USA so wie Kanada, Südamerika und Australien und die Staaten auf zahlreichen karibischen und pazifischen Inseln auf dem Genozid an der Urbevölkerung, der im Rahmen von Errungenschaften des bürgerlichen Rechts wie Menschenrechten, Schutz des Privateigentums und Vertragssicherheit vollzogen wurde. In Afrika blieb dieser Genozid, zu dem es gute Ansätze gab, unvollständig (nur die Jäger-Gesellschaften mussten ausgerottet, die Bauern konnten versklavt werden). In Asien blieb die Kolonialpolitik des Genozids weitgehend aus (es überwog ein Handels-Kolonialismus).

Zu untersuchen ist also der Zusammenhang von Kapitalismus mit Kolonialismus, mit Revolution und Bürgerkrieg, mit Diktatur und Faschismus/Nationalsozialismus. Als Gegenprobe ist es interes-

---

feudal zurückgebliebenen Großreich und einer neuen Konkurrenz in der kolonialistischen und imperialistischen Aufteilung der Welt. Nationalsozialismus und Stalinismus sind zu verstehen als spät auftretende Konkurrenten in diesem Spiel, die daher auf einen innereuropäischen Kolonialismus (Hitler) und Imperialismus (Stalin) verwiesen waren. In der Produktionsweise waren beide so fordistisch wie die USA (die sie dabei offen oder heimlich zum Vorbild hatten), nur stärker und diktatorisch, in Fortsetzung des „organisierten Kapitalismus" und der Kriegswirtschaft von 1914ff staatsvermittelt.
Kommunistischer Kapitalismus wird zur Zeit besonders eindrucksvoll von China vorgeführt.

sant, die kurzen Zeiten der Demokratie zu würdigen und nach ihren Grundlagen zu suchen. Schon der erste Überblick desavouiert ein Modell des Fortschritts zur Ausbreitung und Vertiefung von Demokratie, die halt noch nicht überall erreicht sei. Es gibt zu viele „Rückfälle“, als dass man sie noch als Ausnahmen von einer solchen Tendenz verstehen könnte. Die Tendenz besteht vielleicht gar nicht.

Kapitalismus beginnt mit der Ausplünderung von fernen Ländern

Als eine der Wurzeln von Kapitalismus gilt der Fernhandel und die dafür nötige Rechenhaftigkeit samt Kredit- und Banksystem. Venedig und die anderen italienischen Stadtstaaten der Renaissance, in denen Kaufleute-Dynastien das Sagen hatten, werden als Beleg dafür genannt. Im Nordsee-Handel sind die deutschen Hanse-Städte ab dem 13. Jahrhundert weitere Beispiele. Später folgen ab dem 17. Jahrhundert die englischen und holländischen Ostindien-Compagnien. Parallel dazu läuft freilich die Geschichte der Seehelden und ihrer Entdeckungen und grausamen Eroberungen, vor allem in Afrika und Amerika. Ebenso parallel verläuft in Europa die Geschichte der Bauernkriege, der Reformation und der großen und verheerenden Religionskriege besonders in England und in Deutschland.

Es mag also sein: Der Fernhandel, für den langwierige Expeditionen nötig waren und teure Schiffe für eine riskante Reise ausgerüstet werden mussten, verlangte Formen der Finanzierung, besonders des Kredits, die eine gewisse Rechenhaftigkeit mit sich bringen konnten. Extremes Risikokapital war es allemal, das dabei eingesetzt wurde – und dagegen hilft keine Rechnerei. Wie es gehen kann, wenn man sich verspekuliert (und dafür genügt ein Sturmtief über der Adria), wissen wir alle aus Shakespeares Geschichte über Antonio, Bassiano und die anderen Kaufleute von Venedig. In jedem Fall durften die Kapitäne der Handelsschiffe und ihre Besatzungen und diejenigen, die sich auf den langen Weg auf der Seidenstraße machten, nicht besonders streng Risiko und möglichen Gewinn kalkulieren: Sie mussten Abenteurer und Krieger sein, die nichts zu verlieren hatten. Das galt schon für den Handel im Mittelmeer mit seinen Piraten und in der Nordsee mit ihrer Witterung, viel mehr erst, als es rund um Afrika nach Indien und über den Atlantik nach Amerika ging.

Von Rechenhaftigkeit konnte wenig die Rede sein bei denen, die auszogen, um das Land Eldorado zu plündern (und die dazu manchmal hinter sich die Schiffe verbrannten), auch nicht bei denen, die in Afrika nach dem Land des Prester John suchten, um dort mit Schätzen beschenkt zu werden. Die wilde Suche nach sagenhaften Schätzen, Bergen von Gold, ganzen Städten aus Gold und Edelsteinen, immer gleich hinter der Grenze dessen, was man schon erobert hatte, bestimmte die Übersee-Expeditionen.[2] Die Berichte über die Tonnen von Gold, die von Cortez und Pisarro und ihresgleichen den dabei zerstörten hochentwickelten Zivilisationen der Azteken, Inka und Maya abgejagt und abgepresst wurden, schienen diese Möglichkeit so zu bestätigen, wie es heute die Erfolgsgeschichten von Microsoft und Google für die Goldgräber im Internet-Geschäft tun, die ähnlich unwiederholbar sind.

Eldorado ist das Schlaraffenland der Eroberer: Die hungernden Bauern phantasierten sich ein Land, wo einem die gebratenen Tauben ins Maul fliegen – eine für uns Übersättigte im Detail wie im Ganzen am Rand des Ekels angesiedelte Vorstellung. Die Phantasie von einem Land ganz aus Gold und Edelsteinen verweist auf einen analogen Hunger bei den Kriegern: nach der maß- und mühelosen Plünderung. Auszuziehen und mit so reichen Schätzen beladen zurückzukommen, dass man damit seinen eigenen Hof, seine unangreifbare Position, seine Lehensherrschaft, sein Handelsimperium begründen kann, ist der Patriarchats-Traum der Söhne nach dem Ältesten, die nicht erben können, der kleinen und Hof-Adeligen, der frühen Kolonialwaren-Händler.

Diese Phantasie zieht sich durch die Geschichte des Kapitalismus: Die Phasen von Goldrausch,[3] am bekanntesten in Kalifornien und Kanada, in Australien und in Südafrika um die Mitte des 19.

2 Vgl. zum Kolonialismus etwa Todorov 1982, Osterhammel 1995, Hochschild 1998, Speitkamp 2005.

3 Das ist übrigens eine der vielen Fehlübersetzungen, die Eindeutschungen und Lehnwörter aus dem Englischen auszeichnen: „Gold*rush*“ bezeichnet sehr angemessen die panikartige Konkurrenz, in der solche Eroberungen geschehen. Man muss als erster in Eldorado ankommen, sonst findet man es nur mehr schon geplündert vor. Der „Gold*rausch*“ verschiebt das Gewicht von der sozialen und wirtschaftlichen Konstellation auf eine persönliche Befindlichkeit, die dazukommen mag, aber nicht entscheidend für das Geschehen ist. Auch wer völlig nüchtern teilnimmt, kann sich der Konkurrenz-Dynamik nicht entziehen. Wer sie nüchtern durchschaut, wird freilich lieber den vielen

Jahrhunderts, stellen ein Muster dar, das immer wieder und mit den verschiedensten „Schätzen" auftrat und das bis heute tut. Es ist ein Mechanismus von „ursprünglicher Akkumulation", der noch gar nicht unbedingt Kapitalismus darstellt – man könnte den gefundenen und zusammengeplünderten Schatz auch einfach verprassen und viele Goldsucher haben das mit Suff und losen Weibern, oder, wahrscheinlich häufiger, von Financiers abgezockt, auch getan. Auch wenn es der Mittelpunkt von Kapitalismus ist, Arbeitskraft einzukaufen und den Mehrwert einzusacken, so ist der „Extraprofit", den man kassiert, wenn man als erster „auf eine Goldader stößt" – die ungebrochene Popularität der Metapher ist kein Zufall –, doch zumindest ein Nebenzentrum.

Bis heute wissen die Arbeiter, dass sie es mit harter Arbeit bestenfalls zu dem „bescheidenen Wohlstand" bringen werden, mit dem sie ihren Kindern eine gute Ausbildung ermöglichen können. Für ihre Träume vom großen Geld hingegen sind sie auf Lotto und Toto verwiesen – die „Deppensteuer", die sie auch reichlich ablegen. Die Gebildeten haben als einen analogen Traum die eine Erfindung, deren Patentierung sie reich macht, oder den einen Bestseller, nach dessen Verfilmung sie ausgesorgt haben. Beide haben den Traum vom „Entdeckt-Werden", die einen mehr als Fußball-, Popmusik- und Anzieh- oder Ausziehpuppen-Stars, die anderen mehr als Künstler, Erfinder oder Welt-Erklärer bis -Retter. Die gleich direkt in Geldvermehrung und nicht in Arbeit denken, haben diese Zocker-Phantasien ohnehin zum Zentrum ihres wirtschaftlichen Handelns an der Börse und im Einsatz von Investment-Fonds gemacht. Eldorado lebt.

Sklavenwirtschaft

Die bürgerlichen Aufklärer und Revolutionäre, deren Vorbild die athenische und römische Republik war, hatten kein besonderes Problem mit der eigentlich bekannten Tatsache, dass das eine aristokratische Republik unter Ausschluss der Frauen und auf der Grundlage von Sklavenwirtschaft war. Die kriegsgefangenen Barbaren und die überschuldeten Bauern konnten selbstverständlich nicht dazugehören, die Frauen ohnehin nicht, und die „eigene" Plebs konnte auch damals schon ziemlich manipulativ eingesetzt

---

Goldsuchern, die nur verlieren können, um teures Geld die Ausrüstung verkaufen und/oder sie durch einen Kredit abhängig machen.

werden. Selbstverständlich hatte Feudalismus (nach Region und Zeit unterschiedlich, aber immer zu einem wesentlichen Ausmaß) auf Leibeigenschaft beruht – was nur aus Gründen einer europäischen Schamhaftigkeit nicht mit „Sklaverei" gleichgesetzt wird. Und selbst wenn im 18. Jahrhundert beginnend aufgeklärte Herrscher die Leibeigenschaft aufhoben, so war das erstens eher dem Machtkampf zwischen zentraler monarchischer Herrschaft und lokaler Gutsherrschaft um die Verfügung über die Untertanen und ihre Abgaben geschuldet, zweitens schloss sich daran in vielen Gebieten eine „zweite Leibeigenschaft" aufgrund der bestehenden Fronverpflichtungen an. Drittens hieß die „Freisetzung" (wie im Kapitel über die ursprüngliche Akkumulation dargestellt) zunächst und ziemlich lang Recht- und Subsistenzlosigkeit der Leute, ein Leben als Vogelfreie und Vagabunden. Und schließlich haben sich auch systematische Sklavenwirtschaft und der zugehörige Sklavenhandel in beiden Amerikas erst mit der kapitalistischen Ausweitung der Märkte und der Nachfrage in der Groß-Landwirtschaft zur Blüte entwickelt. (Vgl. etwa Blackburn 1997, Cocker 1998) Schuldsklaverei und Menschenhandel sind selbst heute, nach zwei Jahrhunderten von durchgesetztem Kapitalismus, in größerem oder geringerem Ausmaß, aber jedenfalls weit verbreitet – übrigens besonders als Migrations- und Frauenhandel auch in Europa. (Bush 2000, Bales 1999)

Definitionsgemäß ist Sklavenwirtschaft nicht kapitalistisch, weil dort ein „freies" Lohnarbeits-Verhältnis vorausgesetzt ist. Aber historisch wie zeitgenössisch ist die dominierend kapitalistische Wirtschaftsform kein Hindernis dafür, dass gleichzeitig in einem Verhältnis der Sklaverei produziert und damit sogar ein Konkurrenzvorteil erreicht werden kann. Zwangsarbeit sollte nicht nur in den Lagern Hitlers (soweit sie nicht Vernichtungslager waren) und Stalins der Wirtschaft und den staatlichen Projekten nützen, sie wurde seit der „großen Einsperrung" im europäischen Absolutismus auch Armen, Vagabunden, Kriminellen oder auch nur Waisen verordnet. Wie groß der wirtschaftliche Gewinn tatsächlich war, ist umstritten und ist auch nicht der Punkt: Der beginnende wie der entwickelte Kapitalismus konnten und können mit Ideen der Disziplinierung durch Arbeitszwang und mit geschlossenen Anstalten viel anfangen. Solche Ungleichzeitigkeiten sind ihm nur nützlich.

Die „große Einsperrung" in Arbeitshäusern, Gefängnissen und Narren-Anstalten geschah im Absolutismus, der zugleich die Technologien der Verwaltung von Flächenstaaten hervorbrachte. Kapitalismus hat sie aufgenommen und verallgemeinert. Die Disziplin der geschlossenen Anstalt, in den katholischen Klöstern entstanden, von den ohne Mauern ebenso geschlossenen protestantischen Sekten übernommen, im stehenden Heer trainiert, sollte zur allgemeinen Form der Vergesellschaftung werden. Diszipliniert arbeiten setzt(e) diszipliniert leben voraus. Das wurde in Einrichtungen trainiert, die geschlossene Anstalten waren oder ihnen entsprachen, und wer dabei oder danach den Anforderungen nicht entspricht, muss zur Strafe oder Korrektur in eine besonders geschlossene Situation gebracht werden – aus der Schule und der Fabrik ins Gefängnis und auf die Psychiatrie, wenn es dort immer noch nicht geht, in die Einzelhaft und die Absonderung. Auch die Kaserne kennt als Steigerung die Strafkompanie und das Militärgefängnis. Die Exilierungen des Feudalismus wurden im Kapitalismus von den Einsperrungen abgelöst. Die Körperstrafen wurden zunächst keineswegs abgeschafft, sondern systematisiert. In den Kodifikationen des Absolutismus wurde die Folter detailliert geregelt. Die Hinrichtungen wurden aus der Öffentlichkeit in die Heimlichkeit der Gefängnisse zurückgezogen. Selbst für das 20. Jahrhundert kann man eine „Zivilisierung" des Strafens, wie von Juristen behauptet, nicht konstatieren, ohne Nationalsozialismus und Stalinismus auszuklammern. Alle diktatorischen Systeme des 20. Jahrhunderts hatten ihre „schrecklichen Juristen", von denen die Schreckensherrschaft kodifiziert und verfahrensmäßig exekutiert wurde. (Naucke 2000, besonders Kapitel IV.) Das gilt bis zu den USA des Ronald Reagan, in denen in wenigen Jahren die Rate der Einsperrungen verdreifacht, und des George W. Bush, in denen die Folter wiedereingeführt wurde.[4] Das wurde alles rechtlich gerechtfertigt und geregelt und (rechts) wissenschaftlich „diskutiert".

4 Man muss sich das Ausmaß der Verheerung von Recht und Zivilität klarmachen, die von der Führungsnation der westlichen Welt unter der Regierung eines neoliberalen und dazu religiösen Fundamentalisten in wenigen Jahren erreicht wurde: Folter wurde rechtlich erlaubt und in Geheimdienst-Gefängnissen an Personen praktiziert, die dorthin verschleppt wurden und keinerlei rechtlichen Schutz hatten, denen auch nie ein Verfahren gemacht wurde, die unbestimmt eingesperrt blieben, von denen draußen niemand wusste, wo sie waren. Der Vergleich mit Gestapo und KGB ist nicht zu weit hergeholt. Übrigens waren daran auch einige neue EU-Staaten beteiligt, die auf ihrem Territorium solche geheimen CIA-Gefängnisse zuließen.

Sklaverei, Einsperrung und Folter haben die bürgerlich aufgeklärten Gesellschaften des Kapitalismus durch zwei Jahrhunderte selbst in seinen Kernländern geprägt, von den Peripherien noch gar nicht zu reden. Und wenig spricht für einen kontinuierlichen Fortschritt zum Besseren. Allenfalls könnte man den 50jährigen Frieden in Europa nach 1945 so interpretieren – wären da nicht die parallele Entwicklung des Überwachungsstaats samt Aufrüstung der Polizei zur Bürgerkriegs-Truppe und die rechtliche wie faktische Behandlung (also Misshandlung) von Ausländern, besonders an den Grenzen, aber auch im Inneren der Staaten. Tatsächlich gibt es in Europa wieder eine rechtlich diskriminierte Unterschicht mit drastisch reduzierter politischer Beteiligung.

Revolution und Bürgerkrieg

Von der Normalität von kapitalistischen Raubkriegen nach außen abgesehen kann auch keine Rede davon sein, dass Kapitalismus nach innen friedlich wäre. Schon die ursprüngliche Akkumulation ist ein höchst gewalttätiges Ereignis, das die Bevölkerung in Not und Unglück stürzt. Kapitalismus hat immer einige wenige reich gemacht und viele arm. Dazu hat er eine neue Art von Armut hergestellt, massenhaft und in Städten zusammengepfercht, anonym und sich selbst überlassen. Das ist ein anderes Elend als der „Idiotismus des Landlebens", dem die Bourgeoisie, wie Marx und Engels in dem ausführlichen Lob ihrer historischen Verdienste im „Manifest" anmerken, einen bedeutenden Teil der Bevölkerung entrissen habe. Ohnehin hat die Bevölkerung es nicht als besonderen Fortschritt wahrnehmen können, dass sie ihrer Lebensgrundlage und ihrer Lebensweise beraubt und in eine andere, disziplinierte und arbeitsame hineingezwungen wurde. Friedrich Engels (1845) war nicht der einzige, der die unerträglichen Lebensverhältnisse der Arbeiter in den europäischen Industriestädten des 19. Jahrhunderts beschrieben hat. Diese Verhältnisse werden an Elend und Aussichtslosigkeit nur von dem übertroffen, was sich heute an den Rändern oder auch in den Zentren der Mega-Metropolen Asiens, Afrikas und Südamerikas abspielt.

Diese Zustände sind auch heute als zumindest latente, dafür andauernde Bürgerkriege zu verstehen. Unter diesen Umständen leben viele von den diversen Formen der Beraubung anderer (die oft ebenso arm sind), und am besten leben (auf Zeit) die Banden junger Krieger, noch besser nur ihre Auftraggeber. Die Drogen-Ökonomie ist ebenso wie der Waffenhandel ein gut ausgebautes und kapitalistisch organisiertes Betätigungsfeld für unternehmerisch denkende Leute. Glücksspiel und Prostitution sind dem gegenüber fast altmodisch geworden. Mithalten kann allenfalls Menschenhandel, bei dem es nur zum Teil um Prostitution, allgemeiner um dort, wo sie ankommen, mehr oder weniger erwünschte Arbeitskräfte aller Art geht. Die illegale Wirtschaft mit ihren (nicht zuletzt deshalb) besonders attraktiven Gewinn-Margen zeichnet sich dadurch aus, dass sie rabiat kapitalistische Prinzipien von global agierenden Konzernen mit denen des Familienbetriebs und des Klientelismus sowie einer oft bis gewöhnlich ethnisch oder national sortierten Raub- und Eroberungs-Wirtschaft nützlich kombiniert. Die beiden Bereiche, legale und illegale Wirtschaft, sind auch nicht so entgegengesetzt, wie das gern dargestellt wird: Große Vermögen entstanden aus den Aktivitäten von „robber barons" (Josephson 1934) und Drogen-Gewinne werden in legale Investitionen umgewandelt. In mehr oder weniger großem (derzeit eher besonders großem) Stil war Kapitalismus immer von solchen illegalen Ökonomien, die ihrerseits nach seinen Prinzipien funktionier(t)en, unterfüttert oder zumindest begleitet. Es können, zumindest im Westen, nicht mehr feudale Landesherren ihre Untertanen als Soldaten oder Arbeitskräfte verkaufen, aber internationale Firmen organisieren teils legal, teils illegal das weltweite Geschäft mit Söldnern der Kriegsführung oder der Bauwirtschaft, des Rohstoffe-Förderns, der Haushalts-Dienste und ihrer Ausrüstung.

Diese Bürgerkriege bleiben nicht immer latent. „Heiße" Bürgerkriege haben die zwei Jahrhunderte von durchgesetztem Kapitalismus als Revolten und Revolutionen oder als herrschaftlich angestachelte Phasen von gewaltsamer Unterdrückung eingeleitet und begleitet. Es ist erstaunlich, wie lange „*die* bürgerliche Revolution", als die die französische von 1789 bis 1804 in der europäischen (und natürlich vor allem der französischen) Geschichte galt und gilt, trotz Tugendterror und Massenhinrichtungen und mit dem Ergebnis des napoleonischen Kaisertums und seines europäischen Eroberungskriegs eine heroische Aura und den Charakter einer historischen Errungenschaft behielt. Erst um das 200-Jahre-Jubiläum wurden nicht nur im Ausland und nicht nur von Seiten der monarchischen und sonst konservativen Reaktion Interpretationen der Ereignisse möglich, in denen die blutige Schrecklichkeit des französischen Bürgerkriegs, der länger dauerte als die paar dramatischen Jahre um die Jahrhundertwende und im 19. Jahrhundert immer wieder aufflammte, ebenso sichtbar werden konnte wie die Grässlichkeit des Europa- und Nahost-imperialistischen Feldzuges Napoleons. (Hobsbawm 1990a, Steinert und Treiber 1975)

Das Beispiel führt eine „Errungenschaft" vor, die eng mit Bürgerlichkeit und Kapitalismus verbunden ist: Nationalismus. Damit gewann staatliche Herrschaft eine Ideologie, die davor von Religion und aristokratischem Auserwähltheits-Glauben verwaltet wurde. Beide waren aber nach heutigem Verständnis „international" und zugleich lokal orientiert. Das jeweilige „Reich" war schwach und musste sich mit Hilfe der Religion legitimieren. Erst mit dem Absolutismus gelang es, eine funktionierende zentrale Verwaltung über ein größeres Territorium zu installieren. Die absoluten Herrscher legitimierten sich noch religiös (wenn nicht durch schiere Macht- und Pracht-Demonstration), spätestens ab Napoleon stellte der Nationalismus die zugehörige Herrschafts-Ideologie zur Verfügung. Damit verfügten die Staaten über eine von der Religion unabhängige Rechtfertigung, die mit der Berufung auf Sprache und „Volk" (eine höchst auslegbare Kategorie) auch Zugehörigkeits- und Gebiets-Ansprüche bedienen konnte. Schon Sprache, ein zunächst „harmloses" Merkmal, wurde dabei aus einem Instrument der nützlichen Kommunikation zur „Mutter"sprache und damit Bestandteil von Identität und „Volksgeist". (Vgl. Anderson 2006; Calhoun 1997; Gellner 1997, 2006; Hobsbawm 1990b.) Der Schritt zu Angeborenem (wie es die Aristokratie immer behauptet hatte) und damit zur „Rasse" ist nicht groß. Spätestens seit dem letzten Drittel des 19. Jahrhunderts hat sich Rassismus mit Nationalismus aggressiv verbunden, hat sich in der ersten Hälfte des 20. Jahrhunderts eliminatorisch ausgetobt und ist seither keineswegs verschwunden.

Die Idee der Elimination, der Ausrottung, der „Säuberung" ist eine weitere Errungenschaft des bürgerlichen Zeitalters. Das mag damit zusammenhängen, dass Genozide früher einfach technisch nicht so leicht zu organisieren waren, also mit Fortschritten der Technik und Organisation von Massenmord. Der effektive Einsatz von „Massenvernichtungswaffen" setzt einen Stand der Tötungstechnik und der Organisation von Massenhass voraus, deren Kombination erst im 19. und 20. Jahrhundert erreicht wurde. Auch dass Kriege nicht zwischen Soldaten, sondern gegen die Bevölkerung geführt werden, mag mit der technischen Möglichkeit zusammenhängen, das mit Fernwaffen und Flächenbombardements tun zu können. Der Völkermord in Ruanda 1994 hat gezeigt, dass – auf der Grundlage einer effizienten Hass-Propaganda – auch die Machete ausreicht, um

Hunderttausende umzubringen und Millionen zu vertreiben. Selbst wenn man einen gewissen Technik-Determinismus konzediert, ist es doch die Idee der „Reinheit“ und der Elimination aller, die sie stören, von der das Unheil ausgeht. (Vgl. Goldhagen 1996; Koenen 1998). Und sie ist auf das engste mit Nationalismus und Rassismus verbunden.

Man findet diese Idee zweifellos schon in den Religionskriegen seit der Reformation und in einer langen Tradition gegenüber den Juden, Ungläubigen und Ketzern. Sie wurde damals in Massakern (berüchtigt die Pariser Bartholomäusnacht 1572), vor allem aber in Vertreibungen ausgelebt. In der bürgerlichen Ära und im entwickelten Kapitalismus hörten diese religiösen Kriege und Säuberungen überhaupt nicht auf, aber nationalistische und rassistische Motive kamen hinzu und wurden wichtiger. Alles spricht dafür, dass die menschenverachtenden Formen der Kriegsführung und die zugehörigen Techniken (Konzentrationslager, verhungern lassen, organisierte Massaker) in den Kolonialkriegen entwickelt[5] und von dort nach Europa übertragen wurden. Im 1. Weltkrieg kam dazu die hoch technisierte Kriegsführung mit Geschützen, Automatikwaffen und Giftgas, sowie der beginnende Luftkrieg. Aus diesen Bestandteilen konnten die deutschen Antisemiten die „Säuberung“ ganz Europas von den Juden (die sie erst mit Anstrengung zu einer „Rasse“ definierten) konzipieren und in Todesfabriken, Menschenschlachthäusern mit einem gesamt-europäischen Zuliefer-System organisieren. Im Vergleich dazu blieb nach den Massakern des russischen Bürgerkriegs die Politik der Umsiedlungen, Verbannungen, Arbeitslager und politischen Morde in Stalins Sowjetunion in den Formen konventionell, nur im Umfang außergewöhnlich. Auch in Arbeitslagern wird viel gestorben, aber sie sind keine Vernichtungslager. Zwangsarbeit und Arbeit als Strafe sind übrigens keine kapitalistischen Erfindungen, sie reichen vielmehr (zum Beispiel als Galeeren-Sklaverei) bis ins Mittelalter und weiter zurück – und Stalin konnte damit an das zaristische System anschließen. Exilierung, Vertreibung und Absonderung sind historisch alte Formen, modern ist die Idee der Eliminierung, der völligen „Erfassung“ des Feindes und seiner kompletten Vernichtung und Ausrottung.

---

5 Crosby (1986) hat gezeigt, dass die großen kolonialen Genozide nur zum Teil durch Massaker geschahen, vollendet wurden sie durch eingeschleppte Krankheiten, denen die Eingeborenen nicht gewachsen waren.

Sortierungen der Menschen nach nationalen und „rassischen“ Identitäten und damit verbunden nach Nützlichkeit oder Gefährlichkeit sind keine atavistischen Reste aus vorkapitalistischem Erbe. Die Verwaltung der „Subjekte“ und ihre Kategorisierung nach allen möglichen Merkmalen ist vielmehr im Kapitalismus und im zugehörigen Staat enger und gründlicher geworden als jemals zuvor. Nicht dass die Untertanen im Feudalismus als Menschen oder gar Individuen behandelt worden wären, aber jenseits von Abgaben und Militärdienst gab es kein besonderes Verwaltungsinteresse an ihnen. Wie die Bauern ihre Felder bestellten, war ihre Sache, solange sie nur die Abgaben brachten. Dem fordistischen Arbeiter wird jeder Handgriff vorgeschrieben. Insofern werden die beiden unterschiedlich ausgeforscht und „erfasst“. Das gilt analog für den Zugriff der Händler auf ihre Kunden. Und das gilt nicht zuletzt für die Ansprüche der staatlichen Verwaltung an „ihre“ Bürger (und erst recht an die, die sich dort aufhalten, wo sie nicht Staatsbürger sind). Nationale Identitäten gab es vor dem 18. Jahrhundert ohnehin nicht, man gehörte einer Herrschaft zu, und das war vielleicht gelegentlich wichtig, weil man auch ihren Schutz nötig hatte, aber ansonsten wusste man, was es heißt, einer Herrschaft unterworfen zu sein. Rassismus gibt es in der einfachen Form der Scheu bis Angst vor dem Fremden und der Verachtung des „Barbarischen“ bis in Urzeiten zurück, aber politisch organisiert wurde Rassismus erst im 19. Jahrhundert. Religiöse Zugehörigkeit und Ausschließung hatten viele Jahrhunderte lang eine ähnlich unheilvolle Rolle gespielt. Perfektioniert wurde das alles erst in historisch jüngster Zeit.

Nicht alle Bürgerkriege sind genozidal, das ist nur das eine Extrem, das nur mit Hilfe von staatlicher Organisation erreicht wird. (Vgl. Coony 1997, Rummel 1994, Ternon 1995) Viel an Unruhe in den Städten, das unter Aspekten der Befriedung sehr sinnvoll als „Kriminalität“ individualisiert wird, ist latenter Bürgerkrieg. Die Geschichte der US-amerikanischen, kanadischen oder australischen Einwanderer-Städte ist eine Geschichte von ethnischen Konflikten, die mehr oder weniger offen gewalttätig ausgetragen wurden, zu Zeiten „heiß“ wurden, zu anderen abkühlten, sich in Vermischungen auflösten. Auf dem Land ist die Diskriminierung von „Fremden“ oft noch viel unmittelbarer handgreiflich. Die Beziehung zwischen den französischen Städten und ihren Banlieues ist eine zumindest latent kriegerische. Rivalitäten organisieren sich leicht nach rassistischen Linien. Sie werden am direktesten handgreiflich zwischen den jungen Männern der ohnehin Benachteiligten geführt, die auch am leichtesten als Fußtruppen von illegalen Geschäften eingesetzt werden können.

Soziologen beschwören gern die Fähigkeit von Kapitalismus, Konflikte in Konkurrenz (mit friedlichen, meint: wirtschaftlichen Mitteln) überzuführen. Wahr ist das Umgekehrte: Kapitalismus organisiert wirtschaftliche Aktivität als Konflikt statt Kooperation, innerbetrieblich wie zwischen den Firmen wie zwischen den nationalen Wirtschaften und den Wirtschaftsblöcken. Und Kapitalismus hat zwar das bürgerliche Individuum hervorgebracht und verallgemeinert, aber er hat zugleich die Verwaltung der Menschen als Angehörige von groben Kategorien perfektioniert. Grundlegend ist die Abstraktion der Menschen zur „Arbeitskraft", nur in dieser Eigenschaft interessieren sie und nach ihrer Eignung dafür werden sie behandelt. Daraus folgen die vielen feineren Kategorien, in die wir gezwungen und nach denen wir behandelt werden. Darunter ist die eigentlich feudale Kategorie der „Zugehörigkeit" (im Feudalismus ist man nicht in erster Linie „Arbeitskraft", sondern Teil eines Herrschaftsverbunds: von der Familie bis zur Grundherrschaft) in den neuen Formen von Rassismus und Nationalismus wieder höchst relevant geworden.

Von der liberalen Demokratie zum strukturellen Populismus

Parlamentarismus hat sich durch Verallgemeinerung aus der Stände-Vertretung entwickelt, die schon die Monarchie kannte und brauchte. Das Bürgertum als „Dritter Stand" (und dann das Proletariat als „vierter") ergänzte Adel und Klerus, bevor im allgemeinen Wahlrecht und der Entstehung von Parteien aus den Parlaments-Clubs das Modell der Stände-Vertretung durch eines der Interessen-Vertretung und -Organisation abgelöst wurde. Gemeinsam mit den ebenfalls bürgerlichen Erfindungen der Gewaltenteilung (Gesetzgebung – Regierung/Verwaltung – Rechtsprechung) und der Rechtsbindung, insgesamt des Rechtsstaates ergab das, was wir heute als Demokratie verstehen. Radikale Modelle von Demokratie, wie etwa das der Räte samt imperativem Mandat der Abgeordneten oder das der kleinräumigen Versammlungs-Demokratie der Schweizer Kantone oder der Volksabstimmungen haben sich entweder gar nicht durchgesetzt oder wurden nicht verallgemeinert. Im Großen und Ganzen blieb es, wo überhaupt Demokratie zustandekam, bei allgemeinem Wahlrecht, Rechtsstaat und (unterschiedlich indirekt gewählten) Abgeordneten, die nur ihrem besten Wissen und Gewissen (tatsächlich ihrer Partei, ohne die sie nicht wiedergewählt werden) verantwortlich sind.

Die Demokratien wurden auch diesseits des imperativen Mandats von Anfang an so konstruiert, dass die Wahlen nicht allzu massiv eingreifen konnten, indem etwa, wie in den USA, jeweils nur die Hälfte der Abgeordneten oder die beiden Kammern des Parlaments zu verschiedenen Zeiten und nach komplizierten Modalitäten gewählt werden. Mit der Entwicklung der Parteien und ihrer (finanziellen und personellen) Macht hat sich bald das liberale Marktmodell der Interessenvertretung aufgelöst: Es entstanden Parteien, die viele, eventuell auch gegensätzliche Interessen unter ihrem Schirm zu vereinigen versuchten – was wir heute „Volksparteien" nennen. Diese Schirme waren und sind Weltanschauungen: christliche Parteien, nationalistische Parteien, antisemitische Parteien. Am längsten, nämlich bis in die 1950er, hielten es noch die sozialdemokratischen Arbeiterparteien durch, einigermaßen identifizierbar Interessenparteien zu bleiben. Seither haben sie sich besonders traurig bis zur Vertretung eines Phantoms namens „neue Mitte" oder gar der „Leistungsträger" gewandelt.[6] Die Interessenvertretung hat sich in die Verbände und in den Lobbyismus verlagert. Parlamentswahlen lassen sich daran nur mehr marginal orientieren.

Parlamentarismus wird – das wurde schon in den 1960/70ern alarmiert konstatiert – durch die Übermacht der Verwaltung ausgehöhlt: Von jeder Gesetzesmaterie verstehen die Beamten in den Ministerien sachlich mehr als die Parlamentarier, die darüber zu entscheiden haben. Dazu sind sie langjährige Spezialisten in ihrem Politikfeld und können auch die Machtkonstellation besser überblicken und beeinflussen als die Berufspolitiker. Damals wurde zudem die „Nebenregierung" der als „Sozialpartner" agierenden großen

6 Ein historischer Spezialfall war die „revolutionäre Partei" Leninistischen Zuschnitts, in der eine revolutionäre Elite, organisiert in einem ZK, die „Parteilinie" auszuarbeiten und dann ihre Einhaltung zu überwachen hatte. In diesem Typus von Partei dominierte von Anfang an (unter der schönen Newspeak-Benennung „demokratischer Zentralismus") die Durchgabe von Direktiven von oben nach unten (an Stelle der Sammlung und Klärung von Interessen von unten nach oben), die sich in den anderen Parteien – und übrigens auch in den Interessenverbänden – erst allmählich unter dem Schwergewicht der Überlegenheit der Organisation und ihrer hauptamtlichen Funktionäre über die Mitglieder herstellte.

Interessenverbände als nur bedingt demokratisch kritisiert. Dieses Problem hat sich durch die galoppierende Schwäche des einen „Sozialpartners", der Gewerkschaft, weitgehend erledigt. Das Problem ist im Neoliberalismus eher, dass durch Lobbyismus und Einrücken von Wirtschaftsvertretern in die Parlamente und Regierungen die Kapitalseite übermächtig geworden ist. Dazu kommt die Politikberatung, von der die sachkundigen Beamten entmachtet und andere, nicht zuletzt wissenschaftliche Expertisen verdrängt wurden.[7] Mit der Zahl der Beamtenpositionen wird auch der Sachverstand in der Politik und das „Beamten-Ethos", die Verpflichtung auf das Große & Ganze oder in anderer Terminologie auf das „Interesse des Staates an sich selbst"[8] abgebaut.

Durchaus nicht abgebaut wird der Anteil des „Reichtums der Nationen", der über den Staat vermittelt verbraucht wird. Diese Staatsquote hat sich, wenn man die Sozialleistungen einrechnet, im Lauf des 20. Jahrhunderts in Europa von unter 10% des Brutto-Nationalprodukts auf etwa die Hälfte vergrößert. Das ist Geld, das über Steuern und Abgaben und über die Beiträge zur Sozialversicherung den verschiedenen Staatsapparaten zur Verwaltung überlassen wird. Davon wird relativ wenig von oben nach unten umverteilt, besonders die Sozialleistungen sind eine Umverteilung zwischen Lebensaltern und -situationen: Man zahlt in der lohnarbeits-aktiven Lebensphase ein, was man in den abhängigen Phasen (Kindheit und Jugend, Alter, Krankheit und sonstige Zeiten ohne Lohnarbeit) braucht. Es wird aber über Wirtschaftsförderung, Subventionen,

---

7 Zum Teil wird die (nebenbei: ziemlich teure) Beratung auch als „Parallel-Verwaltung" dazu eingesetzt, die Beamten zu entmachten. Auch Kommissionen zur Vorbereitung einer Reform haben diesen Effekt. Dass die Beratung durch McKinsey, Boston Consulting und Roland Berger bis hinunter zu Moritz Hunzinger nicht gerade wirtschaftsfeindlich denken und agieren wird, ergibt sich schon aus der Herkunft und dem Haupt-Tätigkeitsfeld der Berater. Vgl. Resch 2005.

8 Das ist noch nicht die Gesellschaft, aber gute Ministerialbeamte sind zumindest daran interessiert, nicht durch einseitige Interessen-Erfüllung in anderen Positionen Unmut und Widerstand entstehen zu lassen. Die wirtschaftsreligiös-ideologisch oder schlicht egoistisch motivierte einseitige Interessen-Durchsetzung durch Politiker und Lobbyisten kann diese Bewältigung von Unmut und Widerstand dem Staat, also einerseits dem Sozialstaat, der für die Kosten aufkommen muss, im Extrem aber der Polizei als Aufgabe zuschieben. Der Staat bekommt damit immer stärker diese „Sicherheits"-Funktion, wird aber inhaltlich ausgehebelt.

Infrastruktur ziemlich viel von unten nach oben umverteilt. Das ist in der Zeit des Neoliberalismus immer offensichtlicher geworden und ist an den massiven Stützungen von Banken und Industrie in der Krise 2008/09 nicht mehr zu übersehen. Die Feindbilder „Spekulanten" und „gierige Manager", inklusive der Trennung von „raffendem" und „schaffendem" Kapital, jetzt „Finanzspekulation" und „Realwirtschaft", werden auch öffentlich wieder verhandelt.[9] Der Staat ist also nicht nur Gesetzgeber, sondern in erster Linie Verwalter einer ungeheuren Menge an Geld – auch wenn große Konzerne da inzwischen mithalten können.

Was den Rechtsstaat betrifft, so wird seit vielen Jahrzehnten konstatiert, dass schon durch die schiere Zahl von Gesetzen und anderen Bestimmungen Rechtssicherheit vermindert wird. In all diesen Jahrzehnten des Warnens und Kritisierens hat die Zahl der Gesetze eher beschleunigt zugenommen. Auch die beliebter werdende Zweck- statt der Ursachen-Orientierung (es wird vorgegeben, was erreicht werden soll, nicht der Sachverhalt genau beschrieben, der mit einer staatlichen Intervention beantwortet werden darf) erhöht nicht gerade die Rechtssicherheit. Auf dem Gebiet des Ausländer-Rechts kann man die Verwilderung exemplarisch studieren. Hinzu kommen die immer höher geschraubten Ansprüche an „Sicherheit" und „Risiko-Vermeidung", auf die mit Überwachung und Datensammlung geantwortet wird: der Bürger als Sicherheits-Risiko. Der Rechtsstaat, konzipiert als strenge Begrenzung von herrschaftlichen Zugriffen auf die Bürger, mutiert zur Ermächtigung dafür.

Dazu kommt eine sozial-technische Innovation: die Übernahme von Wahl-Management durch international agierende PR-Firmen und Umfrageforschung. Die Wahl sollte ein demokratisches Korrektiv von Politik sein, indem sie eine Zufriedenheits-Bilanz über die abgelaufene Politik-Periode und ein Votum für das Programm für die nächste sein sollte. Schlichter gesagt, durften Politiker mit dem, was sie taten und nicht taten, nicht mehr als die Hälfte der Wähler gegen sich aufbringen. Das Wahlkampf-Management durch Berater koppelt die Wahl von dieser Bilanz ab und macht sie zu einem Schönheits-Wettbewerb der Spitzenkandidaten. Erschwerend

9 Ein wenig ironisch ist es schon, dass aus derselben SPD, die Hedge-Fonds in Deutschland zugelassen hatte, auch ihre Bezeichnung als „Heuschrecken" stammt. Ansonsten hat es angesichts der antisemitischen Tradition fast etwas Beruhigendes, dass bei uns die „unfähigen Manager" stärker im Vordergrund stehen als die „Spekulanten".

kommt hinzu, dass die Volksparteien programmatisch ohnehin kaum zu unterscheiden sind. Die Wahl wird auch dadurch entwertet, dass selbst bei ungewöhnlichen Verschiebungen des Resultats nur wenige Parlamentarier auf den hinteren Plätzen der Partei-Listen ausgetauscht werden. Auch wenn sich das prominent sichtbare Personal (zunehmend Spezialisten für die Außendarstellung, die nicht unbedingt die Mächtigsten sein müssen) verändert, bleibt die politische Klasse insgesamt stabil.

Insgesamt ergibt das eine Form von Politik, die „strukturell populistisch" ist: Sie versucht, Zustimmung oder zumindest Hinnahme über Interessenpositionen hinweg zu organisieren. (Vgl. Steinert 1999) Das gelingt am besten als „negative Koalition", also gegen einen Feind, verlangt Demagogie, also Techniken des Angstmachens einerseits, des Aufputschens und der Begeisterung andererseits, und arbeitet mit Personen, die attraktiv gemacht werden, nicht mit Programmen. Für die Angst haben wir Terroristen, Kriminelle und Ausländer, aber auch verschiedene „Krisen", vor allem solche der Finanzierbarkeit von Sozialleistungen, für die Begeisterung den Appell an die Gefolgschaft und besonders ans Nationale, vom Sport bis zum Konsum einheimischer Waren. Dieser „strukturelle Populismus" prägt die Politik aller Parteien, nicht nur der rechts- und links-„radikalen", denen das vorwurfsvoll nachgesagt wird. In welchem Sinn das bei allgemeinem Wahlrecht der Staatsbürger, aber sinkender Beteiligung selbst des abnehmenden Anteils der Berechtigten, verschwommenen Grenzen zwischen den geteilten Gewalten, weichem Recht, aber harter Überwachung „Demokratie", also Volksherrschaft ist, darf man wohl nicht mehr an einem emphatischen Begriff von „Freiheit, Gleichheit, Brüderlichkeit" messen.

Diese Politik-Form hat reale Folgen: Die Politik der Angst und der Ausschließung erzeugt die Bereitschaft zur Hinnahme von Überwachungen und Exekutiv-Ermächtigungen und zur Hinnahme von Diskriminierungen bis Misshandlungen der Feind-Gruppen (wenn nicht zur aktiven Teilnahme daran). Die Krisen- und Angst-Propaganda erzeugt auch die Bereitschaft zu Verzicht bei Sozialleistungen und staatlicher Infrastruktur, eine „defensive Reformbereitschaft". Nicht zuletzt über die Denkfigur der „Sicherung von Arbeitsplätzen" rechtfertigt sich die massive Stützung der Wirtschaft, aktiv wie durch Erlass von Abgaben und Steuern. In diesem Sog von „Geht's der Wirtschaft gut, geht's uns allen gut“ konnten in den dreißig Jahren Neoliberalismus Kapitalinteressen auf Kosten von Lohnarbeits-Interessen erfolgreich durchgesetzt werden: am deutlichsten in der Verweigerung von Arbeitszeitverkürzungen (oder wenigstens Lohnsteigerungen) in Proportion zur Steigerung der Produktivität. Stattdessen wurde Lohnarbeit gespalten in kleine, gesicherte Kern-Belegschaften und eine immer größere Peripherie von prekären Arbeitsverhältnissen. Die Phase des Neoliberalismus kann als einseitige Durchsetzung von Kapitalinteressen, nicht zuletzt mit Hilfe der Politik-Form „struktureller Populismus“ verstanden werden.

Auch der Alltag des kapitalistischen Staates, diesseits von Phasen drastischer Ausübung von Herrschaft, hat autoritäre Aspekte – nicht immer für alle, aber immer wieder für viele erfahrbar.

Fordismus

Massenproduktion und Massenkonsum

Für den fordistischen Kapitalismus, den wir hier in den Grundprinzipien vorstellen wollen, ist das allgemeinste Charakteristikum Massenproduktion und Massenkonsum. Genauer: Massenkonsum gibt es nur in der westlichen Variante, wo die staatliche Planung reduziert und die Zentralversorgung zum Sozialstaat abgemildert ist.[1] Zunächst soll von diesem westlichen Fordismus die Rede sein. Gemeinsam ist aber beiden Varianten die wissenschaftliche Betriebsführung und die taylorisierte Arbeitsorganisation.

Wenn wir über Fordismus reden, heißt das über den Beginn des 20. Jahrhunderts, zunächst in den USA, aber nach der russischen Revolution auch in Europa (und nicht, wie häufig angenommen wird, erst nach dem 2. Weltkrieg) zu reden. Benannt ist Fordismus nach Henry Ford, geprägt wurde der Begriff von Antonio Gramsci, dem italienischen Intellektuellen und Marxisten der Zwischenkriegszeit. Gelegentlich wird in diesem Kontext die Organisation der Arbeit als „Taylorismus“ bezeichnet – benannt nach Frederick W. Taylor, der als Vater des „Scientific Management“, der „wissenschaftlichen Betriebsführung“ gilt. Taylor und besonders Ford wurden zu Symbolfiguren, ihre Namen zu Metaphern für diese neue Form der kapitalistischen Produktionsweise.

Produktion

Selbstverständlich bedeutete Industrialisierung auch Rationalisierung und damit eine veränderte Form der Organisation von Arbeit. Schon in Manufakturen, besonders aber dann in den Fa-

1 Real-Sozialismus als Staats-Kapitalismus und Variante von Fordismus funktioniert auch ohne Massenkonsum, der vielmehr durch Staatskonsum durchaus zu ersetzen ist. Die östliche Variante verbleibt in der mehr oder weniger künstlich perpetuierten Kriegswirtschaft mit ihrer Zentralplanung und dem Staatskonsum (des Kriegsgeräts und der zentral kontrollierten sparsamen Versorgung der Bevölkerung).

briken wurde arbeitsteilig produziert und damit die Produktivität erhöht.[2] Frederick W. Taylor, ein Maschineningenieur, hat das aufgegriffen und weiterentwickelt. Sein Buch „Principles of Scientific Management" ist 1911 erschienen. Seine Idee ist es nicht, noch effektivere Maschinen zu erfinden, sondern vielmehr die Frage, wie „Mensch und Maschine zu einer Einheit mit maximaler Leistung und Effizienz verknüpft werden" können (Sarasin 1995: 86). Wir haben zwar am Beispiel der Maschinenstürmer gesehen, dass skandalisiert wurde, dass die Maschinen den Rhythmus bestimmen sollten, aber die Arbeiter haben gelernt, damit umzugehen. Sie haben herausgefunden, wie sie ihre Produktivität limitieren können. Man kann das auch subversive Lohnverhandlungen nennen. Diese Manipulation der Produktivität, interpretiert als dauernde Zeit- und Energieverschwendung, war eine Beobachtung, für die Taylor eine Lösung suchte. Mittels Zeitstudien, so schreibt Taylor, solle die Tätigkeit des Industrie-Arbeiters optimiert werden: Die Maschinen werden so aufgestellt, dass unnötige Bewegungen beseitigt werden. Taylor zerlegt jeden Arbeitsvorgang in einzelne Bewegungen und setzt sie anhand von Zeitstudien neu zusammen. Dazu wird statistisch ermittelt, wann Pausen notwendig sind, um die höchste Produktivität über den gesamten Tag zu gewährleisten. Unter Anleitung eines Ingenieurs lernt der Arbeiter, nach „wissenschaftlichen Grundsätzen" seine Aufgaben auszuführen und die Werkzeuge zu bedienen. Eine interessante Pointe dabei ist, dass sich der Arbeiter nicht mehr der Herrschaft der Aufseher unterwerfen muss, sondern sich die Herrschaft als Vertreter der „wissenschaftlichen Vernunft" darstellen kann und durch Wissen legitimiert ist. Taylor hat, wenn man so will, die „methodische Lebensführung", wie sie im Kloster entwickelt wurde, für einzelne

2 Schon bei Adam Smith und noch bei Karl Marx ist zunehmende Arbeitsteilung das einzige Prinzip von Rationalisierung, seitdem nicht mehr jeder Bauer seine Werkzeuge selbst herstellt und seine Pferde selbst beschlägt – die damit ermöglichten immer spezialisierteren Tätigkeiten können immer effizienter erledigt werden, ihre Koordination ist die Leistung der Betriebsführung. Sobald diese Spezialisierung und damit die Notwendigkeit der Koordination die Ebene des Betriebs übersteigt, ist das Privateigentum nicht mehr imstande, diese Koordination zu leisten: die Produktionsverhältnisse werden zum Hindernis für eine weitere Entwicklung der Produktivkraft. Taylorismus war daher „sozialistisch" hoch plausibel.

Bewegungen und Bewegungsabläufe angewendet und verwissenschaftlicht.[3]

Bekannt geworden ist schließlich die „tayloristische Küche" in den 1920er Jahren.[4] Der Raum ist so konzipiert, dass die Hausfrau sich nicht unnötig bewegen muss. Die Küche ist ein kleiner Raum, die Geräte sind so aufgestellt, dass die Arbeitsvorgänge optimiert werden können – als Aufenthaltsraum ist sie nicht vorgesehen. Wie leicht zu sehen ist, geht Taylor von der Kontrolle des Körpers aus, nicht unbedingt davon, wie sich ein Produkt seriell und maschinell am effektivsten herstellen lässt.

Ford hat in seiner Autofabrik in Detroit dieses Konzept radikalisiert: Er hat die in einzelne Schritte zerlegten Arbeitsabläufe nicht mehr neu zusammengesetzt, sondern sie als diese Einzelbewegungen von verschiedenen Arbeitern hintereinander am Fließband durchführen lassen. Jetzt war es nicht mehr nötig, die Leistungsnormen der Besten zu verallgemeinern und diejenigen, die dahinter zurückbleiben, mit Lohnabzügen zu bestrafen, jetzt bestimmt das Fließband die Geschwindigkeit. Die Ingenieure müssen den Arbeitern nicht mehr beibringen, wie sie am vernünftigsten arbeiten. Ford musste im übrigen, das sei nur angemerkt, das Fließband nicht erfinden. Das wird zwar häufig behauptet, aber in den Schlachthöfen von Chicago gehörte es schon zur Praxis, dass sich die toten Tiere auf Hängebahnen in einem bestimmten Rhythmus bewegten und jeder Metzger nur den immergleichen Körperteil zerlegte. Dass, umgekehrt, Taylor diese Idee nicht hatte, spricht für die Interpretation Sarasins, dafür dass er von körperlicher Energie- und Zeitverschwendung besessen und nicht sosehr an noch effektiveren Maschinen interessiert war.

An der tayloristischen Arbeitsorganisation in Fords Autofabriken lässt sich gut veranschaulichen, was „entfremdete Arbeit" meint. Der Arbeiter stellt kein Produkt her, er macht immer wieder ein

---

3 Zwei der zwölf Kinder von Lillian M. und Frank B. Gilbreth (1949), die zu den Pionieren der „wissenschaftlichen Betriebsführung" gehören, haben ein Buch veröffentlicht, in dem beschrieben wird, wie der Herr Papa seine Theorien über Leistungssteigerung auch bei der Erziehung seiner Kinder anwendete. Vgl. zur *sozialen* Rationaliserung die Arbeiten von Tilla Siegel (1993, 2003).

4 Die Erfinderin war die Wiener Architektin Schütte-Lihotzky und bekannt wurde das als „Frankfurter Küche", weil sie dort mit Ernst May zusammengearbeitet hat. Die Wiener Gemeindebauten sind auch nach solchen Prinzipien gestaltet und die „Wohnmaschinen" des Funktionalismus sind der reine Ausdruck dieser „Rationalität".

und denselben Handgriff.[5] Oder anders ausgedrückt: Der Arbeiter macht, jedenfalls im emphatischen Sinn, keine Erfahrung mit den Materialien, mit denen er hantiert. Er eignet sich in Auseinandersetzung mit den Gegenständen kein Wissen an. Das Gegenteil ist der Fall: Diese Form der Arbeitsorganisation entqualifiziert die Arbeiter. Das ist genau der Zweck von Rationalisierung: Es sollen möglichst unqualifizierte Arbeiter möglichst schnell angelernt und eingesetzt werden können. Taylor hat, um das zu demonstrieren, einen starken und geistig beschränkten, aber gehorsamen und willigen Arbeiter gesucht. Das Wissen materialisiert sich in den Maschinen, die ungelernten Arbeiter führen nur einfache Tätigkeiten aus.

Wir haben am Beispiel der „Maschinenstürmer" gesehen, dass sich die Handwerker gegen Maschinen gewehrt haben, die von ungeschulten Leuten bedient werden konnten. Das hatte nicht vorwiegend, aber doch auch damit zu tun, dass unqualifizierte Arbeiter schlechter bezahlt wurden. Im Fordismus und schon in Fords Autofabrik passiert etwas anderes. Ford führt den „Fünf-Dollar-Tag" ein, was heißt, dass er seine Arbeiter relativ gut bezahlt, und er stellt ein Auto her – das berühmte T-Modell –, das sehr einfach ist und das sich jeder leisten können sollte. Mit der hoch-arbeitsteiligen Produktion am Fließband wird die Produktivität erhöht, der Profit wird über Massenverkauf realisiert, dazu freilich müssen die Arbeiter einigermaßen gut bezahlt werden. Diese „privilegierte" Situation war allerdings damit verbunden, einen ordentlichen Lebenswandel nachweisen zu können: In die Fünf-Dollar-Kategorie wurden nur „würdige" Arbeiter aufgenommen, moralisch gefestigt und familiär gebunden. Er hat dafür ein „Sociological Department", geleitet von einem John R. Lee, eingerichtet, mit zuerst 50, nach zwei Jahren schon 160 „investigators".

> „The investigators, chosen because of their 'peculiar fitness as judges of human nature', were an odd hybrid of social worker and detective, venturing into the crowded back streets of the city with a driver, an interpreter, and a sheaf of printed questionnaires. Their job was to establish standards of proper behavior throughout the company." (Baldwin 2001: 38)

> „To qualify for the five-dollar day, an employee had to put up with an exhaustive domestic inspection, show that he was sober, clean of person, saving money through regular bank deposits, 'of good habits', and not living 'riotously' or taking in too many boarders. Lee

5 Charles Chaplin hat das in *Modern Times* (1936) parodiert.

and his colleagues believed that roomers were detrimental to the home life of the family ... Cramped living quarters were similarly frowned upon. Married couples were preferred ... If a Ford worker was determined by Sociological Department investigators to be diverting from the path of righteousness in ways either explicit or implicit, he was offered the opportunity of rehabilitation so that he could be 'lifted up' to the requirements of the company and 'his fellow-men'. Then and only then would he be certified to receive Ford's 'bonus-on-conduct'." (Baldwin 2001: 39)

(Westlicher) Fordismus bedeutet also, dass die Leute nicht nur als Träger ihrer Arbeitskraft, sondern zusätzlich als Träger von Konsumkraft interessant sind. Die Familie ist damit nicht nur als Disziplinierungsinstitution interessant, in der die gesellschaftlich benötigte männliche und weibliche Arbeitskraft hergestellt und reproduziert wird, sie wird auch als Konsumeinheit gebraucht. Die spärliche Sozialversicherung, die, wie wir gezeigt haben, eine Vereinnahmungsstrategie war, um die Fach-Arbeiter an den Betrieb zu binden, ihnen aber auch die Ressourcen für Streiks zu entziehen, wird zum Wohlfahrtsstaat ausgebaut. Davon wird noch ausführlich die Rede sein. Hier soll nur erwähnt werden, dass der Wohlfahrtsstaat dazu dient(e), die Kaufkraft in allen Lebenslaufpassagen zu sichern: bei Arbeitslosigkeit, im Alter, aber auch für Familien, indem Kinder und nicht erwerbstätige Ehefrauen mitversichert werden.

Ford hat die Arbeiter relativ gut bezahlt und in rationalisierter Massenproduktion eine hoch standardisierte Ware zu einem erschwinglichen Preis hergestellt. Über das T-Modell wird erzählt, Ford habe gesagt, man könne das Auto in jeder Farbe haben, vorausgesetzt die gewünschte Farbe sei schwarz. Das hatte auch einen pragmatischen Hintergrund: Schwarz sei am schnellsten getrocknet. Ford wird aber auch (Hansen 1992) als „the world's worst salesman" beschrieben. Er sei davon ausgegangen, dass sich ein von der Nützlichkeit her konzipiertes Produkt von allein verkaufe, weil es ein Bedürfnis erfülle. Der Erfolg schien ihm rechtzugeben. Dass es zu diesem Zeitpunkt möglich wurde, Stahl billig zu produzieren und dass in Texas Öl gefunden wurde, wird schon hilfreich gewesen sein, dass aus dem Auto ein Massenprodukt werden konnte. Zur fordistischen Massenproduktion gehören aber Verkaufsstrategien, gehört es, Bedürfnisse zu erzeugen. Ford selbst war noch viel zu sehr am Gebrauchswert seiner Automobile orientiert.

Vor einigen Jahren wurde das 150jährige Jubiläum der Litfass-Säule gefeiert, der Erfindung des Berliner Verlegers Ernst Litfaß, mit der seit 1855 Ordnung in die Straßen-Werbung gebracht wird. In den Großstädten, in New York, Paris, Berlin entstanden die ersten Warenhäuser, dazu Lichtspielhäuser und sonstige Unterhaltungsstätten; Versandhäuser, Ratenzahlung und Konsumkredite wurden erfunden. Abstrakt gesprochen sind das alles Erfindungen, die zum Kauf animieren sollen. Die Bedürfnisse, die Ford als gegeben unterstellt, werden tatsächlich aufwendig hergestellt. Für die Werbung ist das von Ohmann (1996) genau beschrieben worden. Für die Warenhäuser könnte man in Analogie zu Taylor von einer „wissenschaftlichen Verkaufstechnik" reden. Große, hell erleuchtete Schaufenster, eine durchdachte Placierung der verschiedenen Waren, die Kombination von Flanieren/Schauen und der Möglichkeit zu kaufen. Da wird nichts dem Zufall überlassen, die Konsumenten werden als manipulierbare Masse verstanden, deren Verhalten erforscht und ausgenützt wird. Am Beispiel des Konsumkredits wird man noch auf einen anderen Aspekt aufmerksam: Im Unterschied zu den schnellebigen Produkten, die durch Moden dazu gemacht werden, weisen die größeren Anschaffungen, wie Wohnungseinrichtungen oder auch Autos, die man sich nur mit Krediten leisten konnte, darauf hin, dass im Fordismus Disziplinierung auch über Konsum hergestellt wird. Das Ansparen und die Schulden für diese teuren Güter schaffen stabile Lebensverhältnisse und setzen kontinuierliche Erwerbsarbeit voraus.

Dass mit dem Fordismus von einer extensiven Form, Mehrwert zu produzieren, wie wir sie am Beispiel der langen Arbeitszeit im liberalen Kapitalismus kennengelernt haben, auf eine intensive Form umgestellt wird, also auf Rationalisierung, ermöglicht kürzere Arbeitszeiten. Fordismus verlagert Ausbeutung in die Rationalisierung der Produktion, in die Massenproduktion und in den Massenkonsum. Wenn man letzteren will, darf man nicht die Löhne drücken, sondern muss die Warenförmigkeit ausbauen, muss also z.B. den Haushalt mechanisieren, elektrifizieren und (heute) elektronifizieren. Auf diese Weise lässt sich auch der Haushalt rationalisieren und die Hausfrau für Lohnarbeit „freistellen". Das vergrößert zugleich das Arbeitskräfte-Angebot, macht es also billiger, aber wenn dafür mehr Leute in der Lohnarbeit tätig sind, also sich die Produktion ausweitet, funktioniert es wieder. (Es ist ja nicht so wichtig, dass der einzelne viel verdient, nur in Summe muss die Konsumkraft stimmen.[6]) Dazu ist es nützlich, den Individual-Verkehr durchzusetzen (und dazu, wie in USA, den öffentlichen Verkehr abschaffen), was zugleich die Möglichkeit des Häuschens im Grünen für möglichst viele bedeutet, womit wiederum enorme Konsum-Potentiale geschaffen werden.

Kürzere Arbeitszeiten bedeuten zudem Freizeit mit der dazugehörigen warenförmig angebotenen Unterhaltung. Von Horkheimer und Adorno wurde das schon in den 1920er Jahren beschrieben und in dem Buch *Dialektik der Aufklärung* (1944/47) auf den Begriff „Kulturindustrie" gebracht. „Kulturindustrie" meint im Gegensatz zu einem verbreiteten Missverständnis nicht „Massenkultur" oder „Medien". Es ist tatsächlich ein viel umfassenderer Begriff, mit dem kritisiert wird, dass sich Intellektuelle aller Art nicht an Wahrheit orientieren, sondern nach Kriterien der Verkäuflichkeit *produzieren*. Damit sind selbstverständlich auch „Film, Radio, Magazine" gemeint – also massenhaft verbreitete Medien, die, schon weil sie häufig erscheinen, nach einem Schema erstellt werden, das nur leicht variiert, aber umso mehr als absolute Neuheit angepriesen wird. Aber schon ganz zu Anfang werden von Horkheimer und Adorno auch Ausstellungshallen, Verwaltungsgebäude und Wohnsiedlungen genannt – Architektur, mit der über Freizeit verfügt, Herrschaft dargestellt, das Leben der Beherrschten normiert wird. „Kulturindustrie", und das ist in unserem Kontext entscheidend, beschreibt tatsächlich und sehr umfassend die Bedingungen, unter denen die zum Fordismus zugehörige Arbeitsmoral hergestellt und reproduziert wird.

Die Verbindung von Kulturindustrie und Fordismus kann man so zusammenfassen:

> „Kulturindustrie bekommt besondere Funktionen mit Massenkonsum und der zugehörigen Freizeit, auch der besonderen instrumentellen Arbeitshaltung (Arbeit für ein möglichst gutes Geldeinkommen, das in der Freizeit, in der man 'eigentlich' lebt, ausgegeben werden kann), die diese als Fordismus beschriebene Formation braucht und also herstellt. Man kann sich diese Umwälzung gar nicht dramatisch genug vorstellen: Davor war versucht worden, aus der Arbeitskraft möglichst lange Arbeitsstunden bei

---

6 Berufstätige (gutverdienende) Mütter sind das Ideal des schwedischen Sozialpolitik-Forschers Esping-Andersen, denn die brauchen viele Waren und (Haushalts-) Dienste und schaffen damit Arbeitsplätze – und Einzahlungen in die Sozialversicherung. Vgl. dazu die Glosse: Resch (2007a)

möglichst geringem Lohn herauszupressen, die Ergänzung der Subsistenz durch Eigenarbeit und Haushaltsproduktion war entscheidend wichtig. Danach wurde für extrem disziplinierte Arbeit ein Lohn gezahlt, der Kauf der Konsumgüter ermöglichen sollte, und möglichst viel der Subsistenzarbeit durch Warenangebote verdrängt (was nie ganz, aber immerhin relativ möglich ist). Damit wurde tatsächlich das Niveau von Reproduktion angehoben und das Wohlstandskriterium des möglichst großen Warenkonsums durchgesetzt. Die Verbindung mit Unterhaltung entstand als warenförmige Unterhaltung und Unterhaltung als ein Aspekt von Waren: Sie sollten nicht nur (und gar nicht unbedingt) nützlich sein, sondern (auch) Spaß machen – oder noch besser, der Kaufakt soll das (als 'Erlebniskonsum') unabhängig von allem Gebrauchswert der Waren tun. Kulturindustrie hat sich wesentlich in diesem Zusammenhang ausgebreitet." (Steinert 1998: 86f)

Mit dieser Zusammenfassung sind zugleich einige Stichworte gefallen, die wir noch einmal aufgreifen wollen: „instrumentelle Arbeitsmoral", „Kommodifizierung" und „Konsum als Wohlstandskriterium":

– „instrumentelle Arbeitsmoral"

Die tayloristische Arbeitsorganisation war durch Monotonie, Dichtheit und rigorose Arbeitsdisziplin und eine massenhafte Entqualifizierung handwerklicher und erfahrungsbezogener Kompetenzen charakterisiert. Diese Zumutungen werden mehr oder weniger freiwillig akzeptiert, wenn einem das Arbeitsleid abgekauft wird, wenn der Lohn Konsum und relativen Wohlstand ermöglicht – auch wenn die Chance besteht, sozial aufzusteigen: selbst oder wenigstens die Kinder. Man „arbeitet, um zu leben", während man für den liberalen Kapitalismus eher sagen konnte, dass man „lebte, um zu arbeiten". Das heißt nicht, dass das inhaltliche Interesse an Arbeit völlig verloren gegangen wäre. Alle Untersuchungen zeigen zumindest Ambivalenzen. Die Gratifikationen für den gewissenhaften, intensiven und disziplinierten Arbeitseinsatz waren relativ stabile Arbeitsverhältnisse, Aufstiegschancen, Freizeit- und Konsummöglichkeiten und damit relativer Wohlstand.

– Subsistenzarbeit wird durch Warenangebote ersetzt („Kommodifizierung")

„Ursprüngliche Akkumulation", verstanden als Herstellung des Kapitalverhältnisses, ist ein permanenter Vorgang. Hauswirtschaftliche, kleinbäuerliche und handwerkliche Produktionsweisen konnten der industrialisierten Massenproduktion immer weniger standhalten. Manche sprechen in diesem Zusammenhang von „innerer Landnahme". Gesellschaftliche Verhältnisse werden mehr und mehr kommerzialisiert, also tauschförmig organisiert. Persönliche Dienstleistungen werden durch industriell produzierte Waren oder kommerzialisierte Dienstleistungen zwar nicht vollständig aber doch teilweise ersetzt. Wir können zwar von den Waren nicht leben, werden aber trotzdem von ihnen abhängig gemacht.

– Waren-Konsum wird als Wohlstandskriterium durchgesetzt
An einer weiteren Episode aus Fords Autofabrik kann man veranschaulichen, wie sich Konsum als Kriterium für Wohlstand durchgesetzt hat. Ford war mit seinem schwarzen T-Modell tatsächlich sehr schnell erfolgreich. Aber die hochgradig arbeitsteilige Produktion am Fließband ist auch hochgradig unflexibel. Um ein anderes Modell herzustellen, musste dafür die Produktionsanlage grundlegend umgestaltet werden. Was hat das mit dem Auto als Wohlstandskriterium zu tun? Schon in den 1920er Jahren wurde für die Amerikaner das Auto zum Statussymbol – mit einem einheitlichen Modell ließ sich Status aber nicht darstellen. Der Absatz bei Ford sank – General Motors, die ihre Modelle jährlich wechselten (Mode, künstliche Alterung) und Marktforschung betrieben, wurde groß. Erst dann hat sich Ford, der, folgt man seiner Selbstdarstellung, an Nützlichkeit orientiert war, entschlossen, neue Modelle auf den Markt zu bringen. Man könnte sagen, dass Ford tatsächlich lange gebraucht hat, bis er die gesamte Logik von Fordismus begriffen hat, dass Massenproduktion die Erfindung von Verkaufstechniken voraussetzt. Man kann aus dieser Geschichte lernen, dass sich Konsum im Fordismus tatsächlich sehr schnell ausdifferenziert hat, dass der „Volkswagen", ein einheitliches Modell für alle, in Wirklichkeit ein kurzfristiges Projekt ist, dass vielmehr Differenzierung erfolgen muss und wird, damit das Geschäft profitabel bleibt.

Exkurs: Unterschiedliche Herrschafts-Regime – dieselbe Produktionsweise

Epochen-Einteilungen sind häufig an politischen Regimen orientiert. In dieser Konzeption liegt es nahe, den Nationalsozialismus von der Weimarer und Bonner Republik abzugrenzen. Die Jahre

1933-1945 werden zu einem historischen Abschnitt, mit dem die Zeit danach nichts zu tun hat (Stunde Null); in der Zeit davor wird zwar nach den Bedingungen gesucht, die die Nazi-Diktatur möglich gemacht haben, die aber trotzdem als Bruch verstanden wird. Wenn wir Gesellschaft anhand von Produktionsweisen strukturieren, ergeben sich hingegen einige Kontinuitäten zwischen Weimarer und Nazi-Zeit, aber auch zwischen Nazi-Zeit und den Jahrzehnten danach.

Schon in den 1920er Jahren wurden in Europa die Prinzipien fordistischen Wirtschaftens, Massenproduktion und Massenkonsum, nach dem Vorbild der USA eingeführt. Wirtschaftstreibende und Politiker pilgerten nach Amerika, um zu studieren, wie das geht. (Vgl. Nolan 1994) Die Großstadt-Kultur der Weimarer Republik, also die Berlins, oder auch die des „Roten Wien" sind als „fordistisch" zu charakterisieren. Die Ausdifferenzierung der Manager und der Angestellten fand in dieser Zeit statt – dazu später mehr. Der Börsen-Krach von 1929 leitete eine weltweite Rezession ein, veränderte aber die Produktionsweise nicht. Auch die nachfolgende faschistische Herrschaft hatte eine fordistisch organisierte Wirtschaft als Grundlage.

Wenn man über Deutschland hinaus an Europa und also an Faschismus und Nationalsozialismus denkt, wird die Periodisierung als Herrschafts-Regime undeutlicher: Faschismus hat in Ungarn mit Horthy 1920 begonnen, in Italien 1922-25, in Österreich 1933/34, aber die Vorgänge von 1927, die in Wien in einer Arbeiter-Demonstration zum Brand des Justizpalastes und zur Tötung von 89 Personen durch die Polizei führten, werden von Historikern schon als Vorboten des Untergangs der 1. Republik verstanden, in Spanien 1936. Die Macht verloren haben die meisten dieser Regime 1945, nur in Portugal und Spanien dauerte es bis 1974/75. Dabei wird ferner noch vernachlässigt, dass Faschismus als Bewegung und als gesellschaftliche Strömung damals in praktisch allen Ländern Europas und auch in den USA vorhanden war, es nur nicht überall an die Macht schaffte oder erst als Kollaborations-Regime nach der Besetzung durch die Nazis. Außerdem lassen sich die gesellschaftlichen und wirtschaftlichen Grundlagen keineswegs so abgrenzen. Die Produktionsweise war fordistisch und insofern geht es in den verschiedenen Faschismen um Massenproduktion und interessanterweise auch um Massenkonsum, der freilich nicht individualistisch, sondern kollektiv organisiert angekurbelt wurde. Das steht im Rahmen der zum Fordismus passenden Wirtschaftspolitik, die nach ihrem Theoretiker John Maynard Keynes „Keynesianismus“ genannt wird.

Keynesianismus ist eine Wirtschaftspolitik, in der davon ausgegangen wird, dass der Markt kein Gleichgewicht schafft und damit auch keine Vollbeschäftigung entsteht, wenn die Löhne nur niedrig genug seien. Vielmehr seien staatliche Interventionen notwendig, um Konjunkturschwankungen auszugleichen. Keynesianismus beruht darauf, durch staatliche Investitionen (die über Rücklagen oder Schulden finanziert werden) die Nachfrage anzukurbeln. Die Grundidee ist also, durch antizyklische Maßnahmen Stabilität zu gewährleisten. Zur keynesianischen Wirtschaftspolitik gehört es, die private Konsumkraft zu stärken. Es wird argumentiert, dass es mit Lohnsenkungen genau nicht gelingt, Arbeitslosigkeit zu bekämpfen. Es ist somit eine Wirtschaftspolitik, die einen Wohlfahrtsstaat forciert und damit eine relativ konstante Konsumkraft schaffen will.

Das zentrale Prinzip ist, durch staatliche Investitionen Lohnarbeit und damit Löhne zu schaffen, die als Konsumausgaben eine Nachfrage erzeugen, die ihrerseits privat-kapitalistische Produktion ankurbelt. Daher dürfen in diesen staatlichen Produktionen keine Waren erzeugt werden, die ihrerseits Konsumkraft aufbrauchen würden. Es müssen vielmehr Produkte sein, die nicht privat konsumiert werden. Es gibt zwei große Kategorien von solchen Produkten: Infrastruktur und Rüstungsgüter.

Infrastruktur sind die Ressourcen, die gesellschaftlich allen zur Verfügung stehen, also Verkehrsbauten (Straßen, Eisenbahnen), Kommunikationsnetze, Flussregulierungen, Lawinenschutz, Wasserversorgung, Umweltschutz, auch soziale Infrastruktur wie kommunale Wohnungen, Schulen und Kindergärten, Einrichtungen zum Schutz der Gesundheit.[7]

Rüstungsgüter werden ebenfalls – von „small arms“ abgesehen – nicht nennenswert privat konsumiert, vielmehr von Staaten zur Zerstörung eingesetzt und dabei selbst zerstört. Im noch glücklichen Fall veralten sie und werden verschrottet (häufiger leider an ärmere Länder weiterverkauft, die damit ihre Kriege führen können).

---

7 Das alles funktioniert nur keynesianisch, sofern es tatsächlich allen zur Verfügung gestellt und nicht – wie heute – privatisiert und also kommodifiziert wird. Insofern wird heute das Gegenteil von Keynesianismus betrieben und man muss sich nicht wundern, dass keynesianische Programme nicht mehr durchsetzbar sind und auch nicht mehr greifen: Sie erzeugen keine Arbeitsplätze, sondern werden privat-kapitalistisch durch Rationalisierungen absorbiert.

Keynesianismus mit Infrastruktur-Investitionen wird als Links-Keynesianismus, der mit Rüstungsgütern als Rechts-Keynesianismus bezeichnet.

Das bekannteste Beispiel für Links-Keynesianismus ist der „New Deal" in der USA. „New Deal" war eine „keynesianische" Reaktion auf die Weltwirtschaftskrise. Auch in den USA, wo es keine etatistische Tradition gab, wurde die „Große Depression" seit 1929 durch gesteigerte Staatsaktivitäten bearbeitet. Zu den bekanntesten Projekten gehörte die Tennessee Valley Authority, eine Bundeskörperschaft, die 1933 unter der Präsidentschaft von Franklin D. Roosevelt im Rahmen der Politik des New Deal gegründet wurde. Es ging um die wirtschaftliche Entwicklung von Notstandsgebieten in Tennessee. Durch den Bau von Staudämmen und Kraftwerken wurden die bis dahin regelmäßigen Überschwemmungen verhindert und es entstanden Ansiedlungsmöglichkeiten für Industriegebiete. Keynesianismus war aber auch die vorherrschende Wirtschaftsdoktrin in der Nachkriegszeit, in der Bundesrepublik Deutschland bis in die 1980er Jahre.

Der Autobahn-Bau während des NS-Regimes dagegen ist schon rechts-keynesianisch. Die Autobahnen waren für den Truppentransport geplant und nicht für private Vergnügungsreisen. Das entscheidende Beispiel für Rechts-Keynesianismus ist aber bis heute die Rüstungsindustrie, die mit Hilfe von staatlichen Subventionen ausgebaut wird und deren Produkte der Staat garantiert abnimmt.

Für den Rückgang der Arbeitslosigkeit, die es nach der Übernahme der Herrschaft durch das NS-Regime gab, war die Erfindung des „Reichsarbeitsdienstes" verantwortlich. Es war ein Arbeitszwang für junge Männer und Frauen, die ein Jahr lang gemeinnützige Arbeit leisten mussten. Neben Arbeiten in der Landwirtschaft gehört auch der Bau der Reichsautobahnen zu den Projekten, die mit diesem Arbeitszwang realisiert wurden. Das wurde als „Ehrendienst" am „deutschen Volk" verstanden und als Erziehung der jungen Leute im Geiste des Nationalsozialismus. Das ist freilich keine keynesianische Maßnahme, weil der Lohn vernachlässigbar war, vielmehr direkte Unterstützung der Wirtschaft und des Militärs und zugleich eine Entlastung des Arbeitsmarktes, so wie es die Verlängerung der Schulpflicht um ein Jahr auch wäre.

Neben den rechts-keynesianischen Elementen der Wirtschaftspolitik des Nationalsozialismus (Aufrüstung) war er aber eine Raub-Ökonomie, sowohl nach innen gegenüber den enteigneten

Juden, als auch im Krieg nach außen: Die besetzten Gebiete wurden ausgeplündert und besonders die im Osten sollten als Kolonien mit extrem billigen Arbeitskräften bis Zwangsarbeitern fungieren.[8]

Faschismus ist aber bezogen auf den Massenkonsum fordistisch. Die bekannten „fordistischen" Massenkonsumprodukte in der Nazi-Zeit sind Volksempfänger, Planungen zu einem Volkswagen, dem VW-Käfer, der erst in der Nachkriegszeit erfolgreich produziert wurde und bis heute neu aufgelegt wird, und „Kraft durch Freude"-Massentourismus, die Ufa-Unterhaltung mit ihren „unpolitischen" Filmen, dazu die „Wochenschauen". (An KdF ist besonders deutlich, wie das massenhaft organisiert wurde, der Monster-Bau in Prora auf Rügen – mit Appellplatz für die „Touristen" – macht es anschaulich – er wurde übrigens nicht fertig.)

Ab 1938 in der Kriegswirtschaft hat sich das alles rasch aufgehört oder hat seinen Charakter als Propaganda-Instrument sichtbar werden lassen: siehe Volksempfänger. Im Vergleich zur Nachkriegszeit ist das kollektiv und staatlich organisierter Konsum. Nach 1945 haben wir privatisierten Massenkonsum und Konkurrenz der verschiedenen Anbieter, die ihre im Grundsatz identischen Produkte künstlich unterscheidbar machen müssen – der Tauschwert rückt in den Vordergrund, Phänomene der Mode und der künstlichen Alterung der Produkte werden wichtiger.

---

8 Ein Einschub, weil gerade Faschismus und Nationalsozialismus unterschieden wurden: Faschismus ist der weitere Begriff. NS ist einerseits eine Form von Faschismus, eine Führer-Diktatur auf der Grundlage einer autoritär organisierten Bewegungs-Partei, mit Ständestaat anstelle von Interessen-Organisationen, daher besonders Ausschaltung der Gewerkschaften und der Arbeiterparteien, dann aber aller anderen Parteien. Gemeinsam ist der Anspruch, eine „Volksgemeinschaft" herzustellen, was nicht nur über „Rasse" geschah, sondern zum Teil auch über Religion („Klerikal-Faschismus" in Österreich und in Spanien), überall zusätzlich durch Militarisierung und die Verallgemeinerung eines militärischen Organisations- und Gehorsams-Modells. Der NS in Deutschland ist andererseits einzigartig, weil er das faschistische Programm der ethnischen Säuberung und des Gewinnens von Kolonien durch die im Kolonialismus zu spät gekommenen Staaten in der anderswo nicht erreichten Konsequenz von Genozid und Vernichtungskrieg zu verwirklichen ansetzte – in Italien z.B. war der Kolonial-Traum nach dem Äthiopien-Feldzug schnell zu Ende und der Antisemitismus hielt sich in Grenzen.

Nicht nur bezogen auf Massenkonsum, auch was Betriebspolitik angeht, bedeutet die Übernahme der Herrschaft durch die NSDAP durchaus eine Fortsetzung von Fordismus. Die ersten Jahre der Nazi-Zeit waren für viele Schichten eine Zeit von relativ hohen Löhnen und relativ hoher sozialer Sicherheit. Es waren besonders die Arbeiter, die von der allgemeinen und betrieblichen Sozialpolitik und von den Freizeit- und Urlaubsförderungen des Regimes profitierten. Die Arbeiter holten gegenüber den Angestellten sogar auf, die wieder der Kategorie der Arbeiter zugeordnet wurden. Zugleich wurden aber die technischen Angestellten, Ingenieure etwa, umworben und aufgewertet und konnten durchaus Aufstiegschancen wahrnehmen. Dazu wurde die „Betriebsgemeinschaft" hochgehalten. Man muss kaum erwähnen, dass Betriebsgemeinschaft in unmittelbaren Zusammenhang mit „Volksgemeinschaft" gebracht wurde, dass diese Politiken Klassenbewusstsein unterlaufen und völkisches Nationalbewusstsein herstellen sollten. (Vgl. Nolte 2000: 201ff) Für unseren Kontext ist aber entscheidend, dass die Nazi-Zeit nicht als „Rückfall in die Barbarei" ausgeklammert werden kann, dass es sich vielmehr in Aspekten um eine Modernisierungsbewegung gehandelt hat, die mit der fordistischen Produktionsweise gut verträglich war.

Fordistische Klassenpolitik „von oben": Die Erfindung der Angestellten und Manager

Zur Ausdifferenzierung der Arbeiterklasse

Mit der Transformation vom liberalen in den fordistischen Kapitalismus verändert sich die Organisation der Arbeit, die Struktur der Betriebe, die zu Groß-Konzernen werden, und es entstehen in Zusammenhang mit Massenkonsum neue Berufe, etwa Verkaufstätigkeiten. Was wir in den Sozialwissenschaften als „Sozialstruktur" beschreiben, ist das Ergebnis von Auseinandersetzungen zwischen der herrschenden und lohnarbeitenden Klasse darüber, wie man selbst arbeiten und leben will und wie die anderen arbeiten und leben sollen. Sozialstruktur wird gemacht.

Für den Fordismus ist bezeichnend, dass die Arbeiterklasse (vielfach) aufgespalten wird. Weil eine Schicht der Arbeiter einerseits relativ gut bezahlt wurde, andererseits sich die Angestellten herausgebildet haben, wurde das Modell von „Klassengesellschaft" vielen unplausibel. Schelsky spricht in den 1950er Jahren von „nivellierter Mittelstandsgesellschaft", die Rede ist aber auch von „Konsumgesellschaft". Die Erfindung der Angestellten und wie damit im Fordismus eine Sozialstruktur hergestellt wurde, die die Arbeiterklasse spaltet, ist für solche Gesellschaftsdiagnostiken eine wichtige Erfahrung und Beleg für solche Analysen.

Siegfried Kracauer (1930) hat in den 1920er Jahren für die *Frankfurter Zeitung* eine Reportage verfasst, in der er sich mit den Angestellten und ihren Erfahrungen sowie ihrem Gesellschaftsbewusstsein beschäftigt. Seine Beobachtungen macht er in Berlin, und ein Anlass dafür ist die Menge der Angestellten, die in Großstädten zunehmend das öffentliche Leben prägen. Sie sind die Konsumenten der kulturindustriellen Unterhaltungen, sie sind diejenigen, die im Unterschied zu den Arbeitern proportional weniger Geld für Ernährung und Wohnung, aber mehr für Kultur ausgeben: „Die kleinen Ladenmädchen gehen ins Kino“, heißt einer der Essays in *Das Ornament der Masse*[9].

Dass sich die Angestellten so „ungeheuer vermehrt“ haben, wird auf die oben genannte veränderte Struktur der Wirtschaft zurückgeführt. In diese Arbeitsfelder werden die Frauen einbezogen: zuerst – vereinzelt – als bürgerliche Kontoristin, dann – massenhaft – als proletarische Tippse (Schreibmaschine und Steno wurden erfunden[10]). Aber es ist nicht nur die Menge, die Kracauer interessiert. Vielmehr ist es der dialektische Umschlag, wie Kracauer es ausdrückt, der Quantität in Qualität, der nicht ausgeblieben sei. Dieser Umschlag bestehe darin, dass aus den „Unteroffizieren des Kapitals“ ein „stattliches Heer“ geworden sei. (12f) Was er damit meint, ist, dass die Angestellten sehr schnell von Rationalisierungen betroffen waren, dass mit dem Anstieg dieser Berufsgruppen sofort eine Spezialisierung und damit auch Ent-Qualifizierung verbunden war.[11] Arbeitsvorgänge wurden, wie in der Fabrik, mechanisiert und Zuständigkeiten wurden durch Berufs-Spezialisierungen eingeschränkt. Das ist noch nicht die Zeit, in der von einer „Mittelstandsgesellschaft“ oder von einer „Verbürgerlichung der Arbei-

---

9 Siegfried Kracauer hat lange als Feuilleton-Chef für die *Frankfurter Zeitung* gearbeitet. Vor der NS-Herrschaft ist er zuerst nach Paris, dann in die USA geflüchtet. Bekannt ist sein Buch von Essays aus den Jahren 1920 bis 1931 *Ornament der Masse*, in dem er u.a. an Revuen zeigt, dass zwischen fordistischer Unterhaltung und Arbeitsmoral Analogien bestehen.

10 Bei Kracauer ist auch nachzulesen, wie das Maschinschreib-Tempo durch die passende Musik erhöht wurde.

11 Vgl. ausführlich zu den Veränderungen der Arbeiterklasse die historische Arbeit von Castel (1995).

terklasse“ ausgegangen wird. Ende der 1920er Jahre, kurz vor der Weltwirtschaftskrise ist die Befürchtung eher die einer „Proletarisierung der Angestellten“. Sei seien das „Proletariat mit weißem Kragen“. Wir erwähnen das deshalb, weil gegenwärtig eher davon ausgegangen wird, der zukünftige Wohlstand und Fortschritt werde von „Wissensarbeitern“ gemacht. Dass Kopfarbeiten rationalisiert und ent-qualifiziert werden, scheint gegen alle historischen und besonders auch aktuellen Erfahrungen fast vergessen.[12]

Diese Ausdifferenzierung hat zur Folge, dass die Hierarchien undurchsichtig werden:

> „Auch der Direktor, von dem der Abteilungsleiter abhängt, befindet sich heute meist in einer abhängigen Position und nennt sich selbst einen Angestellten, wenn er sich klein machen will. Über ihn hinweg geht es zum Aufsichtsrat und zu den Vertretern der Banken, und die Spitze der Hierarchie verliert sich im dunklen Himmel des Finanzkapitals.“ (37)

Es gibt aber nicht nur die Möglichkeit und das Interesse, sich klein zu machen. Im Gegenteil: die hierarchische Struktur gibt vielen die Gelegenheit, Vorgesetzte zu sein. Insgesamt hat das den Effekt eines feinmaschigen Kontrollnetzes, die Abteilungsleiter kontrollieren ihre Untergebenen, sie überprüfen gegenseitig ihre Zuverlässigkeit (aus Konkurrenz und weil sie voneinander abhängig sind) und sie werden von der nächsten Hierarchie-Ebene kontrolliert.

Aber zugleich gibt es, selbst Ende der 20er Jahre, wo die Arbeitslosigkeit hoch war, Interessen, die Angestellten an den Betrieb zu binden – eine Politik, die in den 1950er Jahren unter Bedingungen von Arbeitskräftemangel wichtiger werden wird. Kracauer beschreibt das am Beispiel von Betriebssport-Vereinen.[13] Kracauer beschreibt, dass bei Wettkämpfen Reklame für das Unternehmen gemacht werde, dass zugleich das Zusammengehörigkeitsgefühl gesteigert werde und die Arbeitnehmer damit dem Klassenkampf abspenstig gemacht würden. (76f) Es ist Zugehörigkeit zum Betrieb, die so entsteht.[14]

---

12 Zu Überlegungen dazu vgl. Resch (2008).

13 Betriebliche Sozialversicherungen sind ein anderes Beispiel, von dem wir schon im Zusammenhang mit den paternalistischen Unternehmern gesprochen haben.

14 In Frankfurt kann eine aktuelle Variante von sportlicher Demonstration von Betriebszugehörigkeit beim jährlichen stattfindenden „JP Morgan Chase Corporate Challenge“ beobachtetet werden,

Zugleich aber entstehen „die feinen Unterschiede“: die Kontoristin sei gemeinhin geachteter als der Verkäufer, die kaufmännischen Angestellten seien den technischen gegenüber hochmütig, die technischen Angestellten dagegen hegten das Vorurteil, nur ihre Arbeit sei produktiv. Viele weitere Beispiele ließen sich anführen. Entscheidend aber sind die „groben Unterschiede“, die zwischen Arbeitern und Angestellten. Diese Beziehung werde als „Klassengegensatz“ empfunden, an dem Arbeiter und Angestellte festhalten. Die Arbeiter verstünden die Angestellten immer noch als Zugehörige der Bourgeoisie, die Angestellten wiederum beschwerten sich, wenn Arbeiter im Betrieb mehr als Angestellte verdienten. (83ff)

Wie leicht zu sehen ist, bedeutet die Ausdifferenzierung innerhalb der Arbeiterklasse zugleich eine Spaltung. Die erste große Spaltung war die Entdeckung und Ausweitung der Angestellten, deren Bewusstsein sich von dem der Arbeiter unterscheiden sollte. Mit „White Collar“ ließ sich Aufstieg signalisieren. Dazu kommt die Spaltung in Fach- und Hilfsarbeiter. Die Gewerkschaften differenzieren sich analog aus. Es entstehen Angestellten-Gewerkschaften, die zudem nur diejenigen vertreten, die einer stabilen, tariflich geregelten Lohnarbeit nachgehen. Die Klientel der Gewerkschaften sind „Kernbelegschaften“, die privilegierten Facharbeiter.

Mit der Spaltung der Lohnabhängigen wird der zentrale Konflikt zwischen Kapital und Proletariat von zahlreichen Konflikten innerhalb der Lohnabhängigen überlagert. Jetzt wird innerhalb der Lohnabhängigen um sozialen Status und damit die Position, die man innerhalb der Gesellschaft einnimmt, gekämpft. Der Betrieb ist nicht mehr wie früher die Fabrik ein Ort, an dem sich die Arbeiterschaft organisiert. Die bürokratischen Konzerne sind hierarchische Gebilde, in denen Lohnabhängige mit unterschiedlichen Interessen beschäftigt sind.

Man sollte an dieser Stelle erwähnen, dass die Ausdifferenzierung von Berufen nicht nur technisch-funktional bedingt ist. Das ist kein neutraler Vorgang, der sich notwendig ergibt und nichts mit gesellschaftlichen und politischen Interessen zu tun hätte. Vielmehr wird damit Sozialstruktur hergestellt, darin drückt sich Sozialstruktur auch aus: Die Ressourcen, die in einer Ausbildung vorausgesetzt

---

wo Betriebs-Gruppen in Betriebs-T-Shirts laufen. Vgl. dazu Hirsch (2005), der diesen Lauf als „Aufhänger“ nimmt, um über aktuelle Veränderungen der Produktionsweise nachzudenken.

sind, sind ungleich verteilt. An der Politik der Lizenzierung von „Berufen“ war die Arbeiterschaft beteiligt – damit wird man weniger leicht ersetzbar. Ausbildungen sind zudem eine Möglichkeit, Konkurrenzen zu reduzieren. Entscheidend ist, dass Berufe nicht einfach aufgrund von technisch-ökonomischem Bedarf entstehen. Wie Berufe „geschnitten“ werden, hängt von sozialen Bedingungen, von Hierarchien und Herrschaftsstrukturen ab. Damit wird festgelegt, wer welche Einkommenschancen hat und wer wie leicht ersetzbar ist. (Vgl. Beck und Brater 1978)

Zur Herrschaft der Kapitalfunktionäre

Mit der Entstehung der fordistischen Großbetriebe ist aber auch eine Ausdifferenzierung derjenigen verbunden, die Herrschaftspositionen einnehmen. Im liberalen Kapitalismus ist der *Eigentümer* derjenige, der das Unternehmen leitet und die Geschäfte führt. Ford ist mit Abstrichen noch ein solcher Eigentümer alten Schlages: Er hat Aktien zurückgekauft, und die Kontrolle über die Geschäfte selbst übernommen. Fordismus ist im Unterschied dazu von Wirtschafts- und Sozialwissenschaftlern als „Regime der Manager“ beschrieben worden.[15]

Diese Entwicklung hat nicht zuletzt deshalb Interesse auf sich gezogen, weil damit unklar wurde, was das Privateigentum an den Produktionsmitteln bedeutet. Wir sind bisher davon ausgegangen, das Kapitalverhältnis bedeutet, dass die einen die Produktionsmittel besitzen, die anderen gezwungen werden, ihre Arbeitskraft zu verkaufen. Privates Eigentum an den Produktionsmitteln hieß, sie zu kontrollieren und die Arbeit zu organisieren. In fordistischen Groß-Konzernen spaltet sich das aber auf. Konzerne machten umfangreiche Planungen erforderlich. In den bürokratischen Organisationen gewinnen Experten, hoch professionalisierte leitende Angestellte, an Bedeutung. Aufsichtsräte als Vertreter der Aktionäre hatten nicht das erforderliche Wissen, um Macht auszuüben, sie mussten die Entscheidungen des Managements akzeptieren.

In Konzernen gibt es also anonyme Eigentümer als Aktienbesitzer, die im Aufsichtsrat vertreten sind, und Manager, die die wichti-

---

15 Vgl. dazu genauer das Kapitel „Vom Eigentümer- über den Manager- zum Berater-Kapitalismus“, in: Resch (2005). Dort finden sich auch ausführliche Literaturhinweise zum „Manager-Kapitalismus“. Vgl. Bendix (1956), Burnham (1941), Galbraith (1967), Gouldner (1979), Hartmann (1959).

gen Entscheidungen treffen und für die routinierte Erledigung der Produktion verantwortlich sind. Was genau aber ist die Politik und Interessenlage der Manager, die sie nicht einfach zu Handlangern der Eigentümer macht? Wäre das der Fall, wäre nur das Personal ausgetauscht worden, das Kapitalverhältnis würde sich damit aber nicht verändern. Wie die Eigentümer, haben Manager ein Interesse, dass das Unternehmen überlebt und möglichst expandiert. Aber sie haben dieses Interesse nicht, weil sie die Firma dem ältesten Sohn vererben wollen. Vielmehr ist ihr Eigeninteresse, sich Autonomie gegenüber den Aktionären zu sichern und ihren Machtbereich auszubauen. Das heißt, die Gewinne mussten so hoch sein, dass die Aktionäre zufrieden waren, man keine außenstehenden Kapitalgeber, die die Autonomie einschränkten, befürchten musste, und dass genug Geld für Rücklagen und Investitionen erwirtschaftet wurde. Das heißt, dass es kein Interesse gab, mit riskanten Strategien Höchstgewinne zu erzielen. Aber die Firma zu vergrößern und damit mehr Macht zu gewinnen, das ist schon interessant. Markenprodukte und Marken-Werbung entsprechen dem Manager-Interesse nach Firmen-Identität. Anders als später im Neoliberalismus, ist die Firma gewiss kein Handels- und Spekulations-Objekt.

Auf der klassenpolitischen Dimension kann man von einem Pakt zwischen Managern, Ingenieuren und gut ausgebildeten Facharbeitern reden. Die Annahme ist, dass sich Produktion weiter automatisieren und effektiver gestalten lasse. Es werde einen von Ingenieuren und Technikern betriebenen technologischen Fortschritt geben. Die Annahme ist, dass sich wirtschaftliche Entwicklung planen lasse. Das alles setzt voraus, dass Techniker, Ingenieure und Manager zusammenarbeiten. Jede Expansion bedeutete, dass diese Gruppen gestärkt und ihr betriebsinterner Aufstieg möglich wurde. Investitionen bedeuteten nicht notwendig, dass auch die Profitraten steigen, sie bedeuten aber, dass sich der Einflussbereich der Manager erweitert. Manager haben, das sei noch erwähnt, kein Interesse an Spitzenverdiensten verfolgt, wie wir es gegenwärtig kennen. Sie waren durchaus am Wohl des Unternehmens orientiert, wenngleich aus anderen Motiven als die Eigentümer zur Zeit des liberalen Kapitalismus.

Von den Arbeitern wurde diese Entwicklung zwiespältig eingeschätzt. Wie wir schon mehrfach erwähnt haben, bedeutet Fordismus auch Entqualifizierung, die Qualifikation wird auf die Maschinen übertragen. Von der gut ausgebildeten, privilegierten Arbeiterschaft wird Automatisierung als Fortschritt begrüßt. Von ihnen würden Kompetenzen des Herstellens, Einrichtens und Wartens der Maschinen gefordert, die man sich in einer anspruchsvollen Ausbildung aneignen müsste. (Vgl. Kern und Schumann 1970) Zugleich entstanden durch automatisierte Produktionsabläufe viele Tätigkeiten, die von Hilfsarbeitern ausgeführt werden können. Die oben erwähnten Spaltungen zwischen Angestellten und Arbeitern, zwischen Fach- und Hilfsarbeitern sind Teil der fordistischen Klassenpolitik. Das „Regime der Manager" heißt nicht uneingeschränkte Solidarität von abhängig beschäftigten Lohnarbeitern, seien sie Arbeiter, Angestellte oder Manager, gegen die Aktionäre. Es bedeutet aber sehr wohl, dass Handarbeit nicht so abgewertet wird, wie es dieser Tage in der neoliberalen „Wissensgesellschaft" geschieht.

Analog zu den Arbeitern, denen durch relativ gute Bezahlung und die Möglichkeit an Konsum zu partizipieren, das Arbeitsleid abgekauft wurde, könnte man bezogen auf Manager sagen, dass ihnen ihre objektive Klassenlage als „Lohnabhängige" abgekauft wurde. Das Bild vom Zigarre rauchenden Kapitalisten als Alleinherrscher wird damit obsolet. Vielmehr werden Entscheidungen und damit Herrschaft anonymisiert. Zugleich kann man aber sagen, dass es nicht ganz gelungen ist, sie auf die Vertretung von Eigentümer-Interessen einzuschwören. Obwohl dafür „erfunden" und eingesetzt, sind Manager nicht einfach Kapital-Verwalter, sondern sie entwickeln ihre eigenen Interessen und dementsprechend eine andere Art, Kapital zu verwalten, als die Eigentümer-Kapitalisten das getan haben.

Zusammengefasst waren die wichtigsten Manöver in dieser konflikthaften Klassenpolitik die Schaffung von immer mehr fixierten Berufen mit spezieller Ausbildung und der besonderen Lizenzierung und Monopolisierung bestimmter Tätigkeiten, die Schaffung und Vergrößerung der Schicht der Angestellten als Kapitalfunktionäre (Manager, Verwalter) einerseits, privilegierte Arbeiter andererseits, der Ausbau der Staatsfunktionen (besonders in der Verstaatlichung der Wirtschafts- und Sozialpolitik) und damit der Schicht von zugehörigen Funktionären, die zunehmende Spezialisierung der Kopfarbeit und damit der Ausbau einer Schicht von Technikern und Wissenschaftlern mit der zugehörigen Monopolisierung von Wissen.

Wenn man diese und ähnliche Manöver als Züge in einer Auseinandersetzung um die Erhaltung von Privilegien und der Produktionsweise, der man sie verdankt, historisch untersucht und beschreibt, dann ist es selbstverständlich, dass gerade zur Erhaltung der Grundstruktur des Kapitalverhältnisses defensive wie offensive Veränderungen auch der Ungleichheitsstruktur teils herbeigeführt wurden, teils sich in der Auseinandersetzung ergeben. Zum Beispiel: Das weitgehende Verschwinden von „Kapitalisten" und ihre Aufspaltung in Aktionäre (als Eigentümer ohne Einfluss) und Manager (als Verfüger, die formell Lohnarbeiter sind) ist daher eine interessante und wichtige Veränderung der Ungleichheitsstruktur, eine der „entgegenwirkenden Ursachen", von denen die Polarisierung in nur zwei Klassen verhindert und zumindest verwischt wurde, aber das Kapitalverhältnis als „kapitalistisch" wird davon nicht berührt. Das bedeutet, anders formuliert, dass Herrschaft zunehmend weniger „persönlich" wird, dass zunehmend Herrschaftsfunktionäre zwischengeschaltet werden. Herrschaft wird so immer abstrakter.

Der theoretische Punkt ist, dass die kapitalistische Produktionsweise sich durch hohe Variabilität und Flexibilität auszeichnet, dass sie Einfallsreichtum in der Selbsterhaltung zulässt und wirksam werden lässt, dass sie dementsprechend – bei identischer Grundstruktur – einiges an Varianten von Ungleichheitsstrukturen (als Ergebnis von Politiken und der Auseinandersetzung zwischen ihnen) hervorbringen kann, darunter die, die wir hier und heute vorfinden. Es ist genau der Widerspruch der Klassenstruktur – sie tendiert einerseits zur Polarisierung in nur mehr zwei Klassen, andererseits wird dem durch den ganzen Komplex der „Klassenpolitik", zum Teil sogar bewusst, entgegengearbeitet –, der die Differenzierungen hervorbringt, von denen dann soziologische oder andere Beobachter so beeindruckt sind, dass sie meinen, die Klassenstruktur wäre überhaupt verschwunden. Die reden dann stattdessen von „Sozialer Differenzierung" (Luhmann 1984), als wäre das ein neutraler Prozess, der quasi-automatisch, als „Fortschritt" passiert, und nicht das Ergebnis von Auseinandersetzungen um Herrschaft, von Klassenpolitik als Herrschaftsstrategie sei.

Wohlfahrtsstaat

Wie wir dargestellt haben, war „Fordismus" eine entscheidende Modifikation von Kapitalismus, die diese Produktionsweise in den USA wie in Europa wirtschaftlich wie politisch modernisiert hat. Wirtschaftlich waren es schon die Krisen im letzten Drittel des 19. Jahrhunderts, die klar machten, dass kapitalistisches Wirtschaften mehr an Regulation braucht, als ein strikt liberaler Staat mit der Herstellung von Rechtssicherheit im Inneren und kolonialer „Kanonenboot-Politik“ nach außen leisten kann. Und politisch war das ausgehende 19. Jahrhundert außer vom immer noch nicht erreichten Sieg über die Aristokratie (die im Gegenteil in der „monarchischen Reaktion“ nach 1848 noch einmal politisches und militärisches Gewicht bekam) bereits von der Angst vor der proletarischen Revolution, thematisiert als „soziale Frage“, geprägt. Wirtschaftlich wie politisch mussten also Regulationen entwickelt werden, die kapitalistischem Wirtschaften stabilere Randbedingungen sicherten: eine Wirtschaftspolitik, die Wirtschaftszyklen verstetigen und jedenfalls Krisen verhindern, und eine Gesellschaftspolitik, die die „soziale Frage“ befrieden sollte. Die Lösung, die erst nach einiger Zeit und in einer langwierigen Entwicklung gefunden wurde, war „Fordismus“ und die zugehörige Wirtschaftspolitik des „Keynesianismus“.

Zwischenschritte in diese Richtung waren a/die Einführung von verstaatlichter Sozialpolitik (in Deutschland verbunden mit Schutzzoll-Politik nach außen), b/die Einführung von rechtlichen Instrumenten zum Schutz der Wirtschaft vor Krisenfolgen, besonders das Konkursrecht, c/neue Regelungen des Finanz-Sektors der Wirtschaft, z.B. in Bankenaufsicht, aber auch in der Einführung des Konsumkredits. Insgesamt entstand etwas, das von manchen Sozialhistorikern auch als „Organisierter Kapitalismus“ beschrieben wurde. Diese Tendenz zur staatlichen Regulation wurde besonders verstärkt in der Kriegswirtschaft des Ersten Weltkriegs, die eine starke Erfahrung von staatlicher Wirtschaftsplanung war. Die Revolutionen von 1917 in Russland und von 1918/19 in Deutschland und Österreich stellten neue politische Bedingungen her, unter denen aktive Wirtschaftspolitik ohnehin erforderlich und richtig erschien. Die Weltwirtschaftskrise von 1929 unterstützte das noch einmal.

Fordismus war zunächst eine betriebliche Erfindung: wissenschaftliche Arbeitsorganisation (Taylorismus) und wissenschaftliches Management (mit einer starken Moral-Komponente, wie am Beispiel von Henry Fords „Sociological Department“ gezeigt) sowie Massenproduktion und die Ermöglichung von Massenkonsum. Aber ohne staatliche Unterstützung hätte sich das nicht durchgesetzt: Sie hatte sich seit dem letzten Drittel des 19. Jahrhunderts vorbereitet und fand ihre am stärksten systematisierte Ausprägung in der Wirtschaftspolitik des Keynesianismus.

Der fordistische Staat hat – neben antizyklischer Wirtschaftspolitik – die Aufgabe, den Widerstand gegen Struktur-Veränderungen abzufedern. Allgemeiner gesagt: Im Interesse des Gesamt-Kapitals obliegt es dem Staat, die „soziale Frage" im Griff zu haben und „das Volk" zu befrieden, also Proteste, Aufstände oder gar Revolutionen zu verhindern. Das ist insbesondere dann der Fall, wenn, wie im Fordismus, eine disziplinierte, verlässliche Arbeitskraft gebraucht wird. Durch einen kleinen Vergleich mit dem liberalen „Nachtwächterstaat" lässt sich das veranschaulichen.

Die polemische Bezeichnung „Nachtwächterstaat" wird Ferdinand Lassalle zugeschrieben, der als erster Vorsitzender des *Allgemeinen Deutschen Arbeitervereins* als Gründungsvater der deutschen Sozialdemokratie gilt. Für den liberalen Industrie-Kapitalismus galt die Ideologie, dass sich der Staat nicht wirtschaftspolitisch betätigen solle, dass der Markt für ein Gleichgewicht sorge. Der freie Markt sollte nicht durch Wirtschafts- und Sozialpolitik beeinflusst werden. Der Staat war lediglich für Sicherheit nach innen und außen zuständig – für die „Nachtwächter" eben. Diese „Zurückhaltung" des Staats, so die Kritik von Lassalle und später Keynes, verursache Krisen und, so Lassalle, die Verelendung des Proletariats. Lassalles Kritik am „Nachtwächterstaat" zielt auf einen Ausbau der Staatsfunktionen.[16] Lassalles Kritik (und seine Koalition mit Bismarck) hat vorbereitet, was später zum Wohlfahrtsstaat ausgebaut werden wird.

Im Rückblick aus einem entwickelten Fordismus mit bewusst eingesetzter keynesianischer Wirtschaftspolitik ist leicht zu sehen, dass verstaatlichte Sozialpolitik, die dafür sorgt, dass niemand unter ein minimales Niveau von Einkommen und damit Konsumkraft fällt, ein solider und massiver keynesianischer Eingriff ist und der Stabilisierung von Konjunkturschwankungen durch Verstetigung von Nachfrage dient. Eingeführt wurde sie zunächst paternalistisch zur Bindung (Betriebstreue) und Disziplinierung der Arbeiterschaft, verstaatlicht, um die „soziale Frage" in den Griff zu bekommen und die Arbeiter in den Staat zu integrieren. Später konnte sie dann als Instrument einer keynesianischen Wirtschaftspolitik dienen. „Soziale Sicherheit" ist also keineswegs einseitig im Interesse der Arbeiterschaft, sondern genauso im Kapital-Interesse. Aufgeklärte

---

16 Die Kritik der Anarchisten dagegen fordert die Abschaffung des Staats. Beiden Positionen ist gemeinsam, dass der Staat als Repression wahrgenommen wurde. Was geworden wäre, wenn sich die Anarchisten durchgesetzt hätten, haben wir nicht erfahren, damit auch nicht, ob das ein Glück oder Unglück geworden wäre. Aber soviel wollen wir ergänzend noch anmerken: Anarchie bedeutet Herrschaftsfreiheit und nicht „Chaos", wie es dieser Tage von Politikern und Journalisten übersetzt wird.

Unternehmer haben das schon im 19. Jahrhundert gewusst. Dass also heute intensiv am Abbau von Sozialleistungen gearbeitet wird, ist nicht einfach aus der Schwäche der Position der Arbeiterschaft in einer Situation der Massenarbeitslosigkeit, also eines Überflusses an Arbeitskraft-Angebot zu erklären. Es hat darüber hinaus mit einer veränderten Produktionsweise zu tun, in der keynesianische Politik nicht mehr interessant ist. Wir werden bei der Besprechung von Neoliberalismus darauf zurückkommen.

Sozialversicherung und Fürsorge

Die „Krise des Sozialstaats" heute wird weitgehend als eine der Finanzierbarkeit dargestellt. Nur hardline-Ideologen finden darüber hinaus, der Sozialstaat nehme den Arbeitskräften die Motivation, sich dem Arbeitsmarkt angemessen zur Verfügung zu stellen (was in der Situation von Massenarbeitslosigkeit ohnehin nicht besonders logisch ist). Dazu kommt, dass sich mit der Einführung von AGL II (bekannt als „Hartz IV") derartige Propaganda erledigt hat und Lohnarbeits-Zwang institutionalisiert worden ist. Wer doch keine Arbeit findet, wird mit Armut bestraft. Wir müssen uns daher zunächst mit der Finanzierung des Sozialstaats beschäftigen.

Grundsätzlich gibt es zwei Formen, Sozial-Leistungen zu finanzieren: über Steuern oder als staatlich vermittelte Sozial*versicherung*. In den starken Wohlfahrtsstaaten Skandinaviens und ursprünglich auch in Großbritannien dominiert(e) die Steuerfinanzierung. Besonders in Deutschland dominiert das Versicherungs-Prinzip, dessen Logik hier veranschaulicht werden soll.

„Wir", das heißt die lohnabhängig Beschäftigten, werden dazu verpflichtet, in die Sozialversicherung einzuzahlen (als Unfall-, Kranken-, Renten- und Arbeitslosen-Versicherung) und erhalten im Unglücksfall aus dieser Versicherung eine Unterstützung. Wenn man sich die Logik klarmacht, auf der Versicherungen beruhen, dann ist das ein Solidarprinzip, das bei unwahrscheinlichen Risiken gut funktioniert: Viele zahlen eine relativ kleine Summe in einen Fonds ein, aus dem in den seltenen Fällen, in denen das Unglück tatsächlich passiert, die Kosten der Kompensation, die den einzelnen überfordern würden, gezahlt werden können. Am Beispiel der Versicherung gegen Brandschäden oder Hagel (beim Brand gibt es noch die bekannten Möglichkeiten des Betrugs – „warm Abtragen") kann man sich das leicht verdeutlichen. Im Bereich der Sozialversicherung sind es Arbeitsunfälle, die mit der Funktionsweise von Versicherungen gut verträglich sind. Arbeitsunfälle waren – noch unter Bismarck – historisch das erste „Risiko“, das mit einer verstaatlichten Sozialversicherung gemildert werden sollte.

Wenn man, im Unterschied dazu, die Rentenversicherung als Modell nimmt, versichert man sich gegen das Risiko alt zu werden, gegen das Risiko noch zu leben, wenn man in den Ruhestand geht. Wie leicht zu sehen ist, ist das blanker Zynismus, wenn man die Logik von Versicherungen ernst nimmt.

In die staatliche Sozialversicherung sind aber noch weitere Absurditäten eingebaut: Es sind Zeiten festgelegt, die man mindestens einbezahlt haben muss, um eine Rente zu erhalten oder sich arbeitslos melden zu können. (Das gilt nicht für den Krankheitsfall und selbstverständlich nicht bei der „Feuer-Versicherung“.) Und die Höhe der Rente oder des Arbeitslosengeldes hängt von der Höhe des Einkommens ab. Die Sozialversicherung ist also so konstruiert, dass lebenslange Erwerbsarbeit und Karriere notwendig sind. Die Sozialversicherung ist damit ein Instrument, um die disziplinierte Arbeitskraft herzustellen und zu reproduzieren. Die Sozialversicherung ist am Ideal der „Normal-Erwerbs-Biografie“ orientiert: an der männlichen Arbeitskraft, die, ohne Unterbrechung (z.B. für die Betreuung der Kinder), lebenslang lohnabhängig beschäftigt ist. Teilzeitarbeitskräfte etwa, die schlechter bezahlt werden, bekommen auch weniger Rente. Die Sozialversicherung diskriminiert damit Frauen: Über Altersarmut von Frauen ist schon geforscht worden, bevor wir mit der vermeintlichen Krise des Wohlfahrtsstaats konfrontiert worden sind.

Das Gegenstück zu diesen Diskriminierungen ist, dass Sozialversicherungen den Lebensstandard sichern sollen. Wenn jemand, der gut verdient, einen Unfall hat, erhält er oder sie mehr an Entschädigung, als wenn es jemand ist, der nur ein geringes Einkommen hat. Zwar wird der Beitrag einkommensabhängig festgelegt, aber mit Obergrenzen, sodass die Versicherung faktisch immer billiger wird, je höher das Einkommen ist. Mit dem Sozialversicherungsprinzip wird damit Sozialstruktur (re-)produziert.

Anders formuliert: Die Sozialversicherung ist tatsächlich ein politisches Instrument, mit dem viele Aufgaben gleichzeitig bewerkstelligt werden sollen. Man könnte sagen, „zu viele“. Wenn Sozialversicherung den Lebensstandard garantieren soll und nicht Risiken abfedern, wird die Logik von Versicherung unterlaufen. Dass Sozialversicherungen schon in Zeiten der „Vollbeschäftigung“ nicht besonders effizient sind, hat mit diesen „Überfrachtungen“ zu tun. Wenn, wie gegenwärtig, in der neoliberalen Produktionsweise,

Arbeitslosenzahlen im zweistelligen Prozentbereich zum Normalfall werden, wenn die „flexible“ Arbeitskraft gefordert wird, die projektbezogen arbeitet, wenn geringfügig Beschäftigte und insgesamt Teilzeitbeschäftigte verstärkt nachgefragt und die Leute ins „Arbeitskraft-Unternehmertum“ gedrängt werden, wird die alte Form der Sozialversicherung vollkommen untergraben.

Ihre „Finanzierbarkeit“ hängt, wie wir gesehen haben, von lebenslanger Erwerbsarbeit und einem möglichst baldigen Tod, sobald man das Rentenalter erreicht hat, ab. Wenn aber „die Alten“ immer mehr werden, teils aufgrund von medizinischem Fortschritt, teils aufgrund einer mehr behaupteten als tatsächlich nachweisbaren Kinderlosigkeit der gebildeten, deutschen Frauen – und das sind die „Katastrophen“, die uns regelmäßig von Politik und Journalismus nahegebracht werden –, dann steigen die Gesundheitskosten und Rentenansprüche, die immer weniger Erwerbstätige erwirtschaften müssten. Was nicht dazu gesagt wird, ist, dass die Leute ihre Rente selbst einbezahlt haben und der Staat seiner Verpflichtung, einen Vertrag einzuhalten, nicht nachkommt. Nur durch die Umlagefinanzierung (die jetzt fällig werdenden Ansprüche, erworben durch vergangene Einzahlungen, werden durch die jetzt eingehobenen Beiträge finanziert) wird aus dem Versicherungsvertrag ein „Generationenvertrag“. Die „demografische Katastrophe“ ist somit ein Produkt dieser Politik.

Das zweite wichtige Prinzip des Wohlfahrtsstaats ist *Fürsorge*.

Welfare, „Wohlfahrt“, und das heißt im Fordismus Fürsorge, beruht auf dem Prinzip, dass jeder in der Lage sein soll, sich, wenn auch auf niedrigem Niveau, zu reproduzieren. Dieses Minimum wird über Steuern finanziert von der Allgemeinheit, also staatlich verwaltet, und allen, die es brauchen, zur Verfügung gestellt. Aber diese grundanständige Idee gilt nicht ganz so vorbehaltlos, wie man zunächst glauben möchte. Wohlfahrt muss man sich nämlich „verdienen“.

Dass man sich Fürsorge „verdienen“ muss, heißt zunächst, dass man wirklich arm sein muss, dass man selbst und die Familienangehörigen nichts besitzen und verdienen dürfen. Das aber bedeutet, dass es an erster Stelle, so lange sie noch etwas hat, die Familie ist, die in Notlagen „einspringen“ muss. Der Logik des Sozialstaats widerspricht das freilich: Staatliche Vermittlung der sozialen Sicherung wurde überhaupt nur notwendig, weil die Familie unter den Bedingungen von Lohnarbeit sie nicht mehr garantieren kann. Die patriarchale Familie wird zwar aufrechterhalten, aber sie hat keine wirtschaftliche Grundlage, die zur Absicherung im Fall von Krankheit oder Arbeitslosigkeit und zur Finanzierung eines Ruhestands im Alter ausreichen würde. Die kapitalistisch hergestellte und (wegen Mobilität der Arbeitskraft) erwünschte „Individualisierung" macht eine staatlich vermittelte soziale Sicherung notwendig und wird von ihr erst ermöglicht.

Aber dass man die Fürsorge wirklich „verdienen" muss, hat noch eine andere absurde Dimension. Man muss ganz davon abhängig sein oder bekommt sie gar nicht. „Mischfinanzierungen" sind nicht vorgesehen. Es ist nicht möglich, auf familiäre Ressourcen zurückzugreifen oder einen Teil des Geldes, das man braucht, durch Lohnarbeit zu verdienen und das Einkommen durch Fürsorge zu ergänzen, sodass Reproduktion und Partizipation möglich sind. Entweder man ist ganz von Fürsorge abhängig oder gar nicht.

Welfare muss man sich aber auch „moralisch" verdienen (Stichwort: „Sozialschmarotzer"). Man muss glaubhaft machen können, dass man sich nicht „mutwillig", durch eine riskante Lebensweise in Not gebracht hat. Vielmehr muss man versichern, dass man alles tut, um sich möglichst schnell wieder durch Lohnarbeit zu erhalten. (Vgl. Gebauer et al. 2002) Dazu gibt es staatlicherseits zwei mögliche Reaktionen auf Armut: *Welfare* auf der einen Seite, *Bestrafung* auf der anderen – mit einem nicht klar bestimmten Bereich dazwischen, nämlich bei gesundheitlichen Problemen wie Drogenabhängigkeit und „auffälligem Benehmen", das als „psychische Störung" definiert werden kann und entsprechend in die Zuständigkeit von Psychiatrie fällt.

Was heißt es, dass auf Armut mit Bestrafung reagiert wird? Es gibt eine Reihe von Tatbeständen, die strafrechtlich relevant sind und die direkt mit Armut zusammenhängen. Diebstahl ist an erster Stelle zu nennen. (Leute, die über bessere Ressourcen verfügen, haben andere – legale oder illegale – Möglichkeiten der Akquise. Bekanntlich ist es Armen wie Reichen in gleicher Weise verboten, unter der Brücke zu schlafen.) Dazu gehören aber auch Gewalttätigkeiten, „Beschaffungskriminalität" oder „Ausländerkriminalität", die häufig darin besteht, dass die Leute ohne Papiere über die Grenze gekommen sind oder keine „Aufenthaltserlaubnis" haben, Straftaten also, die die Eingeborenen gar nicht begehen können. Wer arm und dazu jung und männlich und, in den USA, schwarz ist, hat eine hohe Chance, irgendwann in seinem Leben eingesperrt zu werden.

Jedenfalls sollte man an dieser Stelle festhalten, dass Sozial- und Sicherheitsstaat nicht zwei getrennte Instanzen sind. Die Institutionen „Verbrechen & Strafe“ und „Schwäche & Fürsorge“ hängen zusammen.[17] Wie reagiert wird, ist eine Frage, wie das Problem definiert wird. Welche „Lösung“ für das Problem in den jeweiligen Institutionen bevorzugt wird, hat zudem mit den ökonomischen Bedingungen zu tun. In Zeiten von Vollbeschäftigung dominierte in der Institution „Verbrechen & Strafe“ die Ideologie von Re-Sozialisierung, wurde also Strafe zum Anlass für sozialstaatliche Interventionen genommen, gegenwärtig dominiert die von Einsperren und Abschieben.

Beide Prinzipien, Sozialversicherung und Fürsorge, haben eines gemeinsam: sie brauchen und forcieren komplizierte Verwaltungen. Sozialversicherung hat, wie wir etwa am Beispiel der Rentenversicherung gesehen haben, komplizierte Bedingungen, die voraussetzen, dass über Jahrzehnte dokumentiert wird, wer wann was tut. Die Leute werden dazu gebracht, die Behörden mit den Informationen zu versorgen, die sie einfordern, damit die Ansprüche ausbezahlt werden. Im Fall von Fürsorge verschärft sich das noch: die Beweislast, dass man wirklich auf Fürsorge angewiesen ist, liegt bei den Betroffenen.

Krise, welche Krise?

Die „Krise des Sozialstaats“, über die wir beinahe täglich in Nachrichten hören, ist eine Krise der Organisation der Sozialversicherung. Wie deutlich geworden sein müsste, funktioniert eine soziale Sicherung als Versicherung bestenfalls in „guten Zeiten“, dann, wenn sie kaum beansprucht wird. Sie funktioniert nur dann, wenn unterstellt wird, dass Vollbeschäftigung herrscht, kaum jemand krank wird und alle möglichst bald sterben sobald sie das Rentenalter erreicht haben. Sobald diese Bedingungen nicht zutreffen, kommt es zu einer Krise des Versicherungssystems.

Zudem sollte man gegen die öffentlich vorherrschende Suggestion, die Leistungen des Sozialstaats seien etwas, das uns vom Staat oder von den Reichen „geschenkt“ würde, festhalten, dass Sozialpolitik und Sozialstaat weitgehend von den Empfängern der Leistungen selbst finanziert werden. Die Umverteilung findet weit überwiegend zwischen Phasen der Lohnarbeit und solchen statt, in denen man nicht in Lohnarbeit steht und stehen kann: Kindheit, Jugend, Krankheit, Arbeitslosigkeit, Alter. Auch die suggerierte

17 Zahlreiche Beispiel dafür in: Cremer-Schäfer und Steinert (1998).

bis behauptete Umverteilung von oben nach unten ist zumindest zweifelhaft: Karl Lauterbach (2007) hat gezeigt, dass in der Rentenversicherung sogar de facto eine Umverteilung von unten nach oben stattfindet, weil die oberen Schichten zwar mehr einzahlen, aber unproportional mehr wieder herauskriegen, weil sie höhere Renten beziehen und länger leben. Manchmal wird als Beleg für eine angebliche Umverteilung von oben nach unten der „Arbeitgeberanteil" an den Sozialabgaben herangezogen. Daraus folgt sogar ein Argument, für mehr Arbeitsplätze müssten die Lohn-Nebenkosten gesenkt werden, z.B. indem die Arbeitgeber „ihren" Anteil an der Sozialversicherung nicht mehr bezahlen. Das ist ideologischer „Kleister". Die sogenannten Lohn-Nebenkosten sind selbstverständlich Teil des Lohns, der, wie die Einkommenssteuer auch, nur niemals auf das Konto der Lohnabhängigen überwiesen, vom Arbeitgeber aber einkalkuliert wird. Faktisch wird damit über Lohnkürzungen geredet, die nur anders benannt werden.

Die aktuelle Debatte über die Krise des Wohlfahrtsstaats handelt tatsächlich von einer Krise der Form seiner Organisation. Soziale Sicherheit muss nicht durch ein Versicherungsmodell finanziert werden. Es ist an dieser Stelle sinnvoll, auf Keynesianismus zurückzukommen. Wir haben argumentiert, dass keynesianische Wirtschaftspolitik einem Wohlfahrtsstaat zuträglich und förderlich ist und umgekehrt. Das links-keynesianische Modell – Investitionen in Infrastruktur – ließe sich leicht verallgemeinern: Vieles, was im fordistischen Wohlfahrtsstaat als Versicherung organisiert ist, könnte in Form von „sozialer Infrastruktur" zur Verfügung gestellt werden, als Ressourcen, die frei (allenfalls gegen Gebühren) zugänglich sind: Wohnungen, Gesundheitszentren, Bildungs- und Kultureinrichtungen, dazu ein bedingungsloses Grundeinkommen, weil im Kapitalismus immer noch einiges nur warenförmig zu beschaffen und daher Geld nötig wäre. „Soziale Infrastruktur" hieße steuerfinanziert statt als Versicherung organisiert und es könnte heißen, dass jeder, der diese Ressourcen in Anspruch nimmt, sie soweit mitfinanziert, wie er dazu in der Lage ist. Aber hier soll es nicht darum gehen, realpolitische Alternativen zu diskutieren oder gar auszubuchstabieren.[18]

18 Untersuchungen, die Aufschluss darüber geben, welche Leistungen denn „von unten" benötigt würden, liegen vor. Vgl. Steinert und Pilgram (2003); Vobruba (2007).

Was die Analyse des Wohlfahrtsstaats aber gezeigt haben sollte, ist, dass Fordismus als Produktionsweise mit dem dazugehörigen Herrschaftsregime Sozialstaat nicht die beste aller möglichen Welten repräsentiert, zugleich aber die Krise des Fordismus und die Krise des Sozialstaats nicht als neutrale Vorgänge, als Sachzwänge, denen wir uns unterwerfen müssen, zu verstehen sind.

Am fordistischen Sozialstaat und an seiner Krise hatten und haben unterschiedliche Akteure unterschiedliche Interessen. Sozialpolitik ist, so haben wir argumentiert, selbst eine Ressource im Interesse des Gesamt-Kapitals, mit der Konjunkturen abgemildert und Widerstand gegen Struktur-Veränderungen abgefedert werden. Sozialpolitik ist eine Form, die Bevölkerung zu befrieden. Dazu trägt es zur Disziplinierung (zur Herstellung von „Arbeitsmoral" – jeden Tag und im Lebenslauf) bei, wie Sozialversicherung und Fürsorge organisiert sind. Und es wird damit Sozialstruktur und also die Spaltung der Klasse der Lohnabhängigen reproduziert. (Dazu kommen selbstverständlich Eigeninteressen des Staats, der sich als Herrschaftsapparat reproduzieren will und Interessen der Beamten, dazu die Eigenlogiken, die alle Einrichtungen und Institutionen entwickeln.)

Die Pointe an der „nivellierten Mittelstandsgesellschaft", dem Gesellschaftsmodell, mit dem Fordismus beschrieben wurde, ist, dass es faktisch eine Gesellschaft ist, die fein abgestufte, vertikal geordnete Positionen schafft. Im Sozialstaat drückt sich das darin aus, dass Sozialversicherung auch den Lebensstandard sichern soll. Fordismus ist, das haben wir an vielen Beispielen gesehen, eine Produktionsweise, die integrativ wirkt. Möglichst alle sollen sich am Massenkonsum beteiligen, solange Vollbeschäftigung herrscht, haben selbst im Strafrecht Ideen von Re-Sozialisierung eine reelle Chance, auf die Praxis zurückzuwirken.

Korporatismus

Integration ist das Stichwort, um ein zweites Thema zu verhandeln, das den fordistischen Staat auszeichnet: Korporatismus, auf deutsch: „Sozialpartnerschaft". Wir haben bisher den Staat als die Instanz beschrieben, die das Kapital-Gesamtinteresse vertritt, das sich von bornierten Partial-Interessen (der konkurrierenden Einzelkapitale) unterscheidet. Für das Kapitalverhältnis sind die Interessen von Einzel-Kapitalen, wie etwa das Überleben im „Haifischbecken", also das Konkurrenz-Management der Einzel-Kapitale ziemlich irrelevant. Was aber Kapitalismus insgesamt zu seiner Reproduktion braucht, wird staatlich bereitgestellt. Staat heißt aber auch „geronnene Kräfteverhältnisse“ und er ist somit Ausdruck des historisch jeweils möglichen Klassenkompromisses.[19] An Korporatismus kann man das veranschaulichen.

Korporatismus heißt die staatliche vermittelte Einbeziehung von verschiedenen Interessengruppierungen in die Entscheidungsfindung: Das sind Gewerkschaften als Interessenvertretung der Arbeiter und Angestellten und Unternehmer- und Wirtschaftsverbände. Korporatismus heißt: Suche nach einem konsensualen Kompromiss in wirtschafts- und sozialpolitischen Fragen, besonders aber im Aushandeln von Kollektivverträgen und Lohnhöhen.

Voraussetzung für ein solches Politikmodell ist, dass die beiden Seiten, Kapital und Arbeit, jeweils gut organisiert und gleich stark sind. „Gut organisiert“ heißt dabei auch, dass die „Spitzen“ die Kompromisse, die sie mit der anderen Seite aushandeln, in ihrer jeweils eigenen Organisation auch durchsetzen können: Das ist speziell in der Gewerkschaft, wo das auffällt, der Grund für Zentralismus und gewisse Demokratie-Defizite – die Organisation von oben nach unten statt umgekehrt. Voraussetzung war in Westeuropa auch die Arbeitskräfteknappheit in den 1960ern: Sie stärkte die Position der Arbeitskraft-Seite und sparte militante Auseinandersetzungen. So gab es damals eine Vergrößerung des Anteils der Arbeitseinkommen im Vergleich zu den Kapital-Einkünften (etwas, das sich seit damals nicht wiederholt hat) und die Produktivitätsfortschritte führten zu Arbeitszeit-Verkürzungen (während heute bei ebensolchen Produktivitäts-Steigerungen Verlängerung der Wochen- wie der Lebens-Arbeitszeit verlangt wird). Korporatismus war zumindest in Deutschland und Österreich auch Ergebnis der Erfahrungen der Zwischenkriegszeit (Kämpfe und Auseinandersetzungen bis zum Bürgerkrieg) und des Faschismus. Nachdem die Faschisten die Gewerkschaften zerschlagen und Führer- und Gefolgschafts-Modelle der Betriebs- und Wirtschaftsorganisation eingeführt haben, wurde Sozialpartnerschaft in der Zeit nach dem Zweiten Weltkrieg als Form der Vermeidung von Klassenkampf, als Organisation von Klassen-Kompromissen gepflegt.

Mit der Etablierung von Korporatismus haben sich im „westlichen“ Fordismus diejenigen durchgesetzt, die reformerisch orientiert waren. Mehr noch: Sie wurden damit in die Verantwortung für das Funktionieren von Kapitalismus mit einbezogen. Sie konnten

19 Insgesamt zum „fordistischen Staat“ vgl. Hirsch und Roth (1986).

nicht mehr einfach Arbeiterinteressen vertreten, sondern mussten ihre Forderungen nach dem ausrichten, was angeblich für „die Wirtschaft" nützlich ist. Das Extrem dieser Haltung sehen wir heute: Die Sozialdemokratie macht sich in erster Linie Sorgen um die Unternehmens-Gewinne (die sie durch Steuererleichterungen zu sichern versucht) und die günstigen Bedingungen für den „Wirtschaftsstandort Deutschland" (also für vermutete Betriebsansiedlungen oder das Verhindern von meist völlig fiktiven und nur als Drohung eingesetzten Betriebsabwanderungen). Sozialpolitik hingegen wird praktisch nur unter einem angeblichen Diktat von Sparzwängen betrieben. Von einer neuen Sozialpolitik, die tatsächlich an die Bedingungen von Neoliberalismus angepasst wäre, ist bisher noch wenig zu sehen. Wenn Neoliberalismus nicht zuletzt darin besteht, dass das Normal-Arbeitsverhältnis der lebenslangen Lohnarbeit möglichst im selben Beruf oder gar in derselben Firma abgeschafft wird, dann wird damit endgültig der Sozialpolitik als Sozialversicherung, die an Lohnarbeit gebunden ist, die Grundlage entzogen. Eine neue Form von sozialer Sicherung müsste ganz anderen Prinzipien gehorchen.[20]

Der real existierende Sozialismus war nie eine Alternative zum Kapitalismus

Ein freilich kurzes 20. Jahrhundert lang, von 1917 bis 1989, wurde den Bevölkerungen im Osten wie im Westen eingeredet, da sei in der Sowjetunion und ihren Satelliten ein ganz anderes Wirtschaftssystem eingerichtet worden, das den Kapitalismus bedrohe und ihn in der Produktion von Wohlstand zwar erst irgendwann, aber sicher überholen werde. Dazu wurde auf der einen Seite ein Gegensatz von Markt und Plan hergestellt, auf der anderen die Vergesellschaftung der Produktionsmittel mit deren Verstaatlichung gleichgesetzt. Tatsächlich war der Ostblock selbst nach der (relativen) Abschließung zum Westen erstens nie eine ernsthafte *wirtschaftliche* (sehr wohl eine politische) Konkurrenz und zweitens keine Alternative, sondern allenfalls eine Schwerpunktverschiebung.

Die Sowjetunion verstand ihren real existierenden Sozialismus in Lenins berühmter Formel als „Elektrifizierung und Sowjets",

20 Vgl. dazu den Schwerpunkt „Sozialpolitik als Infrastruktur", in: www.links-netz.de.

also Rätedemokratie, welch letztere aber gerade durch Lenins Bolschewiki von dem „demokratischen Zentralismus" einer Ein-Partei-Herrschaft verdrängt wurde. Das Programm der „Elektrifizierung" verweist auf einen östlichen Fordismus – und in der Tat nahmen sich, wie Nolan (1994) zeigt, damals Ost wie West die taylorisierte Fabrik Henry Fords und ihre Massenproduktion zum Vorbild. Der Unterschied ist, dass im Osten der Staat an die Stelle Henry Fords und auch gleich an die der Abnehmer seiner „Tin Lizzy" trat. Das Modell für diese Verschiebung war die im Ersten Weltkrieg entwickelte Kriegswirtschaft mit ihrer autoritären Planung und dem Primat von Rüstung als „Konsum". Niemand hat diese autoritäre „sozialistische" Idee, man müsse das „Chaos des Kapitalismus" mit den Mitteln der kriegswirtschaftlichen Planung „vernünftig" ordnen, krasser und klarer dargestellt als der Münchner Räterepublikaner und spätere Wiener Austromarxist Otto Neurath (1919).

Am Kapitalverhältnis ändert sich nichts Entscheidendes, wenn die Produktionsmittel im Besitz des Staates und nicht eines Privaten sind. Auch der Staat will und muss das eingesetzte Kapital (Kosten der Produktionsmittel und der Arbeitskraft) reproduzieren, nicht unbedingt in der einzelnen Fabrik, aber doch in der Summe (so wie ein großer Konzern mit vielen Betriebsstätten auch). Auch er muss dieses Kapital erweitert reproduzieren, um aus dem Betriebsergebnis zu dem zu kommen, was er im westlichen Fall über Steuern zu seiner eigenen Finanzierung eintreibt. Vorstellbar wäre, dass er als Eigentümer nur das produzieren lässt, was zur Reproduktion der Arbeitskraft, also zum möglichst guten Leben der Arbeiter, nötig ist – aber dann muss doch der Staatsapparat, die Verwaltung, im konkreten Fall die Partei und ihre Funktionäre, und das Militär und ihre Ausstattungen, besonders die der Verwaltung mit einer Geheimpolizei und des Militärs mit Kriegsgerät, mit erhalten werden. Auch ein Staatskapitalismus kann auf die Produktion von Mehrwert nicht verzichten.

Wenn der Staat auch noch den Konsum übernimmt, wird die Versuchung groß sein, in der Verteilung der Konsum-Anteile zwischen der Lebenshaltung der Arbeiter und den staatlichen Bedürfnissen letzteren einen gewissen Vorrang zu geben. Dann kann es eben wichtiger sein, einen Hund in den Weltraum zu schießen, als ein Wohnungsbau-Programm aufzulegen, in dem nicht nur ausreichend viele und effizient als „Wohnmaschinen" funktionierende, sondern auch luxuriös und individuell gestaltbare Wohnungen möglich sind. Mit der planerischen Verfügung über den Konsum hat das im konkreten Fall zur Folge, dass die Wohnungen in der Herstellung möglichst billig sein müssen – mit der am Plattenbau (übrigens auch im Westen) feststellbaren Tendenz zur sparsamen Schäbigkeit und der im Realsozialismus auffälligen Gleichgültigkeit gegenüber dem Erhalt und der Renovierung von einmal vorhandener Bausubstanz (selbst und besonders in den Innenstädten). Bei dem ohnehin gegebenen Modell der Kriegswirtschaft wird es nicht schwer fallen, die Unterordnung anderer Bedürfnisse unter die Militärausgaben zu rechtfertigen. Allgemein werden die Bedürfnisse der Verwaltung und des Staatsapparats Vorrang haben.

Wenn der Staat wiederum die Arbeiter und Bauern sind, dann können sie demokratisch über diese Fragen der Produktion und des Konsums selbst bestimmen, so wird argumentiert. Das setzt freilich eine sehr starke und ausdifferenzierte Demokratie voraus, in der, damit sie als Autonomie erfahrbar wird, Herrschaftsfunktionäre und Verwaltungsexperten, also „Manager" aller Art, unter Kontrolle gebracht werden müssen. Dass das nicht leicht ist und empirisch nicht gelang, liegt auf der Hand. Wenn dazu noch die Machtkämpfe innerhalb des Herrschaftsapparats mit Feinderklärungen paranoid auf dem Rücken der Bevölkerung ausgetragen werden, ist das Ergebnis stalinistisch katastrophal.

Aussichtsreich erscheinen in der Situation Ideen von „Wirtschafts-Demokratie", also der Arbeiter-Selbst- oder zumindest -Mitbestimmung in der Fabrik. Auch hier wird, neben dem Betriebsegoismus, freilich die Ersetzung von Autonomie durch die Mitbestimmung von Funktionären übergreifender Apparate der Gewerkschaft oder der Planungsbehörden wahrscheinlich. Auch damit ist lokale Demokratie ausgehebelt. Aus dem Kapitalismus austreten kann man auch mit diesem Modell nicht, selbst wenn es lokal gelänge. Ein zumindest hohes Maß von Autonomie ist mit solcher Selbstverwaltung immerhin möglich. (Vgl. Demirović 2007)

Zusammenfassend kann man theoretisch wie empirisch sagen, dass der Realsozialismus keine Alternative, sondern eine Variante von Kapitalismus war und ist. Er war der Verselbständigung der Herrschaft und Verwaltung ebenso, wenn auch in anderer Form ausgesetzt wie ein durch Privateigentum an den Produktionsmitteln organisierter Kapitalismus. Die staatliche Wirtschaftslenkung tendiert zur Kriegswirtschaft. Die Wirtschaftspolitik ist im Effekt ein Keynesianismus, empirisch ein ebenso „rechter" wie „linker", indem der staatliche Konsum Waffenproduktion ebenso umfasste wie die Produktion von Infrastruktur für das gute Leben aller und tendenziell erstere auf Kosten letzterer privilegierte.

Realsozialismus als Staatskapitalismus verstanden verweist auf eine weitere wichtige Modifikation, die das landläufige Verständnis von Kapitalismus nötig hat: Demokratie ist zwar die Staatsform dieser Produktionsweise, aber Kapitalismus verträgt sich auch sehr gut mit Diktaturen aller Art und bringt gelegentlich den Ruf nach der starken Hand und nach der Reduktion von Arbeitermacht hervor.[21] Und umgekehrt: Planung findet nicht exklusiv und schon gar nicht am effizientesten im Realsozialismus statt. Fordismus und Korporatismus mit ihrem Regime der Manager auf der Seite von Kapital wie Arbeit waren auch im Westen eine Blütezeit der Planung und der Technokratie. Besonders die 60/70er Jahre erlebten einen Schub von Planungsanstrengungen. Man muss dazusagen, dass die westliche Planung subtiler und oft wirkungsvoller war als die im Osten, die von dem autoritären Muster der Kriegswirtschaft nicht loskam, während im Westen Instrumente wie Rahmenplanung oder das Setzen von Eckdaten und insgesamt die Beteiligungen möglichst weit hinunter die Planung verträglicher und schlicht vernünftiger machten.

Es bleibt also festzuhalten, dass Realsozialismus, Faschismus und die westliche „Konsumgesellschaft" Varianten von Fordismus waren. Fordismus – um das in Erinnerung zu rufen – ist die Variante von Kapitalismus, in der die Arbeiterschaft nicht verelendet, sondern durch Massenproduktion und Massenkonsum doppelt in die Kapitalreproduktion einbezogen wird: mit Arbeitskraft und Konsumvermögen. Insofern sind höhere Löhne und Sozialtransfers für die Wirtschaft günstig: Sie ermöglichen den wirtschaftlich notwendigen Konsum. Dumm ist es nur, wenn die Leute diese Einkünfte sparen. Daher wurde neben der Konsum-Werbung für diese Produktionsweise der Konsumkredit, besonders als Ratenzahlung, erfunden. (Im 19. Jahrhundert wäre ein Kredit undenkbar gewesen, der nicht durch „Realitäten" gedeckt ist, sondern durch die Hoffnung auf ein zukünftiges Lohneinkommen.) Wenn die Leute Schulden machen, umso besser für die Wirtschaft. Die Einkommen und wie sie wieder in den Kreislauf gebracht werden, will sorglich und geschickt geplant sein. Im Realsozialismus wie im Faschismus

21 Gewerkschaftsmacht kann aber auch mit demokratischen Mitteln, und damit wahrscheinlich nachhaltiger zurückgedrängt werden, wie man derzeit beobachten kann.

wurden Produktion wie Konsum ebenfalls geplant und der Konsum wurde zum großen Teil direkt vom Staat übernommen und per Zuteilung auf die Bevölkerung übertragen – eine schwerfällige und sehr sichtbar politische Form der Planung, die entsprechend Ärger und Widerstand hervorruft. Die westliche Art der Wirtschaftsplanung ist schonender und verschiebt die Verantwortung auf „die Wirtschaft", die zwar auch politisch gesteuert wird, aber im Notfall als Naturereignis hingestellt werden kann.

Theoriefragen 6: Krisen und ihr Beitrag zur Entwicklung von Kapitalismus

Kapitalismus besteht aus mehr oder weniger langen Zyklen von Innovation, Konsolidierung und Zerstörung. Es wird eine Ware oder Dienstleistung ge/erfunden, die attraktiv ist und daher viel gekauft wird – viele Konkurrenten drängen in ihre Produktion. Sie wird damit zuerst billiger und schließlich überproduziert – ein Teil der Produzenten wird ruiniert. In der ersten Phase der Konkurrenzlosigkeit wird ein Super-Profit gemacht. In der zweiten muss in der Konkurrenz die Produktivität erhöht, die Ware also schneller und insgesamt mit weniger Einsatz von Arbeitskraft produziert werden. Die letzte Phase ist die der Kapital-Vernichtung. Die verbleibenden Produzenten müssen sich mit einem geringeren Profit zufrieden geben.

Solche „kleinen Krisen" sind normal. Produktionsstätten, Geschäfte, Dienst-Angebote werden eingerichtet und gehen wieder ein. Seit dem letzten Drittel des 19. Jahrhunderts wurde die rechtliche Regelung des Konkurses so ausgebaut, dass er nicht mehr die Lebenskatastrophe des ehrbaren Kaufmanns ist, sondern den moralischen Hautgout von Versagen bis Betrug verloren hat und als routinierter Teil des wirtschaftlichen Lebens eingesetzt werden kann. Wichtig sind dabei rechtliche Formen wie die GmbH, die verhindern, dass mit der Pleite des Betriebs auch der Besitzer und Betreiber ruiniert ist: Privat- und Betriebsvermögen werden getrennt. Besonders im unteren Bereich der Kleinbetriebe beträgt die Halbwertszeit der Projekte und Gründungen nur wenige Jahre. Die Kapitalvernichtung der einen ermöglicht den anderen, die jetzt billig an die „Konkursmasse" kommen, einen neuen Anfang unter günstigeren Bedingungen. Das gilt im Kleinen der Boutique, deren Lagerbestände an anderem Ort reduziert angeboten werden und an deren Stelle sich ein Brezel-Bäcker etabliert, ebenso wie für ein Bankenimperium oder eine Fluglinie, die jetzt zu einem symbolischen Preis von der Konkurrenz übernommen werden.

Zu einer größeren „Krise" wächst sich das aus, wenn es eine ganze Branche auf einmal betrifft – was ja nicht unwahrscheinlich ist. Wenn es sich auf große Betriebe ausweitet und „Folge-Konkurse" (der Gläubiger und der Zulieferer) nach sich zieht, wird die Krise schon dramatisch. Besonders übel ist es, wenn nicht nur die Überproduktion an Waren nicht mehr abgesetzt, sondern wenn einerseits das entwertete Kapital nicht mehr neu in Gang gebracht wird und überhaupt die Möglichkeiten für aussichtsreiche Investitionen schrumpfen. Wenn dann noch eine spektakuläre und folgenreiche Pleite wie ein Banken- oder Börsen-Krach als dramatisch sichtbares Symbol von Zusammenbruch auftritt, dann ist die „große Krise" da. Die großen Beispiele aus der Geschichte des Kapitalismus sind besonders der Banken-Krach von 1873 und der Börsen-Krach von 1929, neuerdings der kombinierte Banken- und Börsen-Crash von 2008. In anderer Weise haben die leeren Autobahnen der „Ölkrise" 1973 das Ende eines Zeitalters signalisiert. Die dot-com-Krise von 1999-2001 hat dafür nicht ganz ausgereicht – wahrscheinlich weil sie so offensichtlich spekulatives Risiko-Kapital betroffen hat. Dabei hätte sie als Erfahrung, wie verzweifelt nach Anlage-Möglichkeiten gesucht und wie ein großer Bereich an Hoffnungen (das Internet als neuer Kontinent, als neues Eldorado gar) enttäuscht wurde, besonders alarmierend wirken können.

Die dauernde und „kleine“ Kapitalvernichtung ist für das Funktionieren von Kapitalismus durchaus nützlich – selbst wo sie nicht im Sinn von Schumpeters „schöpferischer Zerstörung“ zu Innovationen, sondern nur zu einer weiteren Brezel-Bäckerei führt, wenn sie das aber doch tut, natürlich besonders. Die großen Krisen haben mit Arbeitslosigkeit und Inflation, besonders aber, wenn man 1929 den Faschismus, den Zweiten Weltkrieg und die Shoah zurechnet, Katastrophen über Europa gebracht.[1] Auch den Vermögensverlust der Mittel- und Oberschicht sollte man nicht ganz aus dieser Bilanz des Unglücks ausklammern, auch wenn es da Abstufungen des Mitleids geben mag. Deutlich ist aber gerade an dem Beispiel 1929, dass es auf die politische Reaktion ankommt. Die faschistische oder gar nationalsozialistische Reaktion darauf war nicht alternativenlos, wie das Gegenbeispiel des „New Deal“ in den USA am besten zeigt.

Die großen Krisen haben aber immer politische Strukturveränderungen hervorgebracht: Nach 1873 wurde das wirtschaftspolitische Instrumentarium des kapitalistischen Staates überhaupt erst so entwickelt, dass in der Folge der Staat als für die Wirtschaft zuständig gesehen werden konnte. Hauptsächlich bestand es in der Vergrößerung und internen Diversifizierung der wirtschaftlichen Einheiten (von der Aktiengesellschaft bis zu Trusts, Holdings und Investment-Gesellschaften) einerseits, andererseits in staatlichen Eingriffen, damals vor allem durch Sozialpolitik und imperialistische Außen(handels)politik, zur „Glättung“ der Krisen und zur Verkürzung der Zeit bis zum Neu-Abheben des nächsten Zyklus. Nach 1929 wurde das wirtschaftspolitische Instrumentarium des Keynesianismus, also der Staatsaufträge und der Kaufkraft-Stützung durch Infrastruktur-Investitionen entwickelt, das den Wohlstandspolitik-Abschnitt des 20. Jahrhunderts bestimmte.

Aber die großen wirtschaftlichen und politischen Strukturveränderungen hängen nicht unmittelbar mit Wirtschaftskrisen zusammen: Die endgültige Abschaffung der Monarchie und Aristokratie in Europa[2] ist

1 Dazu wurden die USA, wo die Krise im „New Deal“ bewältigt wurde, in einen verlustreichen Krieg gezwungen. Durch die Beteiligung Japans, die aber nichts mit einer Wirtschaftskrise zu tun hatte, wurde auch der ferne Osten hineingezogen.
Beim Ersten Weltkrieg ist ein Zusammenhang mit Wirtschaftskrise nicht so leicht herzustellen.

2 Die demokratisierten und verbürgerlichten Restbestände in Skandinavien und den Niederlanden tun niemandem weh. Selbst das britische Königshaus ist zwar teuer, aber höchst demokratieverträglich, vom spanischen gar nicht zu reden, das Verdienste um die dortige Nach-Franco-Demokratisierung hat. Dass die Aristokraten oder jedenfalls einzelne ihrer Clans nach wie vor

Ergebnis des Ersten Weltkriegs. Auch die Russische Revolution hat zwar mit Not und Elend zu tun, aber selbst und gerade marxistische Interpreten taten sich schwer, sie gebührend wirtschaftlich „abzuleiten“. Die Einführung der Massenproduktion von Gebrauchsgütern mit der zugehörigen „tayloristischen“ Betriebsorganisation und der verbesserten Bezahlung der Arbeiter (beginnend in der Fabrik Henry Fords 1914), diese wirklich grundsätzliche Veränderung von Kapitalismus zu dem, was wir heute „Fordismus“ nennen, ist nicht unmittelbar mit einer großen Wirtschaftskrise zu erklären.

Der Zusammenhang zwischen wirtschaftlicher Krise und Formwandel des Kapitalismus ist nicht einfach und schon gar nicht von der Notwendigkeit bestimmt, die marxistische Krisentheoretiker unterstellten. Wirtschaftliche Schwierigkeiten lösen wirtschaftliche, politische und gesellschaftliche Gegenmaßnahmen aus. In der Wirtschaft werden korrigierende und eventuell auch neue Kapitalstrategien erfunden und eingesetzt; das politische Regime muss reagieren, der Staat muss sich als „Herr der Lage“ darstellen können, seine Mittel werden im Sinn der neuen Kapitalstrategien zu nutzen versucht; gesellschaftlich müssen die Leute mit der Lage, in die sie gebracht wurden, fertig werden und eventuell tun sie das in Formen, die der Wirtschaft und dem Staat nicht gleichgültig sein können – seinerzeit in Aufständen bis Revolutionen, dieser Tage, indem sie sparen statt konsumieren oder aber ihre Spargroschen von den Banken zurückverlangen. Vor allem wird, seit und sofern wir den Faschismus auf die Weltwirtschaftskrise und die große Arbeitslosigkeit der 1930er zurückführen, die politische Radikalisierung nach rechts und der Erfolg von populistischen „Führern“ (die heute zumindest in den Wahlkämpfen eher als populistische Unterhalter auftreten) gefürchtet.

Nun gibt es freilich interessante Erfahrungen, die von der Politik in den drei Jahrzehnten des Neoliberalismus seit 1980 gemacht wurden: Es gab lange Jahre einer großen Arbeitslosigkeit, die von der Bevölkerung ohne größere Schwierigkeiten hingenommen wurde. Es war sogar möglich, gleichzeitig die Sozialleistungen zurückzufahren und den Abbau der Sicherheit der Arbeitsplätze zumindest geschehen zu lassen. Zugleich wurde der Einfluss der Gewerkschaften zurückgedrängt, besonders eindrucksvoll in Großbritannien mit dem Signal-Ereignis des von Thatcher niedergekämpften Bergarbeiterstreiks von 1983. In der Politikform des „strukturellen Populismus“ ist es Teil der Regierungskunst geworden, selbst die Krisen auszurufen und mit einer Politik der Angst „defensive Reformbereitschaft“ in der Bevölkerung, im Parlament und in der Verwaltung herbeizuführen. Wir leben seit Jahrzehnten mit einer „Krise der Systeme der sozialen Sicherung“, die uns von den jeweiligen Regierungen verkündet wird. Der Zweck dieses Alarmismus, der traditionell Instrument der Opposition gewesen war, ist es offensichtlich, politische Handlungsnotwendigkeit

---

im Großgrundbesitz und sonst wirtschaftlich bedeutende Spieler, jetzt als Kapitalisten sind, ist eine andere Sache.

zu suggerieren und im konkreten Fall besonders die neoliberale Politik der Privatisierungen durchzusetzen.

Insofern wurde der Begriff der Krise inflationiert und banalisiert. Er ist inzwischen fast gleichbedeutend mit „Schwierigkeit“ oder „Problem“, besonders für Leute, die sich angewöhnt haben, von allen öffentlichen Äußerungen die journalistische Dramatisierung abzuziehen, um an den oft bescheidenen Kern der Aussage zu kommen. Zu diesem banalisierten Begriff gehört es auch, die Maßnahme gleich mitzuliefern, die jetzt nötig ist, um die Krise abzuwenden oder zu beenden – häufig enthält sie eine Verzicht-Leistung derer, denen sie vor Augen geführt wird, zum Wohle, wenn nicht zur Rettung des Großen & Ganzen.

Die ursprünglich medizinische Metapher hat sich fast verloren. Danach ginge es um den Verlauf einer Krankheit, besonders einer fiebrigen, die sich an einem Punkt krisenhaft zuspitzt: Entweder der Patient stirbt in dieser Nacht, oder er erwacht am nächsten Morgen zwar schweißgebadet, aber fieberfrei, und kann damit rechnen, dass es ab jetzt aufwärts geht. Damit ist die Krise auch der Punkt, an dem die ärztliche Kunst schnell eingreifen muss: entweder jetzt oder es ist zu spät. In einer anderen Bedeutung ist die Krise auch der Punkt, an dem man nichts mehr machen kann: Der Organismus muss sich jetzt selbst helfen und sich als stark genug erweisen oder untergehen. Dieses Bild ist vielfältig anwendbar: von der Glaubenskrise über die Beziehungskrise bis zur Staatskrise. Es versteht sich, dass man die Metapher im Rahmen der Organismus-Auffassung von Gesellschaft auch auf einzelne ihrer Einrichtungen und auf das Große & Ganze des gesellschaftlichen Zusammenhalts beziehen kann.

In der marxistischen Bedeutung der Wirtschaftskrise hat sich diese Metapher lange erhalten. Die Linke hat – je orthodoxer, umso offener – ein gutes Verhältnis zu Krisen des Kapitalismus. Jede Krise zeige, dass man mit dem „Chaos der Märkte“ keine Wirtschaft und keinen Staat machen könne. Besonders haltlose Optimisten sahen jede Krise schon als die abschließende – oder wenigstens die vorletzte –, nach der aus den Trümmern des zusammengebrochenen Kapitalismus der Phönix des Sozialismus, wenn nicht Kommunismus aufsteigen würde. Beides sind eminent bürgerliche Phantasien:

Das Bild vom „Chaos der Märkte“ hat als Kontrast-Hintergrund die autoritäre Vorstellung von einer wohlgeordneten Wirtschaft und Gesellschaft – wohlgeordnet nach dem Muster eines Kasernenhofs mit seiner strikt geregelten Befehlshierarchie. Verwirklicht sahen das die Anhänger solcher „Ordnung“ in der Kriegswirtschaft des Ersten Weltkriegs. Der Realsozialismus des 20. Jahrhunderts ist aus verschiedenen Gründen über dieses Modell der Kriegswirtschaft nie lange hinausgekommen. Für die ihm unterworfene Bevölkerung hat es Einschränkung des Konsums und jeweils nationale Anstrengung, um die industrielle Produktion möglichst hochzutreiben, bedeutet. Für Linke sollte es eigentlich seit 1927, dem Ende der NEP und dem Beginn der stalinistischen Kollektivierungen in der Sowjetunion diskreditiert sein, und nicht erst seit 1989 wie für die Kalten Krieger, die den Realsozialismus respektierten und fürchteten, so lange militärische Macht dahinter stand.

Das andere Bild, das vom Zusammenbruch, lässt sich auf viel ältere Bilder zurückverfolgen: Sintflut, Sodom und Gomorrha und die Apokalypse und das Reich Gottes, das erst nach einem allgemeinen Untergang samt großer Abrechnung kommen kann. Seine bürgerliche Ausprägung aber hat Richard Wagner, der gescheiterte Revolutionär von 1848, in der „Götterdämmerung" auf die Bühne gebracht: Nicht mehr der Zorn des HErrn über die verderbte Menschheit setzt das Ende, nach dem erst ein Neu-Anfang möglich wird, sondern die Herrschenden, die mit ihren eigenen Gesetzen nicht zurecht kommen, führen es selbst herbei. Jedenfalls besteht es in allgemeiner und gründlicher Vernichtung, möglichst in einem Weltenbrand. Danach kann eine andere, „reine" Rasse, die ohne Schuld ist, eine neue Welt aufbauen. Kein Wunder, dass die Nazis mit Wagner, vom „Rienzi" bis zum „Ring", so viel anfangen konnten.

Bei Marx selbst findet sich keine dieser Phantasien. Die „freie Assoziation der Produzenten" verträgt sich nicht besonders gut mit zentral-bürokratischer Planung. Noch weniger verträgt sich das Bild von der „Revolutionierung", also der langsamen Umwälzung der Gesellschaft, die allmählich die Elemente einer neuen Produktionsweise hervorbringt, mit Apokalypse und Götterdämmerung. An den Krisen war für Marx vor allem interessant, wie sie – von den Herrschenden – in neuen Kapitalstrategien, deren Elemente er (1894) als (dem tendenziellen Fall der Profitrate) „entgegenwirkende Ursachen" beschrieb, bearbeitet und bewältigt wurden: grundsätzlich auf Kosten der Arbeiterschaft, aber in der Konkurrenz der Einzelkapitale auch mit dem Effekt der Kapitalvernichtung.[3] Natürlich ist es nicht beliebig, was

3 Das ist die realistische Reduktion der „Götterdämmerung" auf das, was auch bürgerliche Ökonomen als die „reinigende Wirkung" von Krisen sehen: Die – meist kleineren – Einzelkapitale, die zu spät gekommen und sonst nur im allgemeinen Pilotenspiel mitgeschwommen sind, gehen unter.
Marx hat mit seiner Theorie der *notwendigen* Krise(n) des Kapitalismus aufgrund des tendenziellen Falls der Profitrate (nur die lebendige Arbeit, in dem Zusammenhang „variables Kapital" genannt, erzeugt Mehrwert, die Entwicklung von Kapitalismus besteht aber darin, diesen Anteil zugunsten von Maschinerie aller Art zu verringern), den Marxisten ein Theorie-Problem hinterlassen, das mit Fortgang des 20. Jahrhunderts immer größer wurde: Keine der zahlreichen und auch nicht geringfügigen Krisen führte zum Ende von Kapitalismus, vielmehr immer wieder zu seiner Erneuerung. Es entstand eine Krisenliteratur, die man nur scholastisch nennen kann: In ihr wurden das „Gesetz" vom tendenziellen Fall der Profitrate und seine empirische Prüfbarkeit immer komplizierter. Marx war aber Dialektiker. Daher ist der tendenzielle Fall der Profitrate keine empirische Vorhersage, sondern die Konstruktion einer Tendenz, die sich ohne Gegenmaßnahmen logisch ergäbe. Die gesellschaftliche Dialektik besteht aber genau darin, dass diese Tendenz Gegenmaßnahmen auslöst. Der „tendenzielle Fall der Profitrate" und die „entgegenwirkenden Ursachen" gehören zusammen. In einer anderen Reaktion auf die Enttäuschung wurden daher – durchaus nützlich – die historisch kontingenten (nicht theoretisch „ableitbaren") Maßnahmen zur wirtschaftlichen und staatlichen Bearbeitung (und zur gesellschaftlichen

an neuen Kapitalstrategien gefunden werden kann, vielmehr „pfadabhängig" (also aus vorhergehenden Zuständen zu entwickeln), von Ressourcen (wie dem Internet oder billigem Transport) und auch von der Arbeiterschaft, ihrem Bewusstsein und ihren Kämpfen abhängig.

Die wichtigste dieser Erfindungen war auf der Wirtschaftsseite Fordismus: die Strategie der Massenproduktion von Konsumgütern und des Einsatzes der Bevölkerung als „Konsumkraft". Auf der Staatsseite war es die zugehörige Wirtschaftspolitik des Keynesianismus: durch Sozialpolitik, Erleichterung von Schuldenmachen und die staatliche Erzeugung von Löhnen in anderen Bereichen als der Konsumgüterindustrie (Rüstungsindustrie oder Infrastruktur) diese Konsumkraft zu verstetigen und sie zum tatsächlichen Konsum (also Kauf von Waren) zu veranlassen. Diese beiden Strategien haben Kapitalismus zwar nicht grundsätzlich, aber doch folgenreich verändert: Die Stützung der Wirtschaft mit Mitteln der Allgemeinheit geschieht jetzt „durch die Bevölkerung hindurch" und mit ihrer doppelten Beteiligung: nicht nur beim Aufbringen der (Sozialversicherungs- und Steuer-)Mittel, sondern auch beim Verteilen durch Konsum. Und dass wir Geld ausgeben können, gibt uns die Illusion von Wohlstand. Geld ausgeben zu können, gilt seither als das entscheidende Merkmal für „gutes Leben" – obwohl immer wieder die Einsicht dämmert, dass Zeit zu haben oder selbstbestimmt arbeiten oder sich auf einen Kreis von Freunden, in dem Konkurrenz aufgehoben ist, verlassen zu können, vielleicht mehr wert wäre.

Immerhin: Die traditionelle Form der Krisenbewältigung durch Lohndrücken war damit zumindest gesamtwirtschaftlich ungünstig geworden. Dass sie in den 1980ern zurückkehrte, dass auch staatliche, also dem Interesse von Gesamt-Kapital verpflichtete Politik sich auf Drücken von Sozialleistungen und von Lohnkosten und auf Verlängerung der Arbeitszeit einließ, war das am unmittelbarsten für die Bevölkerung erfahrbare Symptom einer neuen Produktionsweise: Neoliberalismus. Einerseits kam Fordismus an seine Grenzen: Es wurde schwieriger, profitable Investitionsmöglichkeiten zu finden; die Gewinne im Finanzsektor wurden höher als die in der „Realwirtschaft". Andererseits eröffneten sich die Chancen der „Globalisierung": Vor allem ließ sich durch Globalisierung der Arbeitsmärkte der schier unerträgliche Zustand der Arbeitskräfte-Knappheit (und damit die Macht der Lohnarbeit und ihrer Funktionäre) beenden, der in den 1960ern geherrscht hatte und erst mühsam mit dem Anwerben von „Gastarbeitern" bekämpft wurde. Jetzt ließ sich sicherstellen, dass dieses Problem nicht mehr auftreten würde.

Nicht so leicht lösen ließ sich das Problem der Investitionsmöglichkeiten, anders gesagt: des Geld-Überschusses. Die Privatisierungen von Infrastruktur (Transport, Gesundheit, Wasser, Bildung), die versucht wurden, waren nicht so erfolgreich, auch nicht so ganz leicht durchzusetzen. Wo sich neue Möglichkeiten andeuteten, stürzte sich

Absorption) von Krisen genauer beschrieben. Eine Form sind Faschismus und Krieg, aber es gibt auch Alternativen.

Kapital geballt darauf und erzeugte „Blasen" von unrealistischen Hoffnungen: Risikokapital wurde in Internet-Phantasien gesteckt und mit ihnen vernichtet. Betriebe und Firmen mit ihren Aktien wurden selbst zum Gegenstand von Spekulation, Rohstoffe und Nahrungsmittel ohnehin. Schließlich wurden aggressiv verkaufte Kredite kompliziert verschachtelt und verkleidet und zu Waren gemacht, mit denen sich weiter spekulieren ließ. So lange sich die Religion der Bereicherung hielt und verbreiten ließ, wurde damit das Problem des Mangels an Investitionsmöglichkeiten (also des Geld-Überschusses) nur verstärkt. Die „Lösung" besteht in einem „Platzen der Blase", also im Verlust des Glaubens an die ewige Steigerung des Reichtums durch Gewinnen von immer neuen Anhängern. Das Ergebnis ist Kapital-Vernichtung. Danach kann das Spiel von vorne beginnen.

Am Börsen- und Banken-Krach 2008 wurde dramatisch sichtbar, wie sehr im Kapitalismus Wirtschaft und Staat verflochten sind, wie sehr die alte Gegenüberstellung von Markt und staatlicher Planung und Verwaltung immer schon eine Illusion war und es heute erst recht ist. In den USA wie in Europa überschlagen sich die Regierungen mit Milliarden-Zusagen an diverse marode Industrien, voran die Kredit- und Spekulations-Industrie der Banken. Nach der „Rettung" des Finanzsystems geht es um ein Konjunktur-Programm zur Glättung der vorhergesagten umfassenden Rezession. Wichtigste Begründung sind die Arbeitsplätze, die erhalten werden müssten. Daran ist nichts neu: Die Tätigkeit des kapitalistischen Staates besteht routinemäßig darin, Steuergeld durch Staatsaufträge, Subventionen, Abschreibungen und Garantien in „die Wirtschaft" zu pumpen, also von unten nach oben umzuverteilen. Ein wichtiger Teil der unternehmerischen Tätigkeit besteht darin, diese Staatsgelder zu akquirieren. In vielen Industrien sind die staatlichen Aufträge bis Subventionen wichtiger als die Nachfrage nach dem Produkt auf irgendwelchen Märkten. Klassisch waren und sind das die „Heereslieferanten" der verschiedenen Arten; neuerdings ist in Deutschland die Chip-Erzeugung in der Gegend von Dresden – PR-mäßig als „Silicon Saxonia" (an wen wohl?) vermarktet – auffällig geworden. Selbst *Die Zeit* (23.12.08, S. 28) wird dabei sarkastisch: „Weltwirtschaftskrisen sind gute Zeiten. So würden es die Chefs von Banken, Autoherstellern oder eben Chipproduzenten freilich nie sagen. Aber wann sonst lässt sich so einfach Steuergeld in Firmenvermögen verwandeln?"

Neu sind nur die Größenordnung (in kurzer Zeit) und die Sichtbarkeit des Transfers, nicht die Tatsache, dass er stattfindet. Neu ist nicht, dass die Wirtschaft diese Gelder nimmt und um sie konkurriert, neu ist allenfalls, dass sie es so öffentlich sichtbar tun muss. Die Doppelstrategie des Neoliberalismus, öffentlich – wegen verzweifelter Suche nach Investitionsmöglichkeiten – für Entstaatlichung zu agitieren und hinter den Kulissen mehr denn je von Steuergeldern und Staatsgarantien zu leben, ist in der Krise sichtbar geworden. Aber an der staatsvermittelten Substanz dieser Produktionsweise hat sich dadurch nichts geändert. Natürlich ist die „Krise" die Stunde der staatlichen Regulation. Dazu wird sie ausgerufen, um die zu ermöglichen.

Aber die Staatseingriffe sind nicht der Feind von Kapitalismus, geschweige denn sein Ende, vielmehr ein Teil seines Funktionierens. In der Krise wird auch die Kapitalseite besonders aktiv und kennt ihre Interessen besonders genau. Und sie nimmt den Staat besonders gründlich in Dienst. (Wer hat denn die Banken-Rettungspakete entworfen?) Statt von einer „Verstaatlichung der Banken“ könnte man mindestens ebenso gut von einer Kaperei von öffentlichen Mitteln durch die Wirtschaft sprechen.

Neoliberalismus

Der Sozialhistoriker Eric Hobsbawm hat in seinem Buch „Age of Extremes“ (1994) vom „kurzen“ 20. Jahrhundert gesprochen. Er sieht das Zeitalter begrenzt von 1914 und 1991, also von Entstehung und Untergang des Blocks von kommunistischen Staaten und damit der Ost-West-Polarisierung zumindest nach 1945.[1] In der Produktionsweise entspricht dieser Zeitraum ungefähr dem „Fordismus“, charakterisiert durch wissenschaftliche Betriebsführung, Massenproduktion, im Westen auch Massenkonsum, Sozialstaat, Keynesianische Wirtschaftspolitik und insgesamt eine Politikform des Klassen-Kompromisses, der „Sozialpartnerschaft“, die man in der Politologie „Korporatismus“ nennt. Die Politikform des Korporatismus ging gemeinsam mit der Produktionsweise des Fordismus in den 1980ern zu Ende.

Inzwischen hat es sich durchgesetzt, die gegenwärtige, damals inaugurierte Produktionsweise als Neoliberalismus zu bezeichnen.[2]

Staatliche Regulation und Bürokratien, die Fordismus charakterisieren, sollen zugunsten von marktförmiger Steuerung und Privatisierungen möglichst zurückgedrängt werden. Es wird davon ausgegangen, dass der Markt und die dazugehörige Konkurrenz die Gesellschaft aus der gegenwärtigen Krise retten kann. Die Märkte, besonders – und das ist neu – die für Arbeitskräfte, werden auf die ganze Welt ausgeweitet, und zwar vor allem durch Kapitalexport, also (angedrohte) Verlagerung von Produktionsstätten, nicht mehr in erster Linie durch Anwerbung von Arbeitskräften, wie das in den 1960-70er geschah. Das Kapital muss, um sich erweitert reproduzieren zu können, neue Investitionsmöglichkeiten finden. Den Übergang zum Neoliberalismus zeichnet ein Schub von Rationalisierungs-Investitionen aus, wobei jetzt besonders die

---

1 Zum Ausgleich sprechen andere Sozialhistoriker vom „langen“ 19. Jahrhundert. Vgl. Bauer (2004).

2 Eine kurze Geschichte des Neoliberalismus hat Harvey (2007) verfasst.

Wissens- und Organisations-Komponente von Arbeit „rationalisiert“, also in Maschinen verlegt wird. Das aber bedeutet, dass eine Arbeitslosigkeit im zweistelligen Prozentbereich strukturell ist, dass sich Erwerbsarbeitsquote und Unternehmensgewinne entkoppelt haben. Die Krise, die mit dieser Veränderung der Produktionsweise verbunden ist, drückt sich vor allen anderen Dingen als eine von Massenarbeitslosigkeit aus. Von der Politik wird die Krise als eine des fehlenden Wirtschaftswachstums beschrieben, somit als eine Konjunkturkrise. Zugleich kann man der Wirtschaftspresse entnehmen, dass es zu Massenentlassungen kommt, obwohl die Profite stimmten. Was anfangs von der Politik als „Konjunkturkrise“ zu bewältigen versucht wurde, erwies sich als umfassender Umbau der Produktionsweise.

Dazu hat in dieser Produktionsweise die Finanzindustrie an Gewicht und zum Teil Eigenständigkeit (Abgehobenheit) gewonnen, vor allem waren dort schnellere und höhere Gewinne zu machen als in der Produktion. Selbst die weitgehend risikolosen Staatsanleihen brachten eine höhere Rendite als eine Industrie-Investition. Neoliberalismus lässt sich durch eine erneute Erweiterung des Kapitalverhältnisses charakterisieren. Neoliberalismus heißt Kommodifizierung von gesellschaftlichen Bereichen, die bisher nicht oder nicht in diesem Ausmaß dem Kapitalverhältnis unterworfen, also nach Prinzipien der Warenförmigkeit organisiert waren. Eine solche Strategie der Kommodifizierung hat gesellschaftliche und politische Voraussetzungen, die sich veranschaulichen lassen, wenn wir uns mit der „Krise“ des Fordismus beschäftigen.

Krise oder Offensive?

Retrospektiv wird als erstes, dramatisches Symptom für eine Krise des Fordismus die Ölkrise von 1973 bestimmt. Die Ölkrise bedeutete die Erkenntnis, dass natürliche Ressourcen nicht unbegrenzt als Produktionsmittel zur Verfügung stehen – oder auch nur die, dass die ölexportierenden Länder ein Kartell organisiert hatten und imstande waren, den Ölpreis auf dem Weltmarkt nach eigenen Interessen zu regulieren, also anzuheben. Für eine ökonomische Krise des Fordismus spricht, dass die fordistische Form der Rationalisierung ihre Grenzen erreicht hatte. Robert Brenner (2002) argumentiert, dass es seit Ende der 60er Jahre in den USA zu Überkapazitäten und Überproduktion im industriellen Sektor gekommen sei – nachdem die Bundesrepublik Deutschland und Japan ökonomisch aufgeholt hatten und den Markt mit denselben Produkten belieferten. Aufgrund des hohen Anteils an fixem Kapital wurde darauf konservativ reagiert, auf technischen Fortschritt gesetzt statt auf die Erschließung neuer Industrien. Das aber bedeutet Rationalisierung und Arbeitslosigkeit. In den 70er Jahren wurde durchweg angenommen, dass es sich um eine typische zyklische Depression handle, auf die mit keynesianischen Wirtschaftsprogrammen geantwortet wurde. Es dauerte einige Zeit, bevor klar wurde, dass sich die Arbeitslosigkeit dadurch nicht mehr vermindern ließ, dass diese Politik nicht mehr „griff".

Auf Arbeitslosigkeit wurde in Deutschland schnell mit einem „Anwerbestop" für „Gastarbeiter" reagiert. 1982 hat Otto Graf Lambsdorff, der damalige Wirtschaftsminister der sozial-liberalen Koalition, einen Masterplan für Sozial- und Wirtschaftsreformen mit dem Titel „Konzept für eine Politik zur Überwindung der Wachstumsschwäche und zur Bekämpfung der Arbeitslosigkeit" vorgelegt, das besser unter dem Namen „Wendepapier" bekannt ist. Der Anlass waren zwei Millionen Arbeitslose (7,5%) und die Prognose, dass die sozialen Sicherungssysteme zusammenbrechen würden. Der Inhalt lässt sich kurz zusammenfassen mit: „Weg vom Staat, hin zu mehr Markt; weg von kollektiven Lasten, hin zur persönlichen Leistung; weg von verkrusteten Strukturen, hin zu mehr Beweglichkeit, Eigeninitiative und verstärkter Wettbewerbsfähigkeit."[3] Mit der seinerzeitigen SPD war ein Rückfahren der sozialen Sicherung aber noch nicht zu machen – die Wende-Ära unter Kohl war die Folge.

Wenn wir den internationalen Kontext einbeziehen, die Politik in Großbritannien und den USA, wird deutlich, dass das, was als Krise des Fordismus in den 1970er Jahren verstanden wird, zugleich als politische und kulturelle Offensive zu interpretieren ist. Dass der gesellschaftliche Umbau ausschließlich von einer Krise der Kapitalverwertung initiiert wurde, ist ziemlich unplausibel. In den 70er Jahren ist nicht nur eine Produktionsweise in die Krise geraten, vielmehr ist auf Probleme der Kapitalverwertung in einer Form reagiert worden, die die gesellschaftlichen Kräfteverhältnisse zugunsten des internationalen Kapitals, der multinationalen Konzerne und der Finanzindustrie verschoben hat.

Zunächst gelang es den Neoliberalen, das „Versagen" von Keynesianismus erfolgreich zu skandalisieren und sich auf der diskursiven

3 Vgl. zur genaueren Kritik dieses „Wendepapiers": Resch (2007b).

Ebene gegen die Keynesianer zu behaupten. Mit der Verleihung der Nobelpreise 1974 an Friedrich von Hayek und 1976 an Milton Friedman wurde die neoliberale Doktrin honoriert und „geadelt“. Die Keynesianer wurden als elitär abgewertet, die Neoliberalen dominierten zunehmend das öffentliche Verständnis von Wirtschaften und Wohlstand. Aus der Krise des Fordismus wird ein Kampf gegen die linken Intellektuellen. Die Befürworter des Marktes dagegen waren Entrepreneurs. Es gelingt den Konservativen, ökonomische, politische und kulturelle Themen aufzugreifen und zu ihren Gunsten zu definieren. Aus einzelnen Krisensymptomen wird eine groß angelegte Offensive, die Ende des 20. Jahrhunderts dann zum „Globalisierungsdruck“, zum „Sachzwang“ geworden ist, eine Legitimationsformel, die wiederum geeignet ist, die neoliberale Offensive fortzusetzen.

1979 kamen in Großbritannien und 1980 in den USA die Neo-Konservativen unter der Führung von Margaret Thatcher und Ronald Reagan an die Regierung. Beide waren mit dezidiert neoliberalen Wirtschaftsprogrammen angetreten, die sie auch durchführten: Entstaatlichungen, Steuererleichterungen für die Reichen, De-Regulierung vor allem der Finanzmärkte, Entmachtung der Gewerkschaft. Thatcher hat in Großbritannien radikal die verstaatlichten Industrien privatisiert und diese Privatisierung auf Bahn und Bereiche des Gesundheitswesens ausgedehnt. Es ist eine politische Offensive, die durch eine Politik der Privatisierung die neoliberale Produktionsweise forciert. Es ist anti-keynesianische Wirtschaftspolitik. Was bisher als soziale Infrastruktur gegolten hat – Krankenhäuser, Energie- und Wasserversorgung, öffentliche Transport- und Kommunikationsmittel, Bildungs- und Kultureinrichtungen, kommunaler Wohnungsbau – wird privatisiert, ebenso wie Industrien, die zu einem Großteil in Staatsbesitz waren (Kohle, Stahl, Schiffsbau, vormals nationale Fluggesellschaften). Sogar Gefängnisse, die immerhin das staatliche Gewaltmonopol betreffen, ließen sich privatisieren. Dass eine Erweiterung der Bereiche, die kommodifiziert werden können, möglich war, musste also politisch gewollt sein. Es war eine Politik, die neue Investitionsmöglichkeiten zu eröffnen suchte.

Und die Thatcher-Regierung hat Korporatismus radikal aufgekündigt und der Gewerkschaft den Kampf angesagt. Am Beispiel von Großbritannien sind es die Bergarbeiter-Streiks in den 1980er Jahren, die die Thatcher-Regierung genutzt hat, um in bürgerkriegsähnlichen Auseinandersetzungen die Gewerkschaft zu schwächen.

Das bedeutete zugleich eine systematische und gewollte Schwächung der Arbeiterschaft als eines solidarischen Verhandlungspartners in wirtschaftspolitischen und tariflichen Fragen, wie es bis dahin, im fordistischen Staat, als „Korporatismus" institutionalisiert war. Mit der Schwächung der Gewerkschaften als Interessenvertretung der Arbeitnehmer, die staatlich vermittelt kollektive Arbeitsverträge aushandeln, wird der Markt als die einzige Instanz re-etabliert, von der Löhne festgelegt werden sollten. Wenn Thatcher verkündet: „There is no such thing as society, there are just individuals and their families", dann ist damit diese Politik der repressiven Individualisierung gemeint. Repressiv ist diese Individualisierung, weil sie ausschließlich auf den Arbeitsmarkt bezogen ist. Es geht um die Individualisierung als Arbeitskraft. Die Voraussetzung für die neoliberale Arbeitsmoral, das „Arbeitskraft-Unternehmertum", wird politisch hergestellt.

Dass da „keine Gesellschaft (und kein Staat) sei, sondern nur Individuen und ihre Familien" hat aber noch eine andere Implikation. Es ist die Ideologie zum Umbau des Wohlfahrtsstaats. Auf die Gesellschaft und den Staat soll man sich in Notlagen nicht mehr verlassen können.

Diese Umwälzungen wären aber nicht möglich gewesen, wenn sie nicht durch politische Programme vorbereitet und unterstützt worden wären. Am Beispiel der USA ist die De-Regulierung der Finanzmärkte eine wichtige Voraussetzung. Damit wurden neue Möglichkeiten geschaffen, Gewinne zu machen, die von der Entwicklung der Warenproduktion unabhängig sind. Durch Währungspolitik – zunächst durch eine Abwertung des Dollars – werden Ex- und Importe reguliert. Durch Zins- und Kreditpolitik werden Konsum- und Investitionsverhalten zu beeinflussen versucht. Wegen reduzierter Möglichkeiten, im Industriesektor profitabel zu investieren, expandierte in den 80er Jahren der Dienstleistungssektor. Dazu kommen, in den USA und Großbritannien früher, in Deutschland später, Lohn- und Sozialleistungskürzungen, um die Profitrate zu halten.

Mit dem Zusammenbruch des Realsozialismus entstanden weitere Investitionsmöglichkeiten in diesen Ländern. Hier wurden von kapitalistischen Akteuren, die als Volkswirtschaft-Politik-Berater tätig waren, günstige Bedingungen für das westliche Kapital auf politischer Ebene hergestellt. An diesem Globalisierungsschub ist aber noch etwas anderes interessant: die Rückwirkung auf die nationalen Volkswirtschaften im Westen. Jetzt ist die Drohung des Kapitals möglich, die Produktion in andere Länder zu verlagern, das gegebenenfalls auch zu tun, vor allen Dingen aber so für vorteilhafte Bedingungen in den westlichen Industrie-Nationen zu sorgen. Durch Sozial- und Steuerpolitik – in den USA schon während der Reagan-Administration, in Großbritannien während der Thatcher-Ära und in Deutschland noch verhalten unter der Kohl-Regierung, verstärkt fortgesetzt unter Rot/Grün und von der nachfolgenden großen Koalition intensiv betrieben – findet unter dem Label „Standortsicherung" eine Umverteilung von unten nach oben statt. Das heißt zunächst, dass Unternehmenssteuern reduziert und Löhne – Stichwort „Lohnnebenkosten" – gesenkt werden. Dieses Modell lässt sich aber leicht auf Sozialstrukturpolitik verallgemeinern: Nicht nur Unternehmen würden abwandern, auch die „Hochleistungsträger". Exorbitante Manager-Gehälter werden damit gerechtfertigt, dass Spitzenkräfte sonst ins Ausland abwanderten. Mit diesem Modell kann selbst die gegenwärtige Universitätsreform legitimiert werden. Spitzenforscher und Elite-Studenten würden ohne Excellenz-Cluster und ähnliche neoliberale Erfindungen in der Bildungspolitik, die die Markförmigkeit von akademischer Bildung und Forschung herstellen sollen, an die Elite-Universitäten nach Harvard, Princeton oder Cambridge auswandern – statt in Greifswald oder Zwickau zu lehren und zu studieren!?

Neoliberalismus als Ausschließungs-Regime

Im Unterschied zu Fordismus ist Neoliberalismus auf der gesellschaftspolitischen Ebene ein Ausschließungs-Regime. Wir haben für den Fordismus argumentiert, dass er auf Integration durch Disziplinierung beruht. Das dazugehörige Gesellschaftsmodell ist vertikal organisiert. Gesellschaft setzt sich aus fein abgestuften sozialen Positionen zusammen. Zum Neoliberalismus gehört ein horizontales Gesellschaftsmodell: man gehört dazu oder nicht.

Gesellschaftspolitisch war mit der Politik der Neo-Konservativen ein massives Programm der sozialen Ausschließung verbunden, was sich am deutlichsten in einer Law-&-Order-Wende in der Kriminalpolitik manifestierte: Erhöhung der Strafen, Erfinden neuer, phantasievoller Formen der Strafe wie etwa sogenannte „Boot-Camps", in denen Jugendliche durch streng militärischen Drill diszipliniert werden sollten, massive Einsperrung – in den USA wurden die Gefängnis-Kapazitäten in einem Jahrzehnt verdreifacht und auf die Höhe gebracht, die die frühere Sowjetunion gehabt hatte. Dazu wurde die Polizeitaktik von „Zero Tolerance“ vor allem in New York erfunden – strenge Verfolgung schon kleiner Delikte wie „aggressives Betteln“ oder „Rumhängen“ („loitering“), verbunden war das mit einer radikalen Polizeireform, in der dort die Hierarchien abgeflacht und die Kontrollen modernisiert wurden. (Vgl. dazu genauer Ortner, Pilgram und Steinert 1998). Ähnlich scharf war die Kriminalpolitik in Großbritannien. Thatchers Law-&-Order-Rhetorik hat nach allen Einschätzungen wesentlich zu ihren Wahlsiegen und zu ihrer Attraktivität auch für die Arbeiterschichten beigetragen. Ihre Politik wurde als „autoritärer Populismus“ (Hall 1988) charakterisiert.

Neoliberalismus wird in den Sozialwissenschaften als „Wissensgesellschaft“ verstanden. Es seien die Wissensarbeiter, die Wachstum und Fortschritt bedeuteten. Handarbeit wird abgewertet. Wie die agrarische Produktion des Feudalismus, so verliere die industrielle (und damit körperliche Arbeit) an Bedeutung. In der Wissensgesellschaft werden Kategorisierungen wie „die Dummen“, „die Überflüssigen“, „die Unqualifizierbaren“ erfunden. Diese „Abgehängten“ und „Hoffnungslosen“ seien von einer Gesellschaft nicht mehr finanzierbar, wenn sie im internationalen Konkurrenzdruck nicht untergehen wolle.[4] Die Bezeichnung „Arbeitsplatz-*Besitzer*“ verweist deutlich darauf, dass Neoliberalismus eine Vergesellschaftsform ist, die Interessen und damit soziale Zugehörigkeit anhand *eines* Merkmals definiert.

Wenn man das Gesagte zusammenfasst, dann wurde aus ökonomischer Perspektive auf konjunkturelle Schwankungen mit *strukturellen* Umwälzungen reagiert. Von Hobsbawm (1994) wissen wir, dass die Industrienationen am Ende des „kurzen 20. Jahrhunderts“ wesentlich produktiver und reicher waren als in den frühen 1970er Jahren. Nur von einer ökonomischen Krise auszugehen, greift zu kurz, der neoliberale Umbau musste auch politisch gewollt werden. Mit dieser politischen Offensive wurde in den 1980er Jahren unter Reagan und Thatcher Neoliberalismus zur führenden politischen Ideologie. Das heißt noch lange nicht, dass das Programm auch in allen Punkten wirklich durchgeführt wurde: Reagan hat zwar die steuerliche Umverteilung von unten nach oben eingeleitet, die Bush dann in zwei Regierungsperioden vollendet hat, und

---

4 Zur Kritik an diesen Bezeichnungen vgl. Steinert (2000). Verschiedene Positionen zu dieser Debatte sind nachzulesen in: Bude und Willisch (2008).

er hat de-reguliert und damit der Finanzspekulation erst das Feld geöffnet, aber andererseits hat er in der Wirtschaftspolitik trotz neoliberaler Rhetorik („Regierung ist nicht die Lösung, sondern das Problem") an rechts-keynesianischer Wirtschaftspolitik festgehalten. Reagan hat ein massives Rüstungsprogramm aufgelegt und ein enormes Staatsdefizit aufgebaut. Großbritannien hat seine Bürger nach vierzehn Jahren Thatcherismus höher besteuert, als es je eine Labour-Regierung getan hat. Auch die Privatisierungs-Programme waren nicht der durchschlagende Erfolg – jedenfalls nicht für die Gesellschaft und zum Teil auch nicht für die Investoren.

Nehmen wir zum Beispiel das Riesen-Programm von „privaten" Gefängnissen, das unter Reagan in den USA angeworfen wurde und eine eigene Industrie von Gefängnis-Bauern und -Verkäufern, anschließend dort beschäftigtem Wachpersonal und Zuliefer-Betrieben für die Ausstattung, nicht zuletzt die Bewaffnung des Personals, dazu eine angeschlossene Tourismus-Branche für die Gefangenenbesuche ins Leben rief. Das hat aber nicht bedeutet, dass die Gefängnisse plötzlich marktwirtschaftlich funktioniert hätten. Die Firmen, die diese Gefängnisse bauten und betrieben, präsentierten natürlich dem Staat und der Kommune die Rechnung, wem denn sonst? Behauptet wurde nur, diese Rechnung sei niedriger als die Kosten, die der Staat für Gefängnisse als „Staatsbetriebe" auszulegen hätte. Das stimmte schon im einzelnen meist nicht oder nur auf Kosten der Arbeits-Bedingungen der Beschäftigten und der Betreuungs-Bedingungen der Insassen – und in der Summe schon gar nicht, im Gegenteil: Durch die damit bewirkte enorme Ausweitung des Gefängniswesens wurde zum Beispiel in Kalifornien das Strafvollzugsbudget höher als das staatliche Bildungsbudget. Die Gesellschaft zahlt doppelt: Für die Kosten des unter Reagan verdreifachten Gefängnissystems und für die Schäden, die durch die großzügigen Einsperrungen den Familien und Gemeinden der Inhaftierten angetan werden und von ihnen aufgefangen werden müssen.

Dieses Modell gilt grundsätzlich für Privatisierungen von Infrastruktur: Der Staat (also der Steuerzahler) finanziert zumindest einen Sockel (wenn nicht alles) ohnehin weiter, gewöhnlich wird die Qualität der Leistungen schlechter (man denke an Bahn und Post) und dazu werden Marktpreise dafür noch einmal erhöht von den Nutzern eingehoben (man denke an die für viele untragbaren Kosten für private Ausbildung oder private medizinische Versorgung in den USA).

Die Privatisierung von British Rail hat zu unverlässlichem Service („zwei Millionen Stunden Verspätung“) und zur Vernachlässigung der technischen Infrastruktur und in deren Folge zu einigen skandalösen Unfällen geführt. Sie wurde rückgängig gemacht.

Die Widersprüche

* Weniger Bürokratie, mehr Markt?
Neoliberalismus ist trotz der Rhetorik des Marktes besonders bürokratisch. Die Durchsetzung von Neoliberalismus ist nach einem Schub von Personaleinsparungen (als Wegrationalisieren, Outsourcing oder Verlagerung in Billiglohnländer) der größte Schub an Bürokratisierung seit der Einführung der sowjetischen Planwirtschaft. Die technischen Möglichkeiten der Rationalisierung von Kopfarbeit und also in erster Linie von Verwaltung, tritt zwar mit einem antibürokratischen Gestus an und tut so, als sei Markt der Feind von Bürokratie. Tatsächlich ist seit Max Weber bekannt, dass Markt und Bürokratie zusammengehören. Alle vorhandenen Beispiele für den Umbau zu „lean state“ in Sozial- und Kommunalverwaltung oder in der Bildung deuten darauf hin, dass Reduktionen der Personalstände, wenn überhaupt, dann im Bereich der Kundenkontakte und der Dienstleistungen, nicht aber in der Verwaltung geschehen. Zugleich ist eine externe Bürokratie von Akkreditierern und Evaluateuren entstanden, die jede mögliche Rationalisierung leicht kompensiert – sowohl als schlichte Zahl der mit Verwaltung befassten Personen, noch mehr aber durch die neue bürokratische Arbeit der Selbstdokumentation und -rechtfertigung, die denen aufgezwungen wird, die in den staatlichen und kommunalen Diensten die tatsächlich für die Abnehmer relevante Arbeit tun. Der Unterschied besteht nur darin, dass Akkreditierer und Evaluateure nicht zur Bürokratie, sondern zu den Dienstleistern gerechnet werden, tatsächlich aber eine Kleinlichkeit der Aktenführung erzwingen, die ihresgleichen sucht.

* Wissen und Dummheit
Das Wissen in der „Wissensgesellschaft“ besteht in der Beherrschung von Gebrauchsanweisungen. Die wichtigsten Instrumente der Wissensgesellschaft, der PC und das Internet, sind Elektronifizierungen – die Fortentwicklung dessen, was wir im Fordismus als „Mechanisierung“ beschrieben haben – von intellektuellen Leistungen. Sie haben die Rationalisierung von relativ einfachen,

nämlich Organisationsleistungen ermöglicht und damit vor allem Verwaltungstätigkeiten entqualifiziert – soweit die menschliche Arbeitskraft nicht ohnehin wegrationalisiert wurde. Übrig geblieben ist die Bedienung von neuen Maschinen. Das wichtigste neue Wissen, das verlangt wird, besteht in der Fähigkeit, die Bedienung sachgerecht hinzukriegen. Natürlich gibt es dabei, wie in früheren Rationalisierungsschüben, eine Polarisierung: Es ist eine kleine Elite notwendig, die diese Maschinen einrichten und warten kann und also die Rationalisierung im Einzelnen durchführt, und auf der anderen Seite eine Menge von entqualifizierten Maschinen-Operateuren. Der Großteil derer, die früher diese Vorgänge „per Kopf" und mit viel dort gespeichertem Wissen und Können erledigten, wird überflüssig. Was als neue Qualifikation vor allem benötigt wird, ist die Beherrschung der Gebrauchsanweisungen für die Maschinen. Und kein Wissen ist autoritärer als das Wissen der Gebrauchsanweisung: Der vorgeschriebene Ablauf muss ritualistisch genau befolgt werden, sonst funktioniert es nicht.

* Casino-Kapitalismus ist kein Kapitalismus

Die genannten Gewinne aus Geldgeschäften werden häufig als Finanz- oder Casino-Kapitalismus bezeichnet. Die Pointe dabei ist, dass dieses Casino keine kapitalistische Form haben muss, es nützt nur die Gelegenheiten, die kapitalistischer Geldverkehr bietet. Finanzmarkt-Kapitalismus ist die Wiederkehr des Gewinns, wie ihn Kaufleute erzielt haben. Es sind Zirkulationsgewinne und daher strenggenommen *kein* Kapital, sondern angehäuftes Vermögen. Wenn die Gewinne hier (besonders in den „sicheren" Staatsanleihen) höher sind (erscheinen) als in der Produktion, gibt es keinen Grund, dort zu investieren – und wenn sich keine guten Investitionsmöglichkeiten in der Produktion finden, wird man in die Finanzgeschäfte drängen.[5] Mit dem shareholder value und seiner Manipulierbarkeit durch PR und auch wieder Glücksspiel-Angebote bei Firmen-Verkäufen, Fusionen, Zerschlagungen etc. ist auch in die Betriebe – auf der Basis von Kommodifizierung, diesmal der Firma – ein Stück Casino eingezogen. (Der gute, alte kapitalistische Profit bekommt im Vergleich etwas Solides, Substantielles.) Wir haben es im Neoliberalismus also nicht nur mit

5 Dazu kommt die Sozialisierung der Verluste über staatliche Garantien oder staatliche Bestimmungen, die Firmen-Verluste und den Konkurs für die dafür Verantwortlichen persönlich risikolos machen.

einer zunehmenden Kommodifizierung im globalen Maßstab zu tun, sondern auch mit Ungleichzeitigkeiten, mit Entwicklungen, die vorkapitalistische Formen, Gewinne zu erzielen, erneuern. Die gegenwärtige Produktionsweise lässt sich als Kapitalisierungsschub mit feudalen Elementen beschreiben.

Die neoliberale Produktionsweise wird von Soziologen gern als „Wissensgesellschaft" bezeichnet. Wenn wir die dazugehörige Klassenpolitik einbeziehen – die Erfindung der Berater und die veränderte Arbeitsmoral –, ist „Berater-Kapitalismus" der treffendere Begriff. Die Berater haben entscheidend dazu beigetragen, die Konzerne und das Management auf shareholder value zu verpflichten. Für alle Beteiligten wird damit „Betriebstreue" obsolet. Für die Arbeitskräfte „unten" (wie „oben") heißt die Anforderung Mobilität und Flexibilität: Arbeitskraft-Unternehmertum.[6]

Klassenpolitik und Arbeitsmoral im Neoliberalismus

Neoliberalismus zeichnet sich dadurch aus, dass Verwaltung und Management rationalisiert werden. Zur neoliberalen Ideologie gehört die Abwertung von Bürokratie. Das bedeutet zunächst, dass der Markt als Retter gedacht wird, der über die Instrumentarien verfügt, Krisen aller Art zu bewältigen, wenn der Staat nicht interveniert. Dazu gehört aber auch, dass die betriebliche Bürokratie effektiver und kleiner werden sollte. „Lean Management" ist eine der frühen Management-Doktrinen, mit denen Berater auf sich aufmerksam gemacht haben.

Zum Neoliberalismus gehört auch, dass shareholder value durchgesetzt wurde. Nicht mehr der Profit ist die entscheidende Kennziffer, sondern der Wert der Aktien. Manager im Fordismus haben, im Unterschied dazu, das Interesse verfolgt, die erwirtschafteten Gewinne zu re-investieren und damit ihren Machtbereich auszubauen. Die Orientierung an der Börse widerspricht ihren Eigeninteressen. Dafür mussten sie gewonnen werden. Das ist unter anderem durch Aktienoptionen geschehen, die ihnen angeboten wurden. Das ist auch geschehen, indem Aktionäre einen Bündnispartner gewonnen und eingesetzt haben: die Berater. Dazu haben sich Manager-Karrieren auch in Europa amerikanisiert: Nicht mehr der firmeninterne Aufstieg ist die Regel, sondern Karriere

6 Den Begriff geprägt haben Voß und Pongratz (1998).

durch häufigen Wechsel des Konzerns setzt sich durch. Und die Ausbildung verändert sich: Inzwischen dominieren Akademiker, besonders Betriebswirtschaftler unter den Managern. Im Fordismus war das nicht der Fall – damals sind Ingenieure und auch Techniker in diese Positionen aufgestiegen.[7]

Die Erfindung der Berater

Gelegentlich wird in der Literatur die These vertreten, dass die Stärkung der Aktionäre eine Rückkehr vom Manager- zum Eigentümer-Kapitalismus bedeute. „Aktionärs-Kapitalismus" ist ein Stichwort dafür. Aber die Interessenlage von Aktionären sieht anders aus als die von Einzel-Eigentümern. Mit dem breit gestreuten Aktien-Eigentum ist keinerlei Verpflichtung mehr verbunden. Besonders die Klein-, aber auch die Groß-Aktionäre sind an kurzfristiger Rendite interessiert. Man will keine Produktionsmittel besitzen, sondern (das schnelle) Geld machen. Projekte-Macherei ist damit nicht verbunden. Wie die Geschäfte geführt werden und womit und ob überhaupt ein Profit erwirtschaftet wird, ist gleichgültig, solange die Kurse steigen und die Renditen stimmen. (Auf einem entwickelten Aktien-Markt kann sich der Wert der Aktien vom Profit des Unternehmens völlig lösen.) Waren Eigentümer und auch noch Manager daran interessiert, Risiken zu kalkulieren und zu große zu vermeiden, liegt Aktionären an einer Unternehmensführung, die es ihnen (und ihren Finanzberatern) überlässt, wie riskant spekuliert wird. Sie stellen ihre Fonds selbst zusammen und brauchen deshalb Konzerne, die eindeutige Strategien verfolgen: solche, die innovativ sind und versprechen, die Zukunftsmärkte zu beherrschen, und solche, die konventionell sind und versprechen, kontinuierliche, wenn auch kleinere Gewinne zu erwirtschaften. Der entscheidende Punkt aber ist, dass Aktionäre, im Unterschied zu Eigentümern im industriellen Kapitalismus, die Geschäftsführung nicht kontrollieren können und wollen. Es sind die Berater, die ihre Interessen vertreten – auch gegenüber Managern.

Mit Beratung wird fortgesetzt, was mit der Erfindung der Manager begonnen hat: eine Arbeitsteilung innerhalb des Kapitals, durch die Positionen geschaffen werden, die zwischen „unten" und „oben", aber auch zwischen verschiedenen Fraktionen „oben" vermitteln. Beratung war ein Vehikel, um Manager zu schwächen oder

7 Vgl. dazu ausführlich Höpner (2003).

sie für eine Veränderung zu gewinnen, die gegen ihre traditionellen Interessen gerichtet war. Beratung hat damit zu tun, dass die Eigentümer die Kontrolle über die Produktionsmittel an die Manager abgegeben haben und Berater die Interessen der Aktionäre wieder stärken sollten.

Die Aufspaltung des Managements in Manager und Berater ist klassenpolitisch ein Geniestreich. Es ist damit gelungen zu verstärken, was schon im Manager-Kapitalismus angefangen hat: Herrschaft zu anonymisieren. Waren es im Manager-Kapitalismus „einflusslose Dividendenbezieher" und „angestellte Manager" als Selbstbezichtigungen, die für beide Gruppierungen vorteilhaft war, ist im Berater-Kapitalismus daraus eine „Dreiecks-Beziehung" geworden.[8] In diesem „Herrschafts-Dreieck" kann jede Gruppierung darstellen, dass sie nicht will, was geschieht, sondern sich nur damit arrangiert. Dazu kommt noch, dass die strukturellen Veränderungen als unumgänglich behauptet wurden, die uns von einer „über uns gekommenen" Globalisierung aufgezwungen worden seien. Schließlich war der „Untergang des Realsozialismus" hilfreich, Berater-Kapitalismus als alternativlose Wirtschaftsweise selbstverständlich zu machen.

Aus dem bisher Gesagten ergibt sich ein Konzept, mit dem die Nachfrage nach Beratung erklärt werden kann. Sie ergibt sich aus den strukturellen Veränderungen, mit denen auf die „Krise des Fordismus" reagiert wurde. Aber woher kommen die Berater, die diese Dienste auch anbieten können? Anders gesagt: Die Strukturpolitik schafft die Voraussetzungen für Beratung, aber damit daraus ein Beruf wird, braucht es noch Akteure, das heißt Akademiker, die diese Tätigkeit aufnehmen können.

„Überproduktion" von Akademikern

Hartmut Titze (2004) hat mit der Idee einer zyklischen „Überproduktion" von Akademikern einen Vorschlag gemacht, historische Entwicklungen als Folge der Erfindung von neuen Berufen und Betätigungsfeldern zu verstehen. Titze beschreibt am Beispiel ei-

8 Die Bezeichnung Berater-Kapitalismus – in Analogie zu Eigentümer- und Manager-Kapitalismus – ist dann sinnvoll, wenn man die kapitalistischen Produktionsweisen anhand der zentralen Akteure beschreibt. Das waren zunächst die Besitzer der Produktionsmittel, im Fordismus und Neoliberalismus dann diejenigen, die die Produktionsmittel *kontrollieren*.

ner „Überproduktion“ von Theologen (in der ersten Hälfte des 19. Jahrhunderts), Chemikern (in der zweiten Hälfte des 19. Jahrhunderts) und Medizinern (zur vorletzten Jahrhundertwende), wie daraus neue Betätigungsfelder entstanden sind.

In der zweiten Hälfte des 20. Jahrhunderts kann man dieses Phänomen für Psychologen nachzeichnen. Psychologen haben die Sozialarbeit und Sozialberatung erobert und ausgebaut. In diesem Zeitraum sind unzählige neue Therapieformen entstanden und es wurden neue, finanziell attraktive Arbeitsbereiche erfunden: Coaching von Managern als eine Form von Beratung etwa. Da gibt es Überschneidungen mit Betriebswirten, die ohnehin mit den Erkenntnissen aus Nachbar-Wissenschaften neue Moden und Markenartikel kreieren: Gruppendynamik, Tiefenpsychologie und Organisationssoziologie werden in Managementkonzepte eingebaut. In den Wirtschaftswissenschaften fällt der Aufstieg von Beratung mit einer „Überproduktion“ von Jung-Akademikern zusammen. „Beratung“ kann man bis heute so gut wie nicht an den Universitäten studieren. Nur vereinzelt gibt es, im Kontext mit Professionalisierungsbestrebungen, Aufbaustudiengänge, die diese Spezialisierung anbieten. Vielmehr haben sich Wirtschaftswissenschaftler aktiv selbst zu Beratern gemacht, also erklärt. Es liegt damit nahe, von einer wechselseitigen Verstärkung von strukturellen Veränderungen und Interessen von „überproduzierten“ Wirtschaftswissenschaftlern auf der Suche nach neuen Berufsfeldern auszugehen, um den „Boom von Beratung“ und die Transformation von Manager-Kapitalismus in den gegenwärtigen Berater-Kapitalismus zu verstehen. Aktive Profilierung von stellensuchenden Akademikern für diesen „Beruf“, genauer: für diese Tätigkeit, ist das notwendige Gegenstück zur Strukturpolitik.

Die Firma als Ware

Die Entwicklung vom Eigentümer- über den Manager- zum Berater-Kapitalismus ist mit einem verändertem Verständnis des Stellenwerts der Firma verbunden: von der Firma als Familienbetrieb über die Firma als bürokratische Organisation zur Firma als Ware.

Für die Firma als Familienbetrieb ist das wichtigste Prinzip „Vererbbarkeit“, damit eine langfristige Planung. Der Patriarch, der die Firma leitet, ist darauf bedacht, Gewinne nicht zu verprassen oder als Geld-Vermögen anzuhäufen (allenfalls die „Aussteuer“ für die Töchter), sondern den Betrieb und damit das „Erbe“ für die Söhne zu vergrößern. Die Firma ist Privateigentum und bleibt in der Familie. Ein Konkurs aufgrund von Fehl-Kalkulationen oder auch nur Pech oder ein rechtzeitiger Verkauf, der nur vorgesehen ist, um einen sonst nicht mehr vermeidbaren Ruin abzuwenden, bedeutet immer auch „den Untergang einer (bürgerlichen) Familie". Ebenso ist es ein Drama, wenn Hanno Buddenbrook den Schluss-Strich in der Familien-Kladde zieht und die Söhne also die Firma nicht übernehmen wollen.

Anders ist das im Manager-Kapitalismus und der dazugehörigen Firma als bürokratischer Einrichtung. Über die Konzernpolitik entscheiden jetzt Manager, die die Firma nicht besitzen, sondern die für „gutes Geld" als angestellte Experten eingekauft werden. Das wichtigste Prinzip ist jetzt „Investition" als Bedingung, um den eigenen Einflussbereich des jeweilig verantwortlichen Managers/Geschäftsführers und insgesamt den der „Technostruktur" zu erweitern und Aufstiegsmöglichkeiten zu schaffen.[9] Im Vergleich zum Eigentümer-Kapitalismus, in dem generationenübergreifend gedacht und geplant wird, haben wir es beim Manager-Kapitalismus mit mittelfristigen Strategien zu tun. Hier geht es darum, die eigene Karriere zu planen und die eigene Autonomie durch die Entscheidungen sicherzustellen. Auch diese Form der Geschäftsführung ist auf Expansion ausgerichtet und bedient also auch Eigentümer-/Aktionärsinteressen. Das hat damit zu tun, dass der Besitz von Aktien als stabile Kapitalinvestition gedacht wird, die sich mittelfristig rentieren muss. Die sichere Rendite ist die entscheidende Kennziffer, Aktien entsprechen einem (hochverzinsten) Sparbuch und werden nicht selbst als Ware verstanden, wie es im Berater-Kapitalismus der Fall sein wird. Die Rendite der Aktien ist eine Funktion des tatsächlichen Betriebserfolgs und nicht primär Funktion eines verselbständigten Aktien-Markts, auf dem der Wert der Aktie unabhängig vom Profit der Firma, deren Kapital sie darstellt, bestimmt wird und manipuliert werden kann.

Den Berater-Kapitalismus, so die These, kann man als Sieg der kurzfristigen Strategien beschreiben. Aktien gelten jetzt nicht mehr

9 Den Begriff der „Technostruktur" haben wir übernommen von Galbraith (1967). Mit „Technostruktur" sind Entscheidungsträger gemeint – und zwar alle, die in komplexe Entscheidungen einbezogen werden, einschließlich der gut ausgebildeten Arbeiter und Techniker. Die Re-Investitionen sicherten dieser Technostruktur interne Aufstiegsmöglichkeiten.

als Wertanlage, sondern als Handels- und Spekulationsobjekte, mit denen schnell Geld gemacht werden soll. Was aus der Firma wird, von der man Anteile besitzt, ist gleichgültig, sofern man selbst die Aktien rechtzeitig und profitabel verkauft hat. Dass das nicht allen gelingt, tut nichts zur Sache. Dazu kommt, dass die Firma selbst zur Ware wird, dass die Geschäftsleitung anhand der Kurse, mit denen Aktien an der Börse gehandelt werden und die den (wenn auch fiktiven) Wert eines Unternehmens festlegen, überlegt, wann welche Fusionen oder Verkäufe der Firma oder welcher Teile davon sinnvoll und lukrativ sind. „Privatisierungen", das sei hier nur noch angemerkt, sind die staatliche Version dieses Verständnisses der Firma als Handelsware.

Vom Arbeitskraft-Beamten zum Arbeitskraft-Unternehmer

Was seit dem Ende des Fordismus an Veränderung von Wirtschaft und Gesellschaft geschieht, kann man in der Formel zusammenfassen: Es wird als neuer „impliziter Arbeitsvertrag" der „Arbeitskraft-Unternehmer" durchgesetzt. Als „impliziten Arbeitsvertrag" kann man die in einer Gesellschaft selbstverständlichen Annahmen darüber beschreiben, wie und warum ein Mensch arbeiten soll und was ihm dafür an Gegenleistung zusteht. In den verschiedenen Formationen von Kapitalismus geht es damit zunächst um die unterschiedlichen Konditionen von Lohnarbeit: arbeiten, um nicht zu verhungern; leben, um zu arbeiten; arbeiten, um (in der Freizeit) zu leben.

Seit dem 19. Jahrhundert ist bei uns als Selbstverständlichkeit durchgesetzt (also hegemonial) die Vorstellung von disziplinierter und lebenslanger Lohnarbeit in einem erlernten Beruf. Dafür steht einem ein sicherer Lohn zu, der dem eingebrachten Können und der zuverlässig abgeleisteten Arbeitszeit entspricht. Er sollte den Erhalt einer Familie ermöglichen. Seit dem 20. Jahrhundert gehört dazu auch noch eine gewisse Absicherung im Fall von Krankheit und Unfall, eine gewisse Altersversorgung, schließlich sogar eine Überbrückungshilfe bei Arbeitslosigkeit. Die hegemoniale Selbstverständlichkeit war am männlichen Facharbeiter orientiert und von der Facharbeiterbewegung durchgesetzt worden. Ein Element von „Betriebs-Treue" – von beiden Seiten – spielte in diesem Verständnis von Lohnarbeit eine beachtliche Rolle: Nicht nur der Facharbeiter blieb zunächst in seinem Beruf, aber nach Möglichkeit auch in einem Betrieb, wo er Karriere machte, auch der Betrieb blieb an seinem Ort und bot möglichst sichere Beschäftigung für möglichst viele lokale Arbeitskräfte. Idealerweise lief das auf beiden Seiten durch die Generationen: Dem Familien-Unternehmen entsprachen die Lohnarbeiter-Dynastien, die vom Großvater bis zum Enkel „bei Borsig" arbeiteten oder in dieselbe lokale Grube „Carolus Magnus" einfuhren. Die paternalistische Verpflichtung auf Gegenseitigkeit stellte sich im Fabrikdorf am greifbarsten dar.[10]

Dieses Bild ist heute völlig nostalgisch geworden, Realität war es aber ohnehin nie. Wenn der Betrieb in wirtschaftliche Turbulenzen geriet, musste er leider doch als erstes „seine" Arbeiter entlassen; wenn sich eine günstige Gelegenheit auftat, verlegte er Teile der Produktion an einen Standort mit geringeren Produktions- und Lohnkosten; wenn der junge Facharbeiter ein besseres Angebot bekam, wechselte er natürlich zur Konkurrenz. Der „Familienlohn" reichte nicht für den Erhalt einer Familie, zumindest die Frau musste ebenfalls zum Lohn-Einkommen beitragen, wenn nicht auch die Kinder. Die soziale Sicherung musste man ohnehin selbst zahlen und oft genug gab es bei der Auszahlung Unregelmäßigkeiten. Und selbstverständlich galt dieses Bild nicht für wenig oder gar nicht ausgebildete Arbeitskräfte, die entsprechend nur „Hilfsarbeiter" waren, es galt nicht für unregelmäßig Beschäftigte (darunter die Ehefrau des Facharbeiters), es galt nicht für Migranten, bevor sie gut „integriert" waren. Die Facharbeiterbewegung konnte sie nur schlecht vertreten und hatte auch nur ein geringes Interesse, das zu tun. (Im 19. Jahrhundert standen diese Schichten daher dem Anarchismus näher als der beginnenden Sozialdemokratie.)

Im Unterschied dazu ist die zentrale Figur in den USA der „kleine Selbständige", der Klein-Patriarch im Familienunternehmen, die kleinbürgerliche Produktionsform – jeder Western führt uns das vor (und propagiert es). Dazu passt die Denkfigur des „Arbeitskraft-Unternehmers" nicht schlecht, die in den USA daher schon lange geläufig bis vorherrschend ist. Sie kontrastiert dort scharf zu der Horror-Figur des „Lohnsklaven", der von seinem Arbeitgeber abhängig ist. Was im europäisch-paternalistischen Verständnis

10 Die *Arbeitslosen von Marienthal*, beschrieben von Marie Jahoda, Paul Lazarsfeld und Hans Zeisel 1933, zeigen deutlich, was den Arbeitern und den lohn- wie hausarbeitenden Frauen passiert, wenn der Betrieb das Fabrikdorf verlässt. Die Ergebnisse der Untersuchung sind für diese Situation spezifisch und können nicht ohne weiteres auf die Situation von hoch mobilen Arbeitskräften oder auf Arbeitslosigkeit in einer Großstadt verallgemeinert werden.

als „Sicherheit" eines stabilen und gut geregelten Arbeitsverhältnisses auftrat, erschien in den USA immer (zumindest auch) als „Unfreiheit". Lohnarbeit anzunehmen kann daher nur als eine Sonderform solchen unternehmerischen Handelns gesehen werden, möglichst nur vorübergehend und zum Gewinnen des Startkapitals für Selbständigkeit. (Vgl. Rodgers 1974) Die besonderen Formen und Schwierigkeiten von Arbeiterbewegung in den USA sind nicht zuletzt auf diese ganz anderen Selbstverständlichkeiten im Verständnis von Erwerb und Lohnarbeit zurückzuführen. Und auch die europäische Form von Sozialstaatlichkeit hat in diesem Denken keinen Platz. Für ihre und seine Ab- und Versicherungen hat jede/r selbst zu sorgen. Der Rest ist patriarchale Familie und private Wohltätigkeit.

Die europäische Form von Fordismus wurde im Gegensatz dazu benützt, um Sozialstaat auszubauen, um sich in Richtung auf eine Figur zu bewegen, die man am besten als „Arbeitskraft-Beamten" benennt: Der Staat garantiert gesicherte Arbeit und zumindest solide Absicherung, wenn das nicht gelingt. Dafür kann er die Treue-Pflicht des Beamten verlangen. Man könnte sagen, der Staat ist in das Absicherungs- und Treue-Verhältnis eingetreten, das vom einzelnen Betrieb nicht zu haben ist, in der fordistischen Variante von Kapitalismus schon gar nicht. Im Faschismus wurde mit Betriebsgemeinschaften, Arbeitsdienst und „Kraft durch Freude" für kurze Zeit für die akzeptierten Volksgenossen etwas von der Art (samt Treue-Forderung) bereitgestellt und zugleich erzwungen. Im real existierenden Sozialismus wurde die Form des „Arbeitskraft-Beamten" ziemlich weitgehend realisiert, freilich auf niedrigem Niveau. Die westliche Form von demokratischem Konsum-Sozialismus konnte die Sicherung nicht ganz so weit treiben, konnte dafür aber auch die Wohlstands- und Konsum-Vorteile von Fordismus bieten und sich mit der instrumentellen Arbeitshaltung zufrieden geben, die real alles ist, was „der Arbeitgeber" ohne diktatorische Maßnahmen samt populistischem Begeisterungs-Aufputschen bekommt. Dieser Kompromiss zwischen dem Arbeitskraft-Beamten und dem freien Verkäufer von instrumenteller Arbeitshaltung ist in der fordistischen Konsum-Gesellschaft die bei weitem angenehmste Form von Arbeitsverhältnis.

Der Kompromiss wurde in der Krise des Fordismus aufgekündigt und er wird weiter aktiv erodiert. Der Hebel dafür ist die Arbeitsmarkt-Lage: Dank hoher Produktivität und leichter Zugänglichkeit von billiger Arbeitskraft ist die seinerzeitige „Vollbeschäftigung" nicht mehr nötig und auch durch Wirtschaftspolitik nicht wiederherzustellen. Es wird seit nunmehr dreißig Jahren daran gearbeitet, stattdessen den „Arbeitskraft-Unternehmer" durchzusetzen. Der Anteil der gesicherten Lohnarbeitsplätze an der Erwerbsarbeit wird weiter zurückgedrängt, die Zukunft ist – neben der kleiner werdenden Stammbelegschaft – die prekäre Arbeit und das Arbeitskraft-Unternehmertum.

Die Karrieremuster von Managern deuten darauf hin, dass die Veränderung vom „Arbeitskraft-Beamten" zum „Arbeitskraft-Unternehmer" in dieser Position eine Entsprechung hat: vom „Manager-Verwalter" zum „Manager-Unternehmer". Auch die Veränderungen der Anforderungen und Selbstverständnisse weisen darauf hin, dass „Management als Routine" („organization man", wie die Autoren den traditionellen Manager nennen) zugunsten von „Management als Veränderung" („organization champion") an Bedeutung verliert (Faust et al. 2000). „Change Manager" aber sind von Beratern kaum noch zu unterscheiden, sie sind nur mit der zusätzlichen Schwierigkeit konfrontiert, zugleich die internen Konflikte und Konkurrenzen handhaben zu müssen. Wenn Führungspositionen nicht mehr durch fachliche Autorität, sondern durch Persönlichkeitsmerkmale (also gekonnte Selbstdarstellung) erreicht werden, auch das eine Angleichung an Berater, dann haben wir es beim neoliberalen Umbau mit einem „Psychologisierungs-Schub" zu tun. Das ganze Vokabular, mit dem der (rationale) Markt verherrlicht wird, kann darüber kaum hinwegtäuschen.

Ein irreversibler Umbau

In diesen etwa dreißig Jahren wurde uns zugleich mit zunehmender Dringlichkeit eine Krise des Sozialstaats plausibel gemacht. Zuerst, in den 80er Jahren, war das noch eine Krise des Beschäftigungssystems, das Versagen bestand in der wachsenden Arbeitslosigkeit. Inzwischen hat sich die Definition verschoben: Jetzt, nach Jahren der Gewöhnung an offizielle Arbeitslosenraten in der Gegend von zehn Prozent, ist es in erster Linie eine Krise des Sozialsystems, die nur mit Opfern von allen bewältigt werden könne. Neben den Arbeitslosen sind inzwischen auch die zu vielen und zu „jungen" Alten an dieser Krise schuld.

Tatsächlich gibt es ein paar Verwerfungen der Finanzierung: Es liegt im System der Arbeitslosen- wie der Renten-Versicherung, dass sie teuer wird, wenn sie wirklich gebraucht wird. Indem die Beiträge an die Lohnarbeit gekoppelt sind, wird im Umlageverfahren notwendig das Verhältnis zwischen den Zahlen von beteiligten Personen (nicht unbedingt aber das zwischen Beiträgen und Auszahlungen) ungünstig, wenn der Anteil der Lohnarbeit zurückgeht. Aber keine private Versicherung könnte es sich leisten, darauf mit einer Senkung der vertraglich vereinbarten Leistung zu reagieren. Und es wäre bei einer staatlich organisierten und garantierten Versicherung schon gar nicht nötig: Es muss sich selbstverständlich in solchen Zeiten der Anteil erhöhen, der aus allgemeinen Steuern gedeckt wird – wie es ja im übrigen auch tatsächlich geschieht. Das ist auch kein besonderes Drama, denn Sozialversicherungs-Beiträge werden ohnehin als etwas wie Steuern mit Zweckbindung verstanden. Insofern würde uns eine Verschiebung von Ausgaben zwischen diesen beiden Finanzierungen wenig bekümmern. Ähnliches gilt für die Renten, noch ganz abgesehen davon, dass es nicht auf die Zahlenverhältnisse zwischen Alten und Jüngeren ankommt, sondern auf die erarbeiteten und benötigten Summen. Es ist also keineswegs zwingend, dass auf diese Finanzierungsprobleme mit Kürzung der Sozialleistungen reagiert wird. Sozialstaats-Abbau geschieht offenbar mit einer weitergehenden Funktion: Umbau der Arbeitsmoral, des „impliziten Arbeitsvertrags", zum Arbeitskraft-Unternehmer.

Dieser Umbau ist auch ziemlich weit fortgeschritten und irreversibel: Er wird einfach hergestellt, indem der Anteil der „gesicherten" Arbeitsplätze verringert wird. Die neue, erzwungene Selbständigkeit, die seinerzeit als „Schein-Selbständigkeit" skandalisiert (und – vergeblich – in das Sozialversicherungs-System rückzuführen versucht) wurde, breitet sich besonders in der Dienstleistung aus. Offensichtlich ist sie auch nicht allen so schrecklich: Die Gebildeten etwa, vor allem die jungen unter ihnen, können mit dieser Zumutung durchaus etwas anfangen und erleben sie oft genug als die Möglichkeit der Autonomie. Vor dem Zusammenbruch der New Economy um 2000 erschien es sogar besonders attraktiv, als Selbständiger im Internet aufzutreten und über den Börsengang oder anderes Risiko-Kapital eine satte Finanzierung zu erreichen. Aber auch außerhalb solcher Ausnahme-Blasen können sie in der prekären Form des Projekte-Machens zumindest leben. Wer nur „dazuverdienen" muss oder sonst andere Lebensäußerungen für wichtiger hält als Lohnarbeit, findet ebenfalls nicht so viel daran, zumindest in jungen Jahren unterhalb oder außerhalb der Sozialversicherungs-Grenzen ein Einkommen zu machen. Vielen bleibt schließlich – und durchaus gegen ihren Willen – nichts anderes übrig, als ein

Auskommen aus den verschiedenen Quellen zusammenzustoppeln. Der (womöglich noch langfristig) „gesicherte“ Arbeitsplatz und die damit verbundene soziale Absicherung ist einfach nicht erreichbar in einer Situation, die wendiges Sich-Durchbringen zwischen allen Formen von Einkommen von familiärer Unterstützung über selbständige Geschäfte bis zu gelegentlicher Lohnarbeit erzwingt.

In allen kapitalistischen Produktionsweisen hat der Staat, bei aller relativen Autonomie, die Aufgabe übernommen, die Infrastruktur für das Kapital herzustellen. Zu dieser Infrastruktur gehört auch und besonders die (Re-)Produktion der erwünschten Arbeitsmoral. Musste im Liberalismus vor allen Dingen bürgerliches Eigentum und öffentliche Ordnung durch den Staat garantiert werden, hat der Staat mit der Entwicklung der kapitalistischen Produktionsweise weiterreichende Aufgaben übernommen. Die Verstaatlichung der Sozialversicherung durch Bismarck diente der gesellschaftlichen Befriedung, sie diente im etablierten Fordismus der Disziplinierung der Arbeitskraft und der Verstetigung der Konsumkraft über den gesamten Lebenslauf. Die derzeitige „Finanzierungskrise“ und der damit verbundene Abbau der sozialen Sicherung ist ein Instrument zur Durchsetzung von Selbstverantwortung. An verschiedenen Kampagnen (Rauchverbot, Aktionsplan Ernährung, Bündnis für Erziehung) in den letzten Jahren kann man zudem zeigen, dass die „neue Sozialpolitik“ auf Tugendterror beruht. Damit wird für den Gesundheitsbereich vorbereitet, was bei Lebensversicherungen schon gang und gäbe ist: Jeder persönliche Risikofaktor kostet extra. Das Solidarprinzip wird ausgehebelt, der Versicherungszwang bleibt bestehen. Sozialpolitik wird zur Bio-Politik für den Arbeitskraft-Unternehmer, wie ihn sich das Kapital wünscht.

Literatur

Abercrombie, Nicholas, Stephen Hill and Bryan S. Turner (1986) *Sovereign Individuals of Capitalism*. London: Allen & Unwin.

Adorno, Theodor W. (1964) Philosophische Elemente einer Theorie der Gesellschaft. *Nachgelassene Schriften. Abteilung IV: Vorlesungen*, Band 12. Frankfurt: Suhrkamp, 2008.

Altvater, Elmar (2005) *Das Ende des Kapitalismus wie wir ihn kennen: Eine radikale Kapitalismuskritik.* Münster: Westfälisches Dampfboot.

Anderson, Benedict (2006) *Imagined Communities: Reflections on the Origin and Spread of Nationalism*. London: Verso. Revised edition, Original 1983.

Anderson, Perry (1974) *Lineages of the Absolutist State*; zitiert nach (1979) *Die Entstehung des absolutistischen Staates*. Frankfurt: Suhrkamp.

Baecker, Dirk (2002) (Hg) *Kapitalismus als Religion*. Berlin: Kadmos.

Baldwin, Neil (2001) *Henry Ford and the Jews: The Mass Production of Hate*. New York: Public Affairs Books.

Bales, Kevin (1999) *Disposable People: New Slavery in the Global Economy.* Berkeley: University of California Press.

Barber, Benjamin R. (2007) *Consumed: How Markets Corrupt Children, Infantilize Adults, and Swallow Citizens Whole*. New York: Norton.

Bauer, Franz J. (2004) *Das „lange" 19. Jahrhundert: Profil einer Epoche.* Stuttgart: Reclam.

Bauer, Leonhard und Herbert Matis (1988) *Geburt der Neuzeit: Vom Feudalsystem zur Marktgesellschaft*. München: dtv.

Beck, Ulrich (1986) *Risikogesellschaft: Auf dem Weg in eine andere Moderne*. Frankfurt: Suhrkamp.

Beck, Ulrich und Michael Brater (1978) *Berufliche Arbeitsteilung und soziale Ungleichheit: Eine gesellschaftlich-historische Theorie der Berufe.* Frankfurt: Campus.

Bellamy, Edward (1887) *Looking Backward: 2000-1887.* Boston; dt.: *Ein Rückblick aus dem Jahre 2000 auf 1887.* Stuttgart: Reclam, 1983.

Bendix, Reinhard (1956) *Work and Authority in Industry: Ideologies of Management in the Course of Industrialization*; zitiert nach (1960) *Herrschaft und Industriearbeit: Untersuchungen über Liberalismus und Autokratie in der Geschichte der Industrialisierung.* Frankfurt: Europäische Verlagsanstalt.

Benjamin, Walter (1921) Kapitalismus als Religion, in: *Benjamin GS VI*: 100-103.

Blackburn, Robin (1997) *The Making of New World Slavery: From the Baroque to the Modern 1492-1800*. London: Verso.

Blasius, Dirk (1976) *Bürgerliche Gesellschaft und Kriminalität*. Göttingen: Vandenhoeck.

Bloch, Marc (1939) *La société féodale*. Paris; zitiert nach (1999, durchgesehene Neuausgabe der Übersetzung von 1982) *Die Feudalgesellschaft*. Stuttgart. Klett-Cotta.

Blyth, Mark (2002) *Great Transformations. Economic Ideas and Institutional Change in the Twentieth Century*. Cambridge: Cambridge University Press.

Bock, Gisela und Barbara Duden (1977) Arbeit aus Liebe – Liebe als Arbeit. Zur Entstehung der Hausarbeit im Kapitalismus, in: *Frauen und Wissenschaft*. Berlin: Courage Verlag. 118-199.

Böhnisch, Tomke (1999) *Gattinnen: Die Frauen der Elite*. Münster: Westfälisches Dampfboot.

Brantlinger, Patrick (1996) *Fictions of State: Culture and Credit in Britain, 1694-1994*. Ithaca, NY: Cornell University Press.

Brenner, Robert (2002) *The Boom and the Bubble. The US in the World Economy*. London: Verso.

Bude, Heinz und Andreas Willisch (2008) (Hg) *Die Debatte über die „Überflüssigen"*. Frankfurt: Suhrkamp.

Bürger, Christa (1977) *Der Ursprung der bürgerlichen Institution Kunst: Literatursoziologische Untersuchungen zum klassischen Goethe*. Frankfurt: Suhrkamp.

Burnham, James (1941) *The Managerial Revolution*; dt.: (1948) *Das Regime der Manager*. Stuttgart: Union Deutsche Verlagsgesellschaft.

Bush, M.L. (2000) *Servitude in Modern Times*. Cambridge: Polity.

Calavita, Kitty, Henry N. Pontell and Robert Tillman (1997) *Big Money Crime: Fraud and Politics in the Savings and Loans Crisis*. Berkeley: University of California Press.

Calhoun, Craig (1997) *Nationalism*. Minneapolis: Minnesota University Press.

Cannadine, David (2001) *Ornamentalism. How The British Saw Their Empire*. London: Penguin Press.

Cassis, Youssef (1988) Wirtschaftselite und Bürgertum. England, Frankreich und Deutschland um 1900, in: Jürgen Kocka (Hg) *Bürgertum im 19. Jahrhundert. Deutschland im europäischen Vergleich*. Band 2, München: dtv. 9-34.

Castel, Robert (1995) Les métamorphoses de la question sociale. Une chronique du salariat; dt.: (2000) *Die Metamorphosen der sozialen Frage. Eine Chronik der Lohnarbeit*. Konstanz: UVK.

Chambliss, William J. (1964) A sociological analysis of the law of vagrancy, in: *Social Problems* 12: 45-69.

Claessens, Dieter und Karin Claessens (1979) *Kapitalismus als Kultur. Entstehung und Grundlagen der bürgerlichen Gesellschaft*. Frankfurt: Suhrkamp.

Cocker, Mark (1998) *Rivers of Blood, Rivers of Gold: Europe's Conflict with Tribal Peoples*. London: Pimlico.

Coony, Mark (1997) From warre to tyranny: Lethal conflict and the state, in: *American Sociological Review* 62: 316-338.

Cremer-Schäfer, Helga und Heinz Steinert (1998) *Straflust und Repression. Zur Kritik der populistischen Kriminologie*. Münster: Westfälisches Dampfboot.

Crosby, Alfred W. (1986) *Ecological Imperialism: The Biological Expansion of Europe, 900-1900*. Cambridge: Cambridge University Press.

Daniels, Arne und Stefan Schmitz (2006) *Die Geschichte des Capitalismus. Vom Webstuhl zum World Wide Web*. München: Heyne.

Demirović, Alex (1999) *Der nonkonformistische Intellektuelle. Die Entwicklung der Kritischen Theorie zur Frankfurter Schule*. Frankfurt: Suhrkamp.

Demirović, Alex (2007) *Demokratie in der Wirtschaft*. Münster: Westfälisches Dampfboot.

Deutschmann, Christoph (2001) *Die Verheißung des absoluten Reichtums: Zur religiösen Natur des Kapitalismus*. Frankfurt: Campus.

Diamond, Stanley (1971) The rule of law versus the order of custom, in: *Social Research* 38(1): 42-72.

Dobb, Maurice (1962) Vom Feudalismus zum Kapitalismus, in: *Marxism Today*; zitiert nach Paul Sweezy et al. 1976. 222-228.

Dubinsky, Karen (1999) *The Second Greatest Disappointment: Honeymooning and Tourism at Niagara Falls*. New Brunswick, NJ: Rutgers University Press.

Eggebrecht, Arne et al. (1980) *Geschichte der Arbeit: Vom alten Ägypten bis zur Gegenwart*. Köln: Kiepenheuer.

Ehrenreich, Barbara (1983) *The Hearts of Men: American Dreams and the Flight from Commitment*. New York: Doubleday.

Elbe, Ingo (2008) *Marx im Westen: Die neue Marx-Lektüre in der Bundesrepublik seit 1965*. Berlin: Akademie Verlag.

Elias, Norbert (1939) *Über den Prozeß der Zivilisation: Soziogenetische und psychogenetische Untersuchungen*. Basel: Haus zum Falken. 2. Aufl. (1969) Frankfurt: Suhrkamp.

Elias, Norbert (1969) *Die höfische Gesellschaft: Untersuchungen zur Soziologie des Königtums und der höfischen Aristokratie*. Neuwied: Luchterhand.

Elwert, Georg (2000) Jede Arbeit hat ihr Alter: Arbeit in einer afrikanischen Gesellschaft, in: Jürgen Kocka und Claus Offe (Hg) *Geschichte und Zukunft der Arbeit*. Frankfurt: Campus. 175-193.

Engels, Friedrich (1845) *Die Lage der arbeitenden Klasse in England: Nach eigener Anschauung und authentischen Quellen*. MEW 2.

Engels, Friedrich (1884) *Der Ursprung der Familie, des Privateigentums und des Staats: Im Anschluß an Lewis H. Morgans Forschungen*. MEW 21.

Faust, Michael, Peter Jauch und Petra Notz (2000) *Befreit und entwurzelt: Führungskräfte auf dem Weg zum „internen Unternehmer“*. München: Rainer Hampp Verlag.

Fineman, Martha Albertson (2004) *The Autonomy Myth: A Theory of Dependency*. New York: The New Press.

Foucault, Michel (1975) *Surveiller et Punir: Naissance de la Prison*. Paris: Gallimard; dt.: (1976) *Überwachen und Strafen: Die Geburt des Gefängnisses*. Frankfurt: Suhrkamp.

Foucault, Michel (2004a) *Sécurité, Territoire et Population*; zitiert nach (2006) *Sicherheit, Territorium, Bevölkerung: Geschichte der Gouvernementalität I*. Frankfurt: Suhrkamp.

Foucault, Michel (2004b) *Naissance de la biopolitique*; zitiert nach (2006) *Die Geburt der Biopolitik: Geschichte der Gouvernementalität II*. Frankfurt: Suhrkamp.

Füllsack, Manfred (2009) *Arbeit*. Wien: facultas.

Freudenthal, Margarete (1934) *Gestaltwandel der städtischen, bürgerlichen und proletarischen Hauswirtschaft*; zitiert nach (1986) Frankfurt/Berlin: Ullstein.

Fülberth, Georg (2005) *G Strich: Kleine Geschichte des Kapitalismus*. Köln: PapyRossa.

Fulcher, James (2004) *Capitalism: A Very Short Introduction*; dt.: (2007) *Kapitalismus*. Stuttgart: Reclam.

Galbraith, John Kenneth (1967) *The New Industrial State*. Harmondsworth: Penguin.

Gay, Peter (2002) *Schnitzler's Century: The Making of the Middle-Class Culture 1815-1914;* zitiert nach (2002) *Das Zeitalter des Doktor Arthur Schnitzler: Innenansichten des 19. Jahrhunderts*. Frankfurt: Fischer.

Gebauer, Roland, Hanna Petschauer und Georg Vobruba (2002) *Wer sitzt in der Armutsfalle?* Berlin: Sigma.

Gellner, Ernest (1997) *Nationalism*. London: Weidenfeld & Nicolson.

Gellner, Ernest (2006) *Nations and Nationalism*. Oxford: Blackwell. New edition, Original 1983.

Gilbreth, Frank B. und Ernestine Gilbreth Carey (1949) *Cheaper by the Dozen*; zitiert nach (1981) *Im Dutzend billiger*. München: Goldmann.

Goffman, Erving (1961) *Asylums: Essays on the Social Situation of Mental Patients and Other Inmates*, zitiert nach (1972) *Asyle. Über die soziale Situation psychiatrischer Patienten und anderer Insassen*. Frankfurt: Suhrkamp.

Goldhagen, Daniel Jonah (1996) *Hitler's Willing Executioners: Ordinary Germans and the Holocaust*. New York: Little, Brown.

Gouldner, Alvin W. (1979) *The Future of Intellectuals and the Rise of the New Class. A Frame of Reference, Theses, Conjectures, Arguments, and an Historical Perspective on the Role of Intellectuals and Intelligentsia in the International Class Context of the Modern Era*; dt.: (1980) *Die Intelligenz als Neue Klasse: 16 Thesen zur Zukunft der Intellektuellen und technischen Intelligenz*. Frankfurt: Campus.

Habermas, Jürgen (1981) *Theorie des kommunikativen Handelns*. Frankfurt: Suhrkamp.

Hall, Jerome (1952) *Theft, Law and Society*. Indianapolis: Bobbs-Merrill.

Hall, Peter A. and David Soskice (2001) *Varieties of Capitalism: The Institutional Foundations of Comparative Advantage*. Oxford: Oxford University Press.

Hall, Stuart (1988) *The Hard Road to Renewal: Thatcherism and the Crisis of the Left*. London: Verso.

Hansen, Klaus P. (1992) *Die Mentalität des Erwerbs: Erfolgsphilosophien amerikanischer Unternehmer*. Frankfurt/New York: Campus.

Hartmann, Heinz (1959) *Authority and Organization in German Management*; dt.: (1968) *Der deutsche Unternehmer: Autorität und Organisation*. Frankfurt: Europäische Verlagsanstalt.

Harvey, David (1982) *The Limits to Capital*. London: Verso. (Updated edition 2007)

Harvey, David (2005) *A Brief History of Neoliberalism*. Oxford: Oxford University Press.

Hay, Douglas, Peter Linebaugh, John G. Rule, Edward P. Thompson and Cal Winslow (1975) *Albion's Fatal Tree: Crime and Society in Eighteenth-Century England*. London: Allen Lane.

Heinrich, Michael (2004) *Kritik der politischen Ökonomie: Eine Einführung*. Stuttgart: Schmetterling Verlag.

Heyden-Rynsch, Verena von der (1992) *Europäische Salons: Höhepunkte einer versunkenen weiblichen Kultur*. München: Artemis.

Hirsch, Joachim (2002) Wissen und Nichtwissen: Anmerkungen zur Wissensgesellschaft, in: Oliver Brüchert und Christine Resch (Hg) *Zwischen Herrschaft und Befreiung: Kulturelle, politische und wissenschaftliche Strategien*. Münster: Westfälisches Dampfboot. 43-54.

Hirsch, Joachim (2005) Feudal-Liberalismus, in: http://www.links-netz.de/K_texte/K_hirsch_feudal.html.

Hirsch, Joachim und Roland Roth (1986) *Das neue Gesicht des Kapitalismus: Vom Fordismus zum Post-Fordismus*. Hamburg: VSA.

Hobsbawm, Eric J. (1962) *Sozialrebellen*. Neuwied: Luchterhand.

Hobsbawm, Eric J. (1969) *Die Banditen*. Frankfurt: Suhrkamp.

Hobsbawm, Eric J. (1990a) *Echoes of the Marseillaise: Two Centuries Look Back on the French Revolution*. London: Verso.

Hobsbawm, Eric J. (1990b) *Nations and Nationalism since 1780: Programme, Myth, Reality*. Cambridge: Cambridge University Press.

Hobsbawm, Eric J. (1994) *Age of Extremes: The Short Twentieth Century 1914-1991*; zitiert nach (1995) *Das Zeitalter der Extreme: Weltgeschichte im 20. Jahrhundert*. München: Hanser.

Hobsbawm, Eric J. and George Rudé (1969) *Captain Swing: A Social History of the Great Agrarian Uprising of 1830*. New York: Pantheon.

Hochschild, Adam (1998) *King Leopold's Ghost: A Story of Greed, Terror and Heroism in Colonial Africa*. London: Macmillan.

Holzach, Michael (1993) *Deutschland umsonst: Zu Fuß und ohne Geld durch ein Wohlstandsland*. Hamburg: Hoffmann und Campe.

Höpner, Martin (2003) *Wer beherrscht die Unternehmen? Sharehalder Value, Managerherrschaft und Mitbestimmung in Deutschland*. Frankfurt: Campus.

Horkheimer, Max (1936) Egoismus und Freiheitsbewegung, in: *HGS 4*. 9-88.

Horkheimer, Max (1939) Die Juden und Europa, in: *HGS 4*. 308-331.

Horkheimer, Max et al. (1936) *Studien über Autorität und Familie*. Paris: Librairie Félix Alcan.

Horkheimer, Max und Theodor W. Adorno (1944/47) *Dialektik der Aufklärung. Philosophische Fragmente*. HGS 5. Frankfurt: Fischer.

Huffschmid, Jörg (2002) *Politische Ökonomie der Finanzmärkte*. Hamburg: VSA.

Illich, Ivan (1978) *Fortschrittsmythen*. Reinbek: Rowohlt.

Illouz, Eva (1997) *Consuming the Romantic Utopia: Love and the Cultural Contradictions of Capitalism*. Berkeley: University of California Press.

Illouz, Eva (2007) *Cold Intimacies: The Making of Emotional Capitalism*. Cambridge: Polity.

Jahoda, Marie, Paul Lazarsfeld und Hans Zeisel (1933) *Die Arbeitslosen von Marienthal*; zitiert nach der Ausgabe Frankfurt: Suhrkamp. 1975.

Kaufmann, Jean-Claude (2004) *L'invention de soi: Une théorie de l'identité*. Paris. dt.: (2005) *Die Erfindung des Ich. Eine Theorie der Identität*. Konstanz: UVK. 2005.

Kern, Horst und Michael Schumann (1970) *Industriearbeit und Arbeiterbewusstsein: Eine empirische Untersuchung über den Einfluss der aktuellen technischen Entwicklung auf die industrielle Arbeit und das Arbeiterbewusstsein*. Frankfurt: Europäische Verlagsanstalt.

Knigge, Adolf Freiherr von (1788) *Über den Umgang mit Menschen*; zitiert nach der Insel-Taschenbuchausgabe Gert Ueding (Hg). Frankfurt: Insel. 1977.

Kocka, Jürgen (1975) *Unternehmer in der deutschen Industrialisierung*. Göttingen: Vandenhoeck & Ruprecht.

Kocka, Jürgen (1987) (Hg) *Bürger und Bürgerlichkeit im 19. Jahrhundert*. Göttingen: Vandenhoeck & Ruprecht.

Kocka, Jürgen (2008) Bürger und Bürgerlichkeit im Wandel, in: *Aus Politik und Zeitgeschichte* 9/2008: 3-9.

Koenen, Gerd (1998) *Utopie der Säuberung: Was war der Kommunismus?* Berlin: Fest.

Kracauer, Siegfried (1930) *Die Angestellten: Aus dem neuesten Deutschland*; zitiert nach der Ausgabe Frankfurt: Suhrkamp. 1974.

Kracauer, Siegfried (1963) *Das Ornament der Masse. Essays.* Frankfurt: Suhrkamp.

Kundrus, Birthe (2003) (Hg) *Phantasiereiche: Zur Kulturgeschichte des deutschen Kolonialismus.* Frankfurt: Campus.

Josephson, Matthew (1934) *The Robber Barons: The Great American Capitalists, 1861-1901.* San Diego: Harvest Books.

Landes, David S. (1968) *The Unbound Prometheus*; zitiert nach (1983) *Der entfesselte Prometheus: Technologischer Wandel und industrielle Entwicklung in Westeuropa von 1750 bis zur Gegenwart.* München: dtv.

Lauterbach, Karl (2007) *Der Zweiklassenstaat. Wie die Privilegierten Deutschland ruinieren.* Berlin: Rowohlt.

Le Goff, Jacques (2003) *A la recherche du moyen age*; dt.: (2004) *Auf der Suche nach dem Mittelalter.* München: Beck.

Leidinger, Hannes (2008) *Kapitalismus.* Böhlau: UTB.

Luhmann, Niklas (1984) *Soziale Systeme. Grundriß einer allgemeinen Theorie.* Frankfurt: Suhrkamp.

Luhmann, Niklas (1985) (Hg) *Soziale Differenzierung: Zur Geschichte einer Idee.* Opladen: Westdeutscher Verlag.

Marshall, Peter (1992) *Demanding the Impossible: A History of Anarchism.* London: HarperCollins.

Marx, Karl (1942) *Debatten über das Holzdiebstahlsgesetz,* in: MEW 1: 109-147.

Marx, Karl (1850) *Die Klassenkämpfe in Frankreich,* in: MEW 7: 9-107.

Marx, Karl (1852) *Der achtzehnte Brumaire des Louis Bonaparte,* in: MEW 8: 111-207.

Marx, Karl (1867) *Das Kapital: Kritik der politischen Ökonomie.* Band 1. MEW 23.

Marx, Karl (1894) *Das Kapital: Kritik der politischen Ökonomie.* Band 3. MEW 25.

Marx, Karl und Friedrich Engels (1848) *Manifest der Kommunistischen Partei,* in: MEW 4: 459-493.

Moore, Barrington (1978) *Injustice*; dt.: (1982) *Ungerechtigkeit: die sozialen Ursachen von Unterordnung und Widerstand.* Frankfurt: Suhrkamp.

Morus, Thomas (1516) *Utopia*; zitiert nach *Der utopische Staat: Morus – Utopia, Campanella – Sonnenstaat, Bacon – Neu-Atlantis* (1960) Reinbek: Rowohlt.

Mosse, Werner (1988) Adel und Bürgertum im Europa des 19. Jahrhunderts. Eine vergleichende Betrachtung, in: Jürgen Kocka (Hg) *Bürgertum im 19. Jahrhundert: Deutschland im europäischen Vergleich.* Band 2. München: dtv. 276-314.

Mottek, Hans (1957[5]) *Wirtschaftsgeschichte Deutschlands. Ein Grundriss. Band I. Von den Anfängen bis zur Zeit der Französischen Revolution*. Berlin: Deutscher Verlag der Wissenschaften.

Naucke, Wolfgang (2000) *Über die Zerbrechlichkeit des rechtsstaatlichen Strafrechts: Materialien zur neueren Strafrechtsgeschichte*. Baden-Baden: Nomos.

Neurath, Otto (1919) *Durch die Kriegswirtschaft zur Naturalwirtschaft*. München: Callwey.

Nolan, Mary (1994) *Visions of Modernity. American Business and the Modernization of Germany*. New York/Oxford: Oxford University Press.

Nolte, Paul (2000) *Die Ordnung der deutschen Gesellschaft. Selbstentwurf und Selbstbeschreibung im 20. Jahrhundert*. München: Beck.

Nolte, Paul (2004) *Generation Reform: jenseits der blockierten Republik*. München: Beck.

Ohmann, Richard (1996) *Selling Culture: Magazines, Markets, and Class at the Turn of the Century*. London: Verso.

Ortner, Helmut, Arno Pilgram und Heinz Steinert (1998) (Hg) *Die Null-Lösung: Zero-Tolerance-Politik in New York. Das Ende der urbanen Toleranz*. Nomos: Baden-Baden.

Osterhammel, Jürgen (1995) *Kolonialismus. Geschichte – Formen – Folgen*. München: Beck.

Pearson, Geoffrey (1978) Goths and Vandals: Crime in history, in: *Contemporary Crises* 2: 119-139; zitiert nach *Kriminologisches Journal* 1977, 9(4): 279-296.

Pinl, Claudia (1977) *Das Arbeitnehmer-Patriarchat*. Köln: Kiepenheuer & Witsch.

Pirenne, Henri (1933) *Histoire du Moyen Age*. Paris; zitiert nach *Sozial- und Wirtschaftsgeschichte Europas im Mittelalter*. Bern: A. Francke.

Polanyi, Karl (1944) The Great Transformation; zitiert nach (1977) *The Great Transformation. Politische und ökonomische Ursprünge von Gesellschaften und Wirtschaftssystemen*. Wien: Europa Verlag.

Postone, Moishe (1993) *Time, Labor, and Social Domination: A Reinterpretation of Marx's Critical Theory*. Cambridge: Cambridge University Press.

Resch, Christine (1999) *Die Schönen Guten Waren. Die Kunstwelt und ihre Selbstdarsteller*. Münster: Westfälisches Dampfboot.

Resch, Christine (2005) *Berater-Kapitalismus oder Wissengesellschaft? Zur Kritik der neoliberalen Produktionsweise*. Münster: Westfälisches Dampfboot.

Resch, Christine (2007a) Das Volk als Belastung für den Staat oder: Wer lebt hier eigentlich auf wessen Kosten? in: http://www.links-netz.de/K_texte/K_resch_tugendterror.html.

Resch, Christine (2007b) Über die Strukturähnlichkeit von instrumenteller Vernunft und astrologischem Denken: Zur Ideologiekritik des „unternehmerischen Selbst“, in: Rainer Winter und Peter V. Zima (Hg) *Kritische Theorie heute*. Bielefeld: transkript. 235-257.

Resch, Christine (2008) Rationalisierung von Kopfarbeit. Über die Geschichte der „Wissensgesellschaft“, in: *Forum Wissenschaft* 25(2): 9-12.

Resch, Christine und Heinz Steinert (2003) *Die Widerständigkeit der Kunst: Entwurf einer Interaktionsästhetik*. Münster: Westfälisches Dampfboot.

Resch, Christine und Heinz Steinert (2009) Der Fortschritt der Kritischen Theorie, in: *Österreichische Zeitschrift für Geschichtswissenschaft* 20(1): Fortschritt (Reinhard Sieder, Hg). 66-93.

Rheinheimer, Martin (2000) *Arme, Bettler und Vaganten: Überleben in der Not 1450-1850*. Frankfurt: Fischer.

Riesman, David, with Reuel Denney and Nathan Glazer (1950) *The Lonely Crowd: A Study of the Changing American Character*. New Haven: Yale University Press.

Ritsert, Jürgen (2009) *Schlüsselprobleme der Gesellschaftstheorie: Individuum und Gesellschaft – Soziale Ungleichheit – Modernisierung*. Wiesbaden: VS.

Rivoli, Pietra (2005) *The Travels of a T-Shirt in the Global Economy: An Economist Examines the Markets, Power, and Politics of World Trade*. Hoboken, NJ: Wiley.

Rodgers, Daniel T. (1974) *The Work Ethic in Industrial America 1850-1920*. Chicago: University of Chicago Press.

Rose, Nikolas (1998) *Inventing Our Selves: Psychology, Power, and Personhood*. Cambridge: Cambridge University Press.

Rudé, George (1964) *The Crowd in History. A Study of Popular Disturbances in France and England 1730-1848*; zitiert nach (1977) *Die Volksmassen in der Geschichte. England und Frankreich 1730-1848*. Frankfurt: Campus.

Rummel, R.J. (1994) *Death by Government*. New Brunswick: Transaction.

Sarasin, Philipp (1995) Die Rationalisierung des Körpers: Über „Scientific Management“ und „biologische Rationalisierung“, in: Michael Jeismann (Hg) *Obsessionen: Beherrschende Gedanken im wissenschaftlichen Zeitalter*. Frankfurt: Suhrkamp. 78-115.

Schibel, Karl-Ludwig (1985) *Das alte Recht auf die neue Gesellschaft: Zur Sozialgeschichte der Kommune seit dem Mittelalter*. Frankfurt: Sendler.

Schivelbusch, Wolfgang (1980) *Das Paradies, der Geschmack und die Vernunft: Eine Geschichte der Genußmittel*. München: Hanser.

Schivelbusch, Wolfgang (1983) *Lichtblicke: Zur Geschichte der künstlichen Helligkeit im 19. Jahrhundert*. München: Hanser.

Schmid, Pia (1985) *Zeit des Lesens – Zeit des Fühlens. Anfänge des deutschen Bildungsbürgertums*. Berlin: Quadriga.

Schmidt, Jochen (1985) *Die Geschichte des Genie-Gedankens in der deutschen Literatur, Philosophie und Politik 1750-1945*. Zwei Bände. Darmstadt: Wissenschaftliche Buchgesellschaft.

Schultz, Helga (1997) *Handwerker, Kaufleute, Bankiers: Wirtschaftsgeschichte Europas 1500-1800*. Frankfurt: Fischer.

Sennett, Richard (2008) *The Craftsman*. New Haven, NJ: Yale University Press.

Shutt, Harry (2005) *The Decline of Capitalism: Can a Self-Regulated Profits System Survive?* London: Zed Books.

Siegel, Tilla (1993) Das ist nur rational. Ein Essay zur Logik der sozialen Rationalisierung, in: Dagmar Reese, Eve Rosenhaft, Carola Sachse und Tilla Siegel (Hg) *Rationale Beziehungen? Geschlechterverhältnisse im Rationalisierungsprozeß*. Frankfurt: Suhrkamp. 363-396.

Siegel, Tilla (2003) Denkmuster der Rationalisierung. Ein soziologischer Blick auf Selbstverständlichkeiten, in: Susan Geideck und Wolf-Andreas Liebert (Hg) *Sinnformeln: Linguistische und soziologische Analysen von Leitbildern, Metaphern und anderen kollektiven Orientierungsmustern*. Berlin: de Gruypter. 17-36.

Sombart, Werner (1902) *Der moderne Kapitalismus*. München/Leipzig: Duncker & Humblot.

Sombart, Werner (1913) *Luxus und Kapitalismus*. Studien zur Entwicklungsgeschichte des modernen Kapitalismus: Erster Band. München/Leipzig: Duncker & Humblot.

Speitkamp (2005) *Deutsche Kolonialgeschichte*. Stuttgart: Reclam.

Stamm, Volker (1982) *Ursprünge der Wirtschaftsgesellschaft. Geld, Arbeit und Zeit als Mittel von Herrschaft*. Frankfurt: Europäische Verlagsanstalt.

Steinert, Heinz (1998) *Kulturindustrie*. Münster: Westfälisches Dampfboot.

Steinert, Heinz (1999) Kulturindustrielle Politik mit dem Großen & Ganzen: Populismus, Politik-Darsteller, ihr Publikum und seine Mobilisierung, in: *Internationale Gesellschaft und Politik* 4/1999: 402-413; auch unter www.links-netz.de/K_texte/K_steinert_populismus.html.

Steinert, Heinz (2000) Die Diagnostik der Überflüssigen, in: *Mittelweg 36*, 5/2000. 9-17.

Steinert, Heinz (2004) Schließung und Ausschließung. Eine Typologie der Schließungen und ihrer Folgen, in: Jürgen Mackert (Hg) *Die Theorie sozialer Schließung: Tradition, Analysen, Perspektiven*. Wiesbaden: VS. 193-212.

Steinert, Heinz (2005a) *Neue Flexibilität, neue Normierungen: Der zuverlässige Mensch der Wissensgesellschaft*. Wien: Picus.

Steinert, Heinz (2005b) Schicksale und Varianten von „Geist des Kapitalismus". Max Webers Franklin, katholische Disziplin, protestantische Ethik und die Entwicklung von Produktionsweisen, in: http://*www.folks-uni.org*/index.php?id=109

Steinert, Heinz (2007) *Das Verhängnis der Gesellschaft und das Glück der Erkenntnis:* Dialektik der Aufklärung *als Forschungsprogramm*. Münster: Westfälisches Dampfboot.

Steinert, Heinz and Arno Pilgram (2003) (eds) *Welfare Policy from Below: Struggles Against Social Exclusion in Europe*. Aldershot: Ashgate.

Steinert, Heinz und Hubert Treiber (1975) *Die Revolution und ihre Theorien: Frankreich 1848 – Marx, v. Stein, Tocqueville im aktuellen Vergleich*. Opladen: Westdeutscher Verlag.

Stewart, Thomas A. (1997) *Intellectual Capital. The New Wealth of Organizations*. New York: Doubleday.

Stowasser, Horst (2007) *Anarchie! Idee – Geschichte – Perspektiven*. Hamburg: Nautilus.

Sweezy, Paul et al. (1976) *The Transition from Feudalism to Capitalism*. London; zitiert nach (1978) *Der Übergang vom Feudalismus zum Kapitalismus*. Frankfurt: Syndikat.

Ternon, Yves (1995) *L'État Criminel: Les génocides au XXe siècle*. Paris: Seuil; dt.: (1996) *Der verbrecherische Staat*. Hamburg: Hamburger Edition.

Thompson, Edward P. (1963) *The Making of the English Working Class*; dt.: (1987) *Die Entstehung der englischen Arbeiterklasse*. Frankfurt: Suhrkamp.

Thompson, Edward P. (1967) Time, work-discipline and industrial capitalism, in: *Past & Present* 38: 56-97; zitiert nach Thompson 1980. 35-66.

Thompson, Edward P. (1971) The moral economy of the English crowd in the 18th century, in: *Past & Present* 50: 76-136; zitiert nach Thompson 1980. 67-130.

Thompson, Edward P. (1975) *Whigs and Hunters: The Origin of the Black Act*. London: Allen Lane.

Thompson, Edward P. (1980) *Plebeische Kultur und moralische Ökonomie. Aufsätze zur englischen Sozialgeschichte des 18. und 19. Jahrhunderts*. Frankfurt: Ullstein.

Tilly, Charles (1985) War making and state making as organized crime, in: Peter Evans, Dietrich Rueschemeyer and Theda Scocpol (eds) *Bringing the State Back In*. Cambridge: Cambridge University Press. 169-187.

Titze, Hartmut (2004) Bildungskrisen und sozialer Wandel 1780-2000, in: *Geschichte und Gesellschaft. Zeitschrift für historische Sozialwissenschaft* 30(2): 339-372.

Todorov, Tzvetan (1982) *La conquete de l'Amerique: La question de l'autre*. Paris: Seuil; dt.: (1985) Die Eroberung Amerikas: das Problem der Anderen. Frankfurt: Suhrkamp.

Treiber, Hubert und Heinz Steinert (1980/2005) *Die Fabrikation des zuverlässigen Menschen: Über die „Wahlverwandtschaft" von Kloster- und Fabrikdisziplin*. Münster: Westfälisches Dampfboot.

Veblen, Thorstein (1899) *The Theory of the Leisure Class: An Economic Study of Institutions*; dt.: (2007) *Die Theorie der feinen Leute*. Frankfurt: Fischer.

Vobruba, Georg (2007) *Entkoppelung von Arbeit und Einkommen: Das Grundeinkommen in der Arbeitsgesellschaft*. Wiesbaden: VS.

Voß, Günter G. und Hans J. Pongratz (1998) Der Arbeitskraftunternehmer. Eine neue Grundform der Ware Arbeitskraft?, in: *Kölner Zeitschrift für Soziologie und Sozialpsychologie* 50: 131-158.

Walby, Sylvia (1990) *Theorizing Patriarchy*. Oxford: Blackwell.

Walser, Karin (1985) *Dienstmädchen: Frauenarbeit und Weiblichkeitsbilder um 1900*. Frankfurt: extra-buch.

Weber, Max (1904-06) *Die protestantische Ethik und der Geist des Kapitalis*mus; zitiert nach der Ausgabe letzter Hand in: Gesammelte Aufsätze zur Religionssoziologie, Band 1, 1920. Tübingen: Mohr.

Wehler, Hans-Ulrich (1987) *Deutsche Gesellschaftsgeschichte. Band 2: Von der Reformära bis zur industriellen und politischen „Deutschen Doppelrevolution" 1815-1845/49*. München: Beck.

Willke, Gerhard (2006) *Kapitalismus*. Frankfurt: Campus.

Wood, Ellen Meiksins (2002) *The Origin of Capitalism. A Longer View*. London: Verso. (ursprünglich 1999).

Zaretsky, Eli (2004) *Secrets of the Soul: A Social and Cultural History of Psychoanalysis*. New York: Random House.

Nachwort zur Neuauflage 2023 von Christine Resch

„Kapitalismus als ressourcenfressende Wohlstandsmaschine, die keinen Wohlstand mehr hervorbringt"

Das titelgebende Zitat entstammt der Zeitschrift *Der Spiegel* vom 30.12.2022 und findet sich auf Seite 11. Die spürbare Wut auf den Kapitalismus, so heißt es dort, habe keine ideologischen Gründe mehr. Vielmehr, so lässt sich das Zitat deuten, bezieht sie sich darauf, dass der Kapitalismus sein Versprechen der immerwährenden Prosperität nicht halte; was – by the way – (fast) nie Realität war und jedenfalls nie für alle gegolten hat. In diesem Artikel wird über die „Krise des Neoliberalismus" räsoniert, die 2008ff ausgehend von der Finanz- und Bankenkrise ihren Lauf genommen habe. Die massiven staatlichen Eingriffe hätten das Ende des Neoliberalismus eingeläutet. Ein moderater Staatskapitalismus, Wohlstand ohne Wachstum, staatliche Investitionen in Bildung und Infrastruktur (vor- statt umverteilen fungiert hierzu als Motto) werden unter Berufung auf Expert*innen als Lösungsvorschläge für die Krisen diskutiert. Kapitalismus müsse weiterentwickelt werden und das klinge, so das Credo, mehr nach Verheißung denn nach Drohung.

Heinz Steinert und ich haben seinerzeit, nämlich 2009 als die Erstauflage mitten in der Weltwirtschaftskrise erschien, der Interpretation von „Kapitalismus als Religion" statt von „Kapitalismus als Sekte" den Vorzug gegeben. Damals hat die neoliberale Dogmatik, wie sie in den Wirtschaftswissenschaften gepflegt wird, und die staatliche Absicherung bei „kapitalistischen Selbstmord*versuchen*" (Stichwort: too big to fail) den Ausschlag dafür gegeben, Kapitalismus als gut etablierte Kirche zu verstehen, die keine Lösungen, aber immerhin Opium zu bieten hat.[1] Heute würde ich in die Deutung

1 Drei Zeilen aus dem Gedicht „Schnellimbiß" von Peter Rühmkorf bringen das auf den Punkt: „Seh ich aus wie'n Dealer (obwohl: / ich hasse den Kapitalismus, aber nur hier krieg ich / alle meine Drogen)"

von „Kapitalismus als Religion“ das Heilsversprechen – ein immer noch mögliches kapitalistisches Paradies – einbeziehen, das nach wie vor auch von moderaten Kritiker*innen vorgebracht wird.

Damit bin ich, zugegeben nicht ganz zufällig, mitten bei der Frage gelandet, wie sich ein Nachwort für eine Neuauflage eines Buchs gestalten lässt, das vor knapp 15 Jahren erstpubliziert wurde. In dynamischen Zeiten, seien sie es wahrlich oder nur vermeintlich (wer kann das schon wissen!), veralten Analysen schnell. Was also hat Bestand, was erfordert Aktualisierung?

Das Buch: damals

In unserem „Porträt einer Produktionsweise“ haben wir, neben den historischen Hauptkapiteln und typologischen Darstellungen der Grundzüge von Feudalismus und Kapitalismus, polemische „Glaubensfragen“ und Analysen zu wichtigen Begriffen in Form von „Theoriefragen“ einbezogen. Wir haben eine Kapitalismus-Analyse in der Tradition der *Dialektik der Aufklärung* und eines kulturtheoretisch orientierten Materialismus, wie er etwa von E.P. Thompson forciert wurde, vorgelegt. Die historischen Kapitel, die die Entstehung und Entwicklung von Kapitalismus nachzeichnen und neben der politischen Ökonomie auch, wie eben erwähnt, kulturelle Aspekte in die Analyse einbeziehen, bleiben in dieser Neuauflage unkommentiert. Damit soll nicht in Abrede gestellt werden, dass neuere Publikationen unsere Analyse nicht erweitern könnten, aber unsere Perspektive würde sich dadurch nicht grundlegend ändern.

Anders verhält es sich mit den Kapiteln zum „Patriarchat“ und zum „Neoliberalismus“. Neoliberalismus war 2009 (in den westlichen Industriestaaten) durchgesetzt und geriet mit der zuerst Banken-, dann Finanz- und dann Weltwirtschaftskrise 2008ff in eine erste Krise, die die Fundamente dieser Variante der kapitalistischen Produktionsweise erschütterte. Manche Interpret*innen deuteten das als Indikatoren für einen möglichen nahenden Einsturz. Die letzten 15 Jahre haben allerdings gezeigt, dass permanent aufeinanderfolgende Krisen (oder eine „VielfachKrise“, vgl. dazu Demirović u.a. 2011) bearbeitet werden können, ohne die kapitalistische Produktionsweise umzuwälzen oder auch nur ernsthaft in Frage zu stellen. Dieses Kapitel will ich also skizzenhaft weiterschreiben, weil sich gesellschaftliche Verhältnisse verändert haben.

Bezogen auf unsere Überlegungen zum „Patriarchat“ stellt sich ein anderes Problem. Verschiedene Kämpfe und Debatten haben zwar neue Aufmerksamkeiten bezogen auf Ungleichheiten im Geschlechterverhältnis hergestellt, Grundsätzliches hat sich aber nicht transformiert. Wir haben seinerzeit argumentiert, dass Patriarchat für die kapitalistische Produktionsweise kein historisches Relikt darstellt, sondern eine notwendige Bedingung. Daran halte ich fest. Wir haben es (inzwischen) mit einem globalisierten Patriarchat zu tun – an Care-Arbeit wird das evident. Während wir 2009 den Nutzen von patriarchalen Produktionsformen noch am Beispiel der Einwandererfamilie illustriert haben, sind es inzwischen verstärkt transnationale Lebensweisen von Migrant*innen, die das Patriarchat hier und dort stärken und geeignet sind, die kapitalistische Krise der Reproduktionsarbeit zu bewältigen. Pflegekräfte in der häuslichen Rund-um-die-Uhr Pflege (vgl. Satola 2019) sind ein Beispiel für eine solche transnationale Lebensweise. Transnationalität spielt in der kritischen Migrationsforschung eine wichtige Rolle. (Vgl. dazu exemplarisch: Hess/Binder/Moser 2009) Weshalb dieses Kapitel kommentarbedürftig ist, hat aber noch einen weiteren Grund.

Jenseits von realen Veränderungen hat sich nämlich die akademische Debatte gravierend verschoben. Der Intersektionalitäts-Ansatz, der, jedenfalls im deutschen Kontext zu Beginn des Jahrtausends noch als neuer Stern am Theoriehimmel leuchtete, ist im feministischen Diskurs hegemonial geworden und hat „klassische" Analysen des Patriarchats in den Hintergrund gedrängt. Wir haben seinerzeit den Klassencharakter und wie er das Geschlechterverhältnis affiziert betont. Wie schon erwähnt, haben wir auch Migration in ihrer Bedeutung für die Reproduktion von patriarchalen Verhältnissen analysiert, die (inzwischen vielfach erweiterte) Triade von „class/race/gender" und die daraus entstehenden Diskriminierungsformen aber nicht diskutiert. Das soll kursorisch in diesem Nachwort geschehen. Dabei wird der Akzent darauf liegen, die Verhältnisse bei allen Moralisierungen des Sprachgebrauchs nicht aus den Augen zu verlieren.

Gegenüber den ersten beiden Auflagen bleibt das Buch unverändert und wird nur um das Nachwort erweitert, sowie um die „Glaubensfragen" gekürzt. In diesen Polemiken, die meisten davon haben sich mit damals aktuellen Materialien beschäftigt, überwiegt der Zeit- über den Wahrheitskern. Daher gibt es keinen Grund, sie noch einmal aufzunehmen. Die beiden angesprochenen Kapitel werden durch die folgenden Abschnitte in diesem Nachwort ergänzt, sodass auch sie in ihrer ursprünglichen Form zugänglich bleiben und zugleich Anregungen für eine notwendige Aktualisierung verfügbar gemacht werden. Auch das ursprüngliche Vorwort bleibt erhalten und gibt einen kurzen Überblick über unsere Idee einer reflexiven Soziologie, mit der die Perspektive unseres Schreibens damals benannt ist und die zugleich den Anspruch formuliert, den ich mit den abschließenden Worten hoffe erfüllen zu können.

Zur Stabilität des neoliberalen Regimes

Was in Folge der Weltwirtschaftskrise im ersten Jahrzehnt dieses Jahrtausends gelegentlich als finale Krise des Neoliberalismus proklamiert wurde, ist inzwischen als zumindest vorschnelle Prognose einzustufen. Neoliberalismus hat sich als stabil erwiesen. In der gesamten Geschichte des Kapitalismus gab es Bestrebungen, *die* Krise auszumachen, die die Produktionsweise transformieren würde. Das beginnt mit den politischen Schriften von Karl Marx und Friedrich Engels und prägt marxistische Analysen bis heute. In solchen Szenarien wird unterschätzt, dass Herrschaftstechniken erfindungsreich entwickelt werden, die Krisen kapitalistisch einhegen. Zwar strafte etwa die Bankenrettung die neoliberale Ideologie, auf Marktmechanismen statt auf staatliche Regularien zu setzen, offensiv Lügen, aber grundsätzlich modifiziert hat das diese Variante von Kapitalismus nicht.[2] Das mag ein Grund sein, wenn auch bestimmt kein hinreichender oder gar der einzige, weshalb sich wissenschaftliche Analysen von Neoliberalismus in den letzten zwei Jahrzehnten deutlich verfeinert haben.

Ich habe 2005 vorgeschlagen, Neoliberalismus als Berater-Kapitalismus (im Unterschied zum liberalen Unternehmer- und zum fordistischen Manager-Kapitalismus) zu charakterisieren. Bei Theoretiker*innen, die sich Analysen der internationalen politischen Ökonomie verpflichtet fühlen, war der „finanzmarktdominierte

2 Die Staatsquote, die während der gesamten neoliberalen Phase bei knapp unter 50% lag und liegt und mitnichten nach der Durchsetzung von neoliberalen Regimen gesunken ist, hat die Idee eines „schlanken Staats", der sich wirtschaftspolitisch zurückhalten solle, schon immer als leere Formel kenntlich gemacht. Selbst die Covid 19-Pandemie und die damit verbundenen höheren Ausgaben, haben diese nur minimal erhöht. Vgl. zu den Zahlen seit der Wende: https://www.sozialpolitik-aktuell.de/files/sozialpolitik-aktuell/_Politikfelder/Finanzierung/Datensammlung/PDF-Dateien/abbII39.pdf

Kapitalismus“ als abstrakte Formel für das neoliberale Regime populärer. Das mag damit zu tun haben, dass ich mich in meiner Studie stärker auf die hegemonialen Akteur*innen beziehe, die sich den verschiedenen Varianten von Kapitalismus zuordnen lassen, während der Fokus auf den Finanzmarkt die dominante Kapitalfraktion akzentuiert und daher beansprucht, die Grundstruktur fassen zu können. Aber wie genau das Verhältnis von Strukturen, Handlungsweisen und Akteur*innen zu konzipieren wäre, ist eine andere Debatte, die hier nicht geführt werden soll.

Inzwischen gilt als zu simpel die drei zentralen Varianten der kapitalistischen Produktionsweise (Liberalismus, Fordismus, Neoliberalismus und den Übergängen zwischen den Phasen, bezeichnet als organisierter respektive postfordistischer Kapitalismus) auf einen Begriff zu bringen. Varieties or Types of Capitalism, Diversity of Modern Captialism sind die Stichworte der Stunde: wir haben es mit „vergleichender Kapitalismusforschung“ zu tun, wie Bruff et.al (2013) das von ihnen herausgegebene Buch übertitelt haben. Nicht nur in der historischen Abfolge, also diachron, sondern auch synchron sind die Spielarten von Kapitalismus/Neoliberalismus Gegenstand der Analysen, insbesondere im internationalen Vergleich (vgl. dazu Schmidt 2008). Der „globale“ Kapitalismus, der seit dem Ende der Systemkonkurrenz als die weltweit vorherrschende Produktionsweise gilt, wird differenziert betrachtet. Das ist selbst dann der Fall, wenn es sich um Einführungen handelt, die so simple Titel tragen wie „Kapitalismus“ (Garritzmann 2023) oder „Neoliberalismus“ (Biebricher 2012). Biebricher rekurriert auf die liberalen Theoretiker (Ordoliberalismus und Freiburger Schule, Buchanan, selbstverständlich von Hayek und Friedman) und zeigt, welche Paradigmen in den national unterschiedenen Neoliberalisierungsprozessen jeweils aufgegriffen wurden. Dazu, am Beispiel von Großbritannien leicht zu veranschaulichen, wird zwischen dem Neoliberalismus, wie ihn Thatcher forciert hat, und dem, für den Blair (und in Deutschland Schröder) Pate stand, unterschieden. Die „zweite Welle“, Biebricher bezeichnet sie als „von links“ (oder als roll-out-Neoliberalismus, vgl. S. 124ff – im Unterschied zur ersten, die als roll-back-Neoliberalismus eingestuft wird), setzt „workfare“ statt „welfare“ durch. Ich würde statt „von links“ lieber von „sozialdemokratischem Neoliberalismus“ sprechen, stimme aber mit dem Befund grundsätzlich überein. Die zentrale Neuerung bestand darin, den „Geist des Kommunitarismus“ zu aktivieren. Das reicht von Forderungen nach zivilgesellschaftlichem Engagement bis zur

Stärkung von kommunalen Verantwortlichkeiten (inklusive der Verpflichtung von kommunaler Finanzierung) statt (nationalstaatlicher und europäischer) Direktiven.[3]

Angesichts von vielfältigen Diagnostiken und Perspektiven wundert es kaum, dass auch strittig ist, was der Kern der gegenwärtigen kapitalistischen Formation sei: „Landnahme" oder „Aktivierung" oder „Beschleunigung", und das sind nur die Beispiele, die Klaus Dörre, Stephan Lessenich und Hartmut Rosa in einem gemeinsam publizierten Buch (2009) zur Debatte stellen. Sie beanspruchen jeweils für sich, letztlich aber in Verbindung aller drei Positionen eine solche Grundlogik von Kapitalismus benennen zu können, die sich ökonomisch, (sozial)politisch und kulturell manifestiert:

> „Landnahme, Beschleunigung und Aktivierung lassen sich daher als sachliche, zeitliche und soziale Dimensionen eines einzigen ökonomischen, kulturellen und politischen Prozesses beschreiben, dessen Basis die Logik der Kapitalbewegung ist. Das ineinandergreifende Zusammenwirken dieser drei Entwicklungsprinzipien ist in der spätmodernen Gesellschaft allenthalben zu beobachten – zeigt sich in der Logik der 'Hartz'-Reformen ebenso wie in den Operationsweisen des Finanzmarktkapitalismus, im Feld des Konsums nicht weniger als am Umbau der Universitäten." (297)

Nicht leicht zu verstehen ist, dass es immer noch die Domäne von feministischen Theoretikerinnen[4] ist, Reproduktionsarbeit als nicht nur gesellschaftlich notwendige Arbeit, sondern auch als eine, die der kapitalistischen Lohnarbeit vorausgesetzt ist, mitzudenken. Nancy Fraser und Rahel Jaeggi (2020), die ein langes Gespräch über kritische Theorie mit dem Titel „Kapitalismus" vorgelegt haben, tun genau das. Sie interessieren sich für den, wie sie

---

3 Anschaulich zeigen Ottovay und Schorb (2009) solche Veränderungen an einem simplen Beispiel auf: den sozialpolitischen Anstrengungen des prominenten Fernsehkochs Jamie Oliver und wie sie sich zwischen der Thatcher- und Blair-Ära hin zur Forderung nach mehr bürgergesellschaftlichen Engagement verändert haben.

4 Dass ich hier die weibliche Schreibweise wähle, soll Frauen* nicht entnennen. Vielmehr geht es mir darum, darauf aufmerksam zu machen, dass Kapitalismustheorien immer noch „männlich" konnotiert sind. Dass in den Analysen Reproduktionsarbeit kaum eine Rolle spielt, sagt, wie ich finde, ziemlich viel über geschlechtsspezifische Arbeitsteilungen in der akademischen Subkultur aus.

es nennen, *nicht-ökonomischen Hintergrund* (im Unterschied zum ökonomischen Vordergrund) der kapitalistischen Gesellschaft (48ff). Dieser umfasst die schon genannte Reproduktion der Arbeitskraft, die fortdauernde ursprüngliche Akkumulation und die gesellschaftlichen Naturverhältnisse. Frasers Unterscheidung zwischen „Ausbeutung" und „Enteignung" ist in diesem Kontext interessant. Enteignung bilde den Hintergrund für Ausbeutung, sei dieser vorausgesetzt. Während Ausbeutung unter dem Deckmantel des freien vertraglichen Austauschs geschehe, verzichte „Enteignung" auf „solche Feinheiten zugunsten einer brutalen Konfiszierung" (65). Und weiter:

> „Während man ausgebeuteten Arbeitern den Status von mit Rechten ausgestatteten Individuen und von Bürgern zugesteht, die den Schutz des Staates genießen und frei über ihre eigene Arbeitskraft verfügen können, werden diejenigen, die Opfer der Enteignung sind, zu unfreien, abhängigen Wesen, die des politischen Schutzes entblößt und schutzlos sind – wie zum Beispiel im Falle von Besitzsklaven, kolonisierten Untertanen, 'Eingeborenen', verschuldeten Tagelöhnern, 'Illegalen' und verurteilten Straftätern." (65)

Der Statusunterschied zwischen den von Ausbeutung und den von Enteignung Betroffenen falle mit „Rassenzugehörigkeit" zusammen: „Es sind ganz überwiegend rassifizierte Bevölkerungsteile, die in der kapitalistischen Gesellschaft keinen politischen Schutz haben und die als *von Natur aus enteignungsfähig* gelten." (65; Hervorh. im Original) Der „nicht-ökonomische Hintergrund" der kapitalistischen Produktionsweise verknüpft sich hier, ohne das explizit zu thematisieren, mit einer intersektionalen Analyse. Reproduktion, Enteignung und Ausbeutung repräsentieren „gender", „race" und „class" als gesellschaftliche *Verhältnisse* (und nicht als *Kategorien* – dazu später mehr). Dazu kommen gesellschaftliche Naturverhältnisse: Natur werde kapitalistisch als Ressource, als ein „kostenloses, nicht-produziertes Angebot an 'Rohmaterialien'" verstanden (58). Fraser kritisiert in diesem Zusammenhang, das von Wissenschaftler*innen als „Anthropozän" benannte geologische Zeitalter als irreführend: der Hauptschuldige für den Angriff auf die Ökosysteme sei nicht die Menschheit, sondern das Kapital (59).

Neben diesen grundsätzlichen Überlegungen zur kapitalistischen Produktionsweise, beschreiben Fraser und Jaeggi bezogen auf den Aufstieg des Neoliberalismus es als „List der Geschichte", dass die Kritik der Linken an den normalisierenden und disziplinierenden Tendenzen des Sozialstaats und der Neoliberalismus zu einem bestimmten Zeitpunkt Hand in Hand gingen. (113ff)[5] Damit verfolgen sie eine ähnliche Überlegung wie die, mit der Boltanski und Chiapello (1999/dt.: 2003) für Aufsehen gesorgt haben. Mit den Begriffen „Sozialkritik" und insbesondere „Künstlerkritik" schildern Boltanski und Chiapello, wie es neoliberal gelungen sei, Kritik am Kapitalismus neoliberal einzuhegen.[6]

Als Motor für die Veränderung des „Geistes des Kapitalismus" bestimmen Boltanski und Chiapello Kritik. Der Geist des Kapitalismus ist damit die Formel, die verwendet wird, um die Analyse der Wechselbeziehungen von Kapitalismus und Kritik zu analysieren. Der „neue Geist" des Kapitalismus wird als Ergebnis der „Künstlerkritik", der radikalen, im Unterschied zur reformistischen

---

5 Fraser spricht sogar vom „progressiven Neoliberalismus", den die Wähler*innen Trumps verworfen hätten: „In seiner US-amerikanischen Form ist der progressive Neoliberalismus eine Allianz zwischen einerseits tonangebenden Strömungen der neuen sozialen Bewegungen (Feminismus, Antirassismus, Multikulturalismus und den Verfechtern von LGBTQ-Rechten) und andererseits kommerziellen, oft dienstleistungsbasierten Sektoren mit hohem Symbolgehalt (Wall Street, Silicon Valley und Hollywood). [...] Grundsätzlich für ganz unterschiedliche Zwecke nutzbare Ideale wie Vielfalt und Empowerment dienen jetzt der Verklärung politischer Entwicklungen, die zur Zerstörung des produzierenden Sektors und der Lebensverhältnisse der Mittelschicht geführt haben, an denen die darin Beschäftigten einst teilhaben konnten." Sie plädiert in diesem Artikel dafür, sich gegen progressiven Neoliberalismus und autoritären Populismus zu wenden und stattdessen ein Bündnis zu schmieden, das auf Emanzipation und soziale Sicherung setzt: „Dazu müssen wir die Leiden von Frauen und Schwarzen Menschen mit jenem Leid in Beziehung bringen, das so viele Trump-Wähler quält." (https://www.blaetter.de/ausgabe/2017/februar/fuer-eine-neue-linke-oder-das-ende-des-progressiven-neoliberalismus) Dieses Leid, das so viele Trump-Wähler quält, hat Hochschild (2017) in einer eindrucksvollen Ethnografie untersucht. Ihre Anstrengung richtet sich darauf, die rechtspopulistische Tea-Party-Bewegung zu verstehen.

6 Inzwischen erfolgt die Bewegung der Kritik eher in der anderen Richtung: Sie beteiligt sich „an der moralisch-bürokratischen Selbstregulierung des Kapitalismus", so Tilman Reitz (2022: 603). Reitz analysiert in diesem Artikel die veränderten Kritikformen in der „Linken" und die „Dialektik des Verbietens". Es war ursprünglich mein Plan, einige (polemische) Äußerungen zu den gegenwärtig vorherrschenden Kritikmodi in dieses Nachwort einzufügen. Nachdem ich den Aufsatz von Reitz gelesen, verweise ich lieber auf seine Analyse.

„Sozialkritik", dargestellt. „Künstlerkritik" sei einerseits vereinnahmt, andererseits durch „Verschiebungsprozesse", wie sie es nennen, umgangen worden. Als Beleg für den Erfolg der Künstlerkritik wird angeführt, dass Innovation, Autonomie, Kreativität, Talent und ähnliches – somit die Forderungen der „Künstlerkritik" – im Geist des Kapitalismus repräsentiert und bei der Arbeitsorganisation handlungsleitend seien. Als Beleg für den Verschiebungsprozess wird angeführt, dass das Kapital aufgrund der von der Kritik durchgesetzten Arbeitsverhältnisse abwandere, um unter günstigeren Bedingungen zu produzieren oder hier neue Arbeitsverhältnisse etabliere, mit denen sich Tarifvereinbarungen umgehen lassen.

Unabhängig von dieser diskursiven Verschiebung, die Boltanski und Chiapello bezogen auf den Übergang vom Fordismus zum Neoliberalismus aufzeigen, lässt sich gegenwärtig konstatieren, dass es im Neoliberalismus eine „begriffliche Landnahme" gibt.[7] Ich eigne mir hier den Begriff von Dörre an. Die Covid-19-Pandemie hat das mehr als offensichtlich gemacht. „Solidarität", ein genuin „linker" Begriff, wurde für die Bevölkerung als Schutz der „Alten", dann, deutlich später, der „Kinder" umgedeutet. Solidarität hieß während der Pandemie, dass „wir" für „euch" da sind: die Verkehrsbetriebe, die Verkäufer*innen in Supermärkten – und ja, die Pflegekräfte, das Krankenhauspersonal (hier fungierte „Solidarität" nicht zuletzt dafür, dass eine bessere Bezahlung kaum auf der politischen Agenda war, es mit ein wenig anerkennendem Applaus getan sein sollte) … und schließlich oder vor allen „wir alle", die „wir" diszipliniert Masken tragen und uns an Ausgehsperren und Kontaktverbote halten. Beispiele für begriffliche Adaptionen ließen sich endlos erweitern. Empowerment gehörte schon lange vorher zu den vereinnahmten

7 In der Analyse der Management-Moden, die Boltanski und Chiapello vorstellen, fällt auf, dass die Frage, wer da spricht, nicht gestellt wird. In den Materialien der 1960ern sind die Autor*innen Verwaltungsfachleute, unter ihnen Bloch-Lainé, der für die staatliche Wirtschaftsplanung in Frankreich verantwortlich war. Bei den Autor*innen der Texte, die die Grundlage für die Interpretation des Diskurses aus den 90ern bilden, dominieren eindeutig Berater*innen. In den Quellen sind somit unterschiedliche Interessen und Haltungen repräsentiert. Beratung hat zu diesem Zeitpunkt gegenüber Verwaltung und Planung an Terrain gewonnen, aber ist damit der Erfolg der Künstlerkritik wirklich hinreichend belegt? Es könnte auch eine zufällige Analogie zwischen den Forderungen der Künstlerkritik und den gut verkäuflichen und daher gerne versprochenen Innovationen durch Beratung sein.

Begriffen, aber auch „Nachhaltigkeit“ ist inzwischen diskreditiert, „Klassenverhältnisse“ werden der Analyse entzogen, insofern unsere Aufmerksamkeit „klassistischen“ Diskriminierungen gelten soll. Es ist neoliberal gelungen, Kritikformen anzueignen, indem sie in ihrer Bedeutung modifiziert werden.

Für eine Aktualisierung des Kapitels zum Neoliberalismus muss noch ein anderes Stichwort erwähnt werden: der „digitale Kapitalismus“. Alles wird „smart“ – die Städte, die Fabriken (Stichwort: Industrie 4.0), der Haushalt allerdings nur dann, wenn Feministinnen über veränderte Reproduktionsarbeit nachdenken (Stichwort: smart homes; vgl. dazu etwa Isselstein 2021). „Plattform-Kapitalismus“ wird zu einem zentralen Schlagwort. In diesem Kontext besteht die Neigung, Digitalisierung zum Subjekt, zum Akteur zu machen. Wenn aber nicht technikdeterministisch argumentiert wird, sollte leicht deutlich werden, dass es darum geht, Arbeit zu verdichten oder überflüssig zu machen. „Digitalisierung“ zu subjektivieren hat politisch den Charme, den seinerzeit die auch subjektivierte „Globalisierung“ hatte: Subjektivierung von Prozessen, die von interessierten Akteur*innen betrieben werden, legitimiert gegenüber den Bürger*innen das politische Handeln, indem sie es unter die Prämisse stellt, dass es keine Alternative gäbe. Veränderungen in der kapitalistischen Produktionsweise lassen sich nicht auf technische Erfindungen zurückführen, genau so wenig wie Kapitalismus durch die Dampfmaschine seinen Anfang genommen hat. Und wie so häufig bei technischen „Fortschritten“ werden viele Berufe, die unter besonders schlechten Bedingungen arbeiten und besonders schlecht bezahlt sind, kaum davon profitieren.

Interessant scheint mir zu sein, dass es innerhalb der Kapitalfraktion neue Akteure gibt: Die Zirkulationssphäre gewinnt an Bedeutung und „digital Players“ gewinnen gegen das traditioneller arbeitende Handelskapital. Zugleich wirkt auf die Produktion zurück, dass schnell und spezifisch auf Kund*innenbedürfnisse reagiert werden soll: Flexible Lohnarbeit wird auf diese Weise forciert.[8]

Dazu, wie sich digitale Transformationsprozesse mit einer Kapitalismusanalyse verbinden lassen, legen Nachtwey und Staab (2020) eine Forschungsheuristik vor. (Vgl. dazu auch Staab 2019) Sie erweitern die regulationstheoretische Perspektive, die auf das Akkumulationsregime, die Regulationsweise und die Produktionsweise

8 Eine beinahe lexikalische Einführung zur Digitalisierung lässt sich nachlesen bei Schadt 2022.

fokussieren, um die Dimensionen von Markt und Organisation: „Denn protodigitale Unternehmen verwischen empirisch die Grenzen zwischen dem Markt und dem organisatorischen Innenraum der Firmen hinsichtlich der Mitgliedschaft und den Grenzen der Organisation, der Governance sowie der Kapitalformen.“ (287)

Ihre Thesen bestehen darin, dass sich „Plattformkapitalismus“ durch hybride (temporär und partiell) Mitgliedschaften (nicht durch feste: fordistisch – noch durch fragmentierte: postfordistisch) auszeichne, und dass im digitalen Kapitalismus das Wachstum der Plattformen, die fordistische Rationalisierung und die postfordistische Dominanz des Shareholder-Value-Prinzips ablöse.[9] Der Primat der Expansion zeige sich darin, dass kurzfristig hohe Verluste in Kauf genommen werden, um die angestrebte Marktdominanz zu erreichen, die darin besteht, immer mehr Nutzer*innen (samt der dazugehörigen Daten) zu gewinnen. Dazu kommt, dass nicht mehr der Besitz der Produktionsmittel (eigene Laptops) entscheidend sei, sondern „Gewinnerzielung vornehmlich auf Nutzungsgebühren von Märkten und der auf ihnen angebotenen Güter und Dienstleistungen sowie der Kommodifizierung persönlicher Daten basiert“. (295) Verfügung über Eigentum werde sowohl auf der Produzentenseite als auch auf der Konsumentenseite (etwa Streaming) abgelöst, die zugrundeliegende Infrastruktur (Cloud-Computing) würde aber zunehmend vermachtet (vgl. 295). Bezogen auf Arbeitskräfte heißt es, dass effektive Kontrolle (eine neue Version der fordistischen Disziplinierung) *und* organisatorische Freisetzung (postfordistische Subjektivierung) die „kontingente Arbeitskraft“ prägten (298).

Indem sie die Produktionsorganisation der digitalen Plattform vom fordistischen und postfordistischen Produktionsmodell abgrenzen, bestimmen Nachtwey und Staab den digitalen Kapitalismus als eine neue Variante der kapitalistischen Produktionsweise. Unserer seinerzeitigen Überlegung folgend, ist es dann sinnvoll von einer neuen Variante zu sprechen, wenn sich die Produktionsweise in folgenden Dimensionen verändert: Abschöpfung des Mehrpro-

9 Es ist nicht ganz leicht zu entscheiden, ob Nachtwey und Staab als Postfordismus bezeichnen, wofür sich nach und nach „Neoliberalismus“ als Begriff durchgesetzt hat. Zu Beginn galt „neoliberal“ als die zum Postfordismus zugehörige Ideologie; erst später galt „neoliberal“ als passende Bezeichnung für das Regime nach der Transformation von Fordismus.

dukts, Arbeitsmoral, Herrschaftsregime (soziale Positionen, Klassenpolitik) und Kultur/Wissen.[10]

Sicherlich handelt es sich, wie die Autoren selbst sagen, bei diesen Ideen um eine Heuristik, die empirischer Forschung bedarf. Dazu wäre genauer einzuordnen, welche Branchen der hier genannten Logik eines digitalen Kapitalismus folgen und welche anderen davon kaum betroffen sind. Die Wirtschafts-, Industrie- und Arbeitssoziologie neigt dazu, aus den Strategien von „Vorreitern" allgemeine Modelle zu destillieren. Wenn zeitdiagnostisch gearbeitet wird, ist der Blick auf das Stabile häufig verstellt, Veränderungen ziehen die Aufmerksamkeit auf sich. Um auf (mögliche) Übergangsregime hinzuweisen, die sich in der Regel ja erst retrospektiv mehr oder weniger eindeutig beschreiben lassen, ist das durchaus ein sinnvolles Vorgehen. Ich will im Folgenden den Befund von Nachtwey und Staab anhand unser Kriterien „prüfen" und einige These dazu aufstellen.

Mit der Verfügung über eine „Plattform" statt dem „Besitz von Produktionsmitteln" bestünde eine neue Form der *Abschöpfung des Mehrwerts,* ein neues Akkumulationsregime. Dass für eine Dominanz des Marktgeschehens kurzfristig hohe Verluste hingenommen werden, weist auf eine Tendenz zu Monopolbildung hin.[11] Das wäre ein Unterschied zu den Privatisierungen zu Beginn des Neoliberalismus, mit denen auf verschärfte Konkurrenz gesetzt wurde; nicht zuletzt bezogen auf Güter und Dienstleistungen, die im Fordismus als staatliche oder kommunale Infrastruktur zur Verfügung standen (Energie, Kommunikation, Verkehr, Wohnen) und den Unternehmen damit lukrative Investitionsmöglichkeiten geboten haben. Auf politischer Ebene gehen damit Bestrebungen

10 Wir haben seinerzeit von kapitalistischen Produktionsweise*n* (im Plural) gesprochen, wenn wir auf all den genannten Dimensionen zentrale Veränderungen meinten ausgemacht zu haben. Dass ich wieder zu Phasen der kapitalistischen Produktionsweise (im Singular) zurückgekehrt bin, hat zwei Gründe: 1) „Arbeitskraft als Ware" und damit *das* Charakteristikum von Kapitalismus ist das stabile Element durch alle Phasen, und viel profaner 2) bin ich es leid jenseits dieses Buches den Plural jedes Mal erläutern zu müssen.

11 Interessant ist in diesem Kontext, dass Amazon 1994 als Buchversand begonnen hat. Durch die Buchpreisbindung in Deutschland etwa war das fast notwendig ein Verlustgeschäft. Schließlich musste die Zusendung gratis erfolgen, um mit dem lokalen Buchhandel konkurrieren zu können. Knapp 30 Jahre später ist daraus ein Welthandel geworden, der beinahe alle Güter vertreibt.

einher, internationale Konkurrenzfähigkeiten zugunsten von nationalstaatlichen Angeboten zu verschlechtern (Stichworte: „Brexit" oder auch „America first" und mit dieser von Donald Trump forcierten Politik verbundene Einfuhrzölle). Wie leicht zu sehen ist, ist das ein widersprüchliches Unterfangen: Zum einen bieten Plattformen einen leichten Zugang zum internationalen Handel für Betreiber*innen und Endverbraucher*innen. Zum anderen wird „Globalisierung", die uns seinerzeit als nicht vermeidbare Notwendigkeit nahegelegt wurde, und die im Namen der internationalen Konkurrenzfähigkeit als Standortsicherung eine ganze Reihe von Einschränkungen ermöglicht hat (etwa Deutschland in ein Niedriglohnland zu verwandeln) wieder zurückgefahren. Nationalisierung *und* zugleich globale Monopolbildungen machen jedenfalls nicht gerade optimistisch.

Bezogen auf *Arbeitsmoral* gehen Nachtwey und Staab von Überwachung ohne Mitgliedschaft aus. Über Eingabemasken, Screenshots oder die Überwachung von Tasturanschlägen werde Arbeit strenger Kontrolle unterworfen – auch die der Freelancer. Somit kommen sie zu dem Befund von gleichzeitig effektiver Kontrolle und organisatorischer Freisetzung. Fordistisch war Disziplinierung mit Rechten und Möglichkeiten verbunden: betriebsinterne Karrieren, Betriebsrenten, Möglichkeiten der Belegschaften sich zu organisieren. Im neoliberalen Regime waren es insbesondere hochqualifizierte Positionen, die mit Formeln wie „Autonomie" oder „Flexibilität" vereinnahmt wurden – die Kontrolle ihrer Arbeitskraft war schwer zu bewerkstelligen und jenseits von guter Bezahlung auch kaum notwendig. Karrieren wurden durch job-hopping gemacht. Für die gegenwärtige Situation hieße der Befund übersetzt, dass Wissensarbeit stärker überwacht und vermehrt rationalisiert wird. Lange galten Dienstleistungen und Wissensarbeit als nicht rationalisierbar (vgl. kritisch dazu Resch 2008). Das ist längst obsolet. Überwachte und organisatorisch freigesetzte Arbeitnehmer*innen haben jedenfalls ein Problem mit ihrer „Konflikt- und Organisationsfähigkeit". Monaden sind als Interessengruppierung nicht vorhanden – politische Arbeitskämpfe oder, anders ausgedrückt Klassenpolitik „von unten", wird komplizierter je erfolgreicher die „von oben" ist. „Von oben" ist die Spaltung der Arbeitnehmer*innen ein bewährtes Mittel. Fordistisch gelang das durch die Unterscheidung in Arbeiter*innen und Angestellte (vgl. Kracauer 1929/30), gegenwärtig fungiert, so wollen es Nachtwey und Staab, organisatorische „Freisetzung" (mein zusätzliches Stichwort: Homeoffice) als Option für solche (unbemerkten) Spaltungen. Sie bleiben auch deshalb unbemerkt, weil sie, wie fast alle digitalen Errungenschaften, den Nutzer*innen über ganz egoistische Vorteile schmackhaft gemacht werden. Politische Solidarität braucht einen Ort sich herauszubilden. Vorkapitalistisch war das der Marktplatz, kapitalistisch die Fabrik. Die gegenwärtige Marktdominanz ist dagegen eine von Vereinzelten vor ihrem PC.

Wenn wir die Arbeitsmoral für den Liberalismus auf die Formel „lebe, um zu arbeiten", für den Fordismus auf „arbeite, um (in der Freizeit) zu leben", für den Neoliberalismus auf „Arbeitskraft-Unternehmer" gebracht haben, stellt sich die Frage, wie sich das für die veränderte Situation fassen lässt: „[...] ein spezifisches Selbstverständnis marktorientierter Lebensführung" ist gefragt, „bei dem man „sich 'fit' halten muss, um zu leben, indem man arbeitet, und zu arbeiten, indem man lebt" (Langer/Ott/Wrana 2006: 294). In dem genannten Aufsatz findet sich auch folgende Formulierung: „In diesem Sinne (dem Einverständnis mit der unternehmerischen Logik; ChR) beginnt das Beschäftigungsverhältnis mit dem erfolgreichen Lesen der Stellenanzeige." (295)

Schon 2006 stellen Langer, Ott und Wrana, Neoliberalismus hat sich zu diesem Zeitpunkt in Deutschland gerade konsolidiert, die marktorientierte Lebensführung ins Zentrum. Sie haben, das wäre meine Bilanz, die neoliberale Arbeitsmoral auf eine griffigere Formel gebracht als das Voß und Pongratz mit dem Arbeitskraft-Unternehmer getan haben, den Steinert und ich damals übernommen haben.[12] Langer, Ott und Wrana untersuchen Stellenanzeigen und damit ein vermeintlich „konventionelles" Arbeitsverhältnis. Eine organisatorische Einbindung, wie fragmentiert auch immer, ist hier (noch) mitgedacht. Die Frage lässt sich aber auch umdrehen: Ist es tatsächlich so, dass die Organisation nur ganz partiell kontrolliert, es nicht vielmehr Voraussetzungen hat, solche hybriden Zugehörigkeiten wahrnehmen zu können, die – im Unterschied zum Fordismus – den gesamten Reproduktionsbereich betreffen?

12 Uns hat damals das Projektförmige von Lohnarbeit interessiert, die Voß und Pongratz betonen, weniger die Huldigung von Kompetenzen, die sie mit dieser neuen Arbeitsmoral verbunden haben. Lohnarbeiter*innen müssen sich ständig unter Beweis stellen, sie werden zu Unternehmer*innen ihrer eigenen Arbeitskraft und ihrer möglichst teuren Vermarktung. Fordistisch gab es dagegen das „lebenslange" Arbeitsverhältnis und die Möglichkeiten, einen Aufstieg durch Betriebstreue anzustreben. Steinert hat das polemisch als Arbeitskraft-Beamte bezeichnet.

Man ist dazu angehalten sich „fit" zu halten. Die Pointe bestünde dann darin, dass die „work-life-balance" zunächst neoliberal eingehegt und also warenförmig angeboten wurde/wird,[13] mit hybriden Zugehörigkeiten wieder stärker in die Selbstverantwortung der Einzelnen übergeben wird.

Bezogen auf das *Herrschaftsregime* waren es fordistisch ein ausgebauter Sozialstaat, die Idee von Integration (durch Disziplinierung) und eine keynesianische Wirtschaftspolitik, die prägend waren. Den Neoliberalismus charakterisiert der „aktivierende Sozialstaat", die erhöhte Bereitschaft zu sozialer Ausschließung und Marktfundamentalismus (durch verschärfte Konkurrenzen – siehe oben). Welche Veränderungen zeichnen sich gegenwärtig ab? Modifikationen, das wäre meine These, zeigen sich am eindrücklichsten in Auf- und Abwertungen von sozialen Positionen. Neoliberal wurden unter dem Stichwort „Wissensgesellschaft" Kopfarbeiter*innen auf- und Handarbeiter*innen abgewertet. Das fällt der Politik und Wirtschaft nicht zuletzt in Form des Fachkräftemangels im Handwerk auf die Füße. Aber auch in den akademisierten Berufen ist diese Klage zu hören: Sie sind nicht mehr so attraktiv wie seinerzeit propagiert. Die Rationalisierung der Kopfarbeit habe ich schon erwähnt. Nachtwey und Staab legen nahe, dass dieser Prozess fortschreitet. Aber sind das mehr als graduelle Unterschiede? Und wer sind die neuen Held*innen? Die größeren Verschiebungen deuten Nachtwey und Staab bezogen auf Kapitalfraktionen an: die „digital Players" als Gewinner.

Auf der Ebene von *Kultur/Wissen* geistert gerade „Künstliche Intelligenz" durch die Debatten. Nicht nur mit wissenschaftlichem Wissen, auch mit künstlerischen Aktivitäten, etwa der Arbeit von Schriftsteller*innen, werden KI-Programme gefüttert – ohne Rücksicht auf Urheber*innenrechte, so jedenfalls laut eines Brandbriefs von US-amerikanischen Schriftsteller*innen im Juli 2023. Urheber*innenrechte werden schwerer durchsetzbar. Das unterstützt die These von Nachtwey und Staab, dass nicht mehr „Eigentum" sondern „Nutzung" sowie Zugänge zum Markt und zur Öffentlichkeit/zu Daten die Möglichkeiten schaffen/erweitern, Profite zu erzielen. Der Zugriff auf die Bevölkerung erfolgt kaum noch über Statistiken („Herrschaft durch Zahlen"), das geschieht

13 Ich denke dabei an all die Angebote und Schulungen, die Organisationen ihren Mitarbeiter*innen anbieten, um die belastende Arbeitssituation gut aushalten zu können: von bewegten Pausen über Augentraining bis zur Stressbewältigung.

individualisierter. Wir alle arbeiten permanent daran mit, uns mit Informationen über uns zur Ware zu machen und uns für passgenaue warenförmige Angebote zu präsentieren. Das geht deutlich darüber hinaus, dass unsere Daten an die Werbeindustrie verkauft werden. Es geht auch über uns als „Ware Arbeitskraft" hinaus. Weil wir uns mit unserer Lohnarbeit fit für das Leben und mit unserem Leben fit für die Lohnarbeit machen, interferieren die Bereiche Freizeit/Privatheit und Lohnarbeit immer stärker. Die gesamte Lebensweise wird gläsern. Ob wir in Supermärkten „Punkte sammeln" oder der Gesundheitskasse unsere sportlichen Aktivitäten und die dazugehörigen Körperdaten übermitteln – schon mit kleinen Vergütungen und Bequemlichkeiten, die die Nutzung von digitalen Medien und Plattformen ermöglichen, sind wir zu ködern. Längst handelt es nicht mehr um den Leichtsinn einzelner, sondern um ein strukturelles Prinzip. Wir mögen über den niedrigen Grad der erreichten Digitalisierung in Deutschland entsetzt sein, sie ist so weit fortgeschritten, dass Nicht-Mitmachen, sei es aus Not oder freiwillig, mit sozialer Ausschließung verbunden ist.

Wenn ich zum Thema „Kultur/Wissen" als Dimension von Produktionsweisen zurückkomme, so wäre der Befund, dass sich „Warenförmigkeit" immer noch erweitert: neben Kunst und Wissenschaft (vgl. Martin/Resch 2014) sind es immer mehr Aktivitäten, die instrumentell vorstrukturiert sind und die sich, sei es im wörtlichen oder übertragenen Sinn verkaufen lassen. Auch den digitalen Kapitalismus charakterisiert, wie Steinert und ich es seinerzeit genannt haben, „erweiterte Kulturindustrie" als Prinzip.

Insgesamt so die Bilanz dieses Nachdenkens, gibt es nicht so viele Gründe eine post-neoliberale Phase auszurufen. Vielmehr, so mein Eindruck, werden Widersprüche und Ungleichzeitigkeiten offensichtlicher, die sich schon mit der Konsolidierung von Neoliberalismus abgezeichnet haben und durch die Pandemie augenscheinlicher wurden und sich zum Teil verschärft haben. Manche der Widersprüche werden auch annehmlicher und sind daher besser zu ignorieren, weil die „vermeintlichen" Vorteile, die für die Gestaltung des Alltags, etwa durch Digitalisierung, versprochen werden, über Bedenken überwiegen.

Zu den Ungleichzeitigkeiten gehört der Stellenwert von Nationalstaaten. Trotz aller Liberalisierungen von Märkten, nicht zuletzt Freihandelsabkommen, hat der „nationale Wettbewerbsstaat" (1995), um eine Formulierung von Joachim Hirsch aufzugreifen, nichts an Bedeutung verloren. Hirschs Analyse hat die damals vorherrschende Debatte konterkariert, die Zeit der Nationalstaaten sei demnächst vorbei. Er beschreibt eine Transformation von Staaten – nicht ihr nahendes Ende. In den letzten Jahren hat sich gezeigt, dass nationalstaatliche Interessen wieder explizit in den Vordergrund rücken: „make America great again", Brexit, die Schließung der Grenzen während der Pandemie, der Aufstieg von rechten Parteien, die offensiv nationalstaatliche (um nicht zu sagen völkische) Anliegen auf ihre Fahnen schreiben. Das torpediert Neoliberalismus aber nicht zwingend und wurde in der Forschung als „Spielarten des Neoliberalismus" aufgegriffen, die nicht zuletzt Nationalstaaten zugeordnet werden. (Vgl. Schmidt 2008)

Verschärft hat sich soziale Ungleichheit, die Bereitschaft immer mehr Menschen auszuschließen, ihnen also den Zugang zu gesellschaftlich hergestellten Ressourcen zu verweigern oder zu erschweren. Die Pandemie hat das für den Bereich der Bildung eindrücklich gezeigt, bezogen auf zunehmende Armut tritt Gewöhnung ein. Während Armut im Fordismus als bewältigt galt (und daher politisch tabuisiert wurde), stand sie zu Beginn des Neoliberalismus wieder auf der politischen Agenda und wurde skandalisiert (was bekanntlich nicht ausschließt, dass das von Armutsverachtung, der Diskreditierung von „unwürdigen Armen" flankiert wird).

Als Widerspruch evident geworden sind die „systemrelevanten Berufe". Seit der Bankenkrise und der staatlichen „Rettungsschirme" ist allen klar, was mit „System" gemeint ist – relevant für die kapitalistische Produktionsweise. Aber welche Berufe so eingestuft werden, das kann sich ändern. Waren es zur Zeit der Bankenkrise Manager*innen und Berater*innen, so waren es während der Pandemie diejenigen, die (warenförmig organisierte) Reproduktionsarbeit leisteten, damit eine Arbeit, die in gesellschaftlichen „Normal"-Situationen unsichtbar bleibt, nur auffällt, wenn sie nicht erledigt wird – das bekannte Dilemma aller Hausarbeit. Die ideologische Aufwertung bei gleichzeitiger Prekarisierung der Arbeitsverhältnisse, an der sich nichts verändert, die gegebenenfalls noch zugenommen hat, der, wie Mayer-Ahuja und Nachtwey (2021) sie nennen, „verkannten Leistungsträger:innen" gehört zu den Lehrstücken, wie gut Widersprüche in Köpfe passen. Seien es Pflegekräfte, Erzieher*innen, Lohnarbeiter*innen in der Lebensmittelproduktion und im -vertrieb, Logistikunternehmen und das Personal im öffentlichen Verkehr: Sie alle haben in politischen Sonntagsreden wertschätzende Anerkennung und respektvollen Applaus von den Balkonen bekommen, nur die Arbeitsbedingungen und die Bezahlung haben sich nicht verbessert. Ein derart offensichtlicher Widerspruch kann aber eine der Bedingungen sein, die „Klassenbewusstsein" generieren. Ganz ausgeblieben sind Arbeitskämpfe insbesondere beim Krankenhauspersonal und im öffentlichen Verkehr nach der Pandemie jedenfalls nicht.

Die hier skizzierten Befunde legen nahe, dass es durchaus wieder gelingt, die „VielfachKrise" kapitalistisch zu bearbeiten. Geschichte mag sich nicht wiederholen. Im Kapitalismus ist die Strategie eines „autoritären Populismus" gleichwohl verfügbar geblieben. Stuart Hall hat für den Übergang vom Fordismus zum Thatcherism diesen Begriff geprägt. Trumps Reaktion auf die erste Phase des Neoliberalismus wurde so benannt – nicht zuletzt von Fraser (2017; vgl. Fn. 5 in diesem Text). Das historische Desaster der Weimarer Republik und die Folgen, auch wie sie von Hitler genutzt werden konnten, sind bekannt. Das alles sind zumindest Hinweise, dass diese Politikform verfügbar geblieben ist, wenn Linke gerne und schnell den nahenden Untergang von Kapitalismus sehen wollen.

Ein zweites Problem stellt sich bezogen auf Krisenbearbeitung. Mit Fraser gesprochen, für die wiederum Karl Polanyi ein wichtiger Gewährsmann ist, kann die Gesellschaft gleichwohl nicht „von oben bis unten aus Waren bestehen" (Fraser und Jaeggi 2020: 40). Wenn es trotzdem stimmt, dass der Vorgang der Kommodifizierung noch immer weiter voranschreitet, dann bleibt die Frage interessant, wie Kapitalismus zugleich die nicht-warenförmigen Ressourcen mit herstellt, die er für sein Bestehen benötigt. Dass im Kapitalismus bisher auf alle Krisen erfinderisch reagiert wurde, um diese Herrschaftsform aufrecht zu erhalten, heißt auch die Abhängigkeiten von nicht warenförmig herstellbaren Ressourcen innerhalb der kapitalistischen Produktionsweise mit zu produzieren, sie nicht nur aufzubrauchen, wie Polanyi das annimmt. Die Reproduktion von geschlechtsspezifischer Arbeitsteilung ist ein wichtiges Glied in dieser Kette. Zur Erinnerung: die Kleinfamilie im Proletariat ist eine kapitalistische Erfindung, höchst nützlich, um die disziplinierte Arbeitskraft „kostengünstig" herzustellen. Geschlechter- und Familienpolitik sind wichtige Bausteine, die der Staat einsetzt, um diese Produktionsweise zu stabilisieren. Ich möchte hier nur auf das Ehegattensplitting hinweisen. Dieses wird besonders dann attraktiv, wenn eine*r der Eheleute relativ gut, der/die andere wenig verdient. Wem dabei welche Rolle zugedacht wird, macht schon der Name deutlich: es handelt sich nicht um Ehegatt*innen*splitting. Das „weibliche Arbeitsvermögen" wird billig für gesellschaftliche Reproduktionstätigkeiten, die in Form von Lohnarbeit erbracht werden, angeeignet. Und die unentgeltlich erbrachte Reproduktionsarbeit, die der Lohnarbeit vorausgesetzt ist, lässt sich neben den schlecht bezahlten Minijobs auch noch erledigen. Aber damit bin ich schon mitten im nächsten Abschnitt angekommen.

Das globalisierte Patriarchat

In der gegenwärtigen (queer-)feministischen Debatte und in politisch-kulturellen Kämpfen steht nicht das Patriarchat im Zentrum, sondern Intersektionalität. Gegenstand waren zunächst *gender* und *race* später auch *class* als Merkmale, die Gruppenzugehörigkeiten definieren und die gesellschaftliche Position, die eine/jemand einnimmt, entscheidend mitbestimmen. Die Pointe besteht darin herauszufinden, wie diese Kategorien sich überkreuzen und damit neue Formen von Diskriminierungen und/oder Unsichtbarkeiten von Gruppierungen hervorbringen. Intersektionelle Diskriminierungen, so die Überlegungen, seien mehr als nur eine Summe von etwa Rassismus und Sexismus. So konnte Kimberlé W. Crenshaw, die auch als Urheber*in des Begriffs gilt, schon früh zeigen, dass Schwarze Frauen im Antidiskriminierungsrecht übersehen, sie aus der feministischen Theoriebildung ausradiert und in der antirassistischen Politik marginalisiert werden (vgl. Crenshaw 1989/2013: 36).[14] Mit gender/race/class sind allerdings nur die drei „Master-Kategorien" benannt. Wie leicht zu sehen ist, lässt sich beliebig erweitern, was als Kategorie wichtig werden kann: religiöse Bekenntnisse, sexuelle Orientierung und Ableismus sind nur einige Beispiele, die je nach thematischer Fragestellung relevant werden können.

Im Kontext von Intersektionalität gewinnen Identitätspolitiken an Bedeutung, die um die Frage von Diskriminierungen kreisen: „Wir sind doch alle ein bisschen diskriminiert!" (Reindlmeier 2007) Reindlmeier beschäftigt sich in diesem Aufsatz, dessen Titel ich hier zitiert habe, mit Diversity-Ansätzen in der Bildungsarbeit. Intersektionalität, die ihren Ursprung in der politischen Bewegung des

14 Es wäre an dieser Stelle vermessen, einen Überblick über die Geschichte und Debatte um „Intersektionalität" geben zu wollen, Katrin Meyer (2017) hat das getan und zitiert einschlägige weiterführende Literatur, in der viele Positionen berücksichtigt sind und anschaulich dargestellt werden.

black feminism hat, avancierte zum wissenschaftlichen Begriff und dann zurück in die Praxis: als Diversity-Konzepte, die top-down in Unternehmen und Einrichtungen implementiert werden sollen. Zunächst gender-mainstreaming, später dann diversity-sensible Anliegen finden sich inzwischen beinahe in jedem „Leitbild" von zumindest öffentlichen Einrichtungen. Flapsig ausgedrückt übersetzt sich „Intersektionalität" (ob als Metapher oder Perspektive oder Theorie[15]) in „Diversity" (als Managementkonzept). Diversität ist geeignet, die Einrichtung/das Unternehmen als weltoffen darzustellen und sich gegen jede Form von Diskriminierung zu positionieren.[16] Darin ist aber notwendig ein Denkfehler enthalten:

> „Bewegungen, die Naturausbeutung, soziale Ungleichheit, Sexismus oder Rassismus thematisieren, geraten in Konkurrenz zueinander, anstatt den Zusammenhang der Phänomene sichtbar zu machen und emanzipatorische Bündnisse zu bilden. Die künstlichen Gegensätze münden schließlich in eine 'Oppression Olympics', das heißt in einen Wettbewerb verschiedener Gruppen um Platz eins in der Rangfolge der Diskriminierung. [...] Daraus folgt ironischerweise, dass im Wettstreit um den ersten Platz bei den Olympischen Spielen der Unterdrückung das unterdrückerische System selbst unverändert bleibt." (Meyer 2017: 81; unter Rekurs auf Ange-Marie Hancock von der sie die 'Oppression Olympics' übernimmt.)

Die Formulierung, dass das unterdrückerische System unverändert bliebe, verweist auf den aktivistischen Ursprung des Begriffs, wo er den Stellenwert eines kritisch-transformativen „Slogans" hatte und immer noch hat. Die meisten wissenschaftlichen Analysen und seien sie noch sehr einer Befreiungstheorie verpflichtet, lassen das „unterdrückerische System" unverändert. Sie können im besten Sinne nur dazu beitragen, die Verhältnisse besser zu verstehen (und diese Erkenntnisse an Bewegungen zurückgeben, die sie

---

15 Welchen Stellenwert „Intersektionalität" hat, ist selbst bei den Verfechter*innen dieses Ansatzes umstritten.

16 Dass sich Konzepte oder gar Leitbilder nicht ungebrochen in Alltagspraktiken übersetzen, muss wohl kaum erwähnt werden. Dazu kommt, „daß die Kraft, die in der Leitbildnerei verraten wird, eben darin besteht, ohne jeglichen Rückhalt, rein in der Sache selbst richtig und falsch, wahr und unwahr zu unterscheiden". (Adorno 1960: 298) Adorno entwickelt seine Kritik am Leitbild zwar am Beispiel von Normen, die die künstlerische Produktion anleiten sollen, sie lässt sich aber leicht auf andere Kontexte übertragen.

politisch nutzen können, so sie wollen). Nicht zuletzt das gilt es auszuhalten, wenn ein politischer Kampf- als wissenschaftlicher Begriff adaptiert wird.

Im Zuge der Akademisierung gelten die Anstrengungen, diesen Begriff auf gesellschaftstheoretische Fragen zu übertragen. Das lässt sich aber nicht ganz einfach bewerkstelligen. Das ist deshalb nicht ganz einfach, weil gesellschaftstheoretisch, jedenfalls in der Tradition von Marx und der Kritischen Theorie, Verhältnisse (Klassen- und Geschlechterverhältnisse, Kolonialismus und Imperialismus, insgesamt also Macht- und Herrschaftsverhältnisse) im Zentrum der Analyse stehen und nicht Gruppenidentitäten. Strenggenommen wären, so Tove Soiland (2012), also „Verhältnisse, nicht Kategorien, in ihrer Interferenz zu denken". (7) Damit soll nicht gesagt werden, dass sich Intersektionalität nicht zuletzt dadurch auszeichnet, eine anti-essentialistische Kritik an Kategorisierungen zu formulieren, aber doch die Frage aufgeworfen werden, ob es sich dabei nicht um ein selbst erzeugtes Problem handelt, das erst entsteht, wenn „die Verhältnisse gingen und die Kategorien kamen", wie Soiland ihren Artikel übertitelt.

Ob sich Intersektionalität als Theorie einer sozialen Schichtung eignet und ein Verständnis von Macht und Herrschaft ermöglichen, das den komplexen Verhältnissen angemessener ist als andere Begriffe, ist einerseits umstritten, andererseits ist Intersektionalität zum „scientific mainstream" (Kallenberg/Meyer/Müller 2013: 15) geworden. In den *Gender Studies* (damit ist, trotz aller Debatten über den Stellenwert der unterschiedlichen Kategorien, die insgeheime der drei Master-Kategorien benannt – jedenfalls in den Universitäten der reichen westlichen Industrienationen[17]) lässt sich nicht reüssieren, ohne sich zu diesem Diskurs zumindest zu verhalten.

17 Postcolonial-Studies intervenieren in diesen Diskurs, aber wenn schon denn schon: zu intersektionalen Reflexionen gehört auf der identitätspolitischen Ebene auch, sich über kulturelle Aneignungen Rechenschaft zu geben. Aufgrund einer Kritik vom black feminism an der von weißen Frauen* geprägten Theorie denken jetzt weiße Frauen* über „PoC" und ihre besonderen Erfahrungen von Diskriminierungen nach? (Achtung „PoC": Großkategorie – daher wirklich kritisch und respektvoll? Was eint sie – die Beständigkeit eines postkolonialen Rassismus? Was unterscheidet Unterworfene in Kolonien und Sklav*innen in „Herrenländern" und wie tradiert sich das über die Generationen? Und wer kann darüber beredt Auskunft geben?) Dazu kommt, dass gegenwärtig „Klassismus" für Aufregung im

Wie leicht zu sehen ist, haben die hier referierten Überlegungen keinen Bezug zur Überschrift dieses Abschnitts: „das globalisierte Patriarchat". Warum also dieser Exkurs zur Intersektionalität? Das liegt einerseits darin begründet, dass der intersektionale Ansatz gegenüber anderen theoretischen Fundierungen in den Gender-Studies an Dominanz gewonnen hat. Das wollte ich nicht ignorieren und statisch auf der Notwendigkeit von Analysen des Patriarchats bestehen. Dazu kommt, dass Intersektionalität einen „starken" erkenntnistheoretischen Effekt erzeugt: Mari Matsuda formuliert als

> „heuristisches Prinzip der Intersektionalität: 'Wenn ich etwas sehe, das nach Rassismus aussieht, frage ich: Welche Rolle spielt das Patriarchat dabei? Wenn ich etwas sehe, das nach Sexismus aussieht, frage ich: Welche Rolle spielt der Heterosexismus dabei? Wenn ich etwas sehe, das nach Homophobie aussieht, frage ich: Welche Rolle spielen Klasseninteressen dabei?'" (zitiert nach Meyer 2017: 73f)

Was zunächst wie eine konventionelle Suche nach Interferenzen aussieht, offenbart auf den zweiten Blick eine andere Lesart: die nach *Kategorien* geordneten Diskriminierungen (Rassismus, Sexismus, Homophobie) werden mit quer dazu verlaufenden *Verhältnissen oder Normen* konfrontiert (Patriarchat, Norm der Heterosexualität, Klasseninteressen). Bezogen auf die Norm der Heterosexualität könnte die weiterführende/oder gleich anders gestellte Frage lauten, was Heterosexismus mit dem kapitalistischen Reproduktionsregime zu tun hat. Dann wären es auch bezogen auf dieses Beispiel gesellschaftliche Verhältnisse, die im Fokus stehen. Der erkenntnistheoretische Gewinn besteht also darin, allzu eindimensionalen Erklärungen zu entsagen. Wenn die Referenzpunkte für das Verstehen von Diskriminierungen die Frage nach den gesellschaftlichen Verhältnissen ist, die sie hervorbringen, dann könnte nicht zuletzt darin das Potential liegen, Intersektionalität als komplexe Theorie für Soziale Ungleichheit zu etablieren. Kategorien zu dekonstruieren und sie in diesem Vorgang notwendig zu reproduzieren, sowie um Hierarchien der von Diskriminierung am stärksten Betroffenen zu kämpfen (und daher zu fördernde Personen zu bestimmen respektive diese Grup-

---

Kampf bei den olympischen Spielen der Unterdrückung sorgt, sowie für Diskussionen wie und ob überhaupt dieses Wort/dieser Begriff für wissenschaftliche Analysen taugt. Die Klassentheoretiker*innen durchlaufen jetzt die Debatten von neuem, die in den Gender Studies schon seit zwei Jahrzehnten geführt werden.

pen wenigstens sprachlich sichtbar zu machen), mag als politische Strategie Sympathien haben, als wissenschaftliche Analyse befindet sie sich ohne materialistische Erdung in der misslichen Lage des Kopfstands.

Mit diesen Überlegungen habe ich mir das Stichwort gegeben, um am Beispiel der ethnisierten Hausarbeit auf das globalisierte Patriarchat zurückzukommen. Soiland (2012) will „Geschlecht als Bestandteil des Akkumulationsregimes thematisieren" (10). Sie rekurriert darauf, dass sich personennahe Dienstleistungen, die „care economy", nicht so rationalisieren lassen wie das in der Güter- und in der Wissensproduktion der Fall ist. Sofern es sich dabei um warenförmige Angebote – care *economy* – handelt, greift das bewährte Mittel der Produktivitätssteigerung nicht. (Wenn es um unbezahlte Hausarbeit geht, stellt sich die Frage betriebswirtschaftlich bekanntlich gar nicht.) Die Möglichkeiten Kapital in diesen Bereichen zu akkumulieren, könne daher nur erfolgreich sein, wenn die Dienste teurer werden oder die Löhne sinken. Unter Rekurs auf die feministische Ökonomin Mascha Madörin argumentiert Soiland, dass die Komplikation, die Produktivität nicht steigern zu können, bedingt habe, dass der Markt stark dereguliert worden sei: „unter anderem mithilfe eines Migrationsregimes, das laufend illegalisierte Menschen hervorbringt, die gezwungen sind, in solch deregulierten Verhältnissen zu arbeiten." (12) Der „erfolgreichen Karrierefrau", die eine „migrantische Haushaltshilfe" beschäftigt, in der Tendenz Rassismus zu unterstellen, würde die Privatisierung einer gesellschaftlichen Problemlage wiederholen. Wenn das als Differenzen zwischen Frauen verhandelt werde, bleibe das gegenwärtige Akkumulationsregime unsichtbar:

> „Wenn der *intersectionality*-Ansatz zu diesem Phänomen beiträgt, indem er maßgeblich in diesem Streit um Differenz zwischen Frauen verankert ist, so mag dies daran liegen, dass hier nicht scharf unterschieden wird, ob das, was intersektionell sein soll, die sich in einem Individuum überlagernden Positionierungen von Gruppenzugehörigkeiten sind oder die Mechanismen der Segregation und damit zentrale Organisationsprinzipien gesellschaftlicher Produktion und Reproduktion." (Soiland 2012: 13)

Die „Organisation der Produktion" und die „Organisation der Reproduktion" seien jeweils mit einer Eigenlogik behaftet aber gleichwohl interferierende Verhältnisse (und eben nicht Kategorien), so Soilands Schlussfolgerung. Mit ein wenig Übersetzungsarbeit lässt sich das gut auf die Analyse von Fraser und Jaeggi und ihre Idee des *nicht-ökonomischen Hintergrunds* der kapitalistischen Produktionsweise beziehen. Übersetzung ist vor allen Dingen deshalb notwendig, weil dieser „nicht-ökonomische" Hintergrund bezogen auf Reproduktionsarbeit in den reichen Industrienationen doch zunehmend warenförmig organisiert wird, was nicht zuletzt mit einer relativ hohen Erwerbsbeteiligung von Frauen in diesen Ländern zu tun hat.[18] Fraser würde das als Enteignung thematisieren, die der Ausbeutung vorausgesetzt ist. Man könnte in Anlehnung an Arlie Russell Hochschild (2001), die über die „Globalisierung der Mutterschaft" schreibt, auch vom globalisierten Patriarchat sprechen.

Hochschild beschreibt in diesem Zusammenhang Betreuungsketten: „(1) eine ältere Tochter aus einer armen Familie, die sich um ihre Geschwister kümmert, während (2) ihre Mutter als Kindermädchen für eine Mutter arbeitet, die ihrerseits (3) ausgewandert ist und sich um das Kind einer Familie in einem reichen Land kümmert." (158) In diesem Kontext thematisiert sie Gefühle als Ressource, die man zwar niemandem wegnehmen könne, um sie einem anderen zu geben, die sich aber doch – in Anlehnung an Freuds Überlegungen zur „Verschiebung" – umlenken ließen. Sie spricht von einem Import von „Mutterliebe". Bedenkt man die Betreuungsketten liegt es tatsächlich nahe, dass man für das „fremde" Kind tut, was man dem eigenen durch eine „fremde" Betreuung zukommen lassen will. Importiert wird das Patriarchat des Herkunftslands in das Patriarchat des Aufnahmelands. Was den Import attraktiv macht, sei dahingestellt: sei es die häufig traditionellere Arbeitsteilung in den Herkunftsländern; sei es das „weibliche" Arbeitsvermögen, das sich global besser vermarkten lässt als das „männliche" (das auch seine Segmente hat) und so die Familien in den Herkunftsländern besser unterstützt werden können; sei es die weiter fortgeschrittene Emanzipation der Frauen* in den osteuropäischen Ländern, die realsozialistisch geprägt waren. In den Aufnahmeländern jedenfalls sind die Jobs häufig so gestaltet, dass sie mit familiären Verpflichtungen kaum zu vereinbaren sind. Reproduktionsarbeit wird entsprechend zugekauft.

---

18 Sehr allgemein: https://www.wsi.de/de/erwerbsarbeit-14617-erwerbstaetigenquoten-und-erwerbsquoten-14877.htm; zu der von Eltern exemplarisch für das Jahr 2019: https://www.wsi.de/de/erwerbsarbeit-14617-erwerbstaetigenquote-nach-elternschaft-und-alter-der-kinder-14833.htm

Bezogen auf Erwerbsarbeit von Frauen äußert Hochschild noch eine andere Beobachtung: „unverhältnismäßig viele Frauen [waren] im 'menschlichen Bereich' des Unternehmens beschäftigt [...]: in der Öffentlichkeitsarbeit, im Marketing, in der Personalabteilung. In allen Bereichen des Unternehmens halfen Frauen oftmals anderen bei ihren – persönlichen und beruflichen – Problemen im Betrieb." (170) Der Gefühls-Mehrwert, so könnte man Hochschilds Überlegungen zusammenfassen, wird doppelt angeeignet: qua Import von „Fürsorge und verschobener Liebe" und qua „emotionaler Intelligenz" von „weiblichen" Beschäftigten.

Ob Intersektionalität oder Patriarchat vom Akkumulationsregime her oder als Diskriminierungsform gedacht wird, macht, und um diesen Punkt geht es mir, den entscheidenden Unterschied. Steinert und ich haben uns seinerzeit mit unseren Überlegungen zum Patriarchat in der feministischen Subkultur nicht nur Freund*innen gemacht. Für viele haben wir die Unterdrückung von Frauen nicht hinreichend betont, stattdessen auf ihre „starke" Rolle hingewiesen. Als Herrschaftsform, so unser Argument damals, trifft es stärker die nächste Generation (und dort besonders die Töchter) als die Frau des Patriarchen. Aus genau diesem Grund und wenn wir über Reproduktion als notwendige Voraussetzung von Akkumulation nachdenken, scheint mir Patriarchat aber nach wie vor der passende Begriff zu sein. Wie genau es beschaffen ist, ändert sich historisch und mit den Formen, wie Kapitalismus Mehrwert generiert. Gegenwärtig globalisiert sich die Verfügung über „Care": Ob als „importierte Mutterliebe" oder als „Live-in-Szene", wie sie Agnieszka Satola beschreibt:

> „Einerseits werden die Frauen durch die Arbeitsmigration in der Regel zu Hauptverdienerinnen der Familie und übernehmen somit die traditionell männliche Rolle der 'Ernährerin'. Die Frauen verlassen die ihnen zugewiesene Privatsphäre, in der sie die weiblich konnotierte, reproduktive Arbeit unbezahlt verrichten. Andererseits wird die alte Rolle durch die häusliche Pflegetätigkeit auf unterschiedliche Weisen fortgesetzt. Somit bleibt die 'Hausfrauensubstitution' die Sache der Frauen." (Satola 2019: 186f)

Noch einmal: Wenn die Frauen zu den Hauptverdienerinnen der Familie werden, greift die Formel des „schwachen" und/oder „unterdrückten" Geschlechts zu kurz. Das Patriarchat stellt einen der notwendigen Widersprüche im Kapitalismus dar. Im Proletariat war ihm zwar von Anfang an die wirtschaftliche Grundlage entzogen (vererbbares Eigentum und ein Einkommen, das die Familie ernährt), wurde als Reproduktionseinheit aber gleichwohl durchgesetzt – auch um die Kosten der Disziplinierung von Arbeitskräften einzusparen, weil die gegenseitigen Verpflichtungen in der Familie ohnehin für die erforderliche disziplinierte Lebensweise sorgen. Die kleinbürgerliche Produktion, die kleinen Selbständigen, die Familienbetriebe haben während aller kapitalistischen Phasen auf die gesamte Familie als Arbeitskräfte zurückgegriffen – ohne die Frau des Patriarchen funktioniert dieses Segment von kapitalistischer Produktion nicht. Die patriarchal forcierte Arbeitsteilung zwischen den Geschlechtern stellt ein weibliches „Arbeitsvermögen" her, das für die Reproduktion benötigt wird – familiär sowie beruflich und das zunehmend global gehandelt wird.

Patriarchat verändert sich. Verschiedene Thesen lassen sich in Anschlag bringen, warum das der Fall ist. Erfolge der Frauenbewegungen und politische Kämpfe von queer-feministischen Gruppierungen spielen dabei sicher eine wichtige Rolle. Dass auch Männer ein Interesse haben, nicht als Alleinernährer von Familien zu fungieren, hat Barbara Ehrenreich (1983) an Materialien aus den 1950ern gezeigt – vor der Zweiten Frauenbewegung. Zusätzlich macht es aber Sinn, die Veränderungen im Akkumulationsregime zu bedenken und wie das auf die Logik der Reproduktion und damit das Patriarchat zurückwirkt.

Es bleibt am Ende beinahe so etwas wie ein Merksatz: Wenn wir an einer Kritik der Verhältnisse interessiert sind und uns nicht mit einer Kritik der Kategorien (die sicher auch notwendig ist) bescheiden wollen, gilt es, Patriarchat als Herrschaftsform und den Zusammenhang mit dem Akkumulationsregime zu analysieren.

Danksagung

„Jedes Buch hat zwei Urheber: seinen Autor und seinen Verleger." (von Matt 2009/2023: 232) Von Matt bezieht in seine Analyse von „Struwwelpeters Unsterblichkeit", den „Mut des Büchermachers" ein, wenn er über das Rätsel des Erfolgs dieses Kinderbuchs nachdenkt. Seinerzeit, im Vormärz und daher in einer Situation, in der die Gefahr von Zensur allgegenwärtig war, war dieser Mut ein politischer. Knappe 180 Jahre später wird zwar laut und öffentlich über vermeintliche Sprechverbote diskutiert, im Wesentlichen wird das aber von Leuten vorgebracht, die ihre „Unterdrückung" behaupten und auf diese Art ihre Sichtweise propagieren. Damit soll nicht gesagt werden, dass es dieser Tage keine Tabus im öffentlichen Reden gäbe, aber der „Mut des Büchermachers" 2023 besteht doch in anderem: sich von Kulturindustrie nicht vorgeben zu lassen, was es wert ist artikuliert zu werden, weil es „Einschaltquote" verspricht. Peter von Matt konstatiert für erfolgreiche Verleger(*innen), dass sie „nicht nur eine Witterung für gute Bücher, sondern auch für deren möglichen Absatz" (232) hätten. Das mag so sein. Der „Mut des Büchermachers" besteht dieser Tage aber nicht zuletzt darin, Bücher nicht deshalb (grundsätzlich) nicht zu verlegen, weil der Absatz als kaum gewinnversprechend angenommen wird. Jedes Programm vom *Verlag Westfälisches Dampfboot* zeugt von diesem Mut. Dieses Buch und die vorliegende Neuauflage sind Teil dieses gegen die Struktur von Kulturindustrie gerichteten inhaltlichen Engagements des Verlags, der mir immer eine freundliche und freundschaftliche Zusammenarbeit ermöglicht hat. Dass solches Engagement gelegentlich auch des kommerziellen Erfolgs bedarf, versteht sich von alleine. Ob dieses Buch dazu beigetragen hat, vermag ich nicht einzuschätzen. Aus der Perspektive der Autorin besteht „der Erfolg" darin, dass das Buch wieder verfügbar ist: Dankeschön. Gleichwohl bedauere ich, durchaus für beide Beteiligte, dass es wohl kaum ein „Struwwelpeter" werden wird.

Literatur

Adorno, Theodor W. (1960) Ohne Leitbild, in: *Kulturkritik und Gesellschaft I*. Frankfurt: Suhrkamp, S. 291-301.

Biebricher, Thomas (2012) *Neoliberalismus. Zur Einführung*. Hamburg: Junius Verlag.

Boltanski, Luc und Ève Chiapello (1999/dt.: 2003) *Der neue Geist des Kapitalismus*. Konstanz: UVK.

Bruff, Ian, Mattheas Ebenau, Christian May und Andreas Nölke (2013) (Hg) *Vergleichende Kapitalismusforschung: Stand, Perspektiven, Kritik*. Münster: Westfälisches Dampfboot.

Crenshaw, W. Kimberlé (1989/dt.: 2013) Die Intersektion von „Rasse" und Geschlecht demarginalisieren: Eine Schwarze feministische Kritik am Antidiskriminierungsrecht, der feministischen Theorie und der antirassistischen Politik, in: Helma Lutz, Maria Teresa Herrera Vivar und Linda Supik (Hg) *Fokus Intersektionalität. Bewegungen und Verortungen eines vielschichtigen Konzepts*. Wiesbaden: Springer Fachmedien.

Demirović, Alex, Julia Dück, Florian Becker und Pauline Bader (2011) (Hg) *VielfachKrise im finanzdominierten Kapitalismus*. Hamburg: VSA.

Dörre, Klaus, Stephan Lessenich und Hartmut Rosa (2009) *Soziologie – Kapitalismus – Kritik. Eine Debatte.* Frankfurt: Suhrkamp.

Ehrenreich, Barbara (1983) *The Hearts of Men: American Dreams and the Flight from Commitment.* New York: Doubleday.

Fraser, Nancy (2017) Für eine neue Linke oder: Das Ende des progressiven Neoliberalismus, in: https://www.blaetter.de/ausgabe/2017/februar/fuer-eine-neue-linke-oder-das-ende-des-progressiven-neoliberalismus

Fraser, Nancy und Rahel Jaeggi (2020) *Kapitalismus. Ein Gespräch über kritische Theorie.* Frankfurt: Suhrkamp.

Garritzmann, Julian L. (2023) *Kapitalismus. Zur Einführung.* Hamburg: Junius Verlag.

Hess Sabine, Jana Binder und Johannes Moser (2009) (Hg) *No integration?! Kulturwissenschaftliche Beiträge zur Integrationsdebatte in Europa.* Bielefeld: transcript.

Hirsch, Joachim (1995) *Der nationale Wettbewerbsstaat. Staat, Demokratie und Politik im globalen Kapitalismus.* Berlin/Amsterdam: Edition ID-Archiv.

Hochschild, Arlie Russell (2001) Globale Betreuungsketten und emotionaler Mehrwert, in: Will Hutton und Anthony Giddens (Hg) *Die Zukunft des globalen Kapitalismus.* Frankfurt/New York: Campus, S. 157-176.

Hochschild, Arlie Russell (2017) *Fremd in ihrem Land. Eine Reise ins Herz der amerikanischen Rechten.* Frankfurt/New York: Campus.

Isselstein, Eva (2021) Smart Home, in: Tabea Bork-Hüffer, Henning Füller und Till Straube (Hg) *Handbuch Digitale Geographien : Welt – Wissen – Werkzeuge.* Paderborn : Brill Schöningh, S. 103-113.

Kallenberg, Ina, Jennifer Meyer und Johanna M. Müller (2013) (Hg) *Intersectionality und Kritik: neue Perspektiven für alte Fragen.* Wiesbaden: Springer VS.

Kracauer, Siegfried (1929/30) Die Angestellten, in: *Siegfried Kracauer Werke Bd. 1.* Frankfurt: Suhrkamp, S. 211-310.

Langer, Antje, Marion Ott und Daniel Wrana (2006) Die Verknappung des Selbst. Stellenanzeigen und ihre Transformation in steuerungsrelevantes Wissen, in: Susanne Maurer und Susanne Weber (Hg) *Gouvernementalität und Erziehungswissenschaften.* Wiesbaden: VS, S. 281-300.

Martin, Susanne und Christine Resch (2014) *Kulturindustrie und Sozialwissenschaften.* Münster: Westfälisches Dampfboot.

Mayer-Ahuja, Nicole und Oliver Nachtwey (2021) (Hg) *Verkannte Leistungsträger:innen. Berichte aus der Klassengesellschaft.* Berlin: Suhrkamp.

von Matt, Peter (2023) *Übeltäter, trockne Schleicher, Lichtgestalten. Die Möglichkeiten der Literatur.* München: Hanser.

Meyer, Katrin (2017) *Theorien der Intersektionalität. Zur Einführung.* Hamburg: Junius.

Nachtwey, Oliver und Philipp Staab (2020) Das Produktionsmodell des digitalen Kapitalismus, in: Sabine Maasen und Jan-Hendrik Passoth (Hg) *Soziologie des Digitalen – Digitale Soziologie? Sonderband 23, Soziale Welt*, Baden-Baden: Nomos, S. 285-304.

Ottovay, Kathrin und Friedrich Schorb (2009) Von der Ernährungskrise zur Ernährungsrevolution – Wenn der Fernsehkoch Jamie Oliver Sozialpolitik macht, in: Lotte Rose und Benedikt Sturzenhecker (Hg) *„Erst kommt das Fressen ...!“ Über Essen und Kochen in der Sozialen Arbeit.* Wiesbaden: VS, S. 249-266.

Reindlmeier, Karin (2007) „Wir sind doch alle ein bisschen diskriminiert!“ – Diversity-Ansätze in der politischen Bildungsarbeit, in: *Widersprüche 104*, 27. Jg., Juni 2007, S. 25-36.

Reitz, Tilman (2022) Politiken der Einschränkung. Die Verbotslinke im Verantwortungskapitalismus, in: *Das Argument 339*, S. 603-617.

Resch, Christine (2005) *Berater-Kapitalismus oder Wissensgesellschaft? Zur Kritik der neoliberalen Produktionsweise.* Münster: Westfälisches Dampfboot.

Resch, Christine (2008) Rationalisierung von Kopfarbeit: Über die Geschichte der „Wissensgesellschaft“, in: *Forum Wissenschaft*, Nr. 2, Mai 2008, 25. Jg., S. 9-12.

Satola, Agnieszka (2019) Live-in-Szene der polnischen Pflegekräfte in Deutschland. Selbstermächtigung und Selbstorganisation in der häuslichen Rund-um-die-Uhr Pflege, in: Christine Resch und Thomas Wagner (Hg) *Migration als Soziale Praxis. Kämpfe um Autonomie und repressive Erfahrungen.* Münster: Westfälisches Dampfboot, S. 171-188.

Schadt, Peter (2022) *Digitalisierung. Basiswissen: Politik/Geschichte/Ökonomie.* Köln: PapyRossa.

Schmidt, Ingo (2008) (Hg) *Spielarten des Neoliberalismus. USA, Brasilien, Frankreich, Deutschland, Italien, Indien, China, Südkorea, Japan.* Hamburg: VSA.

Soiland, Tove (2012) Die Verhältnisse gingen und die Kategorien kamen. Intersectionality oder Vom Unbehagen an der amerikanischen Theorie, in: http://portal-intersektionalitaet.de/theoriebildung/ueberblickstexte/soiland/

Staab, Philipp (2019) *Digitaler Kapitalismus. Markt und Herrschaft in der Ökonomie der Unknappheit.* Berlin: Suhrkamp.